毛泽东品先秦诸子

董志新 著

Mao Zedong
Pin SunziBingfa

毛泽东品

孙子兵法

北方联合出版传媒（集团）股份有限公司

万卷出版公司

2021年·沈阳

ⓒ 董志新 2015

图书在版编目（CIP）数据

毛泽东品《孙子兵法》 / 董志新著. —— 沈阳 :万卷出版公司, 2015.2（2021.9
重印）

（毛泽东品先秦诸子）
ISBN 978-7-5470-3388-3

Ⅰ.①毛… Ⅱ.①董… Ⅲ.①毛泽东军事思想 – 研究
②《孙子兵法》– 研究 Ⅳ.①A841.65②E892.25

中国版本图书馆CIP数据核字（2014）第246290号

出 品 人：王维良
出版发行：北方联合出版传媒（集团）股份有限公司
　　　　　万卷出版公司
　　　　　（地址：沈阳市和平区十一纬路25号　邮编：110003）
印 刷 者：辽宁新华印务有限公司
经 销 者：全国新华书店
幅面尺寸：170mm×240mm
字　　数：430千字
印　　张：23
出版时间：2015年2月第1版
印刷时间：2021年9月第2次印刷
责任编辑：朱婷婷
责任校对：高　辉
装帧设计：范　娇
ISBN 978-7-5470-3388-3
定　　价：58.00元

联系电话：024-23284090
邮购热线：024-23284050
传　　真：024-23284521

品读卷

引用卷

争鸣是诸子百家

——毛泽东谈春秋战国"百家争鸣"与先秦子学

放眼三千年思想文化波澜壮阔的历史长河，毛泽东特别钟情于春秋战国之时诸子百家自由讨论热烈争鸣所涌起的波光浪彩……

先秦诸子是春秋战国时代思想界"百家争鸣"的主体，"百家争鸣"是先秦诸子创立和传播学说的广阔平台。

儒家、道家、墨家、法家、兵家、农家、名家、杂家、阴阳家、纵横家、小说家，《论语》《孟子》《老子》《庄子》《列子》《孙子兵法》《墨子》《管子》《商君书》《鬼谷子》《荀子》《韩非子》《吕氏春秋》……先秦子学开辟了中国思想文化史上的"黄金时代"。

先秦子学在年深日久的流传中，渐渐形成了中华民族根深蒂固、约定俗成的文化心理。

哲人常讲：儒家拿得起，道家放得下，墨家挺得住，法家做得彻，兵家干得成！

人们常说：入世则孔孟，出世则老庄；儒家重修身，道家讲炼养；儒家治世，道家济世……

一生中从先秦子学中不断汲取精神营养的毛泽东，评论"百家争鸣"和先秦子学也是他口中笔下的经常话题。

春秋战国时代"百家争鸣"

两千四百余年前"百家争鸣"的学术运动与中华人民共和国成立之初制定

的"百家争鸣"学术方针，有一种血缘式的内在联系。

1956年夏初，中共中央提出"百花齐放，百家争鸣"（史称"双百"方针）这一繁荣和发展我国文化和科学事业的基本方针，这个方针所以能够提出，其前提包括总结了春秋战国时代诸子百家学术争鸣的历史经验。

"双百"方针的提出有个历史过程。

1951年，毛泽东为中国戏曲研究院成立题词"百花齐放，推陈出新"。

1953年，毛泽东提出，历史研究工作的方针是"百家争鸣"。

1956年4月25日至28日，中共中央召开了有省、市、自治区党委书记参加的政治局扩大会议。4月28日，毛泽东在会议上做总结讲话，正式提出把"百花齐放，百家争鸣"作为繁荣和发展我国文化和科学事业的一项基本方针。他讲道：

> 百花齐放、百家争鸣问题。艺术问题上的百花齐放，学术问题上的百家争鸣，我看应该成为我们的方针。……"百家争鸣"，这是两千年以前就有的事，春秋战国时代，百家争鸣。讲学术，这种学术也可以讲，那种学术也可以讲，不要拿一种学术压倒一切。你讲的如果是真理，信的人势必就会越来越多。（《毛泽东文艺论集》，中央文献出版社2002年版，第143页）

5月2日，毛泽东在最高国务会议第七次会议总结讲话中又说：

> 在艺术方面的百花齐放的方针，学术方面的百家争鸣的方针，是有必要的。这个问题曾经谈过。百花齐放是文艺界提出的，后来有人要我写几个字，我就写了"百花齐放，推陈出新"。……百家争鸣，是说春秋战国时代，两千年以前那个时候，有许多学派，诸子百家，大家自由争论。现在我们也需要这个。（《毛泽东文艺论集》，中央文献出版社2002年版，第144页）

作为提出"双百"方针，尤其是提出"百家争鸣"的历史借鉴，毛泽东在五天的两次讲话中，都特别提到春秋战国时代的诸子百家的学术争鸣，这是为"百家争鸣"方针的提出寻求历史根据。换句话说，春秋战国时代先秦诸子的"百家争鸣"的学术活动，为当今提出"百家争鸣"方针的正确性提供了历史佐证。

毛泽东谈历史上的"百家争鸣"，讲清了三方面内容：

一、"百家争鸣"发生在春秋战国时代

这是两千年以前就有的事情。关于"百家争鸣"发生的历史时期和社会背景，有两种提法：一种说发生在春秋战国时代，一种说发生在战国初期到西汉中期汉武帝时。这两种提法，只是后一种说法比前一种说法在时间上后延了八十年(秦统一到汉武帝继位，前221—前140)，"百家争鸣"结束于秦焚书坑儒，还是结束于汉"独尊儒术"，二者并没有本质上的区别。笔者的意见是"百家争鸣"经历了三个阶段：

春秋末战国初为发轫期。随着老子、孔子、孙武子在此时期的出现，随着《老子》《论语》《孙子兵法》的编撰流行，儒家、道家、兵家开始创立成型，这一时期各家主要是创立学说，互相辩驳的情况并不明显。

战国之时为兴盛期。此期儒家的孔子诸弟子、子思、孟子和荀子，道家的庄子和列子，墨家的墨翟，法家的商鞅、申不害和韩非子，兵家的吴起、孙膑和尉缭子，以及名家、农家、杂家、阴阳家、小说家、纵横家的各类代表人物纷纷登场，各家争相授徒讲学，著书立说，辩驳攻讦，激浊扬清，高潮迭起，持续不断。秦、齐、楚等大国发动一统天下的争霸战争，使鬼谷子、苏秦、张仪、鲁仲连等纵横家登上历史舞台，纵横之术左右学术历史几十年。齐国"稷下学宫"的出现，使文化精英东移，会聚齐鲁，形成了"百家争鸣"的文化中心和鼎盛时期。

秦统一到西汉中期为衰落期。秦始皇焚书坑儒，儒家遭到重创，百家萧疏，法学独秀是凭借专制的力量而得以短暂的独尊。汉初与民休息，用黄老之术，实际上是道家崛起，成为学术领袖。汉武帝用董仲舒之策"罢黜百家，独尊儒术"，儒学独领风骚成为"在朝"学派，其他各家被打入冷宫成为"在野"学派。

春秋战国时代是中国历史上的重要过渡时期，由于封建主义经济和私有制的发展，复杂多变的政治斗争的演变，以及士阶层的形成，在思想文化战线出现了"诸子百家"和"百家争鸣"的灿烂时代。这个时期新旧阶级之间、各诸侯国之间、各阶层之间的斗争复杂而激烈，代表各阶层、各派政治力量的学者或思想家，都企图按照本阶层或本集团的利益和要求，对社会对万事万物做出解释或提出主张，于是出现了一个文化思想领域里的"百家争鸣"的局面。

二、"百家争鸣"有许多学派，史称"诸子百家"

参加"百家争鸣"的各种学派，史称"诸子百家"。其言"百家"，形容学派之多、著作之众，并非实数。"鸣"指有所抒发或表达。"争鸣"指自由论辩，各抒己见。"百家争鸣"指我国古代春秋末至西汉初儒、道、墨、法、兵、名、杂、农、阴阳、纵横等各家在政治上、学术上展开各种争论，形成诸子蜂起、学派并作、学术繁荣、自由论辩、相互争鸣的盛况和局面。

战国和秦汉时期的思想家评述过"百家争鸣"：

庄子探讨了诸子百家的成因和特点，有论述为："百家之学，时或称而道之。天下大乱，圣贤不明，道德不一，天下多得一察焉以自好。譬如耳目鼻口，皆有所明，不能相通，犹百家众技也，皆有所长，时有所用。"（《庄子·天下》）

荀子亦言："今诸侯异政，百家异说。"（《荀子·解蔽》）是说"百家异说"的出现，实则因为"诸侯异政"的现实需要。

庄子和荀子只说"百家"，并没有区分哪一家。《庄子·天下》和《荀子·非十二子》对其所论及的学派，都是只举人作为代表，而未标家名。若以后来所分家数核之，二者所论皆不外儒、道、墨、法、名五家。

直至西汉太史令司马谈在《论六家要旨》中，将百家概括为六家，即阴阳家、儒家、墨家、名家、法家、道家，并对各家学说之短长进行了剖析。（《史记·太史公自序》）

班固在《汉书·艺文志》中据刘歆《七略》，又将百家分为十家九流，除六家外，增加纵横家、杂家、农家、小说家。除小说家外实为九流。班固说："凡诸子百八十九家……皆起于王道既微，诸侯力政，时君世主，好恶殊方，是以九家之术蜂出并作，各引一端，崇其所善，以此驰说，取合诸侯。其言虽殊，辟犹水火，相灭亦相生也。"（《汉书·艺文志》）班固并就十家的起源及其学说的优劣短长问题进行了探讨。

诸子学说的主要代表人物有孔子、老子、墨子、庄子、孟子、宋钘、彭蒙、田骈、慎到、杨朱、孙武、孙膑、惠施、商鞅、兒说、许行、公孙衍、张仪、邹衍、韩非子、荀子等。

诸子履历，简述如下：

孔子（前551—前479），鲁国人，儒家创立者，春秋末期教育家、思想家。曾经周游列国，推行政治主张，不被接受。晚年归鲁，专门授徒讲学，整理典籍。他的主要思想是"仁者爱人"的学说，主张"重民""教民""富民"。在政治上，主张"为政以德"，以礼治国，维护君臣、上下、贫富之间的等级秩序。提倡"中庸之德"，认为不偏不倚、无过无不及是最好的道德和方法。一生"弟子三千，贤人七十二"。孔子及其弟子言论被门人后学编辑为《论语》。孔子逝世，儒家分为八派，有子张、子思、颜氏、孟氏、漆雕氏、仲良氏、孙氏、乐正氏之儒。

老子（约前580—约前500），姓李名耳，一说姓老氏，名聃。道家创始人。只当过周朝"守藏室之史"，孔子向他问过礼。他提出"道"的范畴，"道"是虚无，它产生天地万物。阐发了"反者道之动"和"贵柔守雌"的辩证法思想，蕴藏着无比精湛的智慧。政治上主张"无为"，憧憬"小国寡民"的理想社会。

其著作为《老子》。

孙武（约前535—前480），齐国人，兵家创立者，所著的《孙子兵法》十三篇，是我国最早的兵法。提出"兵者，国之大事""知彼知己者，百战不殆"（《孙子兵法》）等军事思想。曾参战西破强楚，北威齐晋，南服越人。

墨子（前478—前392），墨家创始人，鲁国人，出身于小生产者的士。他博通古书，创立墨家团体。有十大主张：兼爱、非攻、尚贤、尚同、节用、节葬、非乐、非命、天志、明鬼。中心思想是"兼爱"，主张"爱无差等"，不分轻重厚薄，一视同仁地爱人。兼爱还要利人，有力量帮助别人，有财物分给别人，有道德学说教化别人。墨子相信老天爷有意志（"天志"）和小鬼赏善罚恶（"明鬼"），这是墨子思想的局限性。其著作为《墨子》。

孙膑（约前378—前302），齐国著名军事家，是孙武的后裔，因受庞涓的忌害，被处以膑刑（去膝盖骨），故称孙膑。马陵之战，他协助田忌统率齐军，大败魏军。于是，庞涓自杀，太子申被俘，十万魏军被歼。1972年4月，山东临沂银雀山出土的汉墓发现竹简本《孙膑兵法》。

孟子（约前372—前289），鲁国贵族孟孙氏的后裔，曾受业于孔子的孙子子思的门人，为战国时代儒家学派的代表人物。他的政治思想主要继承孔子的"仁"，并且在主张性善论的基础上，发展成为"仁政"学说。其具体内容就是要求当权者注意改善劳动者的生活处境，使"民有恒产"，即不失去土地，实际上就是要巩固耕织结合的小农经济。他的"仁政"学说以重民思想为基础，认为民、社稷、君三者相比，民最重要，因此他特别强调统治者得民心的重要性。他与万章之徒整理编辑成自己的著作《孟子》七篇。

庄子（约前369—前286），名周，道家思想的集大成者。提出"道"是"自本自根，未有天地。自古以固存"（《庄子·大宗师》）的精神本体。论证了万物齐一和区分事物不可能的相对主义认识论。主张"不谴是非，以与世俗处"（《庄子·天下》）的人生观。庄子传世著作为《庄子》一书。

杨朱（约前395—前335），魏国人。其学说的中心思想是"为我"，即"贵己"。《孟子·尽心上》说他"拔一毛而利天下，不为也"。《韩非子·显学》也说他"不以天下大利，易其胫一毛"。他重视生命，即"贵生"，要求适当地满足人的欲望要求，反对过分纵欲。认为"侵物"即掠夺别人的财物是下贱的事。

慎到（约前395—前315），赵国人，以区区布衣，在齐湣王时游说于齐之稷下，后世多道其学。（《史记·孟子荀卿列传》）在稷下学宫讲学时提出"以道变法"（《慎子》佚文）和"事断于法""势位足恃"（《韩非子·难势》）的思想，属法家重势派。慎子亦学黄老道德之术，曾发明序其指意，著十二论（《史

丛书自序

记》之《田敬仲完世家》《孟子荀卿列传》）。至其学术，则有属于道家者（《庄子·天下》），亦有属于法家者（《荀子》之《非十二子》《解蔽》）。

许行（约前390—前315），楚国人，是农家的代表人物。滕文公执政时，许行从楚国来到滕国居住，弟子有数十人，儒家门徒陈相及其弟陈辛弃儒拜许行为师。他们靠自己种地吃饭，打草鞋穿，织席子铺用，过着自食其力的生活。主张贤人应与农民共同耕种，解决吃饭问题。提倡人人平等劳动，物物等量交换，以实现其改革理想。

申不害（约前385—前337），郑国人，治黄老刑名之学。为韩昭侯之相十五年，"内修政教，外应诸侯"，致使七雄最弱者之韩，亦"国治兵强"，"终申子之身"而"无侵韩者"。（《史记·老庄申韩列传》）《史记》说他"著书二篇，号曰《申子》"。

惠施（约前370—前310），宋国人，名家的著名代表，曾任魏惠王相，博学善辩，学富五车，为庄子好友。他是名家的"合同异"派，论证"万物毕同毕异"，提出"至大无外，谓之大一；至小无内，谓之小一"。又引申出"泛爱万物，天地一体"的思想。（《庄子·天下》）

兒（倪）说，宋国人，是名家"白马非马"论的首倡者。曾在稷下学宫以善辩知名，说他"善辩者也，操白马非马也，服稷下之辩者"（《韩非子·外储说左上》）。

田骈，战国时代齐国人。他本学黄老，借道明法，与慎到齐名。曾讲学稷下学宫，雄于辩才。从彭蒙之师学到"贵齐"要领，主张"齐万物以为首"，认为万物的同一是首要的。认识到"万物皆有所可，有所不可"（《庄子·天下》）。要求人们放弃一切是非，摆脱各自的是非利害，回到"明分""立公"的自然之理，从"不齐"中实现"齐"。《汉书·艺文志》著录《田子》二十五篇，列入道家。已佚。

宋钘，宋国人。齐宣王时与尹文同游稷下学宫，他认为"虚而无形"的是"道"（《管子·心术上》），它是宇宙的本体。提倡"见侮不辱""使人不斗""以禁攻寝兵为外，以情欲寡浅为内"（《庄子·天下》）。其思想主流，为道墨两家"忘我"精神的结合。他周游天下，上说下教，宣讲内容着重联系生活常情，使人们易于了解。《汉书·艺文志》著录《宋子》十八篇，早佚。

公孙衍，战国时代魏国人，纵横家中的合纵派代表，主张联合诸侯以抗秦。公元前333年，他赴秦游说，任大良造，后来张仪为大良造，于公元前323年返回魏国，魏惠王任为将，他联合赵、燕、韩、魏、中山五国互相为王，合纵抵抗齐、楚、秦。公元前319年，魏国驱逐张仪回秦，公孙衍为相。第二年，公孙衍联合赵、韩、燕、魏、楚，挂五国相印，推楚怀王为纵长，由三晋出兵攻秦，秦大败联军，合纵以失败而告终。

张仪（？—前310），魏国人，战国时代纵横家中的连横派代表，主张联合诸侯事秦。他游说入秦，秦惠王任为相。公元前322年他去魏劝说魏惠王实行联秦韩以攻齐楚的政策。当时惠施为魏相，主张联合齐楚抗秦。魏惠王听信了张仪的游说，罢惠施相，任张仪为相，这是连横说的胜利。秦要求魏事秦，魏不从，即出兵攻占曲沃、平周两地。秦的东进政策，使东方各国生畏，遭到了公孙衍的联合诸侯抗秦政策的排斥。公元前319年，魏驱逐张仪回秦，接受了公孙衍的合纵政策，说明连横又破产了。公元前313年，张仪入楚，收买了楚旧贵族，并以献出商於之地六百里为诱饵，使楚同齐断绝关系。楚怀王不听屈原的劝阻，遂与齐断交。当楚派人向秦索地时，张仪以六里相许为由，拒不承认六百里。公元前312年，楚发兵攻秦，遭到了失败。

鲁仲连，战国时代齐国人。常为人排难解纷，不受酬报。长平战后，秦军围赵邯郸，魏使游士新垣衍间道入城，劝赵尊秦为帝，以纾急患。鲁仲连面折辩者，反复诘难，坚持义不帝秦，稳定了士气民心。平原君要封他，他再三不受。后田单反攻聊城，燕将死守不下。他写信给守将，晓以利害，使城不战而下。田单欲赏以爵位，他逃隐海上。《汉书·艺文志》著录《鲁仲连子》十四篇，今佚，清人有辑本。

邹衍（约前324—前250），齐国人，战国后期阴阳家的代表，是稷下学宫的辩者。公元前257年，齐王派他使赵与公孙龙辩论。他善谈天，齐人称他"谈天衍"。提出"五行相生""五行相胜"说，以及"五德终始"的历史观。

荀子（约前325—前235），名卿，赵国人，十五岁到稷下学习，齐襄王在位（前283—前265）时，荀子第二次回到齐国，"荀卿最为老师"，他三次被推为德高望重的"祭酒"。他提出"天人相分"和"制天命而用之"的天道观，"知道察，知道行"和"虚壹而静"的认识论，"制名以指实"的名实论，主张"性恶"的人性论，阐发了"隆礼至法"的政治论，还写下了音乐理论《乐论》。他是战国末期著名的儒家大师和先秦思想的批判总结者。

韩非子（约前280—约前233），原是韩国公族，战国末期思想家，法家代表人物。一生不得志，然其学说，"切事情，明是非"（《史记·老子韩非列传》），"采其意而校其事，持久历远遏奸劝善，韩氏未必非，孔氏未必得也"（《孔丛子·韩非非圣人辨》）。故谋杀韩非之李斯亦不得不称其言为"圣人之论""圣人之术"（《史记·李斯列传》）。法家之理论、实绩卓著，不仅促成强秦之一统，且亦支撑我国封建帝制达两千余年。

三、"百家争鸣"是说大家自由争论

先秦诸子的"百家争鸣",主要围绕"古今""礼法"之争和"天人""名实"之辩展开,内容涉及政治、经济、军事、伦理道德以及哲学本体论、认识论、逻辑学等各个领域。

战国早期法家商鞅就反对儒家《诗》《书》《礼》《乐》文化。商鞅反对儒书与儒术是很突出的。《韩非子·和氏》说:"商鞅教孝公……燔《诗》《书》而明法令。"显然,商鞅变法时就烧过《诗》《书》。至于反对儒书与儒术的实例,《商君书》中不胜枚举。如《商君书·农战》说:"农战之民千人,而有《诗》《书》辩慧者一人焉,千人者皆怠于农战矣。""虽有《诗》《书》,乡一束,家一员,犹无益于治也。"这是说儒家的《诗经》和《书经》都有害于重农、重战两个政策,不利于法治。《诗》《书》《礼》《乐》,都是儒家的教材。商鞅为了贯彻他的农战政策,决意反对这些。战国末期法家韩非子也反对儒书儒术。《韩非子·五蠹》说"明主之国,无书简之文,以法为教;无先王之语,以吏为师",正是继承商鞅反对儒书儒术的主张。

法家以儒家为对手,道家也是如此。《史记·老子韩非列传》载:"世之学老子者则绌儒学,儒学亦绌老子。'道不同不相为谋',岂谓是邪?"道家书《庄子·杂篇》有庄子后学所作《盗跖》一文,专攻儒家鼻祖孔子。这则寓言故事是以义军的领袖盗跖与孔子的对话为纲目,在往返对话中,盗跖慷慨陈词,痛斥孔子的虚伪和尧、舜、汤、武的罪行,其主旨则在于抨击儒家所推崇的古代圣贤的作为,批评儒家提倡的礼教规范,讽刺世俗儒士对荣华富贵的追逐,反衬道家尊重人的自然本性,提倡顺天之理、轻利全生思想的正确性。

墨家与儒家争鸣毫不含糊,痛快亮出旗帜,《墨子》中设《非儒》上下篇。墨子借晏婴丑诋孔子的话说:"孔某深虑同谋以奉贼,劳思尽知以行邪。劝下乱上,教臣杀君。"又说:"孔丘盛容修饰以蛊世,弦歌鼓舞以聚徒,繁登降之礼以示仪,务趋翔之节以观众。博学不可使议世,劳思不可以补民。"由于儒者"繁饰礼乐以淫人,久丧伪哀以谩亲,立命缓贫而高浩居,倍本弃事而安怠傲;贪于饮食,惰于作务",就会不可回避地"陷于饥寒,危于冻馁"(《墨子·非儒下》)。因此,"儒之道足以丧天下"(《墨子·公孟》)。

战国中后期,齐国的稷下学宫是"百家争鸣"的重要场所,都城临淄成为学术中心。由于齐国经济发达,政治开明,以及拥有良好的文化政策,齐国君王给予士人优厚的物质待遇,吸引了当时几乎所有的著名学派代表人物汇集稷下。齐国稷下学宫的建立,又为"百家争鸣"繁荣文化创造了有利的客观条件。稷下学宫创建于齐威王(前356—前321)初年,学宫规模宏大,"为开第康庄

之衢，高门大屋"，天下贤士荟萃于此。（《史记·孟子荀卿列传》）到齐宣王时，"喜文学游说之士，自如邹衍、淳于髡、田骈、接予、慎到、环渊之徒七十六人，皆赐列第，为上大夫，不治而议论，是以齐稷下学士复盛，且数百千人"（《史记·田敬仲完世家》）。到齐湣王、齐襄王时期，荀况"三为祭酒"，"最为老师"。学宫之终结，大约在齐王建时期，前后绵延近150年，最盛时竟聚集数千人。

稷下学宫广招人才，各家各派兼收并蓄。战国诸子之主要学派都有重要代表人物出入学宫。如儒家前有孟轲，后有荀卿，另有颜斶、王斗、田过、公孙固等；道家及黄老学派有环渊、接予、季真、慎到、田骈、彭蒙等；墨家有宋钘、告子等；名家有尹文、田巴、兒说等；慎到、田骈等亦属法家，或称道法家；阴阳家有邹衍、邹奭；纵横家有淳于髡、鲁仲连等。

学宫诸子荟萃，各展其说，论辩自由。《史记正义》引《鲁连子》曰："齐辩士田巴，服狙丘，议稷下，毁五帝，罪三王，服五伯，离坚白，合同异，一日服千人。"此论辩之盛可以想见。而徐劫弟子、年仅十二岁的鲁仲连以田巴之言空洞无济于实事，斥之曰："先生之言有似枭鸣，出城而人恶之"，竟使田巴叹服而"终身不谈"。

孟子是天下知名的雄辩学者。齐威王、齐宣王在位时期，孟子两次入齐住十余年时间，在稷下学宫讲学，都曾受到重视，被授予"客卿"的礼遇。"百家争鸣"，孟子之所以好辩善辩，也是出于捍卫儒家学说的需要。孟子认识到"圣王不作，诸侯放恣，处士横议，杨朱、墨翟之言盈天下。天下之言不归杨，则归墨"，"杨墨之道不息，孔子之道不著"。杨朱和墨家学说的兴盛，严重威胁到儒学的命运和生存。孟子批判杨墨"为我"与"兼爱"的学说："杨氏为我，是无君也；墨氏兼爱，是无父也。无父无君，是禽兽也。"孟子拒杨墨，同时也批评其他学派的思想。他关于"性善论"的思想，许多就是在对告子"性恶论"思想的批评中阐明的。孟子批评兵家说："善战者服上刑。"（《孟子·离娄上》）这显然是反对兵家重战、备战、善战学说以及法家"奖励军功"和农战政策，从而确立儒家非兵休战的思想。孟子批评农家许行"贤者与民并耕而食"的主张，鼓吹"劳心者治人，劳力者治于人；治于人者食人，治人者食于人"。（《孟子·滕文公上》）说明社会发展必须有分工，治国者不能兼事生产，其思想反映了社会分工的现实。许行主张无分贵贱君民并耕的理想是好的，却不合乎当时社会发展的现实，只能流于空想。孟子在与不同意见的辩难中阐述自己的思想，他的批评争鸣可以看出当时的学术风气。

"百家争鸣"既表现为诸子的分歧，也表现为诸子的融合。"百家争鸣"的自由论辩所形成的学术思想发展的必然趋势，就是各家思想学说的相互汲取与融合。各家对于先秦的学术都有所损益，因而都有所创新，同时也有所继承。诸子百家互相发难批驳，欲证明对方错自己对，就要认真探明、辨清对方的弱点，以图击中要害；又要看准对方的长处，经过汲取加工，为己所用。因此，当时的思想界虽然分为各种学派，但又始终存在着"道为一体"的观念，走向融合。

战国晚期儒家代表荀况，长期熏陶于稷下学宫，其时社会发展明显趋向于政治统一的历史趋势，与稷下学宫各家思想相互撞击、汲取、交融的学术环境，在荀况的思想学说中留下深深的烙印。荀况并不偏激，他注意分析各家学说的短长，以儒家思想学说为主体，兼取道家、法家、名家之长，从而形成了独具特色的荀学思想体系。

墨子虽然尽力非儒，但墨儒毕竟有着大致相同的时代背景和同源共生的文化根基，这使两家在一些基本问题的看法上渐渐趋同。例如，墨子主张"兼爱""爱无差等"，并以之批判儒家的宗法道德观念。然而，在不少方面，墨家的价值取向几乎与儒家如出一辙，墨家把父慈子孝的伦理道德遭到破坏作为天下丧乱的原因。在《尚贤中》里，墨子认为："入则不孝慈父母，出则不长弟乡里，居处无节，出入无度，男女无别，使治官府则盗窃。"由此可以看出，墨家与儒家虽然对立，但他们仍有不少相通之处。

稷下学宫的各派学者利用齐国提供的良好环境与条件，潜心研讨，互相争鸣，取长补短，丰富和发展了各自学派的学说，促进了思想文化的大融合。这种融合在杂家著作《管子》中有充分体现。根据现有资料判断，《管子》中的某些篇章反映了管仲的事迹和思想。战国初年，"田氏代齐"，夺取了齐国政权，继承和发扬了管仲的思想，实行变法，形成了管仲学派。《管子》其书绝大部分是管仲学派的文集，也掺杂了其他稷下学者的论述。《管子》其书内容异常丰富，近人罗根泽《管子探源》说："《管子》……在先秦诸子，裒为巨帙，远非他书所及。《心术》《白心》诠释道体，老庄之书未能远过；《法法》《明法》究论法理，韩非《定法》《难势》未敢多让；《牧民》《形势》《正世》《治国》多政治之言；《轻重》诸篇又为理财之语；阴阳则有《宙合》《侈靡》《四时》《五行》；用兵则有《七法》《兵法》《制分》；地理则有《地员》；《弟子职》言礼；《水地》言医；其他诸篇亦皆率有孤诣。各家学说，保存最夥，诠发甚精，诚战国秦汉学术之宝藏也。"可以说，《管子》吸纳先秦诸子的精华，兼有道、法两家之长而无其短，又掺以儒、兵、农、阴阳各家学说，竟是中国历史上最早最大的杂家，任何一家的思想均不足以涵盖此书的丰富内容。任继愈认为，管仲学派是战国时代齐人继承和发展管仲的思想而形成的一个学派，它介乎儒家学派和法家学派二者之间，对宗法制采取半保留、半否定的态度，主张把宗法制和中央集权制有机地结合起来，把礼治和法治有机地结合起来，既强调以法律来加强王权，又重视用宗法道德来巩固封建统治。说到底，它是"百家争鸣""诸子融合"的产物。

"百家争鸣"是中国学术文化史上的"黄金时代"，反映了当时的社会矛盾和社会变革。这个时期的文化思想，奠定了整个封建时代文化的基础，对其后中国历史和文化的纵向延续和横向发展都产生了深远影响。

焚书坑儒挫折了"百家争鸣"的生动局面

毛泽东也分析过先秦诸子"百家争鸣"走向衰落的原因。

1958 年 11 月 20 日，毛泽东召集柯庆施、李井泉、王任重和陶鲁笳四人，到他在武汉东湖畔的住所开座谈会。

在这次座谈会上，毛泽东详细地谈了自己对商纣王、秦始皇、曹操这三位历史人物的评价。谈到秦始皇，毛泽东说：

> 人们从书中得知，秦始皇有焚书坑儒的恶行，因此把他看作是大暴君、大坏人。焚书坑儒当然是坏事，它把蓬蓬勃勃发展起来的百家争鸣的生动局面给挫折了。但我们对什么事都应当有分析，秦始皇并不是不问什么书都焚，也不是不问什么儒都坑。他焚的是"以古非今"的书，坑的是孟子一派的儒，其实只有460人。孟子主张"法先王"，所以孟子一派的书是"以古非今"的。而荀子一派则相反，主张"法后王"，推行法家一派的学说。秦始皇是主张"法后王"，反对"法先王"的。所以，他并不坑荀子一派的儒，也不焚荀子一派的书。秦始皇"以古非今者族"的主张值得赞赏，当然，我并不赞成秦始皇的滥杀人。当时，要由奴隶制国家转变为封建制国家，不实行专政是不行的。但对孟子一派采取焚书坑儒的办法，太过火了。政治上要实行专政，文化上要提倡百家争鸣、百花齐放，我们现在就是这样。这一条秦始皇是办不到的。（陶鲁笳：《毛主席教我们当省委书记》，中央文献出版社1996年版，第104页）

毛泽东此次谈话的主旨，是为秦始皇翻案，是为秦始皇焚书坑儒的恶行辩护。他认为秦始皇的焚书坑儒不是肆意妄为，而是有所限制：并不是不问什书都焚，也不是不问什么儒都坑；焚的是"以古非今"的书，坑的是"法先王"孟子一派的儒；目的是维护中央集权的封建专制国家。这是毛泽东从政治上看问题的结论。

即使这样，毛泽东仍然深刻指出了焚书坑儒对"百家争鸣"的负面作用：

负面作用之一："焚书坑儒当然是坏事，它把蓬蓬勃勃发展起来的百家争鸣的生动局面给挫折了。"请注意，人们将焚书坑儒定位为"恶行"，毛泽东将其定位为"当然是坏事"。所谓焚书坑儒，是秦始皇统一六国后发生的两大事件，是秦始皇为巩固中央集权而实行的文化专制措施。"焚书"事件发生于秦始皇三十四年（前213）。始皇置酒咸阳宫，大宴群臣，儒学博士淳于越对于当面肉麻吹捧秦始皇的仆射周青臣不以为然，并就分封、郡县问题向秦始皇提出了不同意见。丞相李斯抓住淳于越主张"师古"的言论大做文章，指斥读书人"不师今而学古，以非当世，惑乱黔首"，如不加以严禁，必将使"主势降乎上，党与成乎下"（《史记·秦始皇本纪》），因此建议秦始皇下令焚书。秦始皇采纳了李斯提出的建议和办法，遂下令焚书：除《秦记》、医、农、卜筮之书外，凡六国史书、民间收藏的《诗》《书》、诸子等书籍，一律限期三十天内交官府烧掉，逾期不交者，黥为城旦。此后若再有"偶语《诗》《书》者"弃市，以古非今者灭族。严禁私学，有愿习法令者，以吏为师。"焚书"事件使儒生们大为不满，产生诽议。第二年，当秦始皇搜寻欺骗了他的方士侯生、卢生时，意外地发现咸阳的儒生对他进行所谓的"诽谤"，"或为妖言以乱黔首"。始皇大怒，"于是使御史悉案问诸生，诸生转相告引，乃自除。犯禁者四百六十余人，皆坑之咸阳"（《史记·秦始皇本纪》）。这就是历史上的"坑儒"事件。儒家、道家、兵家都是以对《诗》《书》《易》《礼》的文化反思来建构自己的思想体系，关东六国的士子大都在思想上反对暴秦，所以烧《诗》《书》、杀儒生的焚书坑儒事件，是以强权政治宣告文化上"百家争鸣"局面的被迫结束。毛泽东在"百家争鸣"前面加上"蓬蓬勃勃"的形容词，又指出焚书坑儒"挫折了"这个局面，可见内心里他对"百家争鸣"局面的夭折是多么惋惜。

负面作用之二："对孟子一派采取焚书坑儒的办法，太过火了。"毛泽东指出史实，秦始皇"焚的是'以古非今'的书，坑的是孟子一派的儒"。毛泽东说："不赞成秦始皇的滥杀人。"虽然秦始皇巩固刚刚建立起来的全国统一的、中央集权的封建国家，需要专制手段，但是毛泽东仍然认为，对以孟子为代表的儒生儒书采取焚书坑儒的办法是"太过火了"。从传统哲学上说是"过犹不及"；用现代语言说，这是谴责秦始皇文化政策太"左"，以消灭思想载体的办法实现思想一统，是不可取的危险的文化政策。

负面作用之三："文化上要提倡百家争鸣，百花齐放"，"这一条秦始皇是办不到的"。毛泽东把政治问题与文化问题做了区分，他说，"政治上要实行专政，文化上要提倡百家争鸣、百花齐放，我们现在就是这样"。这是对比"我们"的政策与秦始皇的政策，指出其不同点。"百家争鸣"，极权的、专制的秦始皇是不能办的，也是根本"办不到"的。

毛泽东这些批判是深刻有力的，点到了问题的实质。解读毛泽东谈论"百家争鸣"的思想观点时，在注意到毛泽东为秦始皇焚书坑儒辩护的一面时，千万不要忽略了毛泽东对焚书坑儒另一面的严厉谴责。毛泽东后一种思想更为重要，对今后的文化建设更有意义。历史现象是复杂的，毛泽东的思维是辩证的。我们不能把毛泽东对焚书坑儒的辩证性评论理解得片面了。

孔子是后来汉朝的董仲舒捧起来的

秦朝的焚书坑儒是极权专制文化政策的恶果。各地儒生并没有完全屈服于高压，采取各种办法暗中抵制。著名的"鲁壁藏书"事件是其典型代表。秦始皇下焚书令，追令天下交出儒家书籍，否则罹罪。孔子九世孙孔鲋将一些儒家书籍藏于室内壁中，然后持礼器投奔陈胜起义军，进行武装抗争。百余年后，西汉初封到曲阜的鲁恭王刘馀为了扩建宫室，在拆毁孔子旧宅时，发现这批古籍，被称作"古文经"。不久，王莽新政用它与西汉立于学官的"今文经"抗衡，推衍出古文经学。

焚书坑儒之时，朝廷内博士手中的诸子书并未焚掉。秦朝博士有七十人，其中既有"五经"博士，也有诸子传记以及方技数术博士。据《史记·秦始皇本纪》和《汉书·艺文志》所载，伏生为治《尚书》博士，黄疵为秦博士，则在名家，又有占梦博士。汉承秦制，初仍有博士七十人，但"备员弗用"。这个时期，文化政策还允许诸子百家之术存在，只是限制在朝廷博士圈子之内。私人授徒讲学，自由进行学术争鸣的局面已荡然无存。

真正使"百家争鸣"局面彻底消失的是汉武帝时期的"罢黜百家，独尊儒术"事件。

汉初推行"与民休息"的政策，社会经济得到恢复，出现了"文景之治"，但同时社会矛盾已开始暴露，至武帝时不仅外部匈奴为患日趋严重，内部矛盾也更加激化，并不断发生农民起义。汉初"无为而治"的黄老思想已不能适应新形势的需要。

汉武帝即位，建元元年（前140）丞相卫绾奏："所举贤良，或治申、商、韩非、苏秦、张仪之言，乱国政，请皆罢。奏可。"（《史记·武帝本纪》）建元五年（前136）"置'五经'博士"。因窦太后好黄老言，受其干扰，当时未果。建元六年，窦太后卒。元光元年（前134），汉武帝就如何加强中央集权、巩固封建统治等治国大计，三次策问儒生董仲舒。董仲舒是《春秋》公羊派大师，今文经学创始人，他上"天人三策"，极力推荐《春秋》"大一统"的理论，指出："《春秋》大一统者，天地之常经，古今之通谊也。今师异道，人异论，百家殊方，指意不同，是以上无以持一统，法度数变，下不知所守。臣愚以为诸不在六艺之科孔子之术者，皆绝其道，勿使并进。邪辟之说灭息，然后统纪可一而法度可明，民知所从矣。"（《汉书·董仲舒传》）武帝采纳这一建议，罢黜百家博士，只立"五经"博士，从而确立了儒学和儒家经典的权威性的统治地位。而儒家以外的诸子学，由于无进身之路，日益衰微。《汉书·武帝纪赞》："罢黜百家，表章'六经'。"《汉书·董仲舒传》亦云："推明孔氏，抑黜百家。"从此儒家思想定于一尊。后世将汉武帝采纳董仲舒的建言实行这一文化政策概括为"罢黜百家，独尊儒术"。

"罢黜百家，独尊儒术"事件对于"百家争鸣"学术局面的最后摧毁，毛泽东似乎没有正面评论。但是，1954年到1958年他在评说"孔学"（儒学）的历史命运时，明确指出儒术独尊是董仲舒"捧起来的"：

> 对孔夫子，自董仲舒以来就说不得了，"非圣诬法，大乱之殃"。（《毛泽东文集》第六卷，人民出版社1999年版，第346—347页）
> 孔子是后来汉朝的董仲舒捧起来的，以后不大灵了。到了唐朝又好一点，特别是宋朝的朱熹以后，圣人就定了。到了明清两代才登上"大成至圣文宣王之位"。（许全兴：《为毛泽东辩护》，当代中国出版社1996年版，第335—336页）

毛泽东讲清了两点：董仲舒在"罢黜百家，独尊儒术"上起了重要作用；这种"儒术独尊"从汉朝延续到清代。

"百家争鸣"学术活动，肇始于春秋末期，衰落于西汉中期，经诸子创说、稷下学宫、合纵连横、焚书坑儒、信奉黄老、独尊儒术等重大学术事件，前后历时三百余年（从孔子卒年即公元前479年到汉武帝元光元年即公元前134年）。其兴盛期约有二百年——以战国初庄周《庄子·天下》到战国末荀况《荀子·非十二子》所记载评述诸子学术活动和学术纷争为标志，是确确实实的诸子百家"争鸣"期。

"百家争鸣"是辩证法

对春秋战国时代诸子蜂起、"百家争鸣"的学术局面，毛泽东是向往的。他曾经长期思考过这个中国思想史最为重大的学术运动，从中得出一个十分新鲜的结论：战国时代的"百家争鸣"，这是辩证法。

辩证法中的否定之否定规律，可以表达为肯定——否定——否定之否定（肯定）这样三段式表达事物发展过程的公式。毛泽东也喜欢用三段式来表达事物发展过程，如：团结——批评——团结；再如：平衡——不平衡——平衡。

1958 年 5 月 8 日，毛泽东在中共八大二次会议的讲话提纲中，正是用三段式表达事物发展过程公式，来肯定"百家争鸣"是充满辩证精神的学术运动。毛泽东写道：

> 先进的东方，落后的欧洲
>
> 十五年后走向反面，尾巴一定翘起来，如果不注意的话。不要紧，再来一个否定，又生动活泼了。
>
> 你看：希腊的辩证法—中世纪的形而上学—文艺复兴
>
> 你看：战国时代的百家争鸣—封建时代的形而上学—现代的辩证法
>
> 客观存在的，不是吗？
>
> 设置对立面，十分必要
>
> 如何设置？客观存在的（《建国以来毛泽东文稿》第七册，中央文献出版社 1992 年版，第 195—196 页）

研究毛泽东的专家许全兴先生在《毛泽东晚年的理论与实践》一书中，引证了毛泽东这段讲话的记录稿：

> 事物总是要走向自己的反面。希腊辩证法，中世纪形而上学，文艺复兴。这是否定之否定。中国也是如此，战国时代的百家争鸣，这是辩证法，封建时代的经学——形而上学，现在又讲辩证法。（许全兴：《毛泽东晚年的理论与实践》，中国大百科全书出版社 1993 年版，第 353 页）

毛泽东在这里是用表达事物发展过程的三段式公式，来讲欧洲和中国两千四百余年的思想大趋势的特点。战国时代的"百家争鸣"，活跃着对立和对峙的各种学派，思想的长河波翻浪涌，辩驳争鸣精彩纷呈，充满学术生气和思想活力，在矛盾和碰撞中各家学派都得到了长足发展。所以，这个时期的思想界充满辩证精神。这是个需要大思想家并且产生了众多大思想家的时代，"百家争鸣"成了产生大思想家的平台和推动力。这个时期出现的众多学派学说，奠定了中华民族两三千年的思想理论基本框架，活力四射的时代也注定是魅力无穷的时代。

毛泽东把春秋战国时代的"百家争鸣"定位为"这是辩证法"，高屋建瓴，一语中的，把握住了这个时代思想文化发展的本质、内涵和特征。两千年整个封建时代，儒术独尊，经学称霸，一直是统治阶级的意识形态和主流文化，形成了一个自我发展、自我繁殖的封闭文化圈，减弱了、僵化了甚至丧失了儒家学派创立和兴盛时期所表现出的既独树一帜又兼收并蓄的创造性和开放性，体现的是形而上学文化模式。最终将自己退化为文化变革的冲击对象。这就是五四运动"反孔"的深层原因之一。

毛泽东这样分析、评价中国三千年的思想文化史，显然出于对学术自由的十分看重，是提出和推行"百家争鸣"学术发展方针的需要，也就是需要"现代的辩证法"。他的这种追求，发生很早，可以上溯到五四运动时期。1919年7月21日，他在《健学会之成立及进行》一文中说：

> 自由讨论学术，很合思想自由、言论自由的原则。人类最可宝贵，最堪自乐的一点，即在于此。学术的研究，最忌演绎式的独断态度。中国什么"师严而后道尊"，"师说"，"道说"，"宗派"，都是害了"独断态度"的大病，都是思想界的强权，不可不竭力打破。像我们反对孔子，有很多别的理由。单就这独霸中国，使我们思想界不能自由，郁郁做二千年偶像的奴隶，也是不能不反对的。（《毛泽东早期文稿》，湖南出版社1995年第2版，第368页）

显然，毛泽东很早就已经发现儒术的"独霸中国"，没有学术自由，没有思想自由，没有学界内部的对垒冲突，争辩争鸣，就没有学术进步和思想进步，并终将导致民族文化的萎败倾向和国民心理的奴化痼习。所谓"演绎式的独断态度"，也就是思想文化领域的形而上学。因此，毛泽东十分赞赏和珍爱春秋战国时代的"百家争鸣"自由讨论的学术局面，并将它加以改造利用，制定了"百花齐放，百家争鸣"的"双百"方针，用以指导中国艺术和学术的发展。

二十二种子书与先秦子学中的"人民性"

毛泽东如此评价春秋战国时代的"百家争鸣"学术活动和文化现象，源于他从启蒙时代就开始了的对先秦诸子学说的学习和思考。

毛泽东最早阅读的先秦子书是儒家的《论语》和《孟子》。这个情况，毛泽东在延安时有回忆。

1936年10月，美国记者埃德加·斯诺到陕北采访，毛泽东一连几夜，叙述了他自幼年以来的半生经历。其中他说：

> 我八岁那年开始在本地一个小学里读书，一直在那里读到十三岁。清早和晚上我在地里劳动。白天我读儒家的《论语》等"四书"。(《毛泽东一九三六年同斯诺的谈话》，人民出版社1979年版，第5—6页)

"四书"包括《论语》《孟子》《大学》《中庸》。毛泽东少年时代读过的《论语》，现存下册，系宋人朱熹所辑《论语集注》本，石刻线装，封面有毛泽东用毛笔书写的"论语下 咏芝"——"咏芝"是毛润之的另一种读音和写法。内容包括"《论语》卷之六至卷之十"。这半部《论语》现在收藏于韶山纪念馆。

少年毛泽东先后在韶山冲南岸、关公桥、桥头湾、钟家湾、井湾里、乌龟井、东茅塘七处私塾读书，上了六年学，他所读的主要是儒家经典——"四书五经"。对这六年的私塾读书经历，毛泽东后来形象地概括为"读了六年孔夫子"。他追忆道：

> 我过去读过孔夫子的书，读了"四书五经"，读了六年。背得，可是不懂。那时候很相信孔夫子，还写过文章。(1964年8月18日，毛泽东在北戴河《关于哲学问题的谈话》)

毛泽东读了六年私塾，读《论语》《孟子》《左传》这些书，背诵如流。后来他说起自己的幼年，学的是"子曰：学而时习之，不亦说乎"(《论语》首篇首句)这一套，这种学习的内容虽然陈旧了，但是对他识字学文化大有好处。

毛泽东探索先秦子学之路就是从韶山冲的私塾开始的，他最初读到的是儒家孔子、孟子两位大师的著作。

进入青年期，毛泽东有五年在湖南省立第一师范读书。此时，他已经能从研究国学的视角有计划地读先秦子书。1916 年 2 月 29 日，毛泽东致信同学萧子升谈"中国应读之书"。其信前半部分已亡佚，后半部分是：

> 右经之类十三种，史之类十六种，子之类二十二种，集之类二十六种，合七十有七种。据现在眼光观之，以为中国应读之书止乎此。苟有志于学问，此实为必读而不可缺……惟此种根本问题，不可以不研究。故书之以质左右，冀教其所未明，而削其所不当，则幸甚也。（《毛泽东早期文稿》，湖南出版社 1995 年第 2 版，第 37 页）

毛泽东选出应读书七十七种，可注意的是"子之类二十二种"。可惜的是，信的前半部分遗失了。从行文看，毛泽东在上引的信文前面，似开列了经、史、子、集七十七种书目，但现存手稿部分缺失，就不能下断语了。

尽管如此，我们的判断仍然可以找到依据。

我国古代子书创作第一个高峰期即在春秋战国"百家争鸣"时期。汉代史学家班固即在《汉书·艺文志》中设了《诸子略》《兵书略》等类目，著录当时诸子类著作情况。为了更好地提高研读实效，古代学者尝试在卷帙浩繁的子书中选编精华。清代光绪元年（1875）至光绪三年（1877），浙江书局分册辑刊而成的诸子丛书《二十二子》较有特色，也最为引人注意。《二十二子》所收子书具有较高的代表性。以中国古代哲学为主，兼及中国历史、文学、政治学、社会学、天文学、军事学、医学等。研读子书，应该从先秦子书入手，方能理清诸多学派的各自源头。《二十二子》所收先秦子书，如《老子》《庄子》《管子》《列子》《墨子》《荀子》《尸子》《孙子（兵法）》《晏子春秋》《吕氏春秋》《商君书》《韩非子》等，均为先秦诸子百家的代表作（《尸子》较弱一些）。儒家的代表人物孔子、孟子的《论语》和《孟子》，因为属于经学范围，《二十二子》丛书没有收入。但是，毛泽东所列书目有"经之类十三种"，"十三经"是个固化了的概念，其中必定包括《论语》和《孟子》。这样，毛泽东所列国学七十七种书目，先秦子书占十四种。这些著作奠定了中国古代思想文化的基本内容与主要范畴，可以大致了解我国子书开创期的主要线索及其发展脉络，有助于人们从较广的学术视野观察中国古代文化。

毛泽东与萧子升商讨"中国应读之书"，其中"子之类二十二种"与《二十二子》仅仅是偶然巧合呢，还是毛泽东把《二十二子》作为了选书参考呢？看毛泽东从儒家《十三经》中确定"经之类十三种"的思路脉络，毛泽东极有可能受《二十二子》的启发，确定了"子之类二十二种"。《二十二子》风行于清末民初，正在湖南省立第一师范学校读书的毛泽东，很有可能在学校图书馆接触到这套丛书，作为自己选书的蓝本。

过了二十年，毛泽东已是政党领袖。此时，他从中国革命的实际需要出发，指出了要用马克思主义观点总结包括先秦子学在内的中国历史经验。1938年10月14日，在党的六届六中全会上，毛泽东郑重提出：

> 今天的中国是历史的中国的一个发展；我们是马克思主义的历史主义者，我们不应当割断历史。从孔夫子到孙中山，我们应当给以总结，承继这一份珍贵的遗产。这对于指导当前的伟大的运动，是有重要的帮助的。（《毛泽东选集》第二卷，人民出版社1991年第2版，第534页）

在这里，毛泽东把儒家的开山祖师孔夫子作为"历史的中国"的标志性人物，与近代伟大的资产阶级革命家孙中山相提并举，可见毛泽东对儒家学派、对先秦诸子在中国思想文化发展中的作用是十分看重的。中国的思想文化史，乃至中国的全部历史，不从孔夫子理起，不从先秦子学理起，是茫无头绪的，也说不清来龙去脉。毛泽东这个判断，是最有历史洞察力的。

正是在毛泽东这个指示的引导下，曾经在北平大学里开过先秦诸子课的陈伯达，于1939年春天，一连写了《老子的哲学》《孔子的哲学思想》《墨子哲学思想》等总结先秦诸子哲学思想的学术论文。毛泽东在审读这些文章时，写下六七千字的修改意见，对孔子和墨子哲学中不少具体观点做出了新颖独到的评论。指出孔子的功绩不只在教育普及一点，孔子在认识论与社会论上"有它的辩证法的许多因素，例如孔子对名与事、文与质、言与行等等关系的说明"；指出墨子是"中国的赫拉克利特"（古希腊唯物主义哲学家），是"古代辩证唯物论大家"。（《毛泽东文集》第二卷，人民出版社1993年版，第156—165页）

此期前后，毛泽东又在下力气讨论先秦兵家代表人物孙武子的《孙子兵法》。那时他正在总结研究中央苏区反"围剿"革命战争和抗日战争的经验教训和战略问题。毛泽东多次写信给在西安做统一战线工作的叶剑英和刘鼎，要他们购买一批军事书籍来。1936年9月26日给刘鼎写信，告诉他："不要买普通战术书，只要买战略书，买大兵团作战、战役学书。中国古时兵法书如《孙子》等也买一点。写信到南京国府路军学研究社，请他们代办。"（夏征难：《毛泽东与中外军事遗产》，大连出版社 1997 年版，第 65 页）同年 10 月 22 日，毛泽东又致信叶剑英、刘鼎："我们要的是战役指挥与战略的，请按此标准选买若干。买一部《孙子兵法》来。"（《毛泽东文集》第一卷，人民出版社 1993 年版，第 453 页）毛泽东在上述两封信中，都明确提到《孙子兵法》，从中反映出他对《孙子兵法》的重视之程度和要求之迫切。他认为《孙子兵法》是"战略书"，认为孙武子是"中国古代大军事学家"（《毛泽东选集》第一卷，人民出版社 1991 年第 2 版，第 201 页）。1938 年 5 月 26 日至 6 月 3 日，毛泽东在延安抗日战争研究会上作《论持久战》的讲演，强调"知彼知己"对认识战争现象的重要，他说："孙子的规律，'知彼知己，百战不殆'，仍是科学的真理。"（《毛泽东选集》第二卷，人民出版社 1991 年第 2 版，第 490 页）

抗日战争初期，毛泽东对先秦子学的研究进入了一种新的境界。

毛泽东历来主张对历史遗产，对传统文化，要汲取精华，剔除糟粕。他自己也做这方面的工作，对先秦子学采取批判继承的态度。1958 年他在审订中宣部部长陆定一的《教育必须与生产劳动相结合》一文时，加写了一段话，其中说道：

> 中国教育史有人民性的一面。孔子的有教无类，孟子的民贵君轻，荀子的人定胜天……诸人情况不同，许多人并无教育专著，然而上举那些，不能不影响对人民的教育，谈中国教育史，应当提到他们。（《毛泽东文艺论集》，中央文献出版社 2002 年版，第 191 页）

这里虽然是从教育史的层面切入，但是毛泽东事实上指出了儒家三位巨子即孔、孟、荀三人的学说中"有人民性的一面"，"影响对人民的教育"。我们所看重的不仅是毛泽东所举的例证，还有这个评价所包含的评价先秦子学的方法论意义：毛泽东所肯定的正是儒家三位巨子学说中的平民教育思想、民本思想和古代唯物论观点，这显然是儒家学派的思想精华。这种唯物史观的研究方法，完全适用于对先秦子学全部学派和全部著作的研究。

毛泽东是思想巨人，但是他很服膺先秦子学的博大精深，建构自己的思想体系时，常常将先秦子书带在身边，随时参考。1959 年 10 月 23 日，毛泽东从北京出发到南方视察，外出前他列了一个很长的书单。在他指名要带走的书籍中，先秦诸子和涉及研究先秦子学的著作主要有：

> 《荀子》《韩非子》《论衡》《张氏全书》（张载），关于《老子》

的书十几种。

标点本《史记》《资治通鉴》。

冯友兰：《中国哲学史》。

范文澜：《中国通史简编》。

吕振羽：《中国政治史》。

郭沫若：《十批判书》《青铜时代》《金文丛考》。（龚育之、逄先知、石仲泉：《毛泽东的读书生活》，三联书店1986年版，第18—19页）

从这个书单摘要中可以看出，毛泽东所带的先秦子书，有儒家的《荀子》，有法家的《韩非子》，有道家的《老子》——而且有"十几种"之多。有司马迁的《史记》，有先秦诸子的传记和学术活动史料。

冯友兰、范文澜、吕振羽和郭沫若四人，或是哲学史家，或是政治史家，或是历史学家，都是现当代中国治史的顶级人物，他们的著作《中国哲学史》《中国通史简编》《中国政治史》《十批判书》等，大都对先秦诸子的学说做过系统的梳理和透彻的分析。这些史学哲学著作对晚年毛泽东的子学观影响甚大。

1959年12月10日至1960年2月9日，毛泽东着眼检讨我国和苏联在社会主义经济建设中的经验教训，先后在杭州、上海和广州，组织读书小组研读苏联《政治经济学（教科书）》（下册）第三版。在研读时的谈话中，毛泽东评价儒家鼻祖孔子："孔子也因为在许多国家受了挫折，才转过来决心搞学问。他团结了一批'失业者'，想到处出卖劳动力，可是人家不要，一直不得志，没有办法了，只好搜集民歌（《诗经》），整理史料（《春秋》）。"毛泽东评价法家政治家李斯说："李斯的《谏逐客书》，有很大的说服力，那时候各国内部的关系，看起来是领主和农奴的关系，每个家族都有自己的战车、武士，一个国家统一的程度很差。李斯是拥护秦始皇的，属于荀子一派的，主张法后王。"（《瞭望》1991年第35期，转引自盛巽昌等：《毛泽东这样学习历史，这样评点历史》，人民出版社2005年版，第234—235页）毛泽东引用《老子》中的名言"千里之行，始于足下"来说明社会主义的分配原则眼前利益要服从长远利益；引用《孟子·滕文公上》的名言"物之不齐，物之情也"来说明社会主义计划经济活动中平衡与不平衡的关系。这里涉及儒道法三家的老子、孔子、孟子、李斯和他们的著作（子书）。（《读苏联〈政治经济学教科书〉的谈话（节选）》，《毛泽东文集》第八卷，人民出版社1999年版，第136、119页）

法家厚今薄古，儒家厚古薄今

毛泽东晚年于十年内乱的"文革"中，对先秦子学，主要是对儒法两家的评价陷入一种极端：他从政治需要出发，在"文革"动乱难于掌控的情况下，又错误地发起了"评法批儒""批林批孔"运动，绝对肯定法家，绝对否定儒家，使其儒法观完全倾斜，脱离了学术轨道。

"文革"之初的毛泽东就开始否定孔子的"圣人"地位。1966 年 11 月 20 日，毛泽东在会见参加武汉地区座谈会的曾思玉、王六生、刘建勋等人时说：

> 我劝同志们看看鲁迅的杂文。鲁迅是中国的第一个圣人。中国第一个圣人不是孔夫子，也不是我。我算贤人，是圣人的学生。（《毛泽东同参加武汉地区座谈会人员谈话记录》，逄先知、金冲及：《毛泽东传（1949—1976）》下卷，中央文献出版社 2003 年版，第 1609 页）

1968 年 10 月 13 日，毛泽东在中共八届十二中全会开幕式上的讲话中，提到范文澜的《中国通史简编》和郭沫若的《十批判书》，就当代几位学者"崇儒反法"史学观点散论漫谈起来。毛泽东认为范文澜对儒家、法家都给予了地位：

> 范老基本上也是有点崇孔啰，因为你那个书上有孔夫子的像哪。……但是，在范老的书上，对于法家是给了地位的，就是申不害、韩非这一派，还有商鞅、李斯、荀卿传下来的。（许全兴：《毛泽东晚年的理论与实践》，中国大百科全书出版社 1993 年版，第 450—451 页）

这次谈话，只是随便提到先秦思想史儒法两家，毛泽东并未想号召人们去钻进故纸堆，研究老古董，展开批判。

但是，"九一三"林彪事件之后，出于"文革"形势难以掌控，毛泽东扬法批儒倾向急剧升温。1973 年 5 月的一天，江青看望毛泽东，见毛泽东那里放着大字本的郭沫若《十批判书》。毛泽东给了江青一本，并说："我的目的是为了批判用的。"他还把自己写的一首诗念给江青听：

> 郭老从柳退，不及柳宗元；

名曰共产党，崇拜孔二先。（许全兴：《毛泽东晚年的理论与实践》，中国大百科全书出版社 1993 年版，第 448 页）

毛泽东的四句诗，批评郭沫若的《十批判书》崇儒抑法贬秦，肯定柳宗元的《封建论》赞郡县制废分封制。从思想史的角度说，毛泽东明确亮出了褒法贬儒的思想旗帜。

1973 年 5 月 20 日到 31 日，中共中央召开工作会议，主要议题是为召开中共十大做准备。在会上，毛泽东要求政治局的同志，当然也包括中央委员和候补委员在内，都要认真看书学习，不要光抓生产，还要注意路线、意识形态、上层建筑，要懂得历史，学点哲学，看些小说。5 月 25 日晚，毛泽东在中央政治局会议上讲话。他说：

郭老的《十批判书》有尊孔思想，要批判；但郭老功大过小，他在中国历史的分期上，为殷纣王、曹操翻案，为李白籍贯作考证，是有贡献的。对中国的历史要进行研究，从孔夫子到孙中山，从乌龟壳（甲骨文）到现在，都要进行研究、总结，要有知识。（《周恩来年谱（1949—1976）》（下卷），中央文献出版社 1997 年版，第 595 页）

此处，毛泽东一方面说要批判"尊孔思想"，另一方面又说"从孔夫子到孙中山，从乌龟壳（甲骨文）到现在，都要进行研究、总结"，这与 1938 年他在中共六届六中全会上的提议"从孔夫子到孙中山，我们应当给以总结，承继这一份珍贵的遗产"（见本节前面的述评），思想观点完全一致。

7 月 4 日，毛泽东在中南海游泳池住处召见了王洪文、张春桥两名"文革"新贵。毛泽东谈话中有一段说：

什么郭老、范老、任继愈、杨柳桥之类的争论。郭老又说孔子是奴隶主义的圣人。郭老在《十批判书》里头自称是人本主义，即人民本位主义。孔夫子也是人本主义，跟他一样。郭老不仅是尊孔，而且还反法，尊孔反法，国民党也是一样啊！林彪也是啊！（《毛泽东年谱（1949—1976）》第六卷，人民出版社 2013 年版，第 485 页）

毛泽东把"尊孔反法"与政治运作扭结到一起。8 月 5 日，毛泽东召见江青，

对她说:

> 历代政治家有成就的,在封建社会前期有建树的,都是法家。这些人都主张法治,犯了法就杀头,主张厚今薄古。儒家满口仁义道德,一肚子男盗女娼,都是主张厚古薄今的。(《毛泽东年谱(1949—1976)》第六卷,人民出版社2013年版,第490页)

这次谈话中,毛泽东的扬法贬儒已达极点。"九一三"事件中,林彪一伙攻击他是"当代的秦始皇"。对手的比附和攻击,激起了他的愤慨。这使他的评法批儒论始皇,不少为争辩与批驳的激愤之语,很难说是深思熟虑后的准绳之言。这些话语在1973年产生了令人遗憾的后果。

1974年1月18日,毛泽东批准下发了本年第一号中共中央文件,就是由江青直接指挥编辑的材料《林彪与孔孟之道》(之一)。中央通知说:"林彪是一个地地道道的孔老二的信徒,他和历代行将灭亡的反动派一样,尊孔反法,攻击秦始皇,把孔孟之道作为阴谋篡党夺权、复辟资本主义的反动思想武器。"于是,一场比"评法批儒"更为荒谬的"批林批孔"运动在全国蔓延开来,这里的儒法之辩已经毫无学术味道。

从上述引语中可以看出,毛泽东"评法批儒"好强调儒家"法先王",厚古薄今,复古倒退;法家"法后王",厚今薄古,改革进步。这里藏着隐忧,即担心否定"文革"。当时的思维定式是:拥护维护"文革"的即是思想激进的左派,是革新派;抵制反对"文革"的即是观念保守的右派,是复辟派。这个评批目的,这个政治功利,这个价值取向,使"评法批儒"一开始就不是在争论学术是非,而是一种政治运作,是在较量政治短长。"四人帮"借题发挥的"影射史学"乘机甚嚣尘上。现在回头看,毛泽东晚年那一场评批运动虽然声势浩大,但是并未给毛泽东增加新的荣誉,实事求是地讲,那是他先秦子学品读史上的"滑铁卢"。

"文革"中带有浓烈政治色彩的"评法批儒""批林批孔"运动,不可能正确评价儒家、法家思想,不可能批判地继承儒法两家思想的精华,并给予其在我国思想文化史上弥足珍贵的一席之地。今天,它们的阴影早已渐去渐远。整体扫描毛泽东品读先秦子学的"全息"图像,仍然可以使我们在拂去灰尘后看到耀眼的光芒。

晚年毛泽东读先秦子书的情况,还有一种记载。毛泽东的图书管理员徐中远先生编制的《毛泽东晚年读过的新印大字线装书目录》,提供了较为全面的信息。从1972年7月8日到1976年8月31日,给毛泽东特别印制的大字本线装书，涉及先秦各家子书的有如下之著作：

道家有研究老子的著作：《老子简注》，高亨注译，1册；《老子校诂》，马叙伦校，1函5册。

儒家有批判孔孟的著作：《四书评》，（明）李贽著，1函4册；《从银雀山竹简看秦始皇焚书》，卫今著，1册；《鲁迅批判孔孟之道的言论摘录》，上、下册；《鲁迅批孔反儒文辑》，上、下册；《关于孔子杀少正卯问题》，赵纪彬著，1函5册；《孔丘教育思想批判》，冯天瑜著，1函6册；《批林批孔文章汇编》（一）（二），上、下册。与此相关的还有两种书籍，大约当时是供"批判参考"之用：《十批判书》，郭沫若著，1函8册；《五四以来反动派、地主资产阶级学者尊孔复古言论辑录》，1册。

法家有商鞅和韩非的著作：《商君书注释》，高亨注译，1函6册；《商君书·更法》，（战国）商鞅著，1册；《论商鞅的历史功绩》，陕西师大师生著，1册；《论商鞅》，梁效著，1册；《韩非子》，1函6册；《韩非子·孤愤》，1册。

兵家有孙武和孙膑的著作：《孙子兵法》，1函1册；《孙膑兵法》，1函1册；银雀山汉墓竹简（《孙子兵法》《孙膑兵法》），1函10册。

杂家有吕不韦的著作：《吕氏春秋集释》，许维遹，1函10册。（徐中远：《毛泽东晚年读过的新印大字线装书目录》，《毛泽东晚年读书纪实》，中央文献出版社2012年版，第496—500页）

这些特制的大字线装书，涉及先秦道、儒、法、兵、杂五家。其中没有印制儒家诸子的著作，只有研究或批判儒家（主要是孔子）的著作，研究的如郭沫若的《十批判书》，批判的如《孔丘教育思想批判》——这是"评法批儒""批林批孔"特殊政治生活衍生的畸形文化现象。其他四家则是原著或注释类、研究类的著作同时印制，供毛泽东和中央高层领导阅读使用。尽管其间抹上了政治运作色彩的阴影，从中我们还是可以看出毛泽东终身不忘地关注先秦子学的浓厚情趣。

毛泽东一生品读先秦子书的实践活动，构成了"毛泽东品先秦诸子"丛书写作的对象和材料。据初步梳理统计，毛泽东品评引用先秦诸子代表性著作数量相当可观：

儒家孔子的《论语》达 180 次，其中肯定性评价引用 160 次，否定批评性引用只有不到 16 次，还不到十分之一（毛泽东评论孔子生平数十次不在本书之列）。

儒家孟子生平事迹和《孟子》达 108 次，其中肯定性评价引用达 105 次，否定批评性引用只有 3 次。

儒家荀况生平事迹和《荀子》5 次。

道家老子生平事迹和《老子》达 55 次，其中肯定性评价引用 51 次，否定批评性引用只有 4 次。

道家庄子生平事迹和《庄子》达 50 次，其中肯定性评价引用 48 次，否定批评性引用只有 2 次。

道家列子著作《列子》达 18 次，全部是正面肯定性的。

墨家墨子生平事迹和《墨子》8 次，7 次是正面肯定性的。

兵家孙武子生平事迹和《孙子兵法》达 99 次（包括品评引用战国兵家、孙武后代孙膑生平事迹 7 次），其中肯定性评价引用 97 次，否定批评性引用只有 2 次。

法家商鞅生平事迹和《商君书》3 次。

法家申不害生平事迹 3 次。

法家韩非生平事迹和《韩非子》17 次。

法家李斯生平事迹和《谏逐客书》3 次。

杂家管仲生平事迹和《管子》11 次。

纵横家鬼谷子、苏秦、张仪、子贡、鲁仲连、叔孙通生平事迹 7 次。

毛泽东对先秦儒、道、兵、法、墨、杂、纵横家诸子代表性人物 20 人生平事迹和著作，品评引用共达 567 次之多。其中肯定性评价引用 539 次，否定批评性引用只有 28 次。

这组数据说明，毛泽东在品读先秦子学著作中，真正贯彻了汲取精华、剔除糟粕的批判继承性原则，做到了旧籍新解、古为今用。有人因为毛泽东在五四运动和"文革"中说过一些"批孔"的话，就判定毛泽东是全面"反孔派"；还有人因为毛泽东在著作和谈话中引用不少孔孟语录，就判定这是把马克思主义"儒家化"。其实，这两种说法都偏离了历史事实。如何继承传统文化遗产，如何借鉴旧时代思想家的思维成果，毛泽东可谓深思熟虑。他紧密联系中国革命和建设的实际，运用唯物史观，艰辛开拓，不懈努力，进行理论创立和文化整合，真正弘扬中华民族的优秀思想文化传统，使先秦子学得到现代阐释和现代转换，作为马克思主义中国化的养分和沃土，寻求到中国风格和中国气派。

品读 卷

Mao Zedong Pin Sunzi Bingfa

毛泽东品孙子兵法

孙武其人和《孙子》其书

——毛泽东漫谈孙武子和《孙子兵法》

品读《孙子兵法》，不能不了解它的作者孙武是个什么样的人，比如他生于何时何地，他的学识才华如何，他一生的业绩和贡献有哪些，不能不了解《孙子兵法》是怎样一部兵书，比如它有哪些理论观点和思想内容，它继承了什么，开创了什么，对于后世军事学说发展有什么影响。这些也许是常识，但是，对事物本质的认识，又往往就是从常识切入的。

毛泽东漫谈孙武子和《孙子兵法》也从常识入手，也讲人们易于接受的常理。可是，你在"常识"和"常理"中却能品味出某种或种种"不寻常"。

中国古代大军事学家

坦率地说，毛泽东没有专门论述过孙武其人和《孙子》其书，既没有这方面的论著，也无这方面的论文，甚至也没有这方面的专题谈话。他对孙武和《孙子》的评论，几乎全是在谈别的问题时"捎带"出来的。比如，他这样提到孙武：

> 中国古代大军事学家孙武子书上"知彼知己，百战不殆"这句话，是包括学习和使用两个阶段而说的，包括从认识客观实际中的发展规律，并按照这些规律去决定自己行动克服当前敌人而说的；我们不要看轻这句话。(《中国革命战争中的战略问题》，《毛泽东选集》第一卷，人民出版社1991年版，第182页)

这段话，毛泽东的本意不在评价孙武子是怎样一个人，但是他于有意无意之间说出了"中国古代大军事学家孙武子书上……"这句话，这是对孙武历史角色、历史贡献、历史地位的准确定位。细致区分，这句话包括四方面内容：

一、"孙武子"。姓孙名武。子，是古代对男子、学者的尊称。如老子、孔子、孟子、庄子、墨子，等等。孙武也被尊称为孙子、孙武子。孙子字长卿。籍贯，一说春秋末期齐国人，如西汉人司马迁《史记·孙子吴起列传》载："孙子武者，齐人也。"一说春秋末期吴国人，如东汉人赵晔《吴越春秋·阖闾内传》载："孙子者，名武，吴人也。"唐人林宝撰《元和姓纂》，是我国历史上第一部官修的姓氏典籍，书载："吴有孙武"，"吴孙武子世居富春"。宋人邓名世、邓椿撰《古今姓氏书辨证》，载："孙书，字子占……生凭，字起宗，齐卿。凭生武，字长卿。"宋人欧阳修、祁撰《新唐书》，其《宰相世系表》载："（孙）书生凭，字起宗，齐卿。凭生武，字长卿。"孙武子生卒年代不详，大约与儒学创始人孔子（前551—前479）属于同时代而略晚。因其功绩主要是在吴国建立的，后世也称其为吴孙子。

二、"中国古代"。孙武的生活时代，具体说是春秋末期。这是一个风云诡谲的时代。随着王权的沦落，诸侯对天子的朝觐、贡赋大大减少，王室财政越来越拮据。经济上对于诸侯的仰赖，使其在政治上不得不受诸侯的摆布。有的诸侯公然同周王进行战争；有的诸侯名义上打着"尊王"的旗帜，实际是要把周王控制在自己手里，争夺指挥诸侯的霸权。社会进入了一个动荡的时代。同时，由于各诸侯国经济、政治、军事力量发展的不平衡，出现了诸侯兼并、大国争霸的形势，"礼、乐、征、伐自天子出"被"礼、乐、征、伐自诸侯出"（孔子语，《论语·季氏》）的局面所代替。随着霸主侯国的相继崛起，逐渐取代了天子所拥有的权力，靠天子、诸侯、士大夫三级政权来维系的政治体制遭到破坏。各诸侯国利用旧有的政治体制，"挟天子以令诸侯"，用尊王攘夷捍卫王室以征不德的名义，直接向中小国家征调兵力和军赋，扩充自己的实力，公开同王室抗礼。先后崛起了齐、秦、晋、楚等较强的诸侯国，他们励精图治，积极拓展称霸事业。孙武子所在的齐国和后来投奔的吴国，都是争霸战争中的强国。总之，春秋末期是一个弱肉强食、争霸称雄的时代，是一个兼并战争不断发生、走向统一的时代，是一个奇谋诡计尽施的时代。孙武是齐国贵族和名将的后裔。公元前532年，齐国发生内乱，孙武便离开齐国，到了南方的吴国。后经伍子胥推荐，为吴王重用。孙子拜将后，为吴国的兼并战争立下功绩。《孙子兵法》中关于"王霸之兵"（《九地》）的记载，反映了这个时代的军事特征。这个时期，文韬武略空前发展，军事著作的数量和质量都超过了以往的时代。齐国人司马穰苴的《司马法》，宋国人李耳的《老子》，鲁国人孔子的《论语》和《春秋》，以及后来反映春秋中晚期生活的"《春秋》三传"（《左传》《穀梁传》《公羊传》），都有数量可观的军事论述和战事记载。孙武在此时撰著《孙子兵法》绝非偶然。

三、"孙武子书"。即《孙子兵法》。这部兵书为孙武所著，起初孙武的命名很可能就叫《十三篇》，或《兵法十三篇》。司马迁《史记》卷六十五《孙子吴起列传》："孙子武者……以兵法见于吴王阖闾，阖闾曰：'子之十三篇，吾尽观之矣，可以小试勒兵乎？'对曰：'可。'……于是许之。"山东临沂银雀山汉墓竹简本《孙子兵法》下编载孙子佚文《见吴王》，其中两处提到"十三篇"："……而用之，□□□得矣。若□十三扁（篇）所……""〔十〕三扁（篇）所明道言功也，诚将闻……"（汉墓竹简《孙子兵法》，文物出版社1976年版，第108页）青海大通县上孙家寨出土《孙子》佚文亦有："孙子曰：夫十三篇……"（《大通上孙家寨汉简释文》，《文物》1981年第二期）这三处记载证明孙武于《孙子兵法》有无可争议的著作权。

"孙武子书"在春秋战国时代即已广泛流传，从此久传不衰。战国末期思想家韩非在其著作《韩非子·五蠹》中说："境内皆言兵，藏孙、吴之书者，家有之。"孙指孙武，吴指吴起；"孙、吴之书"指《孙子兵法》和《吴起兵法》。韩非意思是说，处战国之世兵学兴盛，谈兵论战的人很多，士大夫之家都藏有孙武和吴起的兵书。也就是《孙子兵法》广泛传播。战国末年秦相国吕不韦撰《吕氏春秋》，其《上德》中说："以德以义，则……阖闾之教，孙、吴之兵，不能当矣。"后汉人高诱注："孙、吴，吴起、孙武也。吴王阖闾之将也，《兵法》五千言是也。"《孙子兵法》正是"五千言"。东汉史学家班固在《汉书·刑法志》记载："吴有孙武，齐有孙膑，魏有吴起，秦有商鞅，皆禽（擒）敌立胜，垂著篇籍。"三国东吴大帝孙权为"孙氏家世"宗谱撰《自序》（后人称《天子自序》），序中载："（孙）武，字长卿，以兵机动吴王阖闾，著书陈策，吴得志焉！"

《孙子兵法》，亦称《孙子》《吴孙子》《孙武兵法》，凡十三篇，是孙武一生用兵谋略之集大成者，也是中国乃至世界上流传下来的最古老、最完整的军事理论著作。与《战争论》（［德国］克劳塞维茨著）、《五轮书》（［日本］宫本武藏著）合称为"世界三大兵书"，享有"兵学圣典"的美誉。

四、"大军事学家"。孙武不是一般的勇士，不是一般的战将，不是一般的军事家，而是兵学家，是"大军事学家"。有人说他是武圣、兵圣、百世兵家之师、东方兵学的鼻祖，这些说法都有一定的道理，都着眼于孙武子在兵学即军事理论方面的创立和贡献。战国中期的军事家、齐国人孙膑，是孙武后世子孙，曾为齐威王军师，在桂陵、马陵之战中大败魏军，名扬诸侯，《史记》卷六十五有传。著有《孙膑兵法》，他将孙武一门的兵学理论概括为"孙氏之道"，在《陈忌问垒》篇中载："孙氏之道""明之吴越，言之于齐"。意思是孙子的学说自成一家，在东方的吴国、越国和齐国流传很广。三国时期的政治家、军事家曹操征战一生，精通兵法，著有《孙子略解》《续孙子兵法》《兵书接要》等书，他说："吾观兵书战策多矣，孙武所著深矣！"（《孙子略解》）曹操在比较中认识到孙武学说的宏博深刻。三国时期魏国的另一位学者张子尚，著有《孙武兵经》。首次以"兵经"的高位评价"孙武子书"，是很有历史眼光的。唐太宗李世民是文治武功显赫的帝王，曾与名臣李靖研讨兵法，经后人整理为《唐太宗李卫公问对》，收入《武经七书》，成为古代兵学名著之一。该书载唐太宗评价《孙子兵法》："朕观诸书，无出孙武；孙武十三篇，无出虚实。"强调了孙武子兵学对后世的深远影响。北宋大文学家苏洵撰《嘉祐集》，他在《明间篇》中评价"孙武乃言兵之雄"，又在《权书篇》载记："孙武十三篇，兵家举以为师。"承认孙武为兵学大师。南宋人戴溪曾任兵部郎官，撰著《将鉴论断》一书。评述九十三名将帅的用兵得失，其《孙武》篇断言："孙武之书十三篇，兵家之说备矣。"孙子兵学是完备的思想体系。戚继光是明代军事家、抗倭名将，在巩固海防和边塞御敌中屡立战功，他在所著《纪效新书》的《自序》中说："尝读孙武书，叹曰：兵法其武库乎！""乃知孙武之法，纲领精微莫加矣。"孙武子书是博大精深的兵学宝库。明代学者胡应麟在其著作《少室山房笔丛》的《九流绪论》篇评论："孙武十三篇为百代谭兵之祖。"肯定了历代兵家祖述孙武。毛泽东定位孙武子是"大军事学家"，是准确的，是有历史根据和历史传统的。

孙武这个大兵学家，不仅善于著书立说，而且善于治军经武，善于用兵作战。孙子善于治军。西汉人司马迁除了在《史记·孙子吴起列传》中记载"孙武练兵斩姬严明军法"的故事外，在《史记·律书》还记载："晋用咎犯，而齐用王子，吴用孙武，申明军约，赏罚必信……"也强调孙子的治军才能。三国时期著名政治家、军事家诸葛亮指挥攻伐魏国的战争，结果因错用马谡导致街亭之败，他由此想起孙武子治军的严明，感叹说："孙

武所以能制胜于天下者，用法明也！"（［晋］陈寿：《三国志·蜀书·马良传》）

孙武也是善用兵者。孙武隐居吴国，著述兵法，待机出山，施展抱负。公元前512年，经伍子胥引荐，吴王阖闾召见孙武，经过兵法问对和吴宫教战考察后，拜为将军。司马迁记载："于是阖庐（即阖闾）知孙子能用兵，卒以为将。西破强楚，入郢，北威齐晋，南服越人，显名诸侯，孙子与有力焉！"（《史记》卷六十五《孙子吴起列传》）东汉人袁康、吴平也记载："阖闾令子胥、孙武与（伯）嚭将师入郢，有大功。"（《越绝书·纪策考》）这与《史记》所记孙武战事相印证。

所谓"西破强楚，入郢"之战。据《史记·吴太伯世家》和《史记·伍子胥列传》记载，吴王阖闾三年（前512），吴国攻打楚国舒（今安徽庐江县西），阖闾谋划欲进入楚都郢（今湖北江陵西北），孙武劝阻说："民劳，未可，待之。"（《史记·吴太伯世家》）吴王阖闾四年，攻取楚国六和灊两地。六年，败楚军于豫章。"阖闾九年，吴王谓子胥、孙武曰：'始，子言郢未可入，今果何如？'"（《史记·伍子胥列传》）阖闾想要大举伐楚，伍子胥、孙武建议必须联合二等诸侯国唐国和蔡国，方可出兵。由此揭开了吴军"五战及郢"的序幕。孙武的这些建言体现了先计后战、积形造势、伐谋合交、先疲后打的军事原则。公元前506年，吴王阖闾率领弟弟夫概王子及伍子胥、孙武等联合蔡、唐两国军兵西进攻楚，经过五次战斗攻入楚都郢城（今湖北省江陵西北）。五战为：小别山至大别山之战；柏举决战；清发水追击战；雍澨打援之战；入郢之战。《吕氏春秋·简选》亦有吴王阖闾"与荆（楚）战，五战五胜，遂有郢"的记载。此战役体现了孙子先胜后战、进攻速决、避实击虚、因敌制胜、半渡而击等谋略思想。

所谓"北威齐晋"之战。这里之"威"，当是威迫、威胁之意，言说吴国强大，齐国、晋国为之畏惧屈服。孙子讲"不战而屈人之兵"，主要是武力威慑。《吕氏春秋·简选》称，吴王阖闾"北迫齐晋，令行中国"。也是威慑逼迫的意思。又《越绝书·记吴地传》载："阖庐（即阖闾）伐齐，大克。"《左传·哀公十一年》记，吴军大败齐师于艾陵，迫使齐国求和。这些都当在《史记》所言"北威"之中。

所谓"南服越人"之战。《史记·伍子胥列传》称："当是时，吴以伍子胥、孙武之谋，西破强楚，北威齐晋，南服越人。"吴国"南服越人"之事，当指吴王夫差二年（前494），吴军大败越兵于夫椒，乘胜追击至会稽山，迫使越王勾践臣服之事。从《史记》记载看，孙武参与了这场战争的庙算谋划。

尽管孙武子有战绩，但是他对中国军事史的贡献，主要不在于带兵打仗，而在于著书立说。所以，毛泽东不称他是"战将"、"名将"或"军事家"，而称他是"大军事学家"。这个历史定位，再恰当不过！

《孙子兵法》有些很好的原则

孙武子曾经与吴王阖闾谈论晋国的"六将军"孰兴孰亡，从中可以看出孙武的战略预测才能。但是，孙子无论如何也不会预见到两位第二次世界大战反法西斯的大英雄聚谈，评论他那部流传了二千五百余年的兵书。

英国的蒙哥马利元帅，是举世闻名的第二次世界大战欧洲战场的军事统帅。20 世纪 60 年代初他第一次访问中国时，会见了毛泽东主席。

两人都是反法西斯侵略战争的巨人。蒙哥马利拜访毛泽东，两个人谈战争、谈兵书、谈军事人物，谈国际格局，可谓"棋逢对手，将遇良才"，真正的"高层论坛"。

> 蒙：要同时做一切事情是没有好处的。我是个军人，我了解这一点。你也是个军人，你也应该了解这一点。
>
> 毛：你有三十五年军龄，你比我长，我只有二十五年。
>
> 蒙：我有五十二年了。
>
> 毛：可是我还是共产党军事委员会主席。
>
> 蒙：那很好。我读过你关于军事的著作，写得很好。
>
> 毛：我不觉得有什么好。我是从你们那儿学来的。你学过克劳塞维茨，我也学过。他说战争是政治的另一种形式的继续。
>
> 蒙：我也学过成吉思汗，他强调机动性。
>
> 毛：你没有看过两千年以前我国的《孙子兵法》吧？里面很有些好东西。
>
> 蒙：是不是提到了更多的军事原则？
>
> 毛：一些很好的原则，一共有十三篇。
>
> 蒙：我们应当从两千年以前回到现在了。你同意不同意，我回到伦敦以后，在结束欧洲的军事占领和解决台湾这两个大问题上动员世界的舆论？你是否同意先从这两个问题开始？
>
> 毛：好，我赞成。(《同蒙哥马利元帅的谈话》，《建国以来毛

泽东军事文稿》下卷,军事科学出版社、中央文献出版社2010年版,第91页)

蒙哥马利很赞赏推崇毛泽东的军事著作,毛泽东则不以为然,又谈世界知名的"大军事学家"克劳塞维茨的战争定义,蒙哥马利则谈征服欧亚大陆的成吉思汗的机动作战。毛泽东思接千载,推出"两千年以前我国的《孙子兵法》"。蒙哥马利很关注地询问:《孙子兵法》"是不是提到了更多的军事原则?"毛泽东解释说,《孙子兵法》"里面很有些好东西""一些很好的原则,一共有十三篇"。

也许是时间的关系,也许是谈话主旨的关系,两位统帅没有就此话题深入开展下去。是的,品读《孙子兵法》不能不关注它提出了哪些"很好的"军事原则.毛泽东当时没有回答这个问题,但是他在以往的军事实践中似乎对这个问题给出了答案。他说《孙子兵法》"一共有十三篇"。即《计篇》《作战篇》《谋攻篇》《形篇》《势篇》《虚实篇》《军争篇》《九变篇》《行军篇》《地形篇》《九地篇》《火攻篇》《用间篇》。这十三篇都有哪些军事思想原则引起了毛泽东的注意?据笔者梳理,在漫长而艰难的战争时期,毛泽东对"十三篇"中的如下一些军事原则进行了阐述、改造和运用:

《计篇》中"攻其无备,出其不意""示形""庙算"胜敌的军事原则;《作战篇》中"钝兵挫锐,屈力殚货""因粮于敌""兵不贵久"的军事原则;《谋攻篇》中"不战而屈人之兵""十则围之,五则攻之""知彼知己,百战不殆"的军事原则;《形篇》中"立于不败之地"的军事原则;《势篇》中"奇正之变"的军事原则;《虚实篇》中"以十攻其一""兵无常势,水无常形"的军事原则;《军争篇》中"兵以诈立""避其锐气,击其惰归""养精蓄锐,以逸待劳""穷寇勿追"的军事原则;《九变篇》中"君命有所不受"的军事原则;《九地篇》中"陷之死地而后生"的军事原则;《用间篇》"先知必取于人""因敌间而用之"的军事原则。

总的来说,毛泽东把《孙子兵法》看成是一部论战略的兵书,他也主要是从战略、战役层面来品读、理解和运用其中的军事思想。从战术、战斗角度来看待孙武子书,是很少有的情况。毛泽东运用过的这十九条军事原则,可以说都是"很好的原则"。因为它们启迪了今人的军事智慧,在生活实践尤其是军事实践中证明了它们的真理性。当然,其中有的原则如"穷寇勿追"和"君命有所不受",今天再使用它们,都要因时变化,因事变通,甚至要反其意而用之。即使像"知彼知己,百战不殆""攻其无备,出其不意"这样完全适用于今天战争的指导原则，也不能照搬书本，死守教条，仍然要有继承，有创造，在更新军事观念中克敌制胜。

毛泽东没有提的《行军篇》《地形篇》《火攻篇》中，也包含着不少"很好的原则"。只是毛泽东在实践中没有遇到运用它们的机会罢了。孙子"十三篇"的军事原则，已经形成了自身的思想体系，由于研究和运用者地位、视野和目的不同，概括出的孙子思想理论框架也各有千秋。

刘伯承元帅曾将孙子军事思想概括为谋略、兵势、正兵和奇兵、虚和实、用兵的主动性和灵活性、用间六个方面。（陶汉章：《孙子兵法概论》，解放军出版社1985年版）

郭化若将军认为《孙子》的军事思想包括三个方面：在对战争的认识上，反映了孙子重视战争、对战争抱慎重态度和要求有备无患的思想以及把政治列为决定战争胜负的首要因素、以"五事""七计"全面考察战争的观点。在军队问题上，主要表现在对将帅和治军两方面的论述中，即以智、信、仁、勇、严为将帅标准以及"令之以文，齐之以武"的治军要求。在作战指导上它主张进攻速胜、争取主动、灵活机动等，在作战形式上强调野外机动作战。（郭化若：《孙子今译》，上海人民出版社1977年版）

谢国良少将提出，《孙子》的军事思想包括重战、慎战和备战、善战思想，注重计谋、全胜和进攻速胜的战略思想，主动、惑敌、因情用兵思想，重视将道和法治的治军思想以及军事哲学思想。（谢国良：《孙子思想研讨》，《军事史林》1986年第1—4期）

吴如嵩少将指出，《孙子》包括：安国全军的慎战论，深谋远虑的先胜论，不战而屈人之兵的全胜论，威加于敌的伐交论，纵深奔袭的突袭论，攻虚击弱的易胜论，示形动敌的致人论，因利制权的任势论，兵以诈立的诡道论，奇正相生的阵法论，用兵八戒与十围五攻的常法论，合文齐武的治军论，五德兼备的将帅论，因粮于敌的后勤论，九地六形的军事地理论，刚柔皆得的战道论。（吴如嵩：《孙子兵法新论》，解放军出版社1989年版）

于汝波少将按照简易原则，将《孙子兵法》的军事思想大致概括为关于战争问题、战略战术原则问题、军队建设问题三个大的板块。其中关于战争问题分为国家至上胜利第一，重战慎战，多因素制胜；关于战略战术原则分为：先知原则，先胜原则，全胜原则，致人原则，突袭原则，奇胜原则，击虚原则，任势原则和善守原则；关于军队建设分为重视将道和以法治军。（于汝波：《孙子兵法研究史》，军事科学出版社2001年版）

刘庆研究员从军事思想体系、思维形式体系、思维方式体系三方面予以分析,认为《孙子》军事思想体系由战争准备理论和战争实施理论两大部分构成,思维形式体系由战争问题、作战指导和军队建设三个基本军事范畴群构成,思维方式体系由逻辑思维方法、定量分析方法、朴素系统方法、原始辩证思维方法构成。(刘庆:《〈孙子〉兵学体系初探》,《孙子新探》,解放军出版社 1990 年版)

毛泽东评价《孙子兵法》中有一些"很好的原则",就是说这些战争指导原则反映的是军事斗争规律,是战争博弈的高级智慧的结晶,因此它们在古代战争和现代战争中反复出现,并且还将在未来战争中被证明其屡试不爽的正确性和有效性。

《孙子兵法》在军事史上地位重要

20 世纪 70 年代中期,在山东临沂银雀山发掘出《孙子兵法》《孙膑兵法》等大批竹简和竹简残片。1974 年 6 月 7 日,新华社报道了这个消息。毛泽东听了这则报道,意识到这是考古史上的重要发现,很兴奋地评论说:

> 《孙子兵法》和《孙膑兵法》在中国历代的军事史上,都占有十分重要的地位,并且都发挥过十分重大的作用;即便是在世界的军事史上,影响也是很大的。
>
> (邱延生:《历史的情怀——毛泽东生活记事》,新华出版社 2008 年版,第 435—436 页)

明人茅元仪说:"先秦之言兵者六家,前孙子者,孙子不遗;后孙子者,不能遗孙子。……要之,学兵诀者,学孙子焉可也。"(《武备志·孙子兵诀评·序》,转引自《孙子兵法辞典》,白山出版社 1993 年版,第 178 页)这个评价是非常精当的。意谓《孙子》自古以来就是兵家的鼻祖;早于《《孙子》》的兵书,其思想无不已包含在《孙子》之中;晚于《孙子》的兵书,其思想则超越不过《孙子》;《孙子》而外的各类兵书,可以说是对《孙子》的注疏。学习兵法的关键,实质上就是学习《孙子》。茅元仪是明朝崇祯年间的副总兵,曾随大学士孙承宗督师辽东、保卫北京,他广搜兵书,精通兵法,用毕生精力编写《武备志》,以应时艰,他的话很有概括性,简练而全面。这是明朝人对《孙子兵法》历史地位的认定。

《孙子兵法》在中国历代军事史上的重要地位可以概括为三个方面:

首先，《孙子兵法》是中国古代兵学的巅峰之作。它以恢宏的气度和广博的视野，总结了华夏民族上古军事史战争史的历史经验，形成了博大精深的兵学体系，达到了所处时代的兵学高峰。它的出现，标志着华夏民族军事思维进入成熟期。中国古代兵学滥觞于三代时期，早在商周之际，就已经有了相当程度的发展。原本，军事学说与政治学说是熔于一炉的。此时，一些专门性质的军事书开始出现，如后来散见于史籍记载的《军志》《军政》、古《司马法》和《令典》等。它们似乎还只是军事制度、军事法规一类书，还不是纯粹意义上的军事理论书。但是从这些兵书仅存的佚文看，开始具备了理论形态。《孙子兵法》的撰著肯定受到了这些兵书的影响，如《军志》中有"允当则归""知难而退""有德不可敌"（《左传·僖公二十八年》），"先人有夺人之心，后人有待其衰"（《左传·昭公二十一年》）之类的话。《孙子兵法》中所说的"归师勿遏""三军可夺气，将军可夺心"、"五事"以"道"为首等，含义与之都比较接近。另外，《孙子兵法》中还直接引用了《军政》里的话："《军政》曰：'言不相闻，故为金鼓；视不相见，故为旌旗。'"《史记·太史公自序》称："自古王者而有《司马法》，（司马）穰苴能申明之。""《司马法》所从来尚矣，太公、孙、吴、王子能绍而明之。"这里的"孙"即应指孙武子。从目前所见史料看，《孙子兵法》中有些话很可能引自古《司马法》，或对其有些观点进行了介绍和阐发。孙子还注意从战争史中汲取营养。如他在《火攻篇》中引证了"昔殷之兴也，伊挚在夏；周之兴也，吕牙在殷"的战例，说明他对商灭夏、周灭商的历史经验极为重视。对于同时代一些政治家、思想家对军事问题的精辟论述，孙武也兼收并蓄。如《左传》成公十三年载有刘康公的话："国之大事，在祀与戎。"《孙子兵法》开篇就说："兵者，国之大事。"与之思想内容十分接近。《韩非子·难一》载有晋文公时代的大夫咎犯的观点："战阵之间，不厌诈伪。"《孙子兵法》中则有"兵以诈立"的观点，应是对前人这种认识的理论概括。春秋末期的楚臣（后到秦国）申包胥提出："夫战，智为始，仁次之，勇次之。"（《国语·吴语》）将"智"摆在首位。《孙子兵法》提出将帅应具备的五条标准"智、信、仁、勇、严"（《计篇》），也是以智为先。可见，孙武子曾经学习研读过这些前人和同时代人的思想，并吸收了其中的一些精华，在此基础上进行了卓越的理论创造，并在思想体系上进行了新的构筑。"先孙子者，孙子不遗。"因为全面总结了历史经验，《孙子兵法》对军事问题的认识才达到崭新的历史高度，形成包容古人今人思想精华的集大成之作。难能可贵的是，它又是具备完整形态的、整体流传下来的军事理论著作。

其次，《孙子兵法》是中华民族兵学的元典。它构建了传统军事理论体系的基本框架，导引了中国古代兵学发展的基本趋向。像先秦诸子百家的许多经典著作一样，它所开启的许多军事课题，成为后人军事思维的思想矿床，可以持续深入开采。《孙子兵法》十三篇虽然只有五千言，但是它构建了一个庞大的完整的军事思想体系。这个理论体系囊括了战争指导原则、军队建设原理和军事思维方式的基本内容，奠定了中国古代军事思想长期发展的基础。从中国历代军事著作的撰写刊印情况看，从历代兵学家的思想状况和发展轨迹来看，总体上可以说是"祖述孙子"，没有脱离孙子所建构的兵学理论思想框架，他们或者根据时代的发展和战争手段的进步来补充，使之更加完善，或者结合实际运用，进行阐发，使之更加具体，或者根据认识水平的提高，改铸一些旧的范畴，使之更加合理充实。

这种情况从吴起、孙膑、尉缭就开始了。战国初期，卫国人吴起在鲁国、魏国、楚国为将为相，著有《吴子》（也称《吴起兵法》）一书，从中不难看出它与《孙子兵法》的师承关系。例如，《吴子·论将》中"治众如治寡"一语，就出自《孙子兵法·势篇》；《吴子·治兵》中"以近待远，以逸待劳，以饱待饥"，语出《孙子兵法·军争篇》，是孙武"四治"战法中"治力"之法。《吴子·应变》中"敌若绝水，半渡而薄之"，源自于《孙子兵法·行军篇》中的"客绝水而来……令半济而击之"。《吴子·料敌》"凡料敌有不卜而与之战者八……有不占而避之者六……"这段话很可能是对《孙子》关于"料敌知胜，计险厄远近"（《地形篇》）这句话的扩展。以上事例，说明吴起的军事思想有不少方面受孙武启发。

战国中期的孙膑，是孙武的后人。在《孙膑兵法》中引有较多的孙武的论述。军事科学院研究员霍印章在论《孙膑兵法》与《孙子兵法》的师承关系的文章中，对此做了丰富的阐述："以首篇《擒庞涓》为例，孙膑先后为田忌谋划四条妙计，每条都与孙子的理论惟妙惟肖：第一条'南攻平陵'，向敌'示之疑''示之不知事'，实即《孙子·计篇》所讲的'强而避之''用而示之不用'；第二条平陵佯攻，故意牺牲齐城、高唐二大夫，实即孙子《计篇》所讲的'能而示之不能'和《九地篇》所讲的'顺详敌之意'；第三条'遣轻车西驰梁郊，以怒其气，分卒而从之，示之寡'，实即孙子《计篇》所讲的'怒而挠之'和《虚实篇》所讲的'攻其所必救'；第四条桂陵设伏，一举歼敌，实即孙子《势篇》所讲的出奇制胜和《计篇》所讲的'攻其无备，出其不意'。这四条既反映了《孙膑兵法》的一些主要特点，也反映了《孙子兵法》的一些精华思想，充分体现了二者在意境上的息息相通，水乳交融。"

（霍印章：《孙膑兵法浅说》，解放军出版社）霍印章又细致对比了《见威王》《威王问》《篡卒》《八阵》《势备》等篇中与《孙子兵法》相应之论断的承继关系。当然，孙膑绝不只是单纯地继承，而是在新的历史条件下又有所推进与发展。如以他为军师并参与指挥的齐魏"桂陵之战"与"马陵之战"，就是既体现了孙武军事思想，又富有创造性思维的典型战例。

尉缭是梁惠王时人，约与孙膑、孟子同时。《尉缭子》许多论点是继承并发展了孙武的思想。如《将理》引"兵法曰：'十万之师出，日费千金'"，是直引《孙子·用间篇》之语。尉缭认为："凡兴师，必审内外之权。"（《兵教下》）"内外之权"就是敌我之情。又说："先料敌而后动，是以击虚夺之也。"（《战威》）这些观点，与孙武"知彼知己，百战不殆"的论断完全一致。《尉缭子·制谈》说"有提十万之众而天下莫当者谁？曰（齐）桓公也。有提七万之众而天下莫当者谁？曰吴起也。有提三万之众而天下莫当者谁？曰（孙）武子也"。这是对齐桓公与管仲、吴起和孙武的称颂，也表明尉缭对他们的了解和继承。战国以后，这个军事思想发展的趋势和传统继承下来。比如，明朝著名兵书《投笔肤谈》的作者何守法，"仿孙子遗旨"，阐述了对战争问题的看法，使孙子构建的兵学体系更加完善。他在《〈投笔肤谈〉引》中表明研究兵学动因说："余目击时艰，不欲自限于博士业，遂励志武事，间尝亦仿《孙子》遗旨，出一隙之管窥，谬成十三篇，题曰：《投笔肤谈》。"这部兵书成为明代军事理论的代表作。

《孙子兵法》是中国古代对军事思维、军事著述、军事学术发展影响最大的一部名著。据专家统计，孙武子身后，在古代兵书中，直接为《孙子兵法》校勘、注释、阐发、考证、辑佚和进行研究的著作共有三一二部，历代研究《孙子兵法》的学者仅留下姓名的就有二三七家。所以，在宋朝朝廷颁定的《武经七书》中，把《孙子兵法》列为七书之首，认为"古今兵法尽于七书，而七书尽于《孙子》"。《武经七书》，北宋元丰三年（1080），宋神宗下诏校定《孙子》《吴子》《司马法》《李卫公问对》《尉缭子》《三略》《六韬》等兵书，并雕版刊行，号称《七书》。自此《武经七书》定为官书，颁之武学，并列学官，置武经博士，武举考试以其命题，从而促进了武学、武举的发展，奠定了古代军事学的基础，确立了兵书在封建社会的正统地位。《武经七书》之中有朱服校定本《孙子》。此书校勘精审，又是官方郑重颁行，因而具有很高的权威性，从而形成了孙武子书最大的《武经》传本系统。

《孙子兵法》对后世军事思想的影响，以《十一家注孙子》为最甚。该书是《孙子兵法》以辑注形式传世的重要刊本之一。所辑注家为三国人曹操，梁人孟氏，唐人李筌、贾林、杜佑、杜牧、陈皥，宋人梅尧臣、王晳、何氏与张预。此书宋、明、清代传本颇多，并有日本宽文年间刊本和朝鲜枫山官库活字本，以清人孙星衍校本刊印和翻刻最广。由于该书刻工精善、内容丰富，故为近世研究《孙子》者所重视。

第三，《孙子兵法》是历代军事人才的兵学教本。源远流长的孙子兵学发展史与历代兵家结下了不解之缘。他们或者是孙子兵学的热心传人，或者是孙子思想的执着实践者，或者是孙子兵学乳汁哺育下成长的叱咤风云的将帅。笔者在写作《孙子兵学大辞典·兵家承继》卷时，曾经个案分析了孙子以降百余位军事家。他们起于战国，终于民国，时间长久，代代相承。这些军事家尽管生活于不同时代，所指导的战争也类型有别，个人的成长成才成功历史也千差万别，但是他们有一个共同特点，就是对孙子兵学有学习，有运用，有继承，有取舍，有发展。可以说，孙子兵学是中国历代军事人才的兵学教本。即使那些马上征战案头无书的兵家，也不能说他们的战绩与孙子兵学毫无关系。翻开史册，有些军事家的传记里面，确实没有只言片语与《孙子兵法》有联系，至少字面上是这样。但是，只要我们认真研究他们的生平，分析他们的战争经历，就会发现：他们的行为许多"暗合"孙子思想。这种"暗合"可以说明三点：一是《孙子兵法》一书阐述的一些战争指导原则，如"知彼知己，百战不殆""不战而屈人之兵""主不可以怒而兴师，将不可以愠而致战"等，都是规律性的反映，是不受时间和地域局限的客观真理；二是反映军事行动客观真理的兵书，它的流传不仅仅体现在书本上，它已经化作思想血脉，"遗传"于后代思想的深层意识之中，变成支配他们行动的内在理念；三是后代兵家军事实践与《孙子兵法》思想传统的"暗合"，并不是军事历史现象的简单重合，而是共同对军事斗争规律把握的精神契合，不是为孙子思想找到了又一个例证，而是使孙子思想适应新需求而得到活力的新鲜血液。例如，我们看《汉书·霍去病传》，汉武帝"欲教之吴（起）、孙（武）兵法"，霍去病却说："顾方略何如耳，不至学古兵法。"表面上看，霍去病不愿读《孙子兵法》。然观其作为大军统帅，六次北击匈奴，其"方略"不少地方"暗合"孙子谋略。以此论之，霍去病只是反对照搬"古兵法"，不当书奴而已。现在，高级军校里都开设了《孙子兵法》课程，孙子兵学已是军事人才成长的必修课。

毛泽东还说到《孙子兵法》在世界军事史上的重要地位，要理解这点，重要是先弄清《孙子兵法》的东传西渐。《孙子兵法》在世界范围内的传播，在东方大致开始于公元 8 世纪，最先传至日本，在西方大约开始于 17 世纪之后，陆续传至欧洲、美洲。

《孙子兵法》的"东传"，首开是日本。唐朝中期，日本遣唐使吉备真备把《孙子兵法》《吴子》等书带回日本，曾在任太宰少贰期间，向工役人员讲授过《孙子兵法》《吴子兵法》和诸葛亮"八阵"等兵书。从11世纪起，日本不断涌现以通晓《孙子兵法》而知名的学者与军人，使《孙子兵法》成为日本军事思想的主体结构。日本战国时代（公元15世纪至16世纪70年代）的著名武将武田信玄非常崇拜孙子，他把《孙子兵法》中"其疾如风，其徐如林，侵掠如火，不动如山"四句话写在军旗上，竖于军门，作为座右铭。其所著《甲阳军鉴》非常强调周密和慎重，明显地受到了孙子"十三篇"中"慎战"思想的影响。

16世纪，日本名将辈出，如织田信长、丰臣秀吉、德川家康和武田信玄等人。他们的共同特点是精通军事经典，运用《孙子兵法》得心应手。在日本的德川时代，明人赵本学的《孙子》注释书流行最广。日本人把孙子和孔子并列推崇，评论说："孔夫子者，儒圣也；孙夫子者，兵圣也。……后世儒者不能外于孔夫子而他求，兵家不得背于孙夫子而别进矣。是以文武并立，而天地之道始全焉。可谓二圣人功，极大极盛矣！"日本陆军军官学校教官尾川敬二说："孙子是东方兵学的鼻祖，武经之冠；东方各种兵法皆出自孙子，实是不错……"

在朝鲜和越南，也都流传孙武子书。据《朝鲜通史》记载，15世纪李朝的义宗至世祖时期，曾出版过《武经七书》的注释本，其中首部即《孙子兵法》。在1777年，朝鲜又发行过《新刊增注孙武子直解》。到1863年，又有赵义纯的《孙子髓》出版。在越南，1961年刊行过施达志的《孙子》译本。此外，据严灵峰的《周秦汉魏诸子知见书目》，1722年有一种满文的《孙子兵法》出版；1973年，又有一部希伯来文的《孙子》在以色列问世。

《孙子兵法》的"西渐"，法国开其先河。1772年，法国神父约瑟夫·爱密欧选择了几部中国军事名著，译成法文在巴黎出版，题名"中国军事艺术"，其中有《孙子十三篇》和《司马法五篇》。由于此书印刷精美，供不应求，1782年又出第二版。拿破仑失败后被放逐在圣赫勒拿岛上，据说他有一天读到《孙子兵法》就是这种译本，当时立即拍案叫绝，进而叹息说："倘若我早日见到这部兵法，我是不会失败的。"英国是1905年一位叫卡斯鲁的皇家野战炮兵上尉翻译了英文《孙子》，先是在日本东京问世；1908年又出版于伦敦，题为"孙子兵法"。英国著名战略家利德尔·哈特在其所著《战略论》的扉页上，引录孙子语录多达十五条。他甚至这样评价孙子"全胜"

的思想："最完美的战略，也就是那种不必经过严重战斗而能达到目的的战略——所谓不战而屈人之兵，善之善者也。"英国蒙哥马利元帅1961年会见毛泽东主席时，曾提出要把中国的《孙子兵法》作为世界军事学院的教材。1910年，由布鲁诺·纳瓦拉翻译的德文《孙子兵法——中国之武经》出版于柏林。发动第一次世界大战的德国威廉二世被废黜后，在侨居中看到了《孙子兵法》，当他读到了《孙子·火攻篇》最后一段："主不可以怒而兴师，将不可以愠而致战。合于利而动，不合于利而止。怒可以复喜，愠可以复悦，亡国不可以复存，死者不可以复生，故明君慎之，良将警之，此安国全军之道也。"不禁抚书喟然，说："早二十年读《孙子兵法》就绝不至于遭受亡国之痛苦了！"《孙子》的俄文本最早出版于1860年，是由斯列兹涅夫斯基翻译的；1888年俄军总参谋部开始撰文介绍《孙子兵法》。1955年，苏联国防部军事出版社又出版了西道连科的《孙子兵法》俄译本，其译本在苏联和东欧颇有影响。《孙子兵法》的荷兰文译本，于1986年首次由荷兰科学出版社出版。美国普遍开展对《孙子兵法》的研究虽然是第二次世界大战以后的事，但研究相当普遍和深入。全美著名大学中，凡教授战略学、军事学课程的无不把《孙子兵法》作为必修课。美军的最高学府——国防大学将其列为将军们主修战略学的第一课，位于克劳塞维茨的《战争论》之前。美军西点陆军学院、国防指挥参谋学院等著名军事院校均将《孙子兵法》列为必修课。这对美国军事思想产生了极为深刻的影响。美军《作战纲要》开宗明义地引用孙子"攻其无备，出其不意"这句名言作为其作战的指导思想。美国兰德公司政治学研究部主任乔纳森·波拉克1989年参加首届《孙子兵法》国际学术讨论会，他在《孙子与美国军事思想》中说："孙子是军事史上最负盛名的思想家之一。他的思想不但在中国，而且对中国之外的许多国家，都有很大的影响。"（关于孙子兵学在军事史上的地位和影响，参考了杨善群著《孙子评传》和谢祥浩李政教主编《兵圣孙武》有关章节）

总而言之，孙子是中国军人、军事、兵学的代表，他的威名已经排在世界最有影响的军事家、战略家、兵学家汉尼拔、恺撒、亚历山大大帝、拿破仑、克劳塞维茨、苏沃洛夫之前，这是他的荣耀，更是他的历史地位。

笔记《孙子集注序》

——《孙子》解读史之一（1913年冬）

　　毛泽东《孙子》解读史的起点是何时？换句话说，毛泽东何时开始涉及（不是阅读，不是研究，更不是运用）《孙子兵法》？这不能不说是研究毛泽东品读《孙子兵法》的首要课题。

　　现在，据可靠文献记载，毛泽东接触《孙子兵法》的最早时间，可定为1913年12月。那时，毛泽东二十岁，在湖南第四师范（后合并到湖南第一师范）读书，他在国文和历史课上的笔记《讲堂录》记录了这些。《讲堂录》表明，1913年12月6日，国文老师袁仲谦讲到清代中期学者魏源《古微堂外集》中的《孙子集注序》。

魏源的《古微堂外集·孙子集注序》

　　这是有文字记载的毛泽东首次"听到"《孙子兵法》的证据，而且记载出自毛泽东本人之手。现在《讲堂录》仍然存在于韶山毛泽东纪念馆。

　　毛泽东的课堂听讲笔记较长：

　　《孙子集注序》

　　黄震宋建州蒲城人（今福建建州府蒲城县），字伯起，官广东转运使。

　　孙武子以兵为不得已，以久战多杀非理，以赫赫之功为耻，岂徒谈兵之祖，抑庶几立言君子矣。

《老子》：天下莫柔弱于水；而攻坚强者莫之能先。

百战百胜，非善之善者也；不战而屈人之兵，善之善者也。故善用兵者，无智名，无勇功。孙武《谋功（攻）篇》

苏洵论曰，按言以责行，孙武不能辞三失：久暴师而越衅乘，纵鞭墓而荆怒激，失秦交而包胥救。言兵则吴劣于孙，用兵则孙劣于吴，翊祖其余论故智者乎？

吴，泽国文身封豕之蛮耳。

孙武越羁旅臣耳，越不能尽行其说，故功成不受官。

学矛夫子，获甲三百。冉求事。《左传》哀十一年清之役。

弩生于弓，弓生于弹，弹生于孝子。弹以击人，然为效小，故进于弓。弓能及远矣，然人力有限，为效仍不大，故进于弩。弩者，以匣盛机矢置其中，机动矢发力大及远，而中古者作战之良器也。弹生于古之孝子有二说：上世不葬其亲，狐狸食之，孝子不忍，乃作弹以击杀之，此一说也；父母年迈，养老之事必尽，孝子乃作弹，射雀以奉其亲，此又一说也。

杀人以生人。

恩生于害，害生于恩。微观于五行相生相克之原，天地间无往而非兵也，无兵而非道也，无道而非情也。兼弱攻昧，取乱侮亡，天之道也。使世无害则恩不生，世而无弱昧与乱亡，又奚用兼之取之哉，故曰恩即生于害也。世有诸强以灭人之国为事，灭国则害矣，然强者灭人之国为己国，而殖其民，己之民则恩矣，故害生于恩也。

宜僚丸宜僚，楚之勇士也，善丸。

越女剑范蠡谓越王曰：越有处女，出于南林之中。

（《讲堂录（一九一三年十月至十二月）》，《毛泽东早期文稿》，湖南出版社1995年版，第595—596页）

魏源（1794—1857），原名远达，字默深，湖南邵阳人，道光进士，曾任内阁中书、江苏高邮知州。治"公羊今文"之学，尤精舆地史学，提倡经世致用。鸦片战争后主张"师夷之长技以制夷"，清代中后期思想家、史学家、文学家，是近代变革思想家的先驱。著有《古微堂集》《古微堂外集》《圣武记》《海国图志》《元史新编》《老子本义》等书。思想进步，与龚自珍并称"龚魏"。

《孙子集注序》一文约撰成于清道光五年（1825），旋收入魏源自己所编之《皇朝经世文编》卷七十六，有道光七年（1827）、光绪十二年（1886）和光绪二十七年（1901）刊本；又见于《古微堂外集》卷三，有光绪四年（1878）淮南书局刊本。现今见于中华书局1975年铅印之《魏源集》上册。魏源《孙子集注》一书，《续补汇刻书目》有著录，已佚。

湖南四师国文教员袁仲谦选讲的《孙子集注序》即出自《古微堂外集》，国学扶轮社刊本。老师的讲解，有引证，有发挥，内容除了魏源的《孙子集注序》外，还关涉到北宋人苏洵的《嘉祐集·权书·孙武》，关涉到南宋人黄震的《黄氏日钞·读诸子·孙子》，关涉到儒家《易经》《论语》《礼记》《左传》和道家的《老子》等书。

毛泽东的课堂笔记也有错记误记的地方，如《孙子兵法》中的《谋攻篇》，误记成《谋功篇》，把篇名中的一个字记错了；孙武本是"吴羁旅臣"，错记成"越羁旅臣"，把诸侯国记错了。"百战百胜，非善之善者也；不战而屈人之兵，善之善者也。故善用兵者，无智名，无勇功。"这段话，毛泽东标明出自"孙武《谋功（攻）篇》"。事实上，前两句出自《孙子·谋攻篇》，后几句出自《孙子·形篇》，原文为："故善战者之胜也，无智名，无勇功。"

如果我们把魏源的《孙子集注序》移录下来，对比一下，就能明了毛泽东的记录中哪是魏源的原文本意，哪是讲课老师的引证发挥。

《孙子集注序》：

《易》其言兵之书乎？亢之为言也："知进而不知退，知存而不知亡，知得而不知丧"，所以动而有悔也，吾于斯见兵之情。《老子》其言兵之书乎？"天下莫柔弱于水，而攻坚强者莫之能先"，吾于斯见兵之形。孙武其言道之书乎？"百战百胜，非善之善者也；不战而屈人之兵，善之善者也。故善用兵者，无智名，无勇功"，吾于斯见兵之精。故夫经之《易》也，子之《老》也，兵家之《孙》也，其道皆冒万有，其心皆照宇宙，其术皆合天人、综常变者也。

而苏洵曰："按言以责行，孙武不能辞三失：久暴师而越衅乘，纵鞭墓而荆怒激，失秦交而包救至；言兵则吴劣于孙，用兵则孙劣于吴，刿祖其余论故智者乎！"呜呼！吴，泽国文身封豕之蛮耳。一朝灭郢，气溢于顶，主鸷臣骄，据宫而寝，子胥之智不能争，季札之亲且贤不能禁，一羁旅臣能已之乎？故《越绝书》称"巫门外有吴王客孙武冢"，是则客卿将兵，功成不受官，以不尽行其说故也。

或又谓将才非人力，运用存一心。括读父书，徒取秦禽：是又不然。兵列"五礼"，学礼宜及，"有文事者，必有武备"，"好谋而成"，"我战则克"；"学矛夫子，获甲三百"。特兵危事而括易言之，正与兵书相背故也。

"弩生于弓，弓生于弹，弹生于古之孝子。"杀人以生人，匪谋曷成？谋定而后战，斯常夫可制变。上谋之天，下谋之地，中谋之人；人谋敌谋，乃通于神，非神之力也，心之变化所极也。变化者，仁术也。上古圣人，以其至仁之心，捘水火而胜之，捘龙蛇虎豹犀象而胜之。恩生于害，害生于恩。微观于五行相生相克之原，天地间无往而非兵也，无兵而非道也，无道而非情也。精之又精，习与性成，造父得之以御名，羿得之以射名，稷得之以稼名，宜僚以丸，秋以弈，越女以剑。虽得诸心，口不能云；口即能云，不能宣其所以云。若夫由其云以通其所以云，微乎微乎，深乎深乎！夫非知《易》与《老》之旨者，孰与言乎？

对比之下，毛泽东《讲堂录》中相关记载，"《老子》：天下莫柔弱于水……"以降，直至"越女剑"等十一条记载，都是出自魏源的《孙子集注序》。

魏源将《孙子》与《周易》《老子》联系起来进行研究。评语意谓《易经》所言进退、存亡、得丧的思想，《老子》所言以柔克刚的思想，《孙子》所言不战而屈人之兵的思想，都是宇宙万物的普遍性规律。认为《周易》与《老子》虽非言兵专著，却能于其中见"兵之情"与"兵之形"；《孙子》不是论道之作，却标榜"不战而屈人之兵"，乃得"兵之精"。三书有相通之处。之所以如此，是因为"天地间无往而非兵也，无兵而非道也，无道而非情也"。他声称，以《孙子》所言兵家理论之深之微，不通晓《周易》与《老子》的思想就不可能真正理解它。针对宋人苏洵责难孙武在吴军征楚的"柏举之战"中言行不符之论，进行了辩解，认为当时的吴国还是"泽国文身封豕之蛮"，一朝破郢，主骄臣傲，伍子胥之智不能争，季札之亲且贤不能禁，孙武以一客卿的身份更当无能为力，故不能因此而求全责备于孙武。

毛泽东依据国文老师讲解的笔录，有对《孙子集注序》基本思想观点的提炼，有对《孙子》原文的过录，有对老师发挥阐述的摘要，也有对典故名词的注语。

仅从孙武子和《孙子兵法》的角度来说，有孙武子的史传史事，有《孙子兵法》的核心内容，也有后世学者对孙子兵学特征、历史所做的褒贬评论。

黄震的《黄氏日钞·读诸子·孙子》

《讲堂录》的记载表明：国文老师在重点讲解《孙子集注序》时，首先讲解了黄震的《黄氏日钞·读诸子·孙子》这篇文章。这方面的记载有两条。且看《黄氏日钞》上的原文：

> 孙子言兵，首谓"兵者，国之大事，死生之地，存亡之道"，而切切欲导民使之"与上同意"，欲"不战而屈人之兵"，欲"先为不可胜，以待敌之可胜"，欲"无恃其不来，恃吾有以待之"。至论将，则谓"进不求名，退不避罪，惟民是保而利于主"。盖始终未尝言杀，而以久于兵为戒。所异于先王之训者，惟"诡道"一语，然特自指其用兵变化而言，非俗情所事奸诈之比。且古人诡即言诡，皆其真情，非后世实诈而反谬言诚者比也。若《孙子》之书，岂特兵家之祖，亦庶几乎立言之君子矣！诸子自荀、扬外，其余浮辞横议者莫与比。

黄震（1213—1280），南宋末年思想家。字东发，庆元慈溪（今浙江慈溪东南）人，人称于越先生。南宋宝祐四年（1256）进士，预修宁宗、理宗两朝《国史》《实录》。后为浙江提举常平，多有惠政。为人清介自守，宋亡不仕，隐居而死。学术上力排佛老，批评陆九渊、朱熹皆杂禅，又反对功利，讥诋王安石变法。著有《黄氏日钞》《戊辰修史传》《古今纪要》《东发日钞》等。

他的《读孙子》札记，意谓孙子谈兵的宗旨是客观阐述指导战争的规律和原则，并非以好战和嗜杀为目的。他认为兵家与儒家学说的唯一区别是讲求"诡道"，而"诡道"的实质是指用兵的艺术和手段，并非社会生活中的"奸诈"行为；而且是实事求是地论述"诡道"，不是虚伪地把诡诈谲变谬言为忠诚。孙子既是兵家的鼻祖，也是君子立言的典范。诸子之书除荀子、扬雄之外，其余一切都不能和孙子相比。

毛泽东听老师讲课，大概对黄震总的评价孙武子的观点感兴趣，所以不仅记下了黄震的小传，而且也记下了孙武子是"谈兵之祖"和"立言君子"的话。

苏洵的《嘉祐集·权书·孙武》

魏源的《孙子集注序》、袁仲谦老师的讲课、毛泽东的笔录，都涉及北宋大学者苏洵对孙武子的否定性评价，即武有"三失"。苏洵到底是如何评价孙武的，先看一下原文：

> 孙武十三篇，兵家举以为师。然以吾评之，其言兵之雄乎！今其书论奇权密机，出入神鬼，自古以兵著书者罕所及。以是而揣其为人，必谓有应敌无穷之才，不知武用兵乃不能必克，与书所言远甚。
>
> 吴王阖庐之入郢也，武为将军，及秦、楚交败其兵，越王入践其国，外祸内患一旦迭发，吴王奔走，自救不暇，武殊无一谋以弭斯乱。若按武之书，以责武之失，凡有三焉：《九地》曰："威加于敌家则交不得合。"而武使秦得听包胥之言，出兵救楚，无忌吴之心，斯不威之甚，其失一也；《作战》曰："久暴师以钝兵挫锐，屈力殚货，则诸侯乘其弊而起。"且武以九年冬伐楚，至十年秋始还，可谓久暴矣，越人能无乘间入国乎？其失二也；又曰：'杀敌者，怒也。'今武纵子胥、伯嚭鞭平王尸，复一夫之私忿，以激怒敌，此司马戍、子西、子期所以必死雠吴也；勾践不颊旧冢而吴服，田单谲燕掘墓而齐奋，知谋与武远矣，武不达此，其失三也。（［宋］苏洵：《嘉祐集·权书·孙武》）

苏洵（1009—1066），北宋文学家，字明允，号老泉，四川眉山人。嘉祐（1056—1063）时，欧阳修荐其书二十二篇，名动当时。后任秘书校书郎。有文集二十卷。《宋史》卷四四三有传。

苏洵肯定孙武是杰出的军事理论家，他所写的《孙子兵法》一书，论述兵谋战策，妙不可言，世所罕匹。因而后世的兵学家都尊孙武为老师。但是，若用实践来检验，孙武却不能每战必胜，甚至在指挥作战时，还不能完全贯彻自己的理论，因而遭到失败。拿战国时的吴起与春秋时的孙武相比较，虽然前者在理论上不及后者，所著《吴子》一书，文字粗疏，缺乏纲纪；

但他在实际指挥作战时，却能常常取胜，建立奇功。

苏洵《孙武》一文，虽然体现了理论与实践相统一的观点，认为好的统帅应该是既精通军事理论，又善于临战指挥的人。但他不讲历史背景条件的变异，不讲客观形势的变化，片面要求孙武个人能"挽狂澜于既倒"，亦有苛求古人之处。魏源就曾为孙武辩护，如前所引：

> 呜呼！吴，泽国文身封豕之蛮耳。一朝灭郢，气溢于顶，主骜臣骄，据宫而寝，子胥之智不能争，季札之亲且贤不能禁，一羁旅臣能已之乎？故《越绝书》称"巫门外有吴王客孙武冢"，是则客卿将兵，功成不受官，以不尽行其说故也。

吴国进攻楚国的"柏举大战"，吴国一举攻破楚国郢都，胜利冲昏了君臣头脑，吴国"主骜臣骄"，胜而转败，主政重臣伍子胥、公子季札都不能争辩禁止，何况"羁旅臣"孙武以"客卿"的身份"将兵"，他的军事理论原则贯彻不彻底（"不尽行其说"）是有原因的。

魏源指出了吴国反胜为败的政治原因和领导原因，应该说有一定道理。青年学生毛泽东注意到此点，连写三条笔记。

魏源的《孙子集注序》还涉及儒家兵学知识。如"有文事者，必有武备"出自《史记·孔子世家》，"好谋而成"出自《论语》，"我战则克"出自《礼记》，"学矛夫子，获甲三百"出自《左传》。毛泽东虽然没有把它们全记下来，但对《左传》中这一条，记明是指孔子弟子"冉求事"，战事即"《左传》哀（公）十一年清之役"。

《讲堂录》证明：毛泽东品读《孙子兵法》最早的活动，发生在湖南四师的课堂上。他的起点应该说是不低的：听到了《孙子兵法》的《谋攻篇》《势篇》中的名言，听到了孙武子的传记材料和参与"柏举之战"的功过是非，听到了苏洵、黄震、魏源等大学者从正反两个方面对孙子的评价褒贬，听到了《易经》《老子》《论语》《左传》《史记》中的军事思想和战史战例，听到了吴王、伍子胥、伯嚭、吴起、赵括等人的军事活动……

《讲堂录》也证明：毛泽东最初品读《孙子兵法》，仅仅是听讲记录而已。他似乎对古代兵法开始感兴趣，他的笔记记得不短，有些地方记得很细，老师的发挥阐释，他用小字细心标出；他似乎对古代军事知识还很生疏，在边听边记的匆忙中，以至有些常识内容被记错。那时，他并没有读《孙子》原文，更没有深入探究。

早年接触《孙子》线索考察

——《孙子》解读史之二（1915—1919）

青年毛泽东开始接触、阅读、学习《孙子兵法》的文献资料，除了人们已经知道的毛泽东1913年年底在课堂笔记《讲堂录》中所记录的国文老师袁仲谦讲解魏源的《孙子集注序》的情况外，几乎再也没有发现什么新的相关文献。笔者在阅读毛泽东早期著作和传记材料时，觉得有几条重要线索可供考察。

《盛世危言》与"知彼知己"

《盛世危言》是毛泽东青少年时期喜欢阅读的一本书。

1936年毛泽东在陕北保安同美国记者埃德加·斯诺谈话时，回忆说："我十三岁时，终于离开了小学，开始在地里进行长时间的劳动……我读了一本叫作《盛世危言》的书，我当时非常喜欢这本书。……《盛世危言》激起我恢复学业的愿望。"

1915年2月24日（农历正月十日），在湖南省立第一师范学校读书的毛泽东在家过春节，这天他给表兄文咏昌写了张还书便条，其中写道：

> 书十一本，内《盛世危言》失布匣，《新民丛报》损去首页，抱歉之至，尚希原谅。

查《毛泽东年谱》，他停学在家务农始于1907年；到1915年，前后有八年时间。细读他给表兄文咏昌的信，书失匣，报损页，致歉意，希原谅，说明书和报放在毛泽东处时间不短；毛泽东曾经反复阅读，乃至书报失匣损页。

《盛世危言》虽然不是兵书，但作者在序言中引证了《孙子》名言：

> 孙子曰：知己知彼，百战百胜。此言虽小，可以喻大。

郑观应所引《孙子》名言，出自《孙子》的《谋攻篇》：

> 故曰：知彼知己，百战不殆；不知彼而知己，一胜一负；不知彼不知己，每战必殆。

古人前人行文引证，有意引不拘泥词句的习惯。郑观应引证《孙子》，明确标出"孙子曰"，却在文字上大有出入，大概也是意引所致。毛泽东那样"喜欢"读《盛世危言》，书放在身边八年之久，且是青春少年求知若渴的年代，有意无意都会注意到《孙子》的名句。

值得提出的是，他是1907年开始读《盛世危言》的，比《讲堂录》中对《孙子集注序》的记录，还早六年。

二十二部子书与《孙子兵法》

1916年2月29日，毛泽东致信同学萧子升，谈"中国应读之书"。其信前半部分已亡佚，后半部分是：

> 右经之类十三种，史之类十六种，子之类二十二种，集之类二十六种，合七十有七种。据现在眼光观之，以为中国应读之书止乎此。苟有志于学问，此实为必读而不可缺……惟此种根本问题，不可以不研究。故书之以质左右，冀教其所未明，而削其所不当，则幸甚也。

毛泽东选出应读书七十七种，可注意的是"子之类二十二种"。以笔者之见，这二十二种子书中，是应该包括《孙子兵法》的。可惜的是，信的前半部分遗失了。从行文看，毛泽东在上引的信文前面，似开列了经、史、子、集七十七种书目，但现存手稿部分缺失，就不能下断语了。

尽管如此，我们的判断仍然可以找到依据。

我国古代子书创作第一个高峰期在春秋战国时代，《孙子兵法》正产生于这个时期。汉代学者即在《汉书·艺文志》中设了《诸子略》的类目，著录当时诸子类著作。为了更好地提高研读实效，古代学者尝试在卷帙浩繁的子书中选编精华。在近古，浙江书局于清代光绪初年至光绪三年分册辑刊而成的诸子丛书《二十二子》较有特色，也最为引人注意。《二十二子》所收子书具有较高的代表性。以中国古代哲学为主，兼及中国历史、文学、政治学、社会学、天文学、军事学、医学等。研读子书，应该从先秦子书入手，方能理清诸多学派的各自源头。《二十二子》所收先秦子书，如《老子》《庄子》《管子》《韩非子》《孙子》等，均为先秦诸子百家的代表作，这些著作奠定了中国古代思想文化的基本内容与主要范畴。通过《二十二子》，可以大致了解我国子书的主要线索及其发展脉络，有助于人们从较广的学术视野观察中国古代文化。《二十二子》尽量做到精中选精，又尽量保持了较宽的学术覆盖面，博而不杂，分量适中，便于学人研读与收藏。

毛泽东与萧子升商讨"中国应读之书"，其中"子之类二十二种"与《二十二子》仅仅是偶然巧合呢，还是毛泽东把《二十二子》作为了选书参考呢，看毛泽东从儒家《十三经》中确定"经之类十三种"的思路脉络，毛泽东极有可能受《二十二子》的启发，确定了"子之类二十二种"。《二十二子》风行于清末民初，正在湖南省立第一师范学校读书的毛泽东，很有可能在学校图书馆接触到这套丛书，作为自己选书的蓝本。

《二十二子》是把《孙子》作为古代兵学的唯一代表囊括其中的。

《孙子兵法》在"兵家类"子书当中处于执牛耳的地位，这是世人皆知的常识。就是把《孙子兵法》放在多种子书中，它也是上乘之作，断不在前十种之外。毛泽东选出七十七种书，认为"中国应读之书止乎此。苟有志于学问，此实为必读而不可缺"。此时毛泽东正是"有志于学问"的人，如果"二十二种"子书中少了《孙子兵法》，岂不少了一部"必读而不可缺"的书。毛泽东选书是严格谨慎的。他把七十七种书目告诉萧子升，希望他"教其所未明，削其所不当"。在"子之类"不选《孙子兵法》，岂不是"不明不当"。

地有所必取，城有所必攻

大约，毛泽东最早引证《孙子兵法》中的词句，起始于1916年6月26日。这天，他在给同学萧子升的信中写道：

湖南问题，弟向持汤督不可去，其被逐也，颇为冤之，今现象益察矣……袁氏不幸早死矣，使战事延长，则四川与湘省独立之功，不在云贵首义之下，岂特地有所必取，城有所必攻，南北成败之枢纽在是焉耳。

看到"地有所必取，城有所必攻"这两句，了解《孙子兵法》的人都会想到这是暗引《九变篇》的话。只不过毛泽东在引用时略有文字变通而已。孙武子的原话是：

凡用兵之法……涂有所不由，军有所不击，城有所不攻，地有所不争，君命有所不受。

青年毛泽东与萧子升讨论湖南时局，主张不该强迫湖南都督汤芗铭离去，他的被驱逐是冤枉的。毛泽东认为在反袁护国战争中汤芗铭宣布湖南独立的作为值得肯定，"四川与湘省独立之功，不在云贵首义之下"。也就是说，四川和湖南宣布独立的功劳，不在云南贵州蔡锷等人首倡护国讨袁的功劳之下。正是说到这里，毛泽东以问代答："岂特地有所必取，城有所必攻，南北成败之枢纽在是焉耳。"言外之意，汤督宣布湖南独立，虽然没有像讨袁护国军那样攻城略地，但其重要作用是不容忽视的。四川和湖南如果独立倒向南军，则南军胜；四川和湖南如果维护帝制站在北军一边，则北军胜。所以，毛泽东说湖南和四川的政治倾向是"南北成败之枢纽"。

孙子讲"城有所不攻，地有所不争"，讲的是"用兵之法"中的变通情况，是很有辩证思想的，是说有时"不攻""不争"是必要的、正确的；毛泽东引用这个名言，改"不"为"必"，前面加上"岂特"二字，否定"必取必攻"，表达的正是"不取不攻"的意思，和孙子思想一脉贯通，不可以寻章摘句者视之。青年毛泽东此时分析政局大势，不单纯从军事上看问题，深得孙子壶奥，令人惊奇。

《曾胡治兵语录》与孙子思想

《曾胡治兵语录》是一部语录体兵书，为中国近代军事家蔡锷所编著。曾国藩和胡林翼都是湘军统帅，有扑灭太平天国革命的军事生涯。

毛泽东的秘书李锐说："有名的湖南人蔡锷于1911年编有《曾胡治兵语录》，就是一本毛认真读过的书。"《曾胡治兵语录》在曾胡语录或蔡锷"按语"中，数次引证《孙子兵法》的语句或思想观点，有些还做了很有见地的发挥。试举一些例证：

"兵事不外奇正二字……有正无奇，遇险而覆；有奇无正，势极即阻。"（《将材》）这是发挥孙子的奇正思想。《孙子兵法·势篇》："战势不过奇正，奇正之变，不可胜穷也。奇正相生，如循环之无端，孰能穷之？"

"古人论将有五德，曰智、信、仁、勇、严。取义至精，责望至严。"（《将材》按语）这里所谓"古人"，正是指孙武；所谓"论将有五德"，即《孙子兵法·计篇》："将者，智、信、仁、勇、严也。"蔡锷有带兵将将的实际经验，他体会孙子为将"五德"的要求"取义至精，责望至严"，是精辟至当之论，渗透着对孙子论述的膜拜之意。

"用兵之道，全军为上策，得土地次之；破敌为上策，得城池次之。古人必四路无敌，然后围城。"（《兵机》）蔡锷在按语中也写道："以全军破敌为上，不以得土地城池为意，所见尤精到卓越。""全胜"思想是《孙子兵法》战略指导的核心，主要记载于《谋攻篇》："凡用兵之法，全国为上，破国次之；全军为上，破军次之……故上兵伐谋，其次伐交，其次伐兵，其下攻城。"

比较曾、胡、蔡与孙子所言，不难看出他们之间在军事学术上的传承关系。《曾胡治兵语录》中明引《孙子》的地方不少，而暗引《孙子》的地方尤多，如主客、虚实、攻守、治乱等问题，都属于孙子军事思想的范畴。毛泽东青少年时期熟读《曾胡治兵语录》，从中接触到《孙子兵法》的内容，接触到孙子的军事思想，这个结论想必应该成立。

后来在延安，1943年八路军《军政杂志》曾出版《增补曾胡治兵语录白话句解》，1945年八路军山东军区重印出版。这与毛泽东对此书的重视不无关系。

是否见过《读孙子杂记》

毛泽东的国文老师、湖南一师校长易培基，于1919年5月，在《国故》期刊第三期上发表了《读孙子杂记》的长篇学术论文。该文按《孙子》十三篇的顺序，选择《孙子》原文六十余句，逐一校勘注释。文中引证古代典籍甚多，尤以先秦古籍和兵家著作为最。《读孙子杂记》写作期间，正逢毛泽东在一师毕业前后。毛泽东是否了解此事，已无从知道。论文发表后，应该说毛泽东有读到它的机会和条件，其理由是：

毛泽东在 1919 年 5 月前后，与易培基交往甚多，过从甚密。二人交往始于 1916 年。这年春天，湖南一师本科一部三年级八班的国文教员由袁仲谦改为易培基。前文已经提到，袁仲谦曾在 1913 年年底上国文课时，讲授过魏源的《孙子集注序》；而新来的国文课老师三年后发表了《读孙子杂记》，这种文化氛围难说对毛泽东没有影响。1919 年 4 月，毛泽东任修业小学的历史课教员。不久，五四运动爆发，易培基老师的论文恰巧登在 5 月份出版的第三期《国故》上。毛泽东与易培基并肩投入爱国运动，5 月 27 日的湖南"学联"成立大会，以后的学生罢课和教师罢教，6 月 7 日省教育会的罢课快电，7 月 9 日湖南各界联合会成立，11 月 16 日湖南学联发出的驱逐军阀张敬尧的宣言……两人并肩积极参与了这些活动。从结识至 1924 年易培基经毛泽东等人推荐为孙中山元帅府高级顾问，在长达八九年的时间里，二人交往频繁，关系密切，他们是师生，是文友，也是朋友。易培基研究《孙子兵法》，写作和发表《读孙子杂记》，毛泽东不可能一无所知。

还有一个背景情况值得注意。易培基的前任校长孔昭绶，主张学生要学点军事，在校内组织了"学生志愿军"，编为一个营两个连，毛泽东任一连上士（即连长）。"学生志愿军"除在课内学习军事常识外，还在课外进行军训，学习基本的军事技能。学校制定的"学生志愿军"宗旨是：激发爱国思想，提倡尚武精神，研究军事学术，实施军国民教育。这是否是促使国文老师易培基撰写《读孙子杂记》的背景和动因呢？如果易毛师生在一起"研究军事学术"，难道他们不讨论这篇刚刚写作、发表的重头"军事学术"文章吗？须知，易培基的杂记，在民国初年的"孙子学"论文中，可谓凤毛麟角之作。直到今天，仍然有其学术地位和价值。

结论还是那句话：毛泽东有见到《读孙子杂记》的机会和条件。我们只能依据"已知"做些合理的推论推测，录以备考。目前，还只能说它是接触《孙子》的线索。确定的结论，还有待于新材料新证据的发现。

《孙子兵法》当时我并没有看过

——《孙子》解读史之三（1931—1934）

事情总有例外。在走上革命道路以前的青少年时期，毛泽东在家乡韶山冲和湖南一师，读了许多先秦诸子的书和其他古籍经典，如《老子》《论语》《孟子》《庄子》《韩非子》《荀子》《墨子》《列子》等，如《易经》《诗经》《尚书》《礼记》等，如《左传》《国语》《战国策》《史记》《资治通鉴》等，如楚辞、汉赋、唐诗、宋词、明清小说等。可是，虽然有毛泽东多次接触过《孙子兵法》的线索可供考察，就是找不到他读过《孙子兵法》原书原文的明确记载。

事情怪就怪在这里，"没有读过"《孙子》，《孙子》却曾给他惹来麻烦，这就是中央苏区时毛泽东读《孙子》"错误"。

"把古代的《孙子兵法》无条件地当作现代战略"

遭遇这个"麻烦"的时间，是从 1931 年到 1934 年。1927 年 9 月，毛泽东领导秋收起义后，带领工农红军上了井冈山，创造了革命根据地。后来，毛泽东任红一方面军领导，在瑞金中央苏区组织反击国民党军的多次"围剿"，打了不少胜仗。可是，自从 1933 年年初"临时中央"从上海转移到中央苏区后，毛泽东的革命游击战争主张遭到反对和批判，在党内军内的领导权被剥夺，他偶尔提到《孙子兵法》中的词句，成了他的"话柄"。

毛泽东读《孙子》的"错误"是党内"左"倾教条主义者制造的冤案。他们在《革命与战争》等刊物上连续发表文章，讥讽毛泽东的军事路线、军事战略是：

> 把古代的《三国演义》无条件地当作现代的战术，古代的《孙子兵法》无条件地当作现代战略，更有好些博览的同志，拿半个世纪之前的曾国藩作为兵法之宝。

他们蛮横地断言：

> 这些不合时代的东西——《孙子兵法》《曾胡左治兵格言》，只有让我们的敌人——蒋介石专有。（《论战术战略的时代性与我们红军目前对于战术战略认识问题》，《革命与战争》1932 年第 1 期）

显然，这是把毛泽东的战略战术排除在"现代战术""现代战略"之外，并认为是"不合时代的东西"。

"左"倾教条主义者对民族传统文化一笔抹杀，把《孙子兵法》《曾胡左治兵格言》《三国演义》等古代典籍不分精华与糟粕，一概视为"不合时代"的、敌人"专有"的东西，作为进行"残酷斗争，无情打击"，置同志于死地的政治帽子和棍子。

毛泽东只是接触过《孙子兵法》，偶尔提及《曾胡左治兵格言》中的词句，只是在行军作战中不时地引用过《孙子兵法》名言和讲述过《三国演义》故事，何以就与党内一场旷日持久的严重斗争挂在一起了？

毛泽东读《孙子》和《三国》的"错误"来头不小，来势凶猛。

原来，在 1931 年 1 月党的六届四中全会上，以王明为代表的"左"倾冒险主义在党内取得了统治地位，他们主张进行以夺取武汉为中心的全国总暴动和集中红军主力进攻中心城市，实现"会师武汉，饮马长江"的战略目标。但毛泽东认为，红军根本没有那个力量，不赞成中央的决定。"左"倾冒险主义者不了解中国国情，教条地对待马克思列宁主义，机械地照搬俄国十月革命的经验，极力鼓吹"城市中心论"，断言"山沟沟里是没有马克思主义的"，攻击以毛泽东为代表的党内一大批革命者开创的农村包围城市、最后夺取城市的革命道路是"游击主义"，是"保守主义"，把凡是不同意他们"左"倾机会主义、坚决站在毛泽东一边的同志，统统诬蔑为"右倾机会主义分子"，是"对党的路线怠工"的"两面派"，进行"残酷斗争"和"无情打击"。

那时，毛泽东任苏区中央局代理书记和红一方面军总前委书记和总政委。1931年11月1日至5日，中央苏区第一次代表大会召开，会议由专程前来的中央代表团主持。会议指责毛泽东的战略战术是"狭隘的经验论"，"完全是农民的落后思想"等。会议最后决定撤销毛泽东的苏区中央局代理书记职务，还决定撤销红一方面军总部机构，这等于撤销了毛泽东的红一方面军总前委书记和总政委职务。

1932年5月，国民党军对中央苏区发动第四次"围剿"，中央苏区面临紧急形势。在苏区中央局书记周恩来同朱德、王稼祥联名提议之下，同年8月毛泽东被恢复了红一方面军总政委职务，回到前线。但在战略原则与作战部署上，毛泽东与任弼时、项英等人主持的后方中央局之间仍存在严重分歧。10月上旬，苏区中央局在宁都开会，对毛泽东激烈批评，完全否定了他的"诱敌深入"的战略方针，并不顾周恩来、朱德、王稼祥的反对，排挤毛泽东对红军的领导。会后，毛泽东被调回后方专任政府工作，只挂了中华苏维埃人民政府主席的空名。这次，毛泽东被剥夺军权的时间最长，直到1935年1月遵义会议之后才告恢复，前后共两年零三个月。毛泽东后来说，从1931年到1934年，我在中央根本没有发言权。

1933年年初，由王明把持的临时中央，在上海无法待下去了，只好由上海迁往中央苏区的瑞金。由于毛泽东所代表的政治路线和军事路线是正确的，符合中国国情，符合革命斗争实际，扩大了革命根据地，夺取了"反围剿"军事斗争的胜利，因而受到苏区各级党组织和广大军民的拥护，影响很深。这样，"左"倾路线贯彻并不那么容易。因此，临时中央一到瑞金，就开展了所谓反对"罗明路线"的斗争，实质上是把矛头指向了毛泽东。

罗明，当时是中国共产党福建省委代理书记。1932年10月中共苏区中央局"宁都会议"撤销毛泽东的红一方面军总政委的职务后，毛泽东因病住进了福建省汀州福音医院。在那里，他结识了罗明，建议罗明在闽西、闽南广泛开展游击战争，并详细介绍了江西三次反"围剿"是怎样取胜的，讲述了游击战争的规律、战略等。不久，罗明出院后，向中共福建省委传达了毛泽东的谈话，并效仿其做法"开展武装斗争"。当时，罗明连中央委员都不是，批"罗明路线"的实质，是王明指定的中共中央局总负责博古碍于毛泽东在中央苏区的威信，不便直接批判"毛泽东路线"，抓了罗明当替罪羊。诚如博古找罗明谈话时所说，不光是你犯了"右倾机会主义"错误，"还有比你更高级的领导干部，也犯了同样的错误！"不言而喻，这"更高级的领导干部"，是指毛泽东！

事情不止于此。毛泽东的弟弟、时任红军师长的毛泽覃也因读《三国演义》受到批判。《斗争》和《红色中华》上连续发表火辣辣的批判文章，其中有一篇是《毛泽覃同志的三国志热》。该文指责毛泽覃实行"诸葛亮式的机会主义战略和战术"，亦即游击战术。说这是一种"怕有伤亡打滑头仗""怕有疲劳反对追击"的战术。点的是毛泽覃的名，实际上批的是毛泽东的战略战术。因为批判者了解毛泽东喜读、爱读"三国"，毛泽覃的"三国热"也是受其兄长的熏陶和影响。他们批毛泽东无条件地"把古代的《三国演义》当作现代的战术"，批判毛泽覃"诸葛亮式的机会主义战略和战术"，其用意都在于否定毛泽东的整套行之有效的革命游击战争的战略战术。

1933 年 5 月，临时中央又开始反对"江西的罗明路线"，把福建省委的"罗明路线"，不合逻辑地扩大延伸到中央苏区来，而首当其冲的是反对"邓、毛、谢、古反党派别"。所谓"邓、毛、谢、古"即邓小平、毛泽覃、谢维俊和古柏同志，当时都是红军和地方的重要干部，都坚定地站在毛泽东正确主张一边，反对和抵制王明、博古等"左"倾路线。这年 5 月，临时中央策划召开了"江西党三个月工作总结会议"，通过了《江西省委对邓小平、毛泽覃、谢维俊、古柏四同志二次申明书的决议》，大规模地围攻他们，指责"他们是罗明路线在江西的创造者，同时是反党的派别和小组织的领袖"，勒令他们"立即解散"所谓"根据罗明路线而组织的宗派和小组织，否则立即开除出党"，并且提出"要将这一斗争开展到全体党员中去"。

反对邓、毛、谢、古是反对毛泽东路线的升级，是目标具体化的表现。1973 年，于"文化大革命"初期被打倒的邓小平复出时，毛泽东旧事重提。1 月 4 日，他在一份有关文件上批示："他（指邓小平——引者注）在中央苏区是挨整的，即邓、毛、谢、古四个罪人之一，是所谓毛派的头子。整他的材料见《两条路线》《六大以来》两书。"（《中共党史教学参考资料》第十五册）当时，说邓小平是"毛派的头子"，可见斗争矛头所指。

1933 年 9 月，共产国际派往中国的军事顾问、德国人李德从上海来到中央根据地。他同当时"左"倾教条主义领导人一道，在军事指挥上采取了一系列错误的战略战术，使红军在反对第五次"围剿"的斗争中遭到重大损失。后来他在回忆录《中国纪事》中写道：

我在中央苏区最初三个月，结识了一些领导人物。给我印象最深的当然是毛泽东。……他自己则在谈话中插进一些格言，这些格言听起来好像是无关紧要的，但总有一定的含义，有时还含有一种恶意的暗示。

他喜欢引用民间的形象比喻，引用中国历史上哲学家、军事家和政治家的格言。有人告诉我……他根据中国古代军事著作《孙子兵法》提出了"不打无把握之仗"的原则，但在长征路上他又引用孙子的另一句话"投之亡地然后存，陷之死地然后生，夫众陷于害，然后能为胜败"。（王子今：《毛泽东与中国史学》，中共中央党校出版社1993年版，第182页；叶永烈：《历史选择了毛泽东》，上海人民出版社1992年版，第294页）

李德多年后的回忆已经减弱了当年批判毛泽东的"火药味"，但他仍然没有忘记怀疑毛泽东引证《孙子兵法》等古代典籍中的格言"含有一种恶意的暗示"。李德不懂《孙子兵法》，鄙视毛泽东引用《孙子兵法》和别的中国古代经典著作的词句，这是他的日耳曼民族的骄傲性格的悲哀。他不懂得在中国土地上，孙武子比他的国度的军事理论家克劳塞维茨和俄国的军事统帅苏沃洛夫更为有用。他很勇敢却不善使诈，不像西方军事家说拿破仑那样，"既有狮子的凶猛，又有狐狸的狡猾"。他不懂得隐蔽自己的长处，故意示弱用短，这表面看来是拙劣的手笔，但实际上是很高明的策略。他不懂得什么叫声东击西，也不懂得"若欲取之，必先予之"的道理。他没有读过《孙子兵法》《三国演义》等中国传统文化经典，连虚晃一枪，败下阵来，卖个破绽，让敌将撞将过来的拖刀计、回马枪都不懂。

贯彻王明"左"倾路线的临时中央，批判毛泽东"把古代的《三国演义》无条件地当作现代的战术，古代的《孙子兵法》无条件地当作现代战略"，还有一个用意，就是否定毛泽东指导革命斗争的思想理论、指挥反"围剿"战争的军事理论的马克思主义性质，为他们"山沟里没有马列主义"的谬论寻找证据。

临时中央的主要领导者博古（秦邦宪）就这样看问题。1993年，拍摄制作文献片《毛泽东》时，张闻天的夫人刘英回忆了1932年到1934年期间毛泽东受压，在博古的不屑和讥刺中借阅马列著作的情形：

有一次我到中央局去，碰到李维汉同博古两个人在谈话。毛主席刚刚从博古那里离开。我听见博古在那里讲，他讲老毛——

他们当时把毛主席叫老毛——也不看《孙子兵法》，也来学马列了，到我这里来借马列的书了。说了他又一笑，那个意思就是讽刺。（吴晓梅：《倾听毛泽东》，广东人民出版社1998年版，第146页）

这个刘英亲历亲见耳闻目睹的小故事，饱含深意。它肯定发生在1933年以后——因为本年初博古等人才从上海来到中央苏区。故事的具体地点在瑞金中央局博古办公处。博古那句"老毛也不看《孙子兵法》，也来学马列了"看似平淡的话，可以看出多重政治含义：博古们认为毛泽东以往"看《孙子兵法》"是罪过，现在"也不看"了，是低头认罪，是洗心革面；博古们认为，毛泽东在"山沟里没有马列主义"，现在"来学马列"，而且是"到我这里来借马列的书"，当然自己是"百分之百的马列主义"正传；博古们的讥讽，无非是讽刺毛泽东不读马列读《孙子》，只知古代不懂现代。

对此，毛泽东的妻子贺子珍有痛快淋漓的反驳。据王行娟《贺子珍的路》记载：

贺子珍听说有人诋毁毛泽东，说他指导革命不是用马列主义，而是用中国的旧小说《水浒传》《三国演义》。贺子珍毫不客气地反驳说："这种说法不对！我们的党领导土地革命，是受了俄国十月革命的影响，是用马克思主义的基本原理做指导的。那时候，马列的书翻译过来的不多，尤其是我们在偏远的山区，能够看到的就更少了。记得当时在井冈山上，只有少数几本马列的书：《共产党宣言》《共产主义ABC》等，毛泽东用油印机印出来，发到各个连队学习。他还尽最大的努力普及马列主义知识，他同军队中的政工干部，经常轮流到各个连队讲课。当然，毛泽东是熟悉中国的历史的，常常引用历史上的一些典故，作为今天工作的借鉴。古代的文学作品，如《三国演义》《水浒传》等著作中的人物及事件，也常常被他引用来借古喻今。这些发生在古代中国土地上的事例，能够为革命的中国所用，这不是很正常、很好的事情吗？有什么不对呢？"（王行娟：《贺子珍的路》，作家出版社1988年版，第114—115页）

贺子珍这番话可说是义正词严，说尽了"左"倾教条主义者的无知、虚妄和荒谬。非得把马克思主义与《孙子兵法》《三国演义》对立起来，引用《孙子》《三国》纵然对中国革命有好处也不行，这是什么逻辑？！

有人讲我的兵法靠两本书

"左"倾教条主义领导者批判毛泽东的非马克思主义兵法，剥夺他指导革命战争的权力。在困境中，他也奋起抗争。他抗争的最初"武器"是"《孙子兵法》当时我并没有看过"，但"左"倾领导者一口咬定毛泽东是"凭着《三国演义》和《孙子兵法》指挥打仗"。

后来的历史进一步证明毛泽东是正确的，也证明了《孙子兵法》《三国演义》等优秀传统文化对中国革命的贡献。但读《孙子》和《三国》惹的"麻烦"，给毛泽东留下了难以磨灭的印象，以至后来的岁月他经常提起。

1960年12月25日，毛泽东同部分亲属和身边工作人员一起聚餐，当谈到"人没有压力是不会进步的"时，他说：

> 我就受过压，得过三次大的处分，被开除过党籍，撤销过军职，不让我指挥军队，不让我参加党的领导工作。……他们又批评我，说我凭着《三国演义》和《孙子兵法》指挥打仗，其实《孙子兵法》当时我并没有看过，《三国演义》我看过几遍，但指挥作战时，谁还记得什么《三国演义》，统统忘了。（毛泽东：《人没有压力是不会进步的（1960年12月25日）》，《党的文献》1993年第四期）

"受压"的原因主要是"凭着"《孙子兵法》和《三国演义》"指挥打仗"。毛泽东的申诉理由还是"《孙子兵法》当时我并没有看过"，意在指出"左"倾路线领导者不顾事实，罗织罪名。

1961年3月，在广州中央工作会议上，毛泽东在谈到正确的策略只能在实践中产生，只能来源于调查研究时，再一次说：

> 如果不经过第五次反"围剿"的失败，不经过万里长征，我那个《中国革命战争的战略问题》小册子也不可能写出来，因为要写这本书，倒是逼着我研究了一下资产阶级的军事学。有人讲我的兵法靠两本书，一本是《三国演义》，一本是《孙子兵法》。《三国演义》我是看过的，《孙子兵法》我就没有看过。……那是打仗，

形势那么紧张，谁还管得什么《孙子兵法》，什么战斗条令，统统都忘记了的。打仗的时候要估计敌我形势，很快做出决策，哪个还去记起那些书呢？你们有些人不是学过四大教程吗？每次打仗都用四大教程吗？如果那样就完全是教条主义嘛！（胡哲峰、孙彦：《毛泽东谈毛泽东》，中共中央党校出版社1993年版，第67—68页）

还是"有人讲"毛泽东的兵法"靠两本书"，毛泽东只承认看过《三国演义》，而《孙子兵法》仍然是"没有看过"！

总结一下，中央苏区时期"左"倾路线领导者制造的毛泽东读《孙子》和《三国》"错误"，给毛泽东扣上了这样一些罪名：

把古代的《三国演义》无条件地当作现代的战术；古代的《孙子兵法》无条件地当作现代战略

不合时代的东西——《孙子兵法》

根据中国古代军事著作《孙子兵法》提出了"不打无把握之仗"的原则

十六字诀来自过时的《孙子兵法》

凭着《三国演义》和《孙子兵法》指挥打仗

兵法靠两本书，一本是《三国演义》，一本是《孙子兵法》

而毛泽东始终坚守一个事实：

《孙子兵法》当时我并没有看过！

从批"罗明路线"，批"邓、毛、谢、古"，到20世纪60年代毛泽东谈打仗时"形势紧张，谁还管得什么《孙子兵法》"，前后三十余年，读《孙子》和《三国》惹的"麻烦"几乎伴随了毛泽东的后半生，这可说是毛泽东读书生活中的奇观。党内"左"倾教条主义者把读《孙子》《三国》作为打击毛泽东的"炮弹"，而毛泽东则把"左"倾教条主义制造的荒唐的"错误"当成历史教训来总结，也就是他常说的"反面教材"来看待，这大概是《孙子》《三国》阅读史上绝无仅有的现象吧！

找到《孙子兵法》来看

与"左"倾领导者争辩，毛泽东用"并没有看过《孙子兵法》"来揭露其不顾事实硬扣帽子的荒谬。这种无端被诬陷，也逼使毛泽东下决心找来《孙子兵法》一看究竟。

他利用被撤职、被冷落的"空闲时间"，找到不少马列的书来阅读，其中也包括"找到《孙子兵法》来看"！

1957年6月13日下午，毛泽东找人民日报社总编辑吴冷西谈话。这次谈话，毛泽东谈了"五不怕"精神。其中，毛泽东对吴冷西说：

> 撤职和开除党籍并不罕见，要准备着。杀头在正确路线领导下大概不至于，现在的中央不同于王明"左"倾路线领导，也不同于张国焘。但对坐牢得有精神准备。共产党内一时受冤屈的事还是有的，不过在正确路线领导下终究会平反纠正的。一个共产党员要经得起受到错误的处分，可能这样对自己反而有益处……

> 屈原放逐而后有《离骚》，司马迁受腐刑乃发愤著《史记》。他自己也有这个体会。他说到，他讲打游击战的十六字诀时，并没有看过《孙子兵法》。后来"左"倾路线领导讥讽说十六字诀来自过时的《孙子兵法》，而反"围剿"打的是现代战争。这时他才找到《孙子兵法》来看。列宁的《国家与革命》也是这时看的。那时他被解除指挥中央红军的职务，就利用空闲看了不少从红军走过的县城中弄来的书籍。（吴冷西：《忆毛主席》，新华出版社1995年版，第159页）

毛泽东在与吴冷西谈话中提到他在中央苏区的读《孙子》"错误"，这里提供了这样一些历史信息：（一）"左"倾路线领导认为《孙子兵法》是"过时的"的东西，还是那个"不合时代"的罪名；（二）毛泽东从井冈山到瑞金根据地的革命战争实践中，总结出"敌进我退，敌驻我扰，敌疲我打，敌退我追"的指导红色武装割据的游击战十六字诀，而"左"倾路线领导讥讽十六字诀"来自过时的《孙子兵法》"，不是马克思主义兵法；（三）反"围剿"打的是现代战争，"过时的"《孙子兵法》不能指导反"围剿"战争，也就是说毛泽东在"山沟里没有马克思主义"水平、没有资格指导革命战争，因此"被解除指挥中央红军的职务";（四）毛泽东曾经为自己辩解，说他"讲打游击战的十六字诀时，并没有看过《孙子兵法》"，说十六字诀来自《孙子兵法》显然是无稽之谈，但"左"倾路线领导者不调查搞清事实，捕风捉影定罪名，还据此罢免了他的职务；（五）被罢免职务后，毛泽东"利用空闲""找到《孙子兵法》来看"，同时也看了列宁的《国家与革命》等"不少"书籍。正是在这时，毛泽东开始关注《孙子兵法》文本——这是毛泽东自己讲的！这说的大体上是他1932年10月到1934年红军长征前受打击时的情况。

毛泽东"从红军走过的县城中弄来书籍"，毛泽东"找到《孙子兵法》来看"的具体时间，是可以考证的。1932年4月19日，被解除军职又临时受命重返前线的毛泽东，参与指挥红一军团和红五军团（东路军）攻克福建漳州。东路军在漳州停留四十九天，做群众工作。据时任漳州中心县委秘书长、陪同毛泽东到漳州龙溪中学找书的曾志回忆：

> 1932年，红军打下了福建闽南漳州地区，我已于1930年调白区工作，当时奉命从厦门来到漳州。我们住在毛主席那里。主席住处下面约一里多远的地方，有一所漳州龙溪中学。那时学校已停课，学生和教职员工都回家了。一天主席对我说："曾志，走，我们到那所中学去看看。"这所学校是漳州有名的中学，校舍很宽敞，尤其有一很大的图书室，装着满满两个房间的图书。毛主席到了图书室，喜形于色，他一本一本地翻书，越翻阅，越兴致勃勃，大约过了一个小时，毛主席对我说："曾志，帮个忙，去找几个箩筐来，我要找些书籍带回江西去。"我和勤务员找来了三四个箩筐，毛主席一面翻看一面挑选，我们就把挑出来的书往箩筐里放。毛主席在学校图书室，整整翻阅了一个上午，找人挑了两担箩筐的书借回住处。据说毛主席后来还去过该学校两趟，回江西时，带回了许多图书。（曾志：《谈谈我知道的毛主席》，《缅怀毛泽东》上册，中央文献出版社1993年版，第399—400页）

> 我同他一同去龙溪中学翻书，在图书馆里他一边翻一边说，这个好，那个好，找了好多书，恐怕有好几担书，是用汽车运回中央苏区的。他很可能就是在这里找到《资本论》《两种策略》《"左"派幼稚病》《反杜林论》等书和经济之类书的。（《毛泽东传（1893—1949)》，中央文献出版社1996年版，第289页，传记作者引自

对 1932 年毛泽东在漳州找书看这段历史，贺子珍也有一段回忆：

> 李德来到苏区后，完全支持王明所推行的那条错误路线，王明路线的执行者有了这个洋靠山，更是一意孤行下去。毛泽东想扭转这股潮流的斗争就更加艰苦了。在这样艰难的情况下，毛泽东并没有消沉和颓废，他利用这段时间，埋头读书。在中央苏区，各种马列主义的著作比在井冈山时期多得多了。毛泽东把能够收集到的这方面的书籍都找了来，认真地阅读。有一本用很粗糙的纸张印刷的小册子，是列宁著的《论"左派"幼稚病》，毛泽东连读几遍，仍然爱不释手。（吴晓梅：《倾听毛泽东》，广东人民出版社 1998 年版，第 148—149 页）

1957 年五六月间，毛泽东在与曾志等人的一次闲谈中，讲他在中央苏区时期的一些情况，也回忆到此事。他感慨地说：

> 我没有吃过洋面包，没有去过苏联，也没有留学别的国家，我提出建立以井冈山根据地为中心的罗霄山脉中段红色政权，实行红色割据的论断，开展"十六字诀"的游击战和采取迂回打圈战术，一些吃过洋面包的人不信任，认为山沟子里出不了马克思主义。1932 年开始，我没有工作，就从漳州以及其他地方搜集来的书籍中，把有关马恩列斯的书通通找了出来，不全不够的就向一些同志借。我就埋头读马列著作，差不多整天看，读了这本，又看那本，有时还交替着看，扎扎实实下功夫，硬是读了两年书。……后来写成的《矛盾论》《实践论》，就是在这两年读马列著作中形成的。（曾志：《谈谈我知道的毛主席》，《缅怀毛泽东》上册，中央文献出版社 1993 年版，第 401—402 页）

毛泽东有意识地收集和借阅马列的书来读，是从打漳州开始。曾志、贺子珍以及毛泽东本人，在回忆录中都准确地讲明了此点。当然"红军走过的县城"也不止漳州，所以毛泽东说收集书还有"其他地方"。这"两年读书"，毛泽东主要读的是马列的书，但是他也曾经"找到《孙子兵法》来看"！

根据毛泽东自己回忆的主证材料，根据曾志、贺子珍回忆的辅证材料，我们把毛泽东首次阅读《孙子兵法》文本的时间，上限确定在 1932 年 4 月，下限确定在 1934 年 9 月长征以前，应该是有道理的。

研究过《孙子兵法》之类的著作

毛泽东读《孙子》"错误"中，有个看似矛盾的现象需要澄清：毛泽东说他"没有看过"《孙子兵法》，可他在实际军事活动、组织指挥战争中却引用过《孙子》的一些名言，"左"倾领导者又言之凿凿说他"凭着"《孙子兵法》"指挥作战"，这二者岂不矛盾，岂不犯逻辑上的错误？这个问题是要掰扯清楚的。

一方面，毛泽东"当时没有看过"《孙子兵法》是事实。从井冈山到瑞金根据地（1927—1934），都处于战争频繁发生的情况下，红军不是钻山沟，就是驻农村，想找到像《孙子兵法》这样的古代兵书很难。在旧时代，《百家姓》《千字文》和"四书五经"这样进入儿童启蒙领域的书，可以随时见到，随时找到，而被视为"秘籍"的《孙子兵法》等古代兵书，刻印的极少，没有进入"寻常百姓家"，在农村山乡就更难见到。所以，毛泽东说"当时"他只"看到"《三国演义》，"没有看到"《孙子兵法》，倒是实情。现在关于毛泽东的许多回忆材料，都提到那时毛泽东读《三国演义》的故事，但几乎查不到毛泽东读过《孙子兵法》的记载，也是毛泽东当时还"没有看过"《孙子兵法》这一历史事实的反映。

另一方面，毛泽东在组织指挥革命战争时，偶尔引用过《孙子兵法》中"避实击虚""知彼知己，百战不殆"等一些警句，也是事实。前两篇文章已经叙述到，学生时代的毛泽东听国文老师袁仲谦讲过魏源《孙子集注序》，在湖南一师他有接触过《孙子兵法》的多条线索可供考察，他在文章中化用过"城有所不攻，地有所不争"的词句。在中央苏区遭受打击前，他与懂《孙子兵法》的刘伯承，有传统文化底蕴的朱德、陈毅，黄埔军校出来的王尔琢、林彪等高级将领共任军职，苏区也出版各种报刊书籍，耳濡目染、潜移默化中，领悟能力极强的毛泽东熟记和运用《孙子兵法》中若干已经被成语化了的格言名句，完全是可能的，是可以理解的。

还要明了一点：1932 年宁都会议彻底夺了毛泽东军事指挥权。因为一再被指责、被批判是凭着《孙子兵法》和《三国演义》指挥作战，迫于压力，受到刺激，也是出于要搞清问题，为自己辩白，"讨个公道说法"，"没有看过"《孙子兵法》的毛泽东，才从红军走过的县城"找到《孙子兵法》来看"！

正是因为有过"找到《孙子兵法》来看"的事实，所以有的回忆录就提到在中央苏区时毛泽东"研究过《孙子兵法》之类的著作"。

> "左"倾教条主义者诬蔑毛泽东同志不懂战争，歪曲说他是从《孙子兵法》和《三国演义》上学来的战法。毛泽东说：是的，我不懂他们那种蠢猪式的打仗方法；我确实读了许多中国古时打仗的书，研究过《孙子兵法》之类的著作，也看过不少关于外国战争的书，但我的军事知识主要是从战争实践中得来的。（吴黎平：《永远铭记毛主席关于战斗的唯物主义的教导——纪念毛泽东同志诞辰八十五周年》，《学习毛泽东》，上海人民出版社1979年版，第132—133页）

> 在革命斗争最艰苦的环境中，毛泽东利用一切空闲，除研读马列之外，对《孙子兵法》表现出浓厚的兴趣。他曾对吴黎平同志说："我确实读过《孙子兵法》。……《孙子兵法》中有重要的一条，'知彼知己，百战不殆'，这点说得很好。"（吴黎平：《在党的历史的紧急关头——关于遵义会议之前的片断回忆》，《中共六十年纪念文选》，中共中央党校出版社1982年版，第317页）

吴黎平是1932年10月从上海出狱后，经地下交通线秘密到达中央苏区瑞金的。他先到红军学校做政治工作。1933年春天被调到中央工农政府做经济工作，当时毛泽东是中央工农政府主席，两人交往的机会多起来。此时，正是毛泽东被夺权架空"靠边站"的时候，约在他从漳州等地"找书看"（包括找《孙子兵法》）近一年时间左右。毛泽东与吴黎平谈"我确实读过《孙子兵法》"只能是1933年春天以后发生的事情。这也验证了本文第三节把毛泽东首次认真阅读《孙子兵法》文本的时间，上限确定在1932年4月，下限确定在1934年9月长征以前，是有根据的。

遵义会议围绕《孙子》的舌战

——《孙子》解读史之四（1935.1）

毛泽东《孙子》解读史上最精彩的一幕，发生在他人生最关键的时刻：了解毛泽东的人都知道，1935 年元旦刚过，中国西南贵州省的遵义城内，在国民党军一个师长的别墅里，突围远程奔袭而来的共产党核心决策层，在这里召开了一次决定红军命运也就是决定中国革命命运的会议，史称"遵义会议"。

中央红军因第五次反"围剿"的失败，不得不突围长征，寻求党和红军的出路。越过江西于都河后，又经历了湘江之战的惨败，红军兵力锐减。每个红军官兵都在思考：红军向何处去？党的正确的军事路线、军事战略是什么？

你说《孙子兵法》一共有多少篇

因为种种原因毛泽东就这样背着读《孙子》和《三国》的"错误"，走上了漫漫征途。长征途中有敌人的围追堵截，有跋涉的山高水深，身体害病的毛泽东此时又不得不躺在担架上。虽然自己身处逆境，但他却无时无刻不在忧虑着、思考着红军的前途和命运。

时间进入 1934 年 11 月，征途中的毛泽东同王稼祥、张闻天常常在一起行军或宿营，谈论党和红军的大事。进入湘南以后，开始对他们说明和分析第五次反"围剿"中李德、博古在军事指挥上的错误。王稼祥最先支持毛泽东的意见，认为要扭转党和红军的危急局面，必须开中央政治局会议改变中央领导。张闻天也很快接受了毛泽东的主张，并且在中央政治局内开始反对李德、博古的军事指挥方针。尔后，毛泽东又同周恩来、朱德等谈话做工作，得到了他们的支持。过了湘江后，毛泽东向中央提出讨论军事失败的问题。

12月18日出席在黎平举行的中共中央政治局会议，继续讨论红军行动方针问题。博古、李德仍坚持由黎平北上湘西与红二、六军团会合，创造新的根据地。毛泽东主张继续向贵州西北进军，在川黔边建立根据地。经过激烈争论，王稼祥、张闻天等多数人赞成毛泽东的意见，主持会议的周恩来决定采纳毛泽东的意见，西进渡乌江北上。会议通过《中央政治局关于战略方针之决定》，决定指出："过去在湘西创立新的苏维埃根据地的决定，在目前已经是不可能的，并且是不适宜的"；"新的根据地区应该是川黔边地区，在最初应以遵义为中心之地区"。会议决定，红军继续向贵州西北前进，"应坚决消灭阻拦我之黔敌部队，对蒋、湘、桂诸敌应力争避免大的战斗"。会议根据中央领导人内部存在争论的情况，决定到遵义地区后开会总结第五次反"围剿"以来军事指挥上的经验教训。

1935年1月15日至17日，毛泽东出席在遵义召开的中共中央政治局扩大会议。会议的主要议题是讨论党的军事路线，具体内容是总结第五次反"围剿"军事指挥上的经验教训。中央负责人博古的报告在谈到军事上的失败时只强调客观原因，毛泽东的长篇发言有理有据地批评了"左"倾盲动主义军事路线，直击错误要害。批评博古在向大会报告中谈到第五次反"围剿"失败的主要原因是敌强我弱等观点，认为第五次反"围剿"失败的主要原因是军事指挥上和战略战术上的错误；指出博古和李德以单纯防御路线代替决战防御，以阵地战、堡垒战代替运动战，以所谓"短促突击"的战术原则支持单纯防御的战略路线，从而被敌人以持久战和堡垒主义的战略战术使红军招致损失；强调这一路线同红军取得胜利的战略战术的基本原则是完全相反的。

毛泽东的意见，开始赢得了大多数与会者的认同和支持。关键时刻，博古和李德的支持者、年轻的中央政治局候补委员凯丰站起来，翻起中央苏区毛泽东"《孙子》罪案"的老账，声色俱厉地谴责毛泽东：

你懂得什么马列主义？你顶多是看了些《孙子兵法》！
你那些东西，并不见得高明，无非是《三国演义》加《孙子兵法》。

此时非彼时，遵义非宁都，毛泽东震怒了：

> 你说《孙子兵法》一共有多少篇？第一篇的题目叫什么？请你讲讲。

> ……

没有看过《孙子兵法》的凯丰张口结舌，说不出话来。

> 你也没有看过，你怎么晓得我就熟悉《孙子兵法》呢？（《建国以来毛泽东军事文稿》下卷，军事科学出版社、中央文献出版社2010年版，第118页；《聂荣臻回忆录》上册，战士出版社1983年版，第248页）

被批判、被压抑、被冷落，沉默了两三年的毛泽东，面对打了败仗，把根据地几乎全部丢掉仍拒不认错，反而以是为非的"左"倾冒险主义者们，把满腔积怨岩浆喷射般爆发出来，化成义正词严的反击"炮弹"，使涉世不深缺乏历练的凯丰败下阵来。

遵义会议主要根据毛泽东发言的内容，委托张闻天起草《中央关于反对敌人五次"围剿"的总结的决议》，于2月8日经政治局会议通过后印发。决议着重总结了第五次反"围剿"失败的经验教训，重新肯定了毛泽东根据战争实践经验总结出来的一系列正确的战略战术的基本原则。会议提出改变黎平会议关于在川黔边建立根据地的决定，确定红军北渡长江，在成都之西南或西北建立根据地。会议增选毛泽东为政治局常委，取消"三人团"，取消博古、李德的最高军事指挥权，决定仍由中央军委主要负责人朱德、周恩来指挥军事，周恩来为党内委托的对于指挥军事下最后决心的负责者。

会后中央常委分工，毛泽东为周恩来在军事指挥上的帮助者。遵义会议结束了王明"左"倾冒险主义在中共中央的统治，确立了以毛泽东为代表的新的中央的领导，在最危急的关头，挽救了党，挽救了红军，并为胜利完成长征奠定了基础。

遵义会议上毛泽东与凯丰围绕《孙子兵法》的一场舌战，是中央苏区《孙子》"麻烦"的延续，也是尾声！毛泽东的奋起反击，慷慨陈词，以至扬眉吐气，宣布了"左"倾路线的终结，也宣布了他人生这段逆境的终结。

与此同时，被视为"不合时代"的《孙子兵法》也以正面形象昂首阔步地亮相于中国革命战争的历史舞台。

历史的必然趋势往往以偶然事件的形式来表现。在遵义会议上跃马挥刀直取毛泽东，并且宣称对会议结果持"保留意见"的凯丰，仅仅半年后就以勇敢的抗争与张国焘的分裂主义展开搏杀，第一个撰文揭露其野心，成了毛泽东正确主张的坚强支持者和捍卫者。

毛泽东与凯丰之辩，仍然是《孙子》是否可读可用之辩；毛泽东与凯丰之争，是中国革命正确主张与错误主张之争。他们是主张之辩，是主义之争，并无私愤私怨掺杂。这也是毛泽东于遵义会议后，在反抗张国焘分裂行为、在东征阎锡山、在延安整风、在解放战争东北战场组织工作、宣传工作以及政权建设中倚重凯丰的原因。凯丰在毛泽东的旗帜下积极工作，多有建树，直至中华人民共和国成立初期英年早逝，都是一个胸怀坦荡、激情奔放的革命者。

讲过主观主义的小故事

遵义会议围绕《孙子兵法》的这场舌战，毕竟事关重大。其间可总结、可吸取的经验教训太多了，以至于许多年后毛泽东还不时提起此事，辨析其中的是非曲直，作为借鉴。

毛泽东后半生多次提到遵义会议与凯丰的舌战。据长征的参加者陈云在1977年回忆：

> 毛泽东在（延安）整风运动中讲过两个主观主义的小故事，至今还使我们记忆犹新。一个是，在遵义会议时期，一个同志硬说毛泽东的军事战略都是从《孙子兵法》学来的，现在用不上了。毛泽东问他：你读《孙子兵法》没有？你知道《孙子兵法》一共有几章？问得这个同志哑口无言，因为他本来就连《孙子兵法》这部书也没有见过。（陈云：《坚持实事求是的革命作风》，《毛主席的旗帜飘万代》，解放军文艺出版社1977年版，第7页）

确实，自己"连《孙子兵法》这部书也没有见过"，却批评别人的"军事战略都是从《孙子兵法》学来的，现在用不上了"，以无知批有知，捕风捉影下结论，岂不是典型的主观主义。

高智，是毛泽东的机要秘书，1952 年至 1962 年在毛泽东身边工作，长达十年之久。他回忆说：

> 毛主席对王明路线统治时期的往事印象是格外深刻啊，关于《孙子兵法》一事，据我所知，他在其他场合还讲过，对我也曾讲过一次。记不清是怎么扯到这事上的了，总之，有一次，毛主席对我谈起了这段往事。他说："左"倾路线统治时期，他们撤了我的职，不发给我薪水，甚至不给饭吃，还有人说我不会打仗。他们问我是否看过《孙子兵法》？那时我还没有看过《孙子兵法》，可是，当时我问他们：你们是不是看过《孙子兵法》呢？结果他们也说没看过。毛主席讲到这里，自己也笑起来了。他又接着说："可是从那以后，我就看了《孙子兵法》。"（高智、张聂尔：《机要秘书的思念》，中共中央党校出版社 1993 年版，第 142—143 页）

双方"那时"都还"没有看过"《孙子兵法》，可"《孙子》官司"打得不亦乐乎，毛泽东读《孙子》的"错误"定得有鼻子有眼睛，想起我党幼年时期"左"倾路线统治者制造的这些荒唐透顶之事，毛泽东岂能不笑。当然，这笑声里有嘲讽的笑，有苦涩的笑，也有大彻大悟后欣慰的笑。更重要的是对"左"倾路线统治时期的往事"印象格外深刻"——有时，记住历史教训比记住历史功勋更重要！

我的兵法·《孙子兵法》·马克思主义兵法

遵义会议"舌战"的主题之一是《孙子兵法》与马克思主义兵法的关系。1958 年 6 月 29 日，在中共中央军委扩大会议小组长座谈会上，毛泽东说：

> 李世民、曹操等，他们都是会打仗的，中国过去还是有些东西的。凯丰同志曾说《孙子兵法》中没有马克思主义，我问他看了没有，凯丰同志答不上。可见没有看过《孙子兵法》，就武断地下结论，是不妥当的。（《建国以来毛泽东军事文稿》中卷，军事科学出版社、中央文献出版社 2010 年版，第 393—394 页）

李世民、曹操两位古代政治家、军事家"会打仗"；毛泽东可说更"会打仗"。中国过去还是"有些东西"指的是民族优秀传统和军事文化遗产，这无可置疑包括《孙子兵法》。说"《孙子兵法》中没有马克思主义"，这个命题并没有错，因为马克思主义的产生后于《孙子兵法》两千余年。问题的实质在于凯丰当时说这个话，目的在于说引证《孙子兵法》的人"没有马克思主义"，也就是以此证明毛泽东"没有马克思主义"！在激烈紧张的辩论中，毛泽东不但断然否定自己看过《孙子兵法》，反而证明凯丰、博古、李德等人"武断地下结论"，是"欲加之罪，何患无辞"。——当然，毛泽东在舌战中的说自己"没有看过《孙子兵法》"，讲的还是他从红军走过的县城中"找《孙子兵法》来看"以前的史实。

这把一个重大理论问题摆在了中国共产党人的面前：马克思主义者如何看待包括《孙子兵法》在内的传统文化？也就是马克思主义与中国优秀传统文化的关系如何？这个问题，只吃"洋面包"，不懂国情为何物的"左"倾教条主义者是无法解决的，还是吃了"《孙子》罪案"苦头的毛泽东解决了这个问题。这当然是后话。

1959年4月5日，在中共中央八届七中全会上，毛泽东一连讲了十六个问题。讲到党内意见分歧、开展党内思想斗争正确态度和正确方法时，他说：

> ……凯丰同志，那时他是博古派，那个同志好不客气，在遵义会议时，他说，你这个人的兵法，无非是《三国演义》《孙子兵法》。《三国演义》我是看过了，而且看了几次；《孙子兵法》在那以前我一次也没有看过，只听说有此书，他说我看了那个东西。我就问他《孙子兵法》有几篇？第一篇叫什么题目？《孙子兵法》十三篇，第一篇叫什么题目，我现在也忘记了。我就用这个方法来问，他也没有看过。我说你也没有看过，你说我的兵法是《孙子兵法》，根本不是马克思主义的兵法，理由在哪里？（李锐：《"大跃进"亲历记》，第471页）

说毛泽东的"兵法是《孙子兵法》，根本不是马克思主义的兵法"，把孙武子兵法与"马克思主义的兵法"对立起来！《孙子兵法》中没有马克思主义，但是马克思主义者可以吸纳《孙子兵法》中真理性的精华。

1960年12月25日，正值毛泽东的六十七岁生日，他回顾往事，感慨系之，在同部分亲属和身边工作人员谈话时说：

说实在的，我在山上搞了几年，比他们多了点在山上的经验。他们说我一贯右倾机会主义、狭隘经验主义、枪杆子主义，等等。那时我没有事情做，走路坐在担架上，做什么？我看书！他抬他的担架，我看我的书。他们又批评我，说我凭着《三国演义》和《孙子兵法》指挥打仗。其实《孙子兵法》当时我并没有看过；《三国演义》我看过几遍，但指挥作战时，谁还记得什么《三国演义》，统统忘了。我就反问他们：你们既然说我是按照《孙子兵法》指挥作战的，想必你们一定是熟读的了，那么请问：《孙子兵法》一共有几章？第一章开头讲的是什么？他们哑口无言。原来他们也根本没有看过！（毛泽东：《人没有压力是不会进步的》，《党的文献》1993 年第 4 期）

"坐在担架上看书"的战斗生活细节，发生在长征初期毛泽东身体患病之时。

经历就是经验，"压力"就是动力。毛泽东把自己从瑞金到遵义经历的"《孙子》问题"当成人生的一种磨炼，一种砥砺，作为一种"遗产"传授给后来人。

遵义会议上，毛泽东因引用过《孙子兵法》遭遇了最为严峻的挑战；在唇枪舌剑中胜出，又结束了"《孙子》问题"，开启了毛泽东解读《孙子》的新篇章。

买一部《孙子兵法》来

——《孙子》解读史之五（1936—1942）

毛泽东何时何地开始读《孙子兵法》？这在毛泽东与《孙子兵法》的研究中，是一桩众说纷纭的公案。从20世纪80年代开始，就有韶山少年说、湖南一师说、井冈山时期说、中央苏区说、延安（保安）时期说，等等。

事物总是具体的，各有各的特殊性。毛泽东的《孙子》解读史与众不同。比如他读古典小说"四大名著"文本，《三国演义》《水浒传》和《西游记》是少年时在韶山私塾即开读的，而《红楼梦》则是青年时期在湖南一师首次读到的。

细致区分，毛泽东品读《孙子兵法》的过程又呈现出自己特有的形态。如前所述，毛泽东之于《孙子兵法》，早期的学生时代，只是听老师讲过《孙子集注序》，只是从不同渠道接触过《孙子》一些格言警句，投身革命以后因指挥作战偶尔引用《孙子》名言被"左"倾领导者制造出"《孙子》罪案"。

所以，当"左"倾领导者以"把古代的《孙子兵法》无条件地当作现代战略"罗织罪名时，当凯丰指责他"凭《孙子兵法》和《三国演义》指挥打仗"时，他断然声明"没有看过"《孙子兵法》，"只听说有此书"！

回答毛泽东何时何地开始品读《孙子兵法》这个问题，还是先听听毛泽东本人的说法。

"逼使我翻了翻《孙子兵法》"

遵义会议是毛泽东《孙子》解读史上的重要转折点：此前提《孙子》都是罪证，是不合时宜的东西，是阴沟里见不得人的鬼祟行为；此后购《孙子》、读《孙子》、研《孙子》、用《孙子》，是事业之必须，是构建和完善革命战争的战略战术，是正大光明之举。

请看毛泽东的自述：

1959年4月5日，毛泽东在上海召开的党的八届七中全会上回忆说，"左"倾教条主义者说他照《孙子兵法》打仗的那些话——

> 倒激发我把《孙子兵法》看了，还看了克劳塞维茨的，还看了日本的《战斗纲要》，看了刘伯承同志译的《联合兵种》，看了"战斗条例"，还看了一些资产阶级的。总之，激发我来研究一下军事。（陈晋：《毛泽东读书笔记解析》上册，广东人民出版社1996年版，第460—461页）

是"左"倾教条主义者"激发"毛泽东"来研究一下军事"，"把《孙子兵法》看了"，还看了克劳塞维茨的《战争论》等书，这说的显然是长征后初到陕北头一两年的读书情况。

1960年12月25日同部分亲属和身边工作人员谈话说：

> 后来到陕北，我看了八本书，看了《孙子兵法》，克劳塞维茨的书看了，日本人写的军事操典也看了，还看了苏联人写的论战略、几种兵种配合作战的书，等等。那时看这些，是为写论革命战争的战略问题，是为了总结革命战争的经验。（陈晋：《毛泽东读书笔记解析》上册，广东人民出版社1996年版，第457页）

还是"到陕北"后看了《孙子兵法》等八本书。

1962年1月12日，毛泽东会见日本社会党由顾问铃木茂三郎率领的访华代表团，谈话时他说：

> 遵义会议时，凯丰说我打仗的方法不高明，是照着两本书去

打的，一本是《三国演义》，另一本是《孙子兵法》。其实，打仗的事，怎么照书本去打？那时，这两本书，我只看过一本——《三国演义》。另一本《孙子兵法》当时我并没有看过。那个同志硬说我看过。我问他《孙子兵法》共有几篇？第一篇的题目叫什么？他答不上来。其实他也没有看过。从那以后，倒是逼使我翻了翻《孙子兵法》。（金冲及：《毛泽东传（1893—1949）》，中央文献出版社1996年版，第342页）

"从那以后"，即与凯丰围绕《孙子》舌战以后，即长征结束到达陕北保安以后。谁"逼使"毛泽东读《孙子》？显然是痛斥毛泽东"打仗方法不高明"的"左"倾领导者。看来，毛泽东下决心用功夫研究《孙子兵法》，成为军事理论家，不仅是事业需要形势所迫，而且还是"左"倾教条主义者"激发""逼使"的结果。"翻了翻《孙子兵法》"——说得语句轻松，其实是下狠功夫研究。这一翻，不得了，毛泽东从此开创了《孙子》研究的新里程。

品读卷

"战略决定由毛主席写"

我们把结论放在本篇第二节来说，也是为了与前两篇文章有文脉上的直接联系。现在我们回头追溯毛泽东保安（延安）品读《孙子兵法》的来龙去脉。

中央红军到达陕北落脚保安后，特别是在1936年，毛泽东有一段时间能够比较集中地对党的历史经验进行深入的理论思考和理论概括。

1935年10月19日，中共中央为实现北上抗日的方针，率领中央红军到达陕北吴起镇。至此，红军主力历时一年，纵横十一个省，行程二万五千里的长征，宣告胜利结束。

12月17日至25日，中共中央在陕北瓦窑堡召开了政治局会议，讨论通过了《关于目前政治形势与党的任务决议》和《关于军事战略问题的决议》，瓦窑堡会议全面地分析了当时的政治形势，决定实行抗日民族统一战线的总政策，提出了"把国内革命战争同民族革命战争结合起来"的军事指导思想，同时规定把红军行动与苏区的主要发展方向放在东面的山西和北面的绥远等省，明确提出了"抗日反蒋，渡河东征"的战略指导思想。

这次会议期间，还正式选举毛泽东为中央军事委员会主席。

这次会议，《关于目前政治形势与党的任务决议》解决的是政治路线问题；《关于军事战略问题的决议》解决的是军事路线问题。

值得特别指出的是，《关于军事战略问题的决议》已经十分注重总结红军五次反"围剿"的经验教训，继遵义会议之后，进行军事理论、军事战略上的拨乱反正。如《决议》所说：

> 反对先发制人，执行后发制人（一般的）。后发制人，即诱敌深入，不是所谓"机会主义的单纯防御路线"（宁都会议及其后），而是内线作战的正确原则。
> 反对只"打"不"走"的拼命主义，又要打，又要走，自然走是为了打的。战争方式的游击性，即没有固定战线，这是由于技术条件落后而决定的中国红军作战的特点，也正是过去军事指导的长处。在这里反"游击主义"是错了的。（《中共中央文件选集》，中共中央党校出版社1991年版；《毛泽东在吕梁》，中共党史出版社1993年版，第28—29页）

十分明显，这是军事路线、军事战略上的正本清源，把颠倒的是非又颠倒过来。从宁都会议以后到遵义会议以前（1932年10月至1935年1月），毛泽东诱敌深入、运动歼敌和游击战"十六字诀"一概被批判为"游击主义""机会主义的单纯防御""右倾机会主义的动摇"，而《决议》申明这是"正确原则"，反对这些原则"是错了的"！

此时，毛泽东把注意力集中到党的军事路线上来。他说："过去的革命战争证明，我们不但需要一个马克思主义的正确的政治路线，而且需要一个马克思主义的正确的军事路线。"这就必须系统地总结中国革命战争的历史经验，从中做出新的理论概括。

瓦窑堡会议后，李德又不同意会议通过的东进的军事战略方针。他在1936年1月，向中共中央提出书面意见，根据敌我力量悬殊的状况，主张"巩固与发展苏区创造新根据地"，武断地认为"我们转入进攻是过早的"，"政治准备不充足"，结果就会"退却和逃跑"，以反对会议决定的"以发展求巩固"的方针。（李德：《关于红军渡过黄河后的行动方针问题的意见书》，1936年1月27日）

这种离开"发展"来谈"巩固"的主张，又是在重复他导致第五次反"围剿"战争失败的那种单纯防御战略。从当时陕北的实际情况来看，更是不适宜的。

毛泽东立刻指出，它是在革命进攻下的保守的单纯防御战略。

这年 3 月，中共中央政治局在晋西开会时，讨论了李德的《意见书》，许多人在发言中批评李德的错误主张，并且做出决议："战略决定由毛主席写。"（中共中央政治局会议记录，1936 年 6 月 26 日）这件事，也促使毛泽东下决心系统地总结十年内战时期在军事斗争上的经验教训，写出理论著作来。

这个背景很重要。它告诉我们，毛泽东是为着研究战略问题，是为着写"战略决定"而开始了保安（延安）的读书历程。

"买一部《孙子兵法》来"

毛泽东对这件工作做了十分认真的准备。他组织一些富有实际经验的干部一起，联系中国革命实际来研究和讨论这些军事理论问题。

研究中国革命战争的战略问题，急需要参考古今中外的军事理论书籍。可是，保安是边地小城，红军远征而至，衣食尚且不裕，图书资料更为匮乏。所以，毛泽东多次写信给在西安做统一战线工作的叶剑英和刘鼎，要他们购买一批军事书籍来。

9 月 7 日，在写给刘鼎的信中说：

> 前电请你买军事书，已经去买否？现红校需用甚急，请你快点写信，南京、北京两处发行军事书的书店。索得书目，择要买来，并把书目付来。（逄先知：《毛泽东年谱1893—1949》上卷，人民出版社、中央文献出版社 1993 年版，第 576 页）

刘鼎按照毛泽东的指示，买了一部分图书。毛泽东看到书后并不满意，于 9 月 26 日又给刘鼎写信，告诉他：

> 不要买普通战术书，只要买战略学书，买大兵团作战的战役学书。中国古时兵法书如《孙子》等也买一点。张学良处如有，借用一点。写信到南京国府路军学研究社，请他们代办。（逄先知：《毛泽东年谱1893—1949》上卷，人民出版社、中央文献出版社 1993 年版，第 576 页；夏征难：《毛泽东与中外军事遗产》，大连出版社 1997 年 10 月版，第 65 页）

当第二批书送到延安，毛泽东看后还是不尽满意。10 月 22 日，他在致叶剑英、刘鼎的信中写道：

> 要买一批通俗的社会科学自然科学及哲学书，大约共买十种至十五种左右，要经过选择真正是通俗的而又有价值的（例如艾思奇的《大众哲学》，柳湜的《街头讲话》之类），每种买五十部，共价不过一百元至三百元，请剑兄经手选择，鼎兄经手购买。在 11 月初先行选买几种寄来，作为学校与部队提高干部政治文化水平之用。在外面的人，一面工作，一面要提倡看书报。
>
> 买来的军事书多不合用，多是战术技术的，我们要的是战役指挥与战略的，请按此标准选买若干。买一部《孙子兵法》来。（《给叶剑英、刘鼎的信》，《毛泽东文集》第一卷，人民出版社 1993 年版，第 453 页）

毛泽东在上述三封信中，有两封明确提到《孙子兵法》，从中反映出毛泽东对《孙子兵法》的重视之程度和要求之迫切。

买军事书的"标准"，不是战术技术的，而是"战役指挥与战略的"。显然，两次点名必买的《孙子兵法》也必然是"战略书"——无意中透露出毛泽东的《孙子》观。

毛泽东通过多种渠道从国民党统治区购买到一批军事书籍。他一方面精读马克思主义的军事理论著作，另一方面认真研究德国克劳塞维茨的《战争论》和日本人写的关于外线作战的书籍等"资产阶级军事学"。

与以往"听说"有《孙子兵法》这部书不一样，毛泽东这次可是实实在在解读研究中国古代这部兵学圣典。

孙武子书上这句话

1936 年冬，毛泽东在陕北保安红军大学一科，为学员们做关于中国革命战争战略问题的讲演。

此后，他广泛听取学员们的意见，仔细增删修改，于 12 月底将演讲稿整理成《中国革命战争的战略问题》这部军事著作。通过学习、讨论和研究，把中国革命战争中积累起来的丰富经验上升为理论。

由于西安事变的发生，这部著作未能全部完成。但仅从已经发表的部分中，我们即可看到至少有下列七处是对《孙子兵法》的引用和阐发。

第一处是：

> 中国古代大军事学家孙武子书上"知彼知己，百战不殆"这句话，是包括了学习和使用两个阶段而说的，包括从认识客观实际中的发展规律，并按照这些规律去决定自己行动，克服当前敌人而说的；我们不要看轻这句话。（《中国革命战争的战略问题》，《毛泽东选集》第一卷，第201页）

"知彼知己，百战不殆"出自《孙子兵法·谋攻篇》："故曰：知彼知己，百战不殆。不知彼而知己，一胜一负。不知彼不知己，每战必殆。"

第二处是：

> 如果进攻之敌在数量和强度上都超过我军甚远，我们要求强弱的对比发生变化，便只有等到敌人深入根据地，吃尽根据地的苦楚……才能到达目的。这种时候，敌军虽强，也大大减弱了，兵力疲劳，士气沮丧，许多弱点都暴露出来。红军虽弱，却养精蓄锐，以逸待劳。（《中国革命战争的战略问题》，《毛泽东选集》第一卷，第201页）

"以逸待劳"一语出自《孙子兵法·军争篇》："以近待远，以佚（逸）待劳，以饱待饥，此治力者也。"

第三处是：

> 孙子说的"避其锐气，击其惰归"，就是指的使敌疲劳沮丧，以求减杀其优势。（《中国革命战争的战略问题》，《毛泽东选集》第一卷，第201页）

"避其锐气，击其惰归"一语出自《孙子兵法·军争篇》："三军可夺气，将军可夺心。是故朝气锐，昼气惰，暮气归。善用兵者，避其锐气，击其惰归，此治气者也。"

第四处是：

> 我们可以人工地造成敌军的过失，例如孙子所谓"示形"之类（示形于东而击于西，即所谓声东击西）。（《中国革命战争的战略问题》，《毛泽东选集》第一卷，第201页）

"示形"语出《孙子兵法·计篇》："兵者，诡道也。故能而示之不能，用而示之不用，近而示之远，远而示之近。"《孙子兵法》中没有"示形"一词，只讲了四种"示形"办法。"示形"是毛泽东依据《计篇》"四示"的概括。

第五处是：

> 退却开始时机的问题是具有重要意义的……及时退却，使自己完全立于主动地位，这对于到达退却终点以后，整顿队势，以逸待劳地转入反攻，有极大的影响。江西粉碎敌人第一次、第二次、第四次"围剿"的战役，都从容不迫地对付了敌人。（《中国革命战争的战略问题》，《毛泽东选集》第一卷，第201页）

"以逸待劳"一语出自《孙子兵法·军争篇》，已见第二处所引。

第六处是：

> 人民赞助、良好阵地、好打之敌、出其不意等条件，都是达到歼灭目的所不可缺少的。（《中国革命战争的战略问题》，《毛泽东选集》第一卷，第201页）

"出其不意"语出《孙子兵法·计篇》："利而诱之，乱而取之，实而备之，强而避之，怒而挠之，卑而骄之，佚而劳之，亲而离之。攻其无备，出其不意。此兵家之胜，不可先传也。"

第七处是：

> 但是开始准备的时机问题，一般地说来，与其失之过迟，不如失之过早。因为后者的损失较之前者为小，而其利益，则是有备无患，根本上立于不败之地。（《中国革命战争的战略问题》，《毛

泽东选集》第一卷，第 201 页）

"立于不败之地"出自《孙子兵法·形篇》："故善战者，立于不败之地，而不失敌之败也。"

《中国革命战争的战略问题》是毛泽东引用和阐发《孙子兵法》内容较多的一部军事理论著作。共引七处六条（"以逸待劳"引用两次），其中明引三处，暗引四处，涉及《孙子兵法》的《计篇》《谋攻篇》《军争篇》《形篇》。

史实证明，到陕北（保安与延安）以后，毛泽东花相当功夫深入研究了《孙子兵法》等军事著作，并汲取其精义，把握其精髓，达到了熟烂于心灵活运用的境地，不能以一般性的接触闻知、浏览翻阅相看待。

毛泽东在陕北钻研《孙子兵法》等古今中外军事名著目的明确：为着总结第二次国内革命战争（土地革命战争）时期的历史经验教训，构建我军的军事战略和军事路线。

关于此点，他自己有明确说法：

1960 年 12 月 25 日同部分亲属和身边工作人员谈话说，到陕北我看了《孙子兵法》等八本书——

那时看这些，是为写论革命战争的战略问题，是为了总结革命战争的经验。（陈晋：《毛泽东读书笔记解析》上册，广东人民出版社 1996 年版，第 457 页）

1961 年 3 月 23 日，在广州中央工作会议上，毛泽东在谈到正确的策略只能在实践中产生，只能来源于调查研究时说：

没有那些胜利和那些失败，不经过第五次反"围剿"的失败，不经过万里长征，我那个《中国革命战争的战略问题》小册子也不可能写出来。因为要写这本书，倒是逼着我研究了一下资产阶级的军事学。有人讲我的兵法靠两本书，一本是《三国演义》，一本是《孙子兵法》。《三国演义》我是看过的，《孙子兵法》当时我就没有看过。在遵义会议上，凯丰说：你那些东西，并不见得高明，无非是《三国演义》加《孙子兵法》。我就问他一句：你说《孙子兵法》一共有多少篇？第一篇的题目叫什么？请你讲讲。他答不出来。我说：你也没看过，你怎么晓得我就熟悉《孙子兵法》呢？凯丰他自己也没看过《孙子兵法》，却说我用的是《孙子兵法》。那时打仗，形势那么紧张，谁还管得什么《孙子兵法》，什么战斗条令，统统都忘记了的。打仗的时候要估计敌我形势，很快做出决策，哪个还去记起那些书呢？你们有些人不是学过四大教程吗？每次打仗都是用四大教程吗？如果那样就完全是教条主义嘛！我不是反对理论，马克思主义的原理原则非有不可，我这篇文章里头也讲了的。要把马克思主义当作工具看待，没有什么神秘，因为它合用，别的工具不合用。（《打仗离不开调查研究》，《建国以来毛泽东军事文稿》下卷，军事科学出版社、中央文献出版社 2010 年版，第 117—118 页）

看来，毛泽东在陕北下功夫研读《孙子兵法》等古今中外的军事名著，写出系统的军事论著，进行军事理论创立，并非偶然。与他决心清算"左"倾教条主义者错误军事主张，总结第二次国内革命战争正反两方面的经验，大有关系。

在写作《中国革命战争的战略问题》之后，毛泽东还有两次明确引用《孙子兵法》之处：

1937 年 8 月，他在《矛盾论》中说：

> ……所谓片面性，就是不知道全面地看问题。……孙子论军事说："知彼知己，百战不殆。"他说的是作战的双方。（《毛泽东选集》第一卷，人民出版社 1991 年版，第 312—313 页）

1938 年 5 月 26 日至 6 月 3 日，毛泽东在延安抗日战争研究会上做《论持久战》的讲演，强调"知彼知己"对认识战争现象的重要，他说：

> ……战争不是神物，仍是世间的一种必然运动，因此，孙子的规律，"知彼知己，百战不殆"，仍是科学的真理。（《毛泽东选集》第二卷，人民出版社 1991 年版，第 490 页）

写作《中国革命战争的战略问题》《矛盾论》《论持久战》等论著，还实现了一个愿望，那就是为《孙子兵法》正名，为"《孙子》罪案"辩冤。

毛泽东在论著中引用孙武子的名言后，时而说"我们不要看轻这句话"，时而说"孙子的规律"，时而说"仍是科学的真理"。这是对孙子学说的科学评价。而"左"倾领导者则判定《孙子》是"不合时宜的东西"，是敌人"专有"的东西，是反"马克思主义兵法"的东西，运用《孙子》于革命游击战争是"右倾机会主义的动摇"。两种评价，可谓天壤之别。

延安出版的《孙子兵法》

延安时期，在极其需要也是极端困难的条件下，毛泽东、朱德、周恩来等中央领导决定组织和出版一套包括《孙子兵法》在内的《中国军事思想丛书》。这套丛书在炮火硝烟中几经辗转，现在保存在北京西山脚下的军事科学院图书馆。

军事科学院图书馆，它的前身是创建于延安时期的中共中央军委四局图书资料室。当年，那几孔窑洞组成的军事图书资料室，主要保障中央领导同志和中央机关人员的学习查询。

1947年3月，国民党军胡宗南部直逼延安。党中央机关和毛泽东等人暂时撤离，转战陕北。危难之际，如何安全转移这批党和军队的珍贵兵书和重要历史档案资料？周恩来副主席考虑再三，把这项重任交给了他的军事高参童陆生，由他负责从王家坪东渡黄河向晋西北的三交镇转移。

运输工具少，几经轻装，带不了的物品就地销毁，一些图书资料也未能幸免。童陆生和随队参谋宁文俊，把刘伯承亲自翻译的苏军《兵团战术概则》《合同战术》《红一方面军长征记》三本书，又从火堆里抢了回来，装进自己的背包里。过了黄河，转移的车队和人马又走了一天才到达目的地——三交镇附近的双塔村。

这时，石家庄又遭国民党军的进攻，按照党中央指示，他们又将这些图书资料转移到深山里。1948年，中央和军委转移到了西柏坡后，童陆生才把这些军事图书和档案资料转移到石家庄附近的南新城村华北军政大学，交给了当时负责全军军事训练的叶剑英。叶剑英看到这些图书资料非常感动。他深知这些图书资料对党和军队建设的重要性，立即提出恢复建立军委图书资料馆。不久，童陆生被任命为第一任馆长。1958年3月，多次改变隶属关系的军委四局图书馆划归军事科学院，成立了军事图书馆，并逐渐发展成为我军高级军事科研机构研究军事理论的重要咨询服务保障部门。童陆生又被任命为馆长。

存放在军事图书馆里这套《中国军事思想丛书》，书页烟熏火燎，陈旧泛黄，令人看着有一种超越时空的感觉，不能不想到战火纷飞年代里它们的"漂泊史"。

这是一套半个世纪前出版的兵书。从那粗糙的纸张和简朴的装订，可看出当时出版条件的简陋。据馆流通室主任田文孝介绍，正当抗日烽火熊熊燃起的时候，毛泽东、朱德、周恩来等中央决策者深深感到，要战胜强大的敌人，提高指挥员的军事指挥才能是当务之急。于是，决定出版一套《中国军事思想丛书》，即：《孙子》《吴子司马法》《六韬三略》《尉缭子》《唐太宗李卫公问对》《增补曾胡治兵语录白话句解》6 本书。当时，出版这套书最大的困难是缺少纸张，为此，中央多次派人到敌占区买纸，由于条件所限，这套兵书印量很少。（包国俊：《走进我国最大的"兵书城"》，《解放军报》1998 年 2 月 6 日）

延安出版《中国军事思想丛书》，分作六本，其中《吴子司马法》《六韬三略》是四部书合编为两本。这套丛书实际是八本，即《武经七书》的七部书加上《增补曾胡治兵语录白话句解》。这套丛书能够出版，显然也是毛泽东为《孙子兵法》等中国古典兵法正名的结果。想想在中央苏区时，"左"倾领导者痛斥《孙子兵法》《曾胡左治兵格言》"不合时代"，批评"博览的同志"把半个世纪前的曾国藩"作为兵法之宝"，只能让"敌人专有"！而今在延安堂而皇之地公开出版这些书，而且作为"提高指挥员的军事指挥才能"的"当务之急"，变化之大，令人惊讶！在中国革命战争中，首先给《孙子兵法》以科学地位的，首推毛泽东；在反侵略的民族解放战争中，在革命队伍官兵中普及《孙子兵法》的，也首推毛泽东。

延安时期，毛泽东带头在自己的军事著作中引用《孙子兵法》，率领机关出版以《孙子》为龙头的《中国军事思想丛书》，有利于形成向优秀古典兵法学习借鉴的氛围，对"提高指挥员的军事指挥才能"，确实起到了助推作用。

以新四军第四师师长彭雪枫为例。他是一位刻苦学习、能文能武的战将。1941 年，四师在豫皖苏反顽斗争结束后，进驻到洪泽湖畔休整训练，司令部设在湖畔的一个叫半城的古镇上。彭雪枫想趁此机会好好地读读书，就在半城镇东首找了间旧庙，同志们替他打扫干净，一桌一椅给他布置个"书房"。庙虽旧小，倒很清静。庙的东面近临洪泽湖，启窗望去，红日朝霞，碧涛万顷，使人心胸廓朗。庙内只有一两个和尚，除去晨钟暮鼓外，也没有什么干扰。就在这里，彭雪枫发愤地读着毛泽东的《论持久战》《列宁选集》以及克劳塞维茨的《战争论》和《孙子兵法》等古今中外的政治军事经典名著，每每苦读至深夜。就在这样的刻苦学习中，他结合以往实际经验继写《游击战术》一书之后，又写出了《战略战术讲授提纲》，作为当时抗大四分校讲课的教材。这对提高干部的军事素养起了很大的作用。

读《孙子兵法》，彭雪枫精神愉快，他在给夫人林颖的信中说：

> （《孙子兵法》）十三篇，已读七篇，且已成诵，对这些书，我决朗诵多遍以求会背。学习是非咬牙不可了。（林颖：《彭雪枫家书》，文物出版社1985年版，第61页）

像毛泽东一样，彭雪枫读兵书信奉学以致用。

1942年10月，彭雪枫在边区第二届参议会上指出"大规模的'扫荡'将有来临之一日"的警告。果然，"扫荡"很快到来了！日伪军对苏皖边区的大"扫荡"于同年11月15日开始了。敌向苏皖边区的大"扫荡"分为五路：一路由泗县到青阳；一路由宿迁南下；一路由淮阴高良涧到蒋坝；一路由盱眙到洪泽湖；一路由五河到郑集。日伪军企图一举歼灭新四军四师主力及淮北苏皖边区党政机关于洪泽湖沿岸。其兵力为步兵六千五百到七千人，骑兵六百余人，坦克两辆，汽车一百二十辆，汽艇九艘，飞机七八架。

彭雪枫在分析判断敌情时认为："敌人此次'扫荡'规模将是全面的，时间将是长期的……战术将是长驱直入，分区'扫荡'，反复'扫荡'。以骑兵及伪军吸引我主力，而以主力并机械化部队实行包围突击。"会议经过讨论，大家见解一致，"遂决定此次反'扫荡'的战役方针为：第一步，主力跳出敌之合围圈，以一部并地方武装就地坚持，与敌纠缠。第二步，转移于敌之来路侧翼和后方，协同我处于敌之最后方部队（如宿东、邳睢铜）打击敌人实行破击战。第三步，如敌伪建立据点，则制造并寻找其弱点而袭击拔除之。"

彭雪枫还鉴于敌人在武器、弹药、行动速度上都处于优势，提出要采取巧妙灵活的游击战术，以主力部队断然地跳出敌之包围圈，跑到敌之外线，迂回敌之侧后，实行打击敌之尾，使其不能不回头的战术。"只有这样，才能缩短敌之'扫荡'时间，才能缩小敌之'扫荡'范围，才能乘其收兵后退之际，集中力量聚歼敌之一路或数路！"彭雪枫接着解释道：

> 这种战术方针，即我国古代兵学家孙子亦曾加以提倡，如在他的《军争篇》中即说："是故朝气锐（敌初来时势甚锐猛），昼气惰（懈怠了），暮气归（情绪低落不愿徒劳再进了）。故善用兵者，避其锐气，击其惰归（乘其怠懈罢兵之际而聚歼之），此治气者也。"
> 老子也曾说："飙风不终朝（大风不过一个早晨），骤雨不终日（猛雨顶多下一天），孰为此者？天地（自然界的规律）尚不能久，而况于人乎？"狂风暴雨尚不能久，而况于日本军阀乎？（《彭雪枫军事文集》，解放军出版社1997年版，第518页）

并以点睛之言指出："我们的战术指导要领，是依据既定的战役方针，力争为'大弱者中的小强者，大劣势中的小优势，大不利中的小有利，大被动中的小主动，大包围中的小包围，大'扫荡'中的小扫荡，大封锁中的小封锁，大内线中的小外线作战。"总之，在避免被动，争取主动的战斗中"粉碎敌之对我大'扫荡'"。

这一次反"扫荡"历时三十三天，是淮北苏皖边区军民所进行的一次最大规模的反"扫荡"战役。虽然根据地人民遭受了日伪军烧杀抢掠，但是我军取得了最后的胜利！毙伤敌六七百人，俘虏三百余人，缴枪三百余支，我方伤亡仅二百余人，主力部队、地方武装、党政及后方勤务机关人员、资料均无损失！老百姓欢喜非常，都说新四军是诸葛亮，计谋高，打仗好。

在延安，毛泽东不仅要求军事指挥员读《孙子》，也要求党政干部读古代兵书。

范明是中共地下党派往国民党第三十八军的统战部长、组织部长。据他回忆：1942年秋在延安，有一天他到毛泽东住处，汇报赵寿山具备三个条件可以入党。毛泽东听完，屈着三个指头许久没有伸开来，深深地吸了几口烟，闭着眼睛沉默了一会儿，

> 忽然问我，读过《六韬三略》《孙子兵法》和《三国演义》吗？
> 我说："读过。""读过了好，做统战工作不但有马列主义唯物辩证法的理论基础，还应有中国古老哲学的方法论。中央原则上同意赵寿山的申请，可作为一个特别党员。但为了防止暴露，不举行

入党仪式，不办理入党手续，在党内不公开。待时机成熟后，再追认党籍，党龄可以从'双十二'算起。"（范明：《枣园初见毛主席》，《党的文献》1995年第4期，第61页）

　　毛泽东深入地读《孙子兵法》和《六韬三略》等古代兵法以及军事历史小说《三国演义》，从中读出了"中国古老哲学的方法论"。30年代末期和40年代初期，是毛泽东研究军事学和哲学、史学、文学最下功夫、最为活跃、最有创见的时期。他从《孙子兵法》中发现了宝贵的东西：有助于活跃思想、有助于处理工作中各种矛盾的方法论。在国民党军队中做统战工作，建立抗日民族统一战线，讲中国古老哲学方法论，易于为对方所接受；讲唯物辩证法则与对方难于沟通，也容易暴露。他与范明谈话，看似随意，其间的思虑和顾虑都很精细而有深度，思想高度和策略高度都超迈群伦，绝非凡夫俗子的泛泛之论。

　　"百炼钢化为绕指柔"，毛泽东此时对《孙子兵法》思维方式的整体把握，以及在实践中灵活巧妙的运用，已经达到炉火纯青的地步。

指导郭化若研究《孙子兵法》

——《孙子》解读史之六（1936—1975）

在毛泽东的《孙子》解读史上，指导郭化若研究《孙子兵法》是其一项重要活动。

在延安时期，毛泽东不仅自己研究和运用《孙子兵法》，而且还是党内军内学习研究古代兵法（包括《孙子兵法》）的发起人和指导者。指导郭化若研究《孙子兵法》，是他倡导批判继承历史文化遗产最为成功的范例。

你能不能写点古兵法文章

郭化若，1904年生，福建福州市人。1925年入黄埔军校，参加过北伐战争。1927年赴苏联学习，次年回国。历任中国工农红军第四军第二纵队参谋长、军参谋处处长，红一军团参谋处处长，红一方面军代参谋长，红军总前委秘书长，抗日军政大学分校校长，华东野战军第六纵队副司令员、第四纵队政治委员，第三野战军第九兵团政治委员。中华人民共和国成立后任淞沪警备司令部、上海防空司令部司令员兼政治委员，并兼华东军区公安部队司令员和第八兵团政治委员，南京军区副司令员，军事科学院副院长等职。1955年授予中将军衔。曾任中国《孙子兵法》研究会名誉会长。长期从事军事理论和《孙子兵法》研究，出版有《军事辩证法之一般》《孙子今译》《郭化若军事论文选集》等著作。

毛泽东具体指导郭化若研究《孙子兵法》起始于抗日战争初期。

1937年年底忻口战役失败，而后太原失守，华北战场形势险恶。有一次，郭化若给毛泽东送电报，毛泽东边看电报边说："国民党中的顽固派，花岗岩脑袋，能不打败仗吗？不承认游击战的战略地位，不搞运动战与阵地战相结合。处处招架，处处挨打。"

毛泽东看完电报，郭化若要退出时，他又说：

> 化若同志，你能不能写点古兵法文章，宣传点运动战思想，对国民党军的长官，搬古兵法，他们懂，听得进，讲马列，讲唯物辩证法，他们听不进。（郭化若：《关于〈孙子兵法〉研究的回顾》，《孙子学刊》1992年第3期，第46—49页）

毛泽东既讲明了宣传古兵法对巩固抗日民族统一战线、团结国民党军官兵并肩作战的重大意义，又嘱咐郭化若要认真学习古兵法，把宣传古兵法的任务担当起来。郭化若遵照毛泽东的指示，在《八路军军政杂志》上先后发表了《赤壁之战及其对民族抗战的启示》和《齐燕即墨之战的初步研究》两篇文章，许多国民党军的将领看了不无感触，称读后"令吾深省"，"切中时弊矣"。

毛泽东也很高兴，他说："化若同志，已经开了个头，文章还要接着做下去。"

精虑《孙子》中卓越的战略思想

郭化若阅读了大量兵书后深刻地认识到，讲古兵法首先得讲《孙子兵法》。《孙子兵法》是我国中世纪最优秀的兵书，历代兵家称为"兵经"，在国外也颇受推崇。他开始读孙子的书，并打算写点文章。向毛泽东汇报后，毛泽东很高兴。他对郭化若说：

> 要为了发扬中国民族的历史遗产去读孙子，要精虑《孙子兵法》中优美卓越的战略思想，批判地接受其对战争指导的法则，以新的内容去充实它。研究孙子就要批评曲解孙子的思想、贻误中国抗战戎机的思想。

毛泽东还说：

必须深刻地研究孙子所处时代的社会政治经济性质、哲学思想以及包括孙子以前的兵学思想，然后再对《孙子兵法》本身作研究。（郭化若：《关于〈孙子兵法〉研究的回顾》，《孙子学刊》1992年第3期，第46—49页）

毛泽东这一席话，为郭化若研究《孙子兵法》确定了明确的方向、目的和方法。细品毛泽东的谈话，有这样几层思想：

为什么研究《孙子》？从文化传承上说是"为了发扬中国民族的历史遗产"。此前不久（1938年10月14日），毛泽东在中共六届六中全会上关于学习历史遗产有个著名的论断，他说："学习我们的历史遗产，用马克思主义的方法给予批判的总结，是我们学习的另一任务。我们这个民族有数千年的历史，有它的特点，有它的许多珍贵品。对于这些，我们还是小学生。今天的中国是历史的中国的一个发展，我们是马克思主义的历史主义者，我们不应当割断历史。从孔夫子到孙中山，我们应当给予总结，承继这一份珍贵的遗产。这对于指导当前的伟大的运动，是有重要的帮助的。"（《中国共产党在民族战争中的地位》，《毛泽东选集》第二卷，人民出版社1991年版，第533—534页）在此前后，毛泽东正为贯彻六届六中全会这一精神，与一些有研究能力的人讨论先秦诸子（老子、孔子、墨子）的政治、哲学思想。毛泽东此时因势利导郭化若研究《孙子兵法》，是为着指导伟大的民族救亡运动而"学习历史遗产"的题中应有之义。

研究《孙子》的重点是什么？从当前抗战斗争需要来说，研究《孙子兵法》的重点是精虑其"优美卓越的战略思想"，更好地把握抗战戎机。也就是强化军事理论修养，提高指导民族解放战争的能力。在此之前，毛泽东与郭化若等人正在研究抗日战争的战略问题，而且要求郭化若"不担任任何别的事，专注于战略问题的研究及编辑部事务，务必把军事理论问题弄出个头绪来"（摘自毛泽东1937年12月28日致郭化若的信）。这时，毛泽东安排郭化若负责编写《抗日战争丛书》有一年多时间，已经组织人写出了一部分专著。郭化若写作了《抗日游击战争一般战略问题》和《抗日游击战争战术的基本方针》。此种情况下，研究《孙子兵法》，重点正在于务必把抗战的"战略思想"等军事理论问题弄出个头绪来。为此目的，研究中就不能不批判曲解孙子的思想，不能不批判"贻误中国抗战戎机的思想"，如有人鼓吹的"速胜论"或"亡国论"弘扬以孙子为代表的传统军事思想，确立新的符合客观实际的战争指导原则。

怎样正确地研究《孙子》，即从哪里入手研究《孙子》？毛泽东指导郭化若从《孙子》产生的时代条件和理论渊源入手。这种方法显然是历史唯物主义的方法，是尊重历史辩证发展的方法，亦即马克思主义的历史研究方法。这种研究方法的确定，也就确定了郭化若研究《孙子》的高起点和大视野，为其日后涌现杰出的开创性的《孙子》研究成果，奠定了思想方法、研究方法方面的基础。

毛泽东本人不仅有十年土地革命战争的实践经验，而且也是以马克思主义的观点和方法研究运用古代兵法的典范。他深知在抗日阵营中，宣传古代兵法的重要性。郭化若当时在他身边工作，对全国抗战形势和国民党军官的思想状况比较了解，又在负责编写《抗日战争丛书》，接触的材料比较多。因此，毛泽东把宣传古代兵法、研究《孙子》的任务交给郭化若，要他做些系统的研究，写出一些有分量的文章，以便向国民党宣传，帮助他们认识巩固抗日民族统一战线，坚持抗日游击战争，实行运动战与阵地战相结合的必要性。这是国共合作抗日情况下"古为今用"的一种特殊需要。当然，研究和宣传古代兵法也会在我党我军唤起学习军事历史遗产的兴趣，促使广大干部运用古代兵法中一些有用的东西来指导抗日战争的实践。

毛泽东的指点，精辟而深刻，确实高人一筹，使郭化若大有顿开茅塞之感。尤其是毛泽东关于首先要研究孙子所处时代的社会政治经济情况、哲学思想的论述，使郭化若觉得一下子打开了思路，使自己的研究方法、认识方法上了一个台阶。

按照毛泽东的指点，郭化若到处收集孙子的著作和一些古代兵法的资料，认真阅读，潜心研究，开始做起文章来。对历史上评注孙子的十家——曹操、李筌、杜牧、陈皞、贾林、孟氏、梅尧臣、王晢、何延锡、张预的观点，进行了比较学习。还拜师访友，与人切磋。徐特立当时在延安自然科学院工作，曾给了郭化若不少帮助。

同时，郭化若眼见抗战以来祖国大片河山沦于敌手，国民党当局表现出种种无能，也确实觉得有感可发，有感要发。那时军委一局工作很忙，郭化若只能利用一些晚上时间读书，边读边做笔记，常常熬通宵。几乎花去三个月的业余时间，才于11月9日写出了洋洋四万言的《孙子兵法之初步研究》（以下简称《孙子初研》）这篇文章。

郭化若对毛泽东的指导意见是心领神会的。他在论文的序言中开宗明义："我们为什么也来研究（《孙子》）呢？因为：第一，我们要接受与发扬中华民族的历史遗产，尤其是军事方面的遗产；第二，我们要研究中国历史的战略思想，首先在这里，我们要研究中国中世纪的战略思想；第三，我们要精虑《孙子》兵法中优美的卓越的战略思想，并批评地接受其对战争指导的法则与原理，和以新的内容与新的生气去充实它，并以此来批评与反对那些曲解误解《孙子兵法》的思想，那些思想是曾经贻误中国的抗战戎机的。"由此可见，他在《孙子》研究中准确地理解和把握了毛泽东的指导意见，并将其作为研究的指导思想，一以贯之地渗透到自己的文章中去。

《孙子初研》考察了孙武所处时代的政治经济状况及哲学思想，考察了孙子以前的战争及战略思想对于《孙子兵法》的影响，考察了孙子的姓氏世系、生平活动、著书情况和历史贡献。郭化若运用马克思主义理论研究《孙子》，全面分析了孙子其人其书及其时代背景，较准确地阐述了孙子的战略思想和军事哲学思想及其价值，指出了研究《孙子》应持的科学态度和方法。认为《孙子兵法》产生于春秋末期谋求向外发展的吴国，其产生是由于春秋及其以前时期丰富的战争经验的积累，是适应当时争霸战争、兼并战争的需要，它所表述的基本内容是伟大的战略思想。《孙子兵法》的战略思想主要包括：速决的进攻的运动战；主动的灵活的指导法；开明的严厉的纪律；高超的全能的将帅。《孙子兵法》战略思想的价值在于，它揭示了战争中最一般的最主要的规律。它的战争论基本上是唯物辩证的，它强调战争依赖于经济；判断情况反对迷信；认识到战争有一定的规律，这些规律是可以被人认识的；重视地形利害的分析，但不机械地估计地理条件；主张全面地联系地看问题；把战争中一切事物看成是变动的，而不是静止的；强调从现象深处发掘事物本质等。这些思想都体现了自发的朴素的唯物辩证法因素。《孙子兵法》的思想方法也有唯心论（观念论）的缺欠，战略思想也有局限性。如它受经济支持战争能力条件制约而否认战略持久等。

《孙子初研》贯彻古为今用的研究指导思想，不仅从一般军事规律中找到古今军事思想的对接点，还用新的有生气的军事经验去完善《孙子》提出的在今天看来有缺欠的军事理论命题。比如，《孙子》只强调战略速决战，而抗日战争是战略持久战，怎样解决这个军事理论上和战争指导实践上的难题？郭化若的办法是既实事求是，又充满辩证精神。他在论述孙子"速决的进攻的运动战"战略思想时，一方面批评孙子思想方法的片面性，指出其"强调速决战时，就根本否认了持久战"，另一方面承认孙子主张战略进攻、速战速决是从当时历史条件出发的，因此，"孙子速决战的思想，在当时是正确的，而在现代，则只有片面的真理了"。他又正确地指出："孙子的速决的进攻的运动战，是战略的也是战术的……而主要的是战略的。"

（《孙子兵法之初步研究》，《孙子兵法之新研究》，东北军用图书社，1947年11月版，第36、17页）曾经做过郭化若研究助手的吴如嵩少将指出："这是一个很重要的观点。既然是战略的也是战术的，那么，即使对于处于战略防御的一方，孙子速战速决的思想完全可以应用到战役战斗中去。在日本侵略军实行战略进攻和战略保守阶段的时候，我们应该实行战略防御中的战役和战斗的进攻战，战略持久中的战役和战斗的速决战，战略内线中的战役和战斗的外线作战。《孙子兵法》的原理原则经过这样一番精虑之后就有了用武之地，显示出它的光芒。"（《略谈抗日战争中郭化若的〈孙子兵法〉研究》，《孙子研究》第一期）

《孙子初研》一文取得了令人瞩目的成功。毛泽东看了郭化若的文章，十分赞赏，让他在延安抗日战争研究会上做讲演。在这之后，又叫郭化若整理了一下，连载在1939年11月到1940年1月出版的《八路军军政杂志》第一卷第十一期、第一卷第十二期、第二卷第一期上。讲演稿发表时，加上了副题——抗日战争研究会报告提纲。

这篇文章在国民党军将领中还是很有读者的。有一次，周恩来从重庆回到延安，在毛泽东住的窑洞里见到郭化若时，传达了这样的信息："你写的《孙子》的文章蛮好嘛，有些国民党军官向我打听郭化若是何许人，和郭沫若是不是兄弟，我说郭化若是我们共产党的秀才，是专家学者。"毛泽东也风趣地说："郭化若也算是名人了。"（樊昊：《毛泽东和他的顾问》，人民出版社1993年版，第198、201—202、206—207页）

郭化若受毛泽东之命研究《孙子兵法》，为他后来写作诸种研究《孙子》的学术专著，成为现代研究《孙子兵法》的开山鼻祖，开辟了门路，奠定了基础。《孙子初研》一文是最早以历史唯物主义和辩证法为指导研究《孙子兵法》的论文，它的出现标志着《孙子》研究史翻开了新的一页，对后来的孙子研究产生了重大而久远的影响。

《孙子初研》一文受到广泛重视，从抗日战争到解放战争，解放区出版孙子书都把它作为权威研究成果介绍给读者。1944年，八路军军政杂志社出版了郭化若编译的《白话译解孙子兵法》一书。1947年11月，东北军用图书社加工再版铅印本时，更名为《孙子兵法之新研究》。此书由两部分组成：前部分收入郭化若《孙子初研》一文；后部分移用叶玉麟选译《白话译解孙子兵法》一书的内容。此书因为用于解放区党政军干部内部学习参考，故未注叶氏姓名。郭化若长篇文章极富学术价值，代表了当时解放区《孙子》研究的水平。

如果我们说毛泽东指导下的郭化若的《孙子》研究，为取得抗日战争和解放战争的胜利做出了很大的贡献，这个评价是不过分的，因为在同一时期，他的研究成果的作用最为显著。

研究《孙子》的成功使郭化若产生了一种历史责任感。解放战争中他到鲁南担任战地指挥员，在戎马倥偬中仍不忘继续研究《孙子兵法》。在那个时候，他已萌生了进一步将《孙子兵法》翻译成现代汉语，向党内、军内以及向广大的人民群众中对于军事理论，特别是对于中国古代军事理论有兴趣的同志介绍的愿望，达到提高广大军民研究军事理论兴趣的目的。他后来这样回忆道："1939年写了一篇《孙子兵法之初步研究》，发表在《八路军军政杂志》上，当时主要的目的，是为了向大后方宣传团结抗战，所以引用孙子的文句，仍用古文。因为没有译成今文，使许多同志阅读困难，多年以来总觉得是一件憾事。十年前，在鲁南游击战争中，又想起这件事，想把《孙子兵法》加以新的注解并译成白话，就在天宝山中开始动笔。鲁南地小敌多，昼夜转战，风雨不停，倒也注译了五篇。后因工作调动，随军转战中原，反而把这事搁下了。"（《今译新编孙子兵法·前言》，中华书局1962年11月版，第5页）

战争年代条件极为艰苦，但是郭化若凭着对优秀传统文化浓郁的热爱之情，凭着方便同志们阅读的美好愿望，在战斗间隙断断续续地注译了《孙子兵法》前五篇。虽然更为繁重的任务使这件事搁了下来，但是他心中时时想着这件事。中华人民共和国成立以后，他曾经担任南京军区副司令员，1955年的夏天，他到庐山休假，有了较多的空隙时间，便想起了当年半途而辍的《孙子兵法》译注，还有那些搁在书箱中好几年的成稿，遂下决心做完此事。于是他检点旧稿，重新动笔，继续他的《孙子》研究。他放弃了休息时间与节假日，反复研读《孙子》原文与其他文献资料，加深理解，深入发掘。他是一位久经沙场、经验丰富的革命军人，在研究文章中深深融入了自身实战经验，体现出对《孙子》精髓的准确把握和理解。他煞费苦心地选择运用一些相应的现代军语解释、翻译相对难于理解的古文，使其浅显易懂，形成了一种朴实流畅的表达风格。几易寒暑，终成令人耳目一新的《今译新编孙子兵法》一书。郭化若为了便于读者学习，撰写了论述孙子军事思想和哲学思想的《孙子兵法介绍》。对《孙子》十三篇，按思想主题重新做了分类编排，并将其分为一百零八段，将思想内容接近的重新组成"十三篇"，除《地形》《用间》《火攻》三篇用原书篇名外，其余都用现代军语作为篇名。尽管拆开重编的做法有可商榷之处，但是这种开创性尝试奠定了作者在以后《孙子》研究中的道路，同时也形成了独特的注释形式与风格。如对《孙子》原文分段标号注释，成为以后不少注家仿效的注释方法。在文义的翻译上，本书不囿于简单的直译，而是在忠实于原文意思的基础上，注意在字句之间、语气之内，把原有的意思予以充实，使之易懂，努力做到信、达、雅。此书出版后深受读者欢迎，对传播和普及《孙子兵法》起了积极作用。作者在此书基础上，先后出版了改版本《孙子今译》及整理本《孙子译注》。

郭化若对自己的研究成果与著作，从不满足。他对《孙子兵法》的研究与今译，一直处在不断的修订之中，每修订一次，他都花费了不少的心力。1961年，中华书局上海编辑所借用上海图书馆收藏的宋代刻本《十一家注孙子》，编辑影印了《宋本十一家注孙子》。这是一个十分珍贵的版本，出版社因为郭化若是当代第一位运用马克思主义观点和方法，运用毛泽东军事思想对《孙子》进行整理研究的将军与学者，所以特邀其为影印《宋本十一家注孙子》写一篇代序言，题目为论孙子兵法。郭化若运用马列主义、毛泽东思想对《孙子兵法》的思想价值与历史意义，进行了比较全面的评价。这篇代序较之作者1939年发表的《孙子兵法之初步研究》和1957年出版的《今译新编孙子兵法》中的《孙子兵法介绍》有很大的发展。这在当时，是一篇水平很高的文献学与军事史的学术论文。出版社还特邀郭化若将他的《孙子今译》的修订本单印一册，附在影印《宋本十一家注孙子》之后发行。作为附册的《孙子今译》，是郭化若积多年研究成果的力作。在这个本子中，他将《今译新编孙子兵法》调整过的篇目又重新恢复过来，与通行本基本一致，这种做法在形式上要好得多。译文经过修改后更加通俗流畅，简练朴素的特色更加突出，是一个比较"信""达"的译本。"今译"融汇了各家注本的精华和作者的创见，是中华人民共和国成立以来《孙子兵法》研究最重要的成果之一。这样一来，中华书局上海编辑所编辑出版的这部影印《宋本十一家注孙子》，既有古代名家之注释，又有当今权威学者的研究论文与译注，真是锦上添花，珠联璧合，相得益彰，读起来可以更准确地把握《孙子》的本意与思想。

写一篇批判吸收性的序言

自1961年、1962年《孙子今译》出版以后，郭化若就一直准备着修订重版。

1966年春天，已经开始着手修订工作，不料几个月之后，"文化大革命"使他的修订工作被迫停止。一时之间，哲学、历史、文学古籍图书全被作为"封资修"的"四旧"禁止出版，郭化若的《今译新编孙子兵法》《宋本十一家注孙子》《孙子今译》等学术专著，也遭到尘封的命运。他本人成为被"打倒对象"。有人指责他"用《孙子兵法》的黑旗，反对毛主席的红旗"。郭化若后来说："讲我这个问题，我不辩解。如果我讲清了这个问题，那又要整我别的问题，防不胜防呀！我就让他们抓住这个问题。他们告状就暴露了他们的真面目。"郭化若自然是熟读兵书的人，《孙子》中讲："故备前则后寡，备后则前寡，备左则右寡，备右则左寡，无所不备则无所不寡。"就是在被批判的时候，他还是用了《孙子》的谋略，真是高举"黑旗"。

他在回忆往事时补充说："给我编了四十一条罪状，送到主席那里去。主席清楚这个事。写《孙子》的文章，是主席让搞的，初稿主席亲笔改过的。"郭化若即使在受到错误批判时，心中也很有底数，因为研究《孙子兵法》是毛泽东的耳提面命，学术论文为毛泽东亲笔修改。

1973 年 7 月 20 日，他给毛泽东写信，限于当时的政治形势，他违心地讲到自己"在介绍《孙子兵法》时写了错误严重的《代序》"，"任意夸张《孙子》，把《孙子》现代化"，"又不积极修改赶早改版"。信中还向毛泽东请求分配工作。

8 月 4 日，毛泽东给国务院总理周恩来、军委副主席叶剑英写信：

> 请考虑可否给郭化若分配工作。并希将孙子序言改版，写一篇批判吸收性的序言。此信并请告郭。（《对郭化若来信的批语》，《建国以来毛泽东文稿》第十三册，中央文献出版社 1998 年 1 月版，第 360 页）

同年，被"解放"的郭化若出任中国人民解放军军事科学院副院长。他到专门的军事科学研究机构任领导，这不能说与他长期研究《孙子兵法》、研究军事理论没有关系。因受命研究《孙子兵法》被"打倒"，因申请修改《孙子今译》被"解放"，真是成也萧何，败也萧何。

当毛泽东指示《孙子今译》可以再版时，郭化若欣喜若狂，赋诗抒发了内心的激情：

> 星槎疑梦抵幽燕，一曲歌吟动九天。
> 许邑夺旗成往事，大梁脱厄纂新篇。
> 长江浪送千帆过，大地春回万木鲜。

鼎沸五洲昏欲雨，翱翔海鸟掠云烟。

毛泽东曾经引用"孙子膑足，兵法修列"的典故，告诫干部们磨难可以锻炼人。郭化若诗中"大梁脱厄纂新篇"之句，正是借孙武后世子孙、战国时代著名兵学家孙膑在魏国都城大梁罹难后发愤撰著兵书的典故，寓意自己横遭批判不坠凌云之志，奋笔耕耘深研《孙子》之意。由此可见军事学家郭化若将军久经经练后的坚毅和大度。

此次，暮年的毛泽东指导他研究《孙子兵法》的具体任务，是希望将原来的"孙子序言改版"，"写一篇批判吸收性的序言"。《孙子》的研究，耗尽了郭化若大半生心血。1973年，他从"流放地"合肥回到北京重新工作，心情十分兴奋。毛泽东要求他重新修订出版《孙子今译》，这件事让他极为高兴。他满怀热情，埋头于《孙子今译》的修订工作。

很快，他发现修订工作之艰难犹如当年的万里长征，问题在于全书的前言写出来后，就被退了回来，要求改写；根据修改意见改写后，同样被退回来，要求按原来的样子修改。总之，反反复复，修改了十余次。十分明显，"四人帮"正用尽手段，要阻拦这本书的出版。郭化若明知于此，仍然一遍遍地修改，与"四人帮"做百折不挠的斗争。

就这样，《孙子今译》的修改，一直拖到粉碎"四人帮"之后才走上正轨。新的译文与前言的改写稿，很快地完成了，交到了出版社。经过紧张的努力，不到半年的时间，《孙子今译》修订本就出版了，时间是1977年6月。这是"文化大革命"后全国出版的第一本《孙子兵法》的今译本，所以很受欢迎，书店很快就卖断档了，曾数次加印。

然而，郭化若对这次修订版还不满意，因为此次修订的大部分工作还是在"文化大革命"仍然进行着的时候做的，出版之时虽然已经粉碎了"四人帮"，但是行文中不可避免地受到一些消极影响。

1981年，出版社计划重印一批古籍今译今注图书，再一次考虑到郭化若的《孙子今译》。社里建议这次重版，全文重新排过，不再限于旧版的挖补，而允许作者做全面的修改，增加注释与评论的内容，作为一个比较全面完整的整理本。郭化若的修改稿，他自己原安排于1982年8月脱稿，交到出版社。但是由于他精益求精的愿望与要求，一再进行修改，所以直到1983年下半年，才将他认为比较满意的定稿寄到出版社。

郭化若以八十高龄，三次修改书稿，他以《宋本十一家注》为工作底本，与宋刻《武经七书》及银雀山汉墓竹简本《孙子兵法》重新对校，择善而从，首先整理出一个实用的好版本。注释则力求简短明了，以句为单位注释。着重补充军语的注释；另加整句的说明，重点在于说明原文在军事学术方面的精神和意思，不做一般性的串讲。虽说整理与研究的对象是一部两千多年以前的兵法名著，而且历经多年的研究，成绩斐然，造诣非常人所及，但郭化若在整理之中，始终能够联系实际，抱着谦逊的态度和追求新知的精神。

他在自己的作品出版后，仍然始终关注着国内外《孙子兵法》研究的动态，关注着当代的战争与军事学术的实践与《孙子兵法》的实际运用。他认为，《孙子》的军事理论虽然总结于两千年以前，但是军事的艺术却是一种活的东西，离却了对于现实情况的掌握了解，只能是一种死的研究，因此，他要将他的这些思想也写进他的《前言》的论说之中。

郭化若最令人感动的是他那孜孜不倦的与一丝不苟的敬业爱业精神。他再次进行《孙子今译》修改时，身体不好，常常生病，右手腕又受了伤，但他仍坚持工作。他在几次给出版社的附信中说："我已是即八旬之人，今后不可能再做修改，所以一心想趁这次再版机会把书改得更好一些，以不负读者，但终因精力不济，花费一年多的时间，查阅大量的资料，几番大动大改，可说是竭尽全力了。""年逾八十，勉离病床，盈夜改此"。"我现在精力尚可，你们审查中发现有不妥之处，好能及时商量修改。"

郭化若以坚忍不拔的意志完成了毛泽东赋予的修改《孙子今译》的任务，把这部书做了一次全面修改，并增加了许多注释和试笺，更名为"孙子译注"，还写下了长篇前言，用马克思主义观点对《孙子兵法》做了详细的介绍。

关心毛泽东孙子观的必读书

《孙子译注》于1984年9月由上海古籍出版社出版；日译本《孙子译注》于1989年1月由日本东京东方书局出版。两部新著的出版，深受国内外军事学术界的重视与欢迎。

《孙子译注》在《孙子今译》基础上修改而成。书中前言仍用《十一家注孙子》代序《论孙子兵法》，但做了较大的修改，增加了对《孙子》局限性的分析和成书时代的考证。校勘选用的底本除《十家注》本外，还增加了《武经七书》本和汉简本，经校勘后，使其更加符合《孙子》原文。

此书还对十三篇的篇名和每篇的中心思想及主要内容做了解释和概括，对每个段落加写了"试笺"，将在前言中未及评述的孙子思想和个别词句，在此做了补充说明，使对孙子思想的阐发更加充分完整，注释准确明晰，文字深入浅出，译文通畅信达。这个注本是作者长期以来研究《孙子兵法》的总结性成果，堪称博采众长，千锤百炼。

总之，毛泽东指导郭化若研究《孙子兵法》，是活的生动的研究，不是死的呆板的研究，是根据实际斗争需要的研究，不是经院式"纯学术"的研究，是革命性的发扬传统的研究，不是保守性的泥古不化的研究，是创造性的研究，不是教条主义的研究。

毛泽东指导郭化若研究《孙子兵法》，最终使郭取得了"运用马克思主义观点和方法研究《孙子兵法》第一人"的学术地位，成为对中华人民共和国成立后的孙子研究产生了重大影响的人物。

日本《孙子》研究家阿竹仙之助在回忆郭化若将军时说："在当代中国有关孙子的著作中，郭先生的书是日本读者最多的。……基于实战经验和深入研究的郭先生的书，对关心中国的孙子观，特别是毛泽东的孙子观及辩证唯物论的人来说，是必读的。"阿竹的这个评论，指明关心"毛泽东的孙子观"，必读郭化若"有关孙子的著作"，注意到二者之间的内在联系，其见解是很有眼力的。

品读卷

读线装本《孙子兵法》

——《孙子》解读史之七（1949—1966）

"我打了二十二年仗。"毛泽东常常这样对来访的客人说。"二十二年"，他指的是从 1927 年的秋收起义到 1949 年的解放战争胜利取得全国政权。中华人民共和国成立，当抗美援朝战争的硝烟随风飘逝，国家进入和平建设时期。《孙子兵法》是兵书，而兵书和战事结下了不解之缘。当金戈铁马成了对往事的回忆和荣誉的铭记，此时，毛泽东还品读《孙子兵法》吗？

是的，中华人民共和国成立后除了几场为时较短的边境自卫反击战，毛泽东很少谈兵论战，也不撰著兵书了。但是，他还偶尔提到钟爱一生的《孙子兵法》。他在晚年对《孙子兵法》的品读，呈现出与战争年代迥然不同的情景和境界，使军事思维别有洞天，另辟福地，也给人以知识和智慧的启迪！

劝宋时轮重读《孙子兵法》

毛泽东一生喜欢读书，也喜欢劝别人读书。凡是和他接触较多的人，如与他工作打交道频繁的党和军队的高级干部高级将领、身边的工作人员，他几乎都向其推荐过要读的书，并指点读书方法，而且很有针对性。

何载曾任中央办公厅秘书室主任有年，接触毛泽东及其周围的人较多，他介绍亲历亲见的情况说：

在延安时期，我听彭德怀、李维汉同志说过，毛泽东在江西和初到陕北时，就分别推荐他们读《两个策略》《"左派"幼稚病》。

并向彭说，此书要在大革命时读到就不会犯大错误。尽管事隔多年，彭、李两同志谈起来还喜形于色，都感到从这些书中得益很大，对思想政治路线的认识大有提高。彭德怀还给我看过他读这两本书后写的心得。我听宋时轮同志说，毛主席曾劝他重读《孙子兵法》和《三国志》。听马明方、贾拓夫等同志谈过，介绍他俩看《国家与革命》。要身边警卫人员学习文化课和历史地理知识，是主席从延安到北京的一贯做法。为了提高干部理论水平，先后要胡乔木同志选过五本，后来增为十二本，最后开列了三十本读书目录。（何载：《怀念与回忆——教诲与思考》，中共中央党校出版社 2003 年版，第 7—8 页）

毛泽东与宋时轮谈论《孙子兵法》的具体时间，何载没有说明，只能根据笔者所见现有资料做判断。

宋时轮，湖南醴陵人。1926 年春入黄埔军校，红军时期任师长、军参谋长，抗战时期曾任八路军第四纵队司令员。1940 年到延安，入中共中央马列学院、中共中央党校学习。抗战胜利后任山东野战军参谋长，1949 年任第三野战军九兵团司令员，后兼任淞沪警备司令部司令员。抗美援朝时任中国人民志愿军副司令员、兵团司令员。1952 年回国，任解放军总高级步兵学校校长兼政治委员。1957 年年底起任军事科学院副院长、院长，中共中央军委委员。曾兼任《中国军事百科全书》编审委员会主任。著有《毛泽东军事思想的形成及其发展》。

纵观宋时轮军旅生涯，可谓身经百战，战功卓著。他又四次入院校（军校、学院、党校、步校），一次到军科，接受和从事军事教育、领导军事科学研究的机会较多，年头较长。他初读《孙子兵法》的时间，可以确定在延安进学时期。毛泽东劝他"重读《孙子兵法》和《三国志》"的时间，根据他的经历和可能与毛泽东直接接触的机会，断定在 1952 年或 1957 年他从事军事教育和军事科研的时期比较合理。这样推断还有一个理由，就是毛泽东劝彭德怀、李维汉、马明方、贾拓夫以及警卫战士、高级干部读书的故事，都发生此前或同期。

总之，中华人民共和国成立初期，发生了毛泽东劝高级将领宋时轮"重读《孙子兵法》"这样的故事。毛泽东还是把《孙子兵法》视为从事军事教育和军事科研基础的教材。

还是认为《孙子》中有马克思主义

重提有关《孙子兵法》的旧事，往往会拨动毛泽东的情绪情感，会激起他思想碰撞的火花。

20世纪50年代末期，在一次高级干部会议上，毛泽东谈到"得道者昌"，这使干部们有些吃惊。因为这个词是儒家用来指事实上的道德政治。毛泽东再次把他的马克思主义置于中国的优良传统之中。当时的会议记录表明，毛泽东在引用这句名言时，下边的人都笑了起来。美国著名毛泽东传记作家R. 特里尔接着此事写道：

> 1958年5月18日，一位同事谨慎地向毛泽东指出："《孙子兵法》中没有马克思主义。"毛听了有些恼火，因为一位中共党员居然机械地把一位圣人从中国优秀的传统中排除出去。尽管观点不大牢靠，但毛泽东还是坚持认为《孙子》中有马克思主义。
>
> 或者说，他是不是真的指马克思主义中有孙子的思想？这使他在运用马克思主义的同时，也可以与孙子的思想相一致。（[美] R. 特里尔：《毛泽东传（修订本）》，河北人民出版社1989年版，第559、327—328页）

了解毛泽东《孙子》解读史的人都知道，《孙子兵法》曾经给毛泽东带来辉煌功绩，也曾经给毛泽东带来厄运和灾难。在中央苏区和遵义会议上，"《孙子兵法》中没有马克思主义"这一条，曾经是扣到毛泽东头上的罪名，"左"倾领导者曾经凭这些指责毛泽东"山沟里没有马列主义"，不是马克思主义者，没有资格领导中国的革命运动，从而证明他们剥夺毛泽东权力的正确性。

这本来是遵义会议初步解决、延安整风中继续解决了的问题。那场关于"《孙子兵法》中有没有马克思主义"的争论，说到底是马克思主义中国化、马克思主义者如何对待中国优秀文化传统的问题。延安时期，毛泽东已经在理论上给予正确回答和较好说明。倒是这位给毛泽东作传的美国人R. 特里尔，似乎懂得了这个问题，他不满意"中共党员居然机械地把一位圣人从中国优秀的传统中排除出去"。他正确地指出毛泽东"在运用马克思主义的同时，也可以与孙子的思想相一致"。

对毛泽东"还是坚持认为《孙子》中有马克思主义"这句话，不能机械地理解。从历史逻辑的角度说，二千五百年前写的《孙子兵法》中怎么会有一百多年前出现的马克思主义呢？R.特里尔也说这个"观点不大牢靠"。毛泽东显然要表达的不是这个意思。从人类思想发展史的角度说，《孙子兵法》中有与马克思主义一脉相通的内容。比如《孙子兵法》有朴素唯物论和初级辩证法的丰富内容，具有片面的真理性，这与马克思主义哲学中的辩证唯物论和唯物辩证法只是初级与高级哲学形态的关系，是共同门径，而不是思想歧途。既可以用《孙子兵法》中丰富的思想资料来佐证马克思主义的概括性和真理性，也可以运用马克思主义的立场观点来批判继承《孙子兵法》的思想内容，吸纳其精华部分，为马克思主义指导下的中国革命服务。从这个意义上说《孙子兵法》中"有"马克思主义，作为口语表达（不是书面语），并不是没有道理。

在杭州借《孙子兵法》

毛泽东爱读马列主义经典书，同时也爱读哲学、中国历史和中国古代文学方面的书籍。

1959 年冬，毛泽东带读书小组到杭州。临行前，他把管理图书的逄先知叫来，开列出要带的一大批书的目录：……从这些范围广泛、不下百种的书目中，很容易看出毛泽东孜孜不倦的读书精神。

英语秘书林克认为："毛泽东的学习精神，任何人都是没办法比的。"在他的印象里，除非是睡着了，毛泽东无时无刻不在书的海洋里遨游。

杭州西湖刘庄一号楼，是毛泽东在杭州下榻办公、学习、生活的地方。毛泽东一来，这里便无处不是书，无处不放书，俨然一个书的世界。桌上、茶几上，就连他睡的硬木板床上，也堆放着各种书籍，毛泽东有躺着看书的习惯，睡前醒后，随手可以拿来阅读，直到心满意足为止。

毛泽东卧室里面，有一个小厢房，通过一道小门，即与卧室相通。这里是毛泽东在杭州的一个小小图书室，是 1960 年根据毛泽东的要求设立的。毛泽东在这里度过许多时光。据当年刘庄毛泽东图书室管理员贺玉泉回忆，毛泽东每次到杭州来，总随身带来两大箱书，沉甸甸的。里面装满各种政治、经济、哲学、文化方面的书籍资料。人来箱到，人走箱搬。

尽管带来不少书，但远远满足不了他读书的需求。为了毛泽东读书方便，贺玉泉从杭州图书馆借来了八百多册各种书籍，放满了四只书柜。其中有《马、恩、列、斯全集》《黑格尔哲学》《中国通史简编》《古文观止》《太平广记》《资治通鉴》《鲁迅全集》《楚辞》《辞海》《大百科全书》《隋唐演义》《水浒传》《红楼梦》《杜甫集》《李太白集》《苏东坡集》《春秋左传》《三国演义》《宋词》《史记》《西湖志》《杭州府志》《元曲选》《孙子兵法》《颜真卿字帖》《三希堂帖》《英汉词典》以及一些现代文艺小说等。（李林达：《情满西湖——毛泽东在浙江纪实》，中央文献出版社1993年版，第120—124页）

这个图书室的建立，使毛泽东非常高兴。工作之余，他经常涉足这个小图书室浏览。每当找到所需要的书后，他总是情不自禁地说："这下好啦，找书方便多了。"

据曾任毛泽东卫士的封耀松说，毛泽东读书如醉如迷如狂，至今想起来仍令人惊叹不已。

毛泽东每次到杭州视察，召开党的会议，决定重大决策，在紧张的工作之余，经常读书到深夜。每当远近的人们都完全熟睡的时候，他仍然在灯下看书，或慢慢地踱着步子，思考国内外的种种问题，直到第二天天明。当别人已经起床时，他往往还在读书。

毛泽东在杭州借书，其中有《孙子兵法》。可见，图书管理人员也知道他广泛阅读兴趣中是包括古典兵书的。

略通可以，少读为佳

据龚育之、逢先知、石仲泉《毛泽东的读书生活》一书记载：1959年10月23日毛泽东外出前往杭州，在他指名自带图书的书目中，有清代学者姚鼐编辑的《古文辞类纂》。

《古文辞类纂》的《论辨类》，收有北宋人苏洵《权书》第六篇《孙武》一文，其中写道：

> 且吴起与（孙）武一体之人也，皆著书言兵，世称之曰孙吴。然而吴起之言兵也，轻法制，草略无所统纪，不若武之书，词约而意尽，天下之兵说皆归其中。然吴起始用于鲁，破齐，及入魏，又能制秦兵，入楚，楚复霸；而武之所为反如是，书之不足信也

固矣。

苏洵即大文学家苏东坡的父亲，也是"唐宋八大家"之一。他在论历史人物《孙武》一文中，拿吴起与孙武进行比较，以为论兵书，《吴起兵法》"不若"《孙子兵法》的天下"皆归其中"；论用兵，吴起破齐、制秦、霸楚，而孙武"所为反如是"。苏洵由此结论：书不足信！

毛泽东读《古文辞类纂》至此，在"书之不足信也固矣"之处，写下批语：

书不足信，诚然。（《毛泽东读文史古籍批语集》，中央文献出版社1993年版，第104页）

一品读卷

读者诸君也许还记得，青年毛泽东1913年冬在湖南四师（后归一师）听国文先生袁仲谦讲课，其中就涉及苏洵对孙武子的否定性评价："武用兵乃不能必克，与书所言远甚。""若按武之书，以责武之失，凡有三焉。"（［宋］苏洵：《嘉祐集·权书·孙武》）毛泽东在《讲堂录》中，梗概地记下苏洵的论述。（见本书《笔记〈孙子集注序〉》）

从总体上说，毛泽东一直对《孙子兵法》评价很高，对蔑视和诋毁《孙子兵法》的言行不能容忍。但是，他读苏洵的《权书·孙武》篇，为什么会同意苏洵贬责孙武子"书之不足信也固矣"的观点呢？难道他的态度会发生一百八十度大转弯吗？

回答这个问题要费些口舌。和平时期，有些国际友人、外国客人来访，向毛泽东请教武装斗争问题；有时，毛泽东处理事关国防或军事的重大问题；有时，阅读文史古籍涉及古今中外兵书战策名将名战……每当这些时候，总有些问题在毛泽东的脑海里翻腾碰撞：多读兵书是有益还是有害？兵书重要还是实践经验重要？打胜仗是靠兵书还是靠自己创造新鲜经验？

比如，毛泽东读《新五代史·刘仁赡传》，传中说："（刘）仁赡为将，轻财重士，法令严肃，少略通兵书。事南唐，为左监卫将军、黄袁二州刺史，所至称治。"读到这里，他赞赏地批注道：

（兵书）略通可以，多则无益有害。（《毛泽东读文史古籍批语集》，中央文献出版社1993年版，第270页）

与刘仁赡形成鲜明对照的，是《新五代史·刘郇传》中的刘郇精通兵书

《六韬》，却不会活用而打了大败仗。《刘郭传》中叙述，后梁将领刘郭统兵与晋王李存勖（即后来的后唐庄宗）对峙，因晋王兵强马壮，刘郭不肯出兵应战，但梁末帝却要刘郭出战。李存勖深知刘郭避而不战的用意，他对部下说："刘郭学《六韬》，喜以机变用兵，本欲示弱以袭我，今见其迫，必求速战。"接着设下计谋，假装退兵。刘郭果然率兵来追，被李存勖夹击包围，打得大败。

毛泽东在此批注道：

兵书多坏事，少读为佳。（《毛泽东读文史古籍批语集》，中央文献出版社1993年版，第269页）

综合毛泽东以上三条批语，看出他在20世纪60年代对兵书的一些态度是：（一）兵书"少读为佳"，"略通可以"；（二）"兵书多坏事"，"多则无益有害"；（三）"（兵）书不足信，诚然"。因为都是读书批语，语言简短，表意而已。要准确理解，还可以结合他的文章、谈话略作展开，其实这些批语反映了毛泽东对读书（尤其是读兵书）酸甜苦辣的多元品味。

先说第一条：兵书可以"少读""略通"，达到"为佳"的境界。毛泽东是手不离书、书不离手，一生博览群籍之人，读书的重要性他讲得最多最透，要讲读书数量，恐怕超过他的人并不多。那么，他为什么主张起"少读""略通"了呢？其实，这也是读书的"两分法"：对不读书的人要告诉他们多读书；对读书多的人要告诉他们少读书。因为养兵在精而不在多，读书贵熟而不贵众。就像吃得多不等于健康一样，读得多也不等于有智慧有能力。毛泽东说的少读略通，正是讲的后一种情形。毛泽东在湖南一师读书时的老师胡汝霖告诉他的读书法是："有当读之书，有当熟读之书；有当看之书，有当再三细看之书；有必当备以资查考之书。书既有正有闲，而正经之中，有精粗高下，有急需不急需之异，故有五等分别也。学者苟不分别当读者何书，当熟读者何书，当看者何书，当再三细看何书，则工夫缓急、先后俱误矣。至于当备考究之书，不备则无以查考，学问知识何从而长哉？"（孙宝义、刘春增、邹桂兰、李凯旗：《毛泽东谈读书学习》，中央文献出版社2008年版，第71—72页）毛泽东此时致信同学湘生谈读书方法："为学之道，先博而后约，先中而后西，先普通而后专门。质之吾兄，以为何如？"（孙宝义、刘春增、邹桂兰、李凯旗：《毛泽东谈读书学习》，中央文献出版社2008年版，第282页）胡汝霖讲"有当熟读之书""有当再三细看之书"，青年毛泽东讲"先博而后约"，启示我们，他讲兵书的"少读"其实即是精读，他讲兵书的"略通"其实是精通。初到陕北，毛泽东为写作《中国革命战争的战略问题》，熟读精研《孙子兵法》和《战争论》等"八本书"，就是这种精读精通读书法的实践例证。

再说第二条：多读兵书则"有害""坏事"。这一条毛泽东是有感而发。像刘郭熟读姜太公兵法《六韬》，反而让敌军了解了脾气秉性和用兵特点，结果被敌将利用打了败仗，就是兵书多读"有害""坏事"的实际证据。所谓"有害""坏事"也就是读书只会纸上谈兵吃败仗。"他常讲《史记》上写的关于赵括'纸上谈兵'的故事，说明只有书本知识没有实际经验是不行的。战国时代，赵国名将赵奢的儿子赵括，自幼读了不少兵书，谈起兵法，头头是道，连他父亲都难不倒他。但是赵奢认为赵括不能当大将。后来秦国攻赵，赵括接受兵权，打起仗来照搬兵书，结果被秦军围住，赵军四十万全军覆没，赵括自己也被射死。"（龚育之、逄先知、石仲泉：《毛泽东的读书生活》，三联书店1986年版，第268页）这一条说到底，不是毛泽东反对多读兵书，而是反对贪多嚼不烂的书呆子，是"死读书，读书死"坏事惹祸亡国败家的"两脚书橱"。毛泽东强调的是读而能用，用而能胜。

最后说第三条：兵书"不足信"。从毛泽东对《孙子兵法》的一贯态度中，我们知道毛泽东对兵书中的真理部分是"足信"的。如他讲《孙子兵法》的"知彼知己，百战不殆"是"科学的真理"，而且说"不要看轻这句话"。显然是"足信"的。但是，古代兵书有精华也有糟粕，有真理也有谬论。所以，糟粕和谬论就"不足信"。毛泽东还常常引用孟子的名言"尽信书，则不如无书"来说明读书要存疑，不要泥古不化。写作《毛泽东的读书生活》的龚有之、逄先知、石仲泉解释说：

> 毛泽东常引用孟子的一句话："尽信书，则不如无书。"这里说的书，是指《书经》。毛泽东把它推而广之，及于其他。就是说，不要迷信书本，读书不要盲从，要独立思考。他要求身边同他一起读书的同志，在看完一本书或者一篇文章之后，总要提出自己的看法和理解。毛泽东在他写的大量读书批语中，提出了很多新颖的见解，做出自己的评价，有些见解和评价是相当精辟的。毛泽东认为，读书既要有大胆怀疑和寻根究底的勇气和意志，又要保护一切正确的东西，同做其他的事情一样，既要勇敢，也要谨慎。他不仅对待中国古书是这样，对待马克思主义的著作也是这样。（龚

有之、逢先知、石仲泉：《毛泽东的读书生活》，三联书店 1986 年版，第 13 页）

对待自己的兵书，毛泽东也采取这种"不足信"的辩证、求实态度。1965 年 8 月 5 日，毛泽东会见印度尼西亚共产党总书记艾地率领的代表团，谈话时就涉及这个问题：

艾：我们的同志由于处理工会问题和其他问题，所以往往把开会讨论毛泽东同志的军事著作的时间挤掉了。一旦发生战争，这种情况就会改变。

毛：在打仗时，不要带着书，要下狠心把它丢掉，认真打仗。过去中国有个黄埔军官学校，蒋介石是校长，周恩来同志是政治部主任，林彪同志、罗瑞卿同志、徐向前同志都是蒋介石的学生。在我们党内，读过军事学院的人很少，百分之九十五以上是没有进过军官学校的。不要迷信军事科学。只要去打仗，一点也不难学会。

艾：毛泽东同志在参加打仗之前，是否看过有关军事的书？

毛：一本也没有看过。《三国演义》我看过，《孙子兵法》没有看过。打过仗以后，那是到了西北之后，为了总结经验，看了一些中国的、外国的军事书。书是靠不住的，包括恩格斯写的书，也包括我自己写的书。主要是靠自己创造经验。蒋介石的军官多数进过学校，我们的军人百分之九十五没有进过学校。当然，没有百分之五的知识分子也不行。但不一定要先学军事，然后再去打仗。打仗是个大学校。

艾：虽然如此，我们还要努力学习毛泽东同志的军事著作。

毛：到了打仗时，要把它撇在一边，要自己创造经验。（《打仗主要靠自己创造经验》，《建国以来毛泽东军事文稿》下卷，军事科学出版社、中央文献出版社 2010 年版，第 323 页）

两国共产党的首脑讨论武装斗争要不要读军事著作，毛泽东还是强调自己刚搞秋收起义时兵书"一本也没有看过"，土地革命战争时期"《孙子兵法》没有看过"。他甚至说了一句令人震惊的话："书是靠不住的，包括恩格斯写的书，也包括我自己写的书。主要是靠自己创造经验。"这句话要是别人说，很可能被扣上"反对马列主义、反对毛泽东军事思想"的大帽子。这句话惊世骇俗，可也实事求是。连"自己写的书"和"恩格斯写的书"都"靠不住"，说《孙子兵法》"不足信"又有什么可奇怪呢！那么，什么东西靠得住？"主要是靠自己创造经验"，战争"是个大学校"，"从战争中学习战争"是毛泽东的成功经验。毛泽东吃过本本主义的苦头，中国革命经历过教条主义的灾难，所以毛泽东一方面读书寻求真理，一方面也时刻警惕迷信书本招祸害。正是在对立统一的思维中，毛泽东发展了军事教育思想，既向书本学，更向实践学，既重课堂，更重战场。

毛泽东的这些感慨，并非完全由读史得出，更多的是他从自己的作战经验中，从现代革命战争的历史中引申出来的看法。正是在这个基础和意义上，他在阅读史书时抱有一种辩证的态度，在有关处加批语：告诉自己和别人，兵书可读，但读多了，钻进去爬不出来则要误事。战争是千变万化的，指导战争更要从实际出发，灵活运用兵法，不能拘泥，不能照搬。

实践出真知。毛泽东的战争才能和指挥艺术，主要得益于活生生的战争实践，来源于对战争实践的深刻总结。他说，到第三次反"围剿"胜利后，红军的基本作战原则都形成了。而到这时，毛泽东连《孙子兵法》都没有看过，其他兵书想必也看过很少。1965年12月，毛泽东在杭州的一次谈话中说：

> 我本来没有读过军事书，读过《左传》《资治通鉴》，还有《三国演义》。这些书上都讲过打仗；可是打起仗来，一点印象也没有了。我们打仗，一本书也不带，只是分析敌我战争形势，分析具体情况。（王子今：《毛泽东与中国史学》，中共中央党校出版社1993年版，第156页）

当然，毛泽东在强调实践经验胜于书本经验时，有另一种情况也应引起注意：有时也有片面性，甚至达到了固执乃至偏激的程度，则起到了引偏方向的负作用。例如，1966年3月在杭州召开的中央工作会议上毛泽东说：

> 文艺界、医务界下乡好。中专技校半工半读，统统到乡下去。尽读古文书不行，要接触实际。学文学的，要学写作，写诗，写小说，不从写作搞起怎么能行，能写就行，以后以写为主。我们部队的人，那些将军、师长，什么尧舜黄帝都不知道，《孙子兵法》也没有学过，不一样打仗。不要压青年人，让他冒出来。（陈明显：《晚

年毛泽东（1953—1976）》，江西人民出版社 1998 年版，第 441 页）

"大老粗"指挥员不是不读《孙子兵法》，而是革命前因为贫穷没有条件读书；他们的指挥作战也是讲究战略战术的，某些地方也暗合《孙子》的合理部分，否则也打不了胜仗。

尽管有这个偏向，但是从总体趋势上看，毛泽东认为读兵书多"有害""坏事"，主要是指在实践中照着书本打仗，泥古不化，并不反对读兵书。关于兵书，他提倡读那些有实用价值的、简明扼要的。他甚至赞成把《孙子兵法》作为世界军事学院教材。1961 年 9 月，英国军事家、战略家蒙哥马利元帅第二次访华，在武汉与毛泽东会见时，曾提出要把中国的《孙子兵法》作为世界军事学院的教材。毛泽东对此十分赞赏，他为《孙子兵法》能传之久远，能为人类和平进步事业起作用而感到由衷的高兴。（陶汉章：《孙子兵法概论》，解放军出版社 1991 年版，第 5 页）

床上的线装本《孙子兵法》

步入暮年的毛泽东是不是因为兵书"不足信"就远离了《孙子兵法》呢？不是这样，他有近十万卷私人藏书，选出一部线装本《孙子兵法》，与其他特别珍爱的书一起放在床上的一侧……

周福明是毛泽东的理发员。据他回忆：

毛泽东在中南海的住所有两处：1949 年搬进中南海时，住在丰泽园的菊香书屋，直至 1966 年 8 月。以后一直住在中南海怀仁堂东北面的游泳池。毛泽东逝世后，他的遗物全部集中放在丰泽园，其中一部分复原陈列在菊香书屋故居中，其余保管在菊香书屋南房的柜子里。

菊香书屋是清朝时的书房名，是藏书的地方，它是丰泽园的附属建筑。这是一个典型的四合院，东西南北均有房屋封闭着。王孟江、周福明、刘斌珍等人清理毛泽东的遗物，就是在这个四合院中进行的。

走进毛泽东故居，给人印象最深的就是书多，到处都是书。西厢房中，三十六个一人多高的黄色木制书柜，布满房间，架上全摆满了书；北房东头，是毛泽东的会客厅和卧室兼办公室，这里仍然是书的世界。除靠墙的书架摆满了书之外，饭桌上、茶几上、书桌上、床上，无处不有书。

毛泽东一生十分爱好读书，一步一步开拓自己的知识领域，直到他的心脏快要停止跳动的时候，才结束他一生从未间断过的读书生活。

走到卧室的床边，紧挨床细看，有一张五尺余宽的木板床，向里倾斜地放着，靠里半边铺着被盖，靠窗户的半边则摆满了书——有的一叠叠，高达五六十厘米，大字本的《国家与革命》《自然辩证法》，线装的《古文观止》《孙子兵法》《唐诗三百首》，还有《物种起源》《英语》……有的翻开，有的卷着。书上勾画着各种圈点、符号、标记和批语，密密麻麻，历历在目。（李家骥、杨庆旺：《毛泽东与他的卫士们》，中央文献出版社1998年版，第977页）

八十多年前毛泽东在延安的一次演讲中说过一句话："年老的也要学习，我如果再过十年死了，那么就要学九年零三百五十九天（按阴历算，一年三百六十天）。"毛泽东以自己的实际行动，实现了他那时所做的诺言。

毛泽东晚年的读书，是在极其坚强的毅力支配下进行的。床头放着三个枕头，他常卧床读书和批阅文件。高枕头是坐在床上时靠背用的；小枕头是需要从桌上拿笔、端水时，手腕可撑在上面；长枕头是躺下看书或睡觉时用。

放在床上一侧的线装本《孙子兵法》，毛泽东读没读过，读过有什么感受，他又想到了哪些问题，没见记载。有一件事情却很清楚，这部线装本《孙子兵法》被收藏起来，成为毛泽东一生爱读《孙子兵法》的遗物和证明。

《孙子兵法》在世界军事史上影响很大

——《孙子》解读史之八（1974.6）

毛泽东是幸运的，这位一生"运筹帷幄之中，决胜千里之外"的大军统帅，这位文韬武略集于一身、战策军谋著作盖世的大兵学家，暮年之时竟听到了沉睡地下千余年的《孙子兵法》和《孙膑兵法》竹简被发掘出土的消息。

《孙子兵法》是幸运的！它从金戈铁马枪林弹雨中一路走来，它受到了古今中外军事家、战略家的崇敬。当它湮没千余年的竹简本刚一面世，就荣幸地享受到毛泽东视野开阔、视点高迈的评价。

毛泽东与《孙子兵法》有不尽的缘分。

听到两《孙子》竹简出土的新闻

1974 年仲春。八十一岁高龄的毛泽东痛患眼疾，看不清任何东西。

在采取保守治疗的情况下，他依然坚持要机要秘书张玉凤每天给他读文件、读报纸。

报纸上有什么新闻？毛泽东往往评论一番，发些感慨。

6 月 7 日，张玉凤给毛泽东读了报纸上刊登的新华社的一篇报道：我国文物、考古工作者在山东临沂银雀山发掘西汉前期的两座墓葬时，发现了著名的《孙子兵法》和已经失传一千多年的《孙膑兵法》等竹简四千多枚。

原来，1972 年 4 月间，山东省博物馆和临沂文物组在临沂银雀山发掘的一号和二号汉墓里，发现了《孙子兵法》《孙膑兵法》等大批竹简和竹简残片。同竹简一起出土的，还有漆木器、陶器、铜器和钱币等随葬器物。经鉴定，这是两座西汉前期的墓葬，出土的竹简和其他器物，也都是当时的殉葬品。这批竹简是文物考古的重要发现。

在这两座墓葬中都有竹简出土。据初步整理，一号墓出土竹简计有四千九百四十二枚。这批竹简大部分为兵书。

报道时，竹简本《孙子兵法》已整理出三百余枚，《孙子》十三篇都有文字保存，其已发现的篇名和宋刻本《十一家注孙子》基本相同。

竹简本《孙膑兵法》共发现整理出四百四十余枚，字数已达到一万一千字以上。《孙膑兵法》原书失传已久，这次出土的竹简虽不完整，全书面貌已不可能见到，但因为字数保存较多，还能看出该书的大致轮廓和作者的基本观点。重要的是其中有关的历史记载和《史记》有不同之处。如竹简有《擒庞涓》一篇，记叙齐魏桂陵之战而擒庞涓。《史记》载梁惠王二十八年齐魏桂陵之战，无庞涓事；后十三年，马陵之战庞涓战败"自刭"而死。《战国策·齐策》则记"田忌为齐将，系梁太子申，禽庞涓"。《孙膑兵法》关于军事思想方面的论述，在"敌富我贫，敌众我少，敌强我弱"的情况下，也有可能打胜仗的道理和认识，包含了朴素的唯物论和辩证法的可贵因素。

《孙子兵法》和《孙膑兵法》竹简本的同时被发现，对于解决长期以来存在着的关于这两部书的一些悬而未决的问题，有十分重要的帮助。

现存《孙子兵法》的作者究竟是谁？这是有争议的。司马迁在《史记》卷六五《孙子吴起列传》上说："孙子武者，齐人也。以兵法见于吴王阖庐。阖庐曰：'子之十三篇，吾尽观之矣。'""孙武既死，后百余岁有孙膑。膑生阿、鄄（今山东东阿、阳谷、鄄城一带——引者注）之间，膑亦孙武之后世子孙也……世传其兵法。"司马迁在这里讲得很清楚，孙武和孙膑都确有其人。孙武生在春秋末期，孙膑生于战国，两人先后相去一百多年，都各有兵法传世。班固在《汉书·艺文志》上也有《吴孙子》（即《孙子兵法》）和《齐孙子》（即《孙膑兵法》）的记载。但《隋书·经籍志》却不见著录。

后来，有人因而提出了异议，认为《孙子兵法》并不是孙武的著作，而是后人的伪托。

有人更认为不仅《孙子兵法》是后人伪托，就是对孙武这个人在历史上是否存在，也持否定的态度。比较流行的意见则认为，先秦著作往往不出于一人之手，现存《孙子兵法》源出孙武，完成于孙膑，是春秋末期到战国中期长期战争经验的总结，并不只是一个人的著作。

另外，也还有一种意见，认为现存《孙子兵法》是曹操根据前人的著

一品读卷

作重新编定的，经过曹操的删削和补充，等等。

《孙子兵法》和《孙膑兵法》竹简在临沂西汉墓葬中发现，对于学术界解决上述疑案有重要作用。

在这批竹简中，除《孙子兵法》和《孙膑兵法》以外，还发现两部兵书《六韬》和《尉缭子》。这两部古代兵书，过去也有人认为是后人的伪托，现在从西汉前期的墓葬中发现了这两部兵书的竹简，可见当时已经传世。

此外，还发现了《管子》《晏子春秋》以及不少军事、政治和阴阳杂占等方面的佚书。

毛泽东曾经说过：

> 中国的长期封建社会中，创造了灿烂的古代文化。(《新民主主义论》,《毛泽东选集》第二卷, 人民出版社 1991 年版, 第 707 页)

《孙子兵法》和《孙膑兵法》等古代兵书和其他古书的出土，对研究我国早期封建社会的历史很有帮助。特别是对古代兵法所揭示的战争规律性的认识，含有朴素辩证法，至为珍贵。这无疑是兵学瑰宝。

打了半辈子仗，对文史典籍由衷喜爱的毛泽东听了这则报道，意识到这是考古史上的重要发现，很兴奋地评论说：

> 《孙子兵法》和《孙膑兵法》在中国历代的军事史上，都占有十分重要的地位，并且都发挥过十分重大的作用；即便是在世界的军事史上，影响也是很大的。

张玉凤说："主席是大军事家，肯定早把这些东西都研究透了。"

毛泽东说："也不尽然呢！"并说：

> 所谓兵法，都是从战争实践中总结出来的。没有战争实践，哪里来的什么兵法呀？中国人打仗讲究文韬武略，包括《六韬》《三略》和《三十六计》、七十二般变化，很有一番学问哩！

张玉凤笑着说："我说主席怎么总是打胜仗呢！"

毛泽东也笑了：

政治斗争和军事斗争是一样的，都需要讲究战略战术，就是说凡事都要讲一讲韬略呢！

张玉凤说："我看他们谁也斗不过主席……"
"话不能这样讲……"毛泽东说：

首先要有一个正确的政治方向，要有正确的奋斗目标，要有正确的革命路线；只有方向对头，路线正确，政治上和军事上的事情才办得好，才能够夺取最后的胜利。

又说：

所谓革命路线，就是群众路线；所谓政治方向，就是人民大众的根本利益。只要我们时刻想着人民，想着群众，在各种不同的实际斗争中自然会得到大多数人的支持，办法总是有的，胜利也就到来了。（邸延生：《历史的情怀——毛泽东生活记事》，新华出版社 2008 年版，第 435—436 页）

听新闻，评《孙子》，似乎是随意的漫侃闲聊，仔细想想却是评点到位、思深虑远的不易之论。这是毛泽东对《孙子》，进而是对中国古典兵学的整体评价。他评价了两部兵法的历史地位和作用，它们产生的条件、基础以及中国古典兵学的特征，军谋兵略与政治路线的关系。评价视野开阔宏观，评价视角高屋建瓴。

中国人打仗讲究文韬武略

在这次谈话当中，毛泽东谈到中国兵学的特征，那就是"中国人打仗讲究文韬武略，包括《六韬》《三略》和《三十六计》、七十二般变化，很有一番学问哩！"
毛泽东讲得很简洁，其含义则很丰富。
讲究斗智，讲究谋略，"打仗讲究文韬武略"，这确实是包括《孙子兵法》在内的中国兵学的主要特征和内在传统。
"中国人打仗讲究文韬武略！"毛泽东一生打仗二十五年。综观他那"打遍天下无敌手”的军事生涯，证明他是“打仗讲究文韬武略”的杰出代表。

"文韬武略"的具体的例子，毛泽东一连举了四个。我们为从兵学宏观上了解《孙子兵法》的学术特征，也来了解一下这"四个例证"的简要知识：

《六韬》亦称《六弢》《太公六韬》《太公兵法》。相传为西周时期的吕望（亦称吕尚、姜太公）所著。所谓"六韬"，即文韬、武韬、龙韬、虎韬、豹韬、犬韬。此部兵书以姜太公与周文王、周武王对话的形式编著。姜太公为周初的功臣，周武王灭商纣夺取天下，多得力于他，被武王尊为"师尚父"。

关于《六韬》的成书年代，一般认为周显王时比较合理。庄子（约前369—前286）与周显王是同一时代的人。他在《庄子·徐无鬼》篇里已说："纵说之则以金板《六弢》。"唐人成玄英为之疏曰："金板《六弢》，周书篇名也，或言秘谶也。本有作'韬'字者，随字读之，云是太公兵法，谓文武龙虎豹犬'六弢'也。"宋人林希逸注云："金板《六弢》，即太公兵法也。此书藏于朝廷，故曰'金板'，犹曰金匮石室之书也。"可见"金板《六弢》"即《太公六韬》。1972年在山东临沂银雀山西汉武帝初年古墓中出土《太公六韬》残简五十四枚，其中《文韬》《武韬》《龙韬》的内容，与传世本《六韬》基本相同，证明它早在西汉前期即已广泛流传。1973年河北定县汉墓出土的竹简中，也有《六韬》的残简，这也证实了《六韬》一书在汉武帝以前就已经流行于世。说《六韬》的成书最早不早于周显王时，最迟不迟于秦末汉初，大致是不错的。因此，《六韬》非吕尚所著，很可能是他后人、后学所编，又为春秋战国时人所增益。

《六韬》近两万字，六篇六十章。第一篇《文韬》主要讲要取天下，必须收揽人心；收揽人心，在于爱民，施行"仁政"。阐述了为君之道。强调了战争本于道义，政治先于军事。第二篇《武韬》主要讲对敌斗争的策略，作战前必须比较敌我优劣，以我之优攻击敌之弱点，可以制胜。第三篇《龙韬》主要论述军队的统御和指挥，包括统帅部的组织机构、选将立帅的标准、出兵作战的原则、如何预见胜负及耕战结合等。第四篇《虎韬》主要讲在宽阔地的作战，论述了兵器、器材及各种战术问题。第五篇《豹韬》主要论述各种地形上的作战方法，以及特殊情况下的处置办法。第六篇《犬韬》主要论述军队的教练、士兵的挑选，各兵种如何协同作战以发挥军队效能的韬略。总之，《六韬》反映的主要是先秦军队的训练、管理、编制以及行军、布阵、攻守、兵器、战具等内容。不仅文武兼备，在政治谋略和军事理论上往往发前人所未发，而且保存了极为丰富的古代军事史料，具有重要的理论价值和史料价值。

此书受到历代兵家重视，对后世兵学、军事行为影响较大。司马迁在《史记·齐太公世家》中说："后世之言兵及周之阴谋，皆宗太公为本谋。"又在《史记·留侯世家》中载，张良"数以《太公兵法》说沛公，沛公善之，常用其策"。《后汉书·何进传》记："太公《六韬》有天子将兵事，可以威压四方。"三国时的刘备、诸葛亮、曹操、孙权等人都很重视《六韬》，并把它作为向臣僚和子弟推荐的书目之一。《三国志·蜀志·先主传·注》引先主遗诏："间暇历观诸子及《六韬》，《商君书》益人意志。闻丞相为写《申》《辕》《管子》《六韬》一通已毕。"说明刘备，诸葛亮都十分重视《六韬》。宋元丰年间把《六韬》列入《武经七书》，定为武学必读之书，颇受重视。书中一些一般军事规律，至今仍有其现实意义。

《三略》又称《黄石公三略》，宋代颁定的"武经"之一，旧题为黄石公所著。《史记·留侯世家》载黄石公为秦末隐士，曾在下邳圯上授书给张良。此说并不可靠。西汉初年，张良、韩信编辑兵书，共计一二八家，精选三十五家，其中没有《三略》；汉成帝时，步兵校尉任宏续编兵书，共收三十五家，其中仍没有《三略》。班固、班昭根据这些写成《汉书·艺文志·兵家》卷，其中亦无《三略》一书著录。《汉书》成书于东汉和帝（89—105）年间。可见在东汉中叶以前并没有《三略》这个书名。东汉末年建安年间，陈琳（？—217）在《武军赋》中始提到"……《三略》《六韬》之术"。魏明帝时，李康《运命论》始有"张良受黄石公之符，诵《三略》"之说。据《北史》卷三十四记载，东晋末年（400—417），刘曾注《黄石公三略》流行于世。《隋书·经籍志》始著录《黄石公三略》三卷，题"下邳神人"撰。书中自称"《三略》为衰世作"（见《下略》）。因此《三略》的成书时间大约在东汉末年至魏晋时期。

《三略》分上略、中略、下略三卷。作者介绍说："《上略》设礼赏，别奸雄，著成败；《中略》差德行，审权变；《下略》陈道德，察安危，明贼贤之咎。故人主能深晓《上略》，则能任贤擒敌；深晓《中略》，则能统将御众，深晓《下略》，则能明盛衰之源，审治国之纪。人臣深晓《中略》，则能全功保身。"是书杂采儒家的仁、义、礼，法家的权、术、势，墨家的尚贤，道家的重柔，甚至还有谶纬之说。全书讲政治策略手段较多，而直接讲军事的反而较少。书中陈述了不得已方能用兵，应以道德为本的思想。

《三略》是一部内容丰富、理论深刻的军事专著，不仅明确表达了作者的军事思想，表达了作者治国安邦的方针大略，而且表达了作者对理想人格的界定，对治国御军的哲学思考，能帮助读者丰富治世安邦、统军御众的经验。因此，这是一部优秀的论述治国御军的兵书，值得认真学习和继承。宋代将《三略》列为"武经"之一，是有眼光的。宋后，《三略》在军界、政界、学界影响大矣！

《三十六计》原名《三十六计秘本兵法》，出现较晚，作者姓名、成书年代均不详。虽然《南齐书》和《南史》中的《王敬则传》已经有"三十六计"的说法，但历代典籍均无《三十六计》一书著录。现在所能见到的最早版本是1941年成都兴华印刷所土纸翻印本，所据底本是地摊上买来的抄本。

《三十六计》全书不分卷次。总结古代用兵诸计精华，归纳为六大套，每套包括六计：第一套为"胜战计"，含瞒天过海、围魏救赵、借刀杀人、以逸待劳、趁火打劫、声东击西；第二套为"敌战计"，含无中生有、暗度陈仓、隔岸观火、笑里藏刀、李代桃僵、顺手牵羊；第三套为"攻战计"，含打草惊蛇、借尸还魂、调虎离山、欲擒故纵、抛砖引玉、擒贼擒王；第四套为"混战计"，含釜底抽薪、浑水摸鱼、金蝉脱壳、关门捉贼、远交近攻、假道伐虢；第五套为"并战计"，含偷梁换柱、指桑骂槐、假痴不癫、上屋抽梯、树上开花、反客为主；第六套为"败战计"，含美人计、空城计、反间计、苦肉计、连环计、走为上。

"三十六计"每计由计名、解语、按语三个部分组成。书前、书后各有一段文字，可视为《总论》和《跋语》，而《跋语》已残缺不全。

全书以战术为主，兼及战略，包含古代朴素的军事辩证法，且通俗易懂，利于初学。《三十六计》的解语和按语，当非同一人所写。前者推演《易经》阴阳变易之理，后者阐释个别战例计法；前者雅而凝重，后者俚而近俗；前者宏博精深，后者狭窄浅薄。二者见识高下，显而易辨。

《三十六计》的计名不是成语就是熟语，只三四个字，简短易记，深入浅出，便于传诵，利于普及。它以《易经》理念作为立论的理论基础，吸纳古典哲学精髓，体现了中国古典兵学的民族特点，为读者喜闻乐见，雅俗共赏。它操作性、实用性强，不仅可以应用在军事方面，而且还可以广泛地用于社会生活的各个领域。它具有军事谋略、生活谋略"启蒙读物"、普及读物的性质，老少咸宜，所以在古代兵书中，它很"年轻"，却声誉远播。

至于"七十二变"，并不是一部兵书，而是古典小说《西游记》描写的齐天大圣孙悟空的一种本事。《西游记》中的主角孙悟空神通广大，有七十二变的法术，能够随意变成各式各样的鸟兽虫鱼草木器物，或者兽身、妖体、人形。说变化有"七十二般"，不过说明孙悟空法力无边颇具神通而已。毛泽东把"七十二变"也列入文韬武略，则是指它对事物哲理和斗争策略的启迪。所谓韬略，本质上就是变化，如毛泽东所说"灵活机动的战略战术"。

毛泽东说"中国人打仗讲究文韬武略"，其中"很有一番学问"！这也许是他一生品读《孙子兵法》《六韬》《三略》等古典兵学的最基本的心得体会。现在，"谋略学"已经成为一门专学，也有人将中国兵学称为"东方谋略"，此中道理毛泽东早已揭示。

历史大度慈悲，它给予了暮年毛泽东评价两《孙子》和中国古典兵学的绝好机缘，毛泽东的图书收藏中也增加了几函线装大字本新书。徐中远先生在《毛泽东晚年读书纪实》中列出了《毛泽东晚年读过的新印大字线装书目录》（1972年7月8日至1976年8月31日），其中就有：

> 《孙子兵法》，1函1册
> 《孙膑兵法》，1函1册
> 《银雀山汉墓竹简》（《孙子兵法》《孙膑兵法》），1函10册（徐中远：《毛泽东晚年读书纪实》，中央文献出版社2012年版，第496—500页）

老师课堂上讲《孙子集注序》，中央苏区的"《孙子》罪案"，从红军走过的县城找《孙子兵法》来看，新印大字竹简本，等等。都是毛泽东《孙子》解读史道路上的标志！

引用
卷

毛泽东品
孙子兵法

Mao Zedong Pin Sunzi Bingfa

攻其无备，出其不意

——运用与发展之一

　　"攻其无备，出其不意"，是《孙子兵法》中像"知彼知己，百战不殆"一样流传极广脍炙人口的名言。孙武子在论述了"诡道"十二法以后，结论说：

　　攻其无备，出其不意。此兵家之胜，不可先传也。（《孙子兵法·计篇》）

　　意思是说：要在敌人没有防备处发动攻击，要在敌人意料不到时采取行动。这些都是军事家克敌制胜的诀窍，要在战争实际中灵活运用，不能事先做出死板的规定。

　　"攻其无备，出其不意"，是孙武子对全部诡道谋略的集中归纳和高度概括，是孙武"权诈之兵"的精髓，是进攻作战谋略运用的主旨，是奇袭取胜的要诀，是兵家制胜的奥妙所在。

　　仔细分析孙武子的观点，可以看出：敌军"无备"，多指有形物质层面的可乘之隙，即敌人防务空虚，有死角，有漏洞，甚至干脆疏于戒备，没有战备，工事未修，武器未砺，士卒未练，粮草未集，计划未定，等等；敌军"不意"，多是无形精神层面的可乘之隙，即敌人思想上或毫无警惕，或麻痹大意，或忽略轻视，或神经木讷，或反应迟钝，大祸临头而毫无知觉。战争实践表明，在敌人失去戒备的地点，在敌人料想不到的时间，实施突然的打击，能给敌人以心理上的巨大震撼，使其在惊恐、紧张、慌乱中判断失误，措置匆忙，行动混乱，自相践踏，指挥失灵，除了失败没有别的命运。

这一思想是孙武子在其兵法《计篇》中提出来的，其他篇中也有类似论述。如在《虚实篇》中写道："出其所不趋，趋其所不意。"强调的是敌人"不趋""不意"，是攻击敌人"无备""不意"思想的进一步阐述。

孙武的"攻其无备，出其不意"思想，历来为兵家所重。毛泽东品读《孙子兵法》，虽然没有在自己的文章中明确引用这句名言，但是多次化用孙子这条作战原则于战争指导实践。

"击敌不备"攻克龙岩

毛泽东常常化用"攻其无备，出其不意"的《孙子》原则。中央苏区时，红军久攻江西赣州不下，毛泽东建议转攻福建漳州，进军路上乘敌不备攻克龙岩。

那是1932年春夏之交。中共苏区中央局和中革军委命令红军部队攻打江西赣州受挫，急电调后方的毛泽东到前方参与指挥。毛泽东建议转兵福建，攻打敌兵守备薄弱的漳州，以扩大苏区的影响。红一军团与红五军团组成"东路军"。

4月1日，毛泽东从水路赶到上杭。经过调查了解，因战局发展的需要，毛泽东于4月2日致电中共苏区中央局书记周恩来：

> 敌一部即入闽，我直捣漳泉部队必须更迅速更集中，否则敌占先着，我军将进退维谷，（红）五军团全部必须立即出发，取直径急行军……于十四日到龙岩。

此电目的在于协调红一军团和红五军团"更迅速更集中"地赶到龙岩集中兵力，形成"拳头"！

紧接着，毛泽东到白砂与红一军团领导人会合，率部到龙岩西部约五十里的大池圩隐蔽宿营，休整部队，侦察敌情，勘察地形。当获悉龙岩城守军是国民党军张贞第四十九师两个团和少量地主民团时，便同红一军团领导研究决定，向龙岩攻击前进。

4月10日拂晓，毛泽东和林彪、聂荣臻指挥红一军团乘敌不备，向龙岩发起进攻，在地方赤卫队协助下，消灭守敌张贞部一个多团，俘虏六百八十多人，缴枪九百多支，为漳州战役扫清外围打胜了第一仗。

第二天，毛泽东在龙岩主持召开红一军团师长、师政委以上干部会议，总结攻打龙岩的经验，并确定了下一步的行动步骤。当天会后，毛泽东致电周恩来，汇报龙岩战斗的"胜利原因"：

> 昨日胜利原因是：
>
> 甲、白砂休息一天，团结兵力。
>
> 乙、不顾坎市，直取龙岩。
>
> 丙、大池宿营，不去小池，击敌不备。
>
> 然未置全胜，则四十五师解决敌之前哨过缓，否则敌八团以及旅部可望全获。（《龙岩战斗胜利原因和岩永今后工作》，《毛泽东军事文集》第一卷，军事科学出版社、中央文献出版社1993年版，第267页）

关于军队行动问题，毛泽东在电报中判断：在此休整两天，"即直下漳州"。并指出："目前粤敌是对江西取攻势，对福建取守势。但我军入漳，必能诱动该敌。"

在中革军委紧急命令催促下，红五军团昼夜兼程，于4月14日如期到达龙岩，与红一军团会合。毛泽东对漳州战役做出具体部署，4月19日攻克漳州，打了一个漂亮的围歼战。

中央苏区红军"东路军"远程奔袭福建漳州，完全出乎敌人意料。红一军团进军途中，必须攻取龙岩以作为两个军团集结的前进基地，也是为了拔掉进军路障。

红一军团攻占龙岩的"胜利原因"，毛泽东总结了三条：第一条"白砂休息一天，团结兵力"，其意义在于养精蓄锐，集中兵力；第二条"不顾坎市，直取龙岩"，其意义在于绝不分散兵力，突出攻击重点打歼灭战；第三条"大池宿营，不去小池，击敌不备"，其意义在于隐蔽宿营，封锁消息，麻痹敌人，以达成"击敌不备"的突然性。

"击敌不备"即《孙子兵法·计篇》"攻其无备，出其不意"作战原则之化用。

"不备"，即敌人疏于戒备，没有战备。军事规律：有备无患，有备少患；无备招敌，无备挨打。

对敌举行不意的攻势

毛泽东在中国革命战争实践中，创造性地发展了"攻其无备，出其不意"的谋略思想。他认为，灵活地使用兵力，是战争指挥的中心任务，是争取战争主动权的重要方法。而要灵活地使用兵力，其主要方法是"攻其无备，出其不意"。为此，要采取种种手段，欺敌诈敌，造成敌人的错觉，然后给予出其不意的攻击。

1938年五六月间，毛泽东在延安抗日战争研究会上做了题为"论持久战"的演讲。在说到抗日战争中的"主动性"问题时，他说：

> 错觉和不意，可以丧失优势和主动。因而有计划地造成敌人的错觉，给予不意的攻击，是造成优势和夺取主动的方法，而且是重要的方法。……什么是不意？就是无准备。优势而无准备，不是真正的优势，也没有主动。懂得这一点，劣势而有准备之军，常可对敌举行不意的攻势，把优势者打败。我们说运动之敌好打，就是因为敌在不意即无准备中。这两件事——造成敌人的错觉和出其不意的攻击，即是以战争的不确实性给予敌人，而给自己以尽可能大的确实性，用以争取我之优势和主动，争取我之胜利。要做到这些，先决条件是优越的民众组织。因此，发动所有一切反对敌人的老百姓，一律武装起来，对敌进行广泛的袭击，同时即用以封锁消息，掩护我军，使敌无从知道我军将在什么地方什么时候去攻击他，造成他的错觉和不意的客观基础，是非常之重要的。（《论持久战》，《毛泽东军事文集》第二卷，军事科学出版社、中央文献出版社1993年版，第320页）

在这里，毛泽东没有在字面上提到孙子"攻其无备，出其不意"作战原则，可是他却具体分析了造成敌人错觉和不意在争取战争主动权中的价值和意义、什么是敌人的错觉和不意、劣势之军怎样对敌人发起不意的袭击、怎样依靠武装起来的群众造成敌人的错觉和不意等一系列军事理论问题。这无疑是结合抗日战争实践，对孙武子"攻其无备，出其不意"军事思想的新的阐述和发挥。这个阐述和发挥既是对中国古代谋略思想的继承，又是对革命战争实践经验的总结，讲得新颖别致，讲得入情入理，令人耳目一新，为之叹服，使人们对"攻其无备，出其不意"思想有了全新的理解，它已经是民族解放战争军事思想的有机组成部分。

毛泽东对孙武"攻其无备，出其不意"军事思想的新解释，既适用于战略层面，又适用于战术层面。战略上的"攻其无备，出其不意"，在于迫使敌人实行错误的计划和方针，采取错误的战略行动，以确保我军首次打击的效果。其手段通常采取政治上或军事上的欺骗，蒙蔽迷惑敌人的情报，以及攻心为上的宣传，使对方在思想上完全陷入混乱而无法统一作战行动。战术上的"攻其无备，出其不意"，通常是指抓住敌方的思维空隙，在敌人料想之外，或在常规常法之外，设定计谋，采取对策，采取大胆而坚决的机动，巧妙地利用天时、地利和空间，以出人意料的战术手段，乘敌之隙，突然猛烈地打击敌人，达到打败和歼灭敌人的目的。这就准确地把握了战争以奇制胜的基本特点。

毛泽东对孙武"攻其无备，出其不意"军事思想的新解释，也提醒人们军事原则是随着战争条件变化而发展的。这一作战原则，孙武提出至今已有两千五百年了，它对战争的指导作用虽然没有因时间的流逝而减弱，但是，它的具体内容却要充实新材料。抗日战争与孙武子时代的诸侯兼并战争相比，发生的变化岂止是巨大的。毛泽东正是基于这一历史条件，使《孙子》原则有了丰富的新内容，变成了指导民族抗战的军事原则。这是古为今用的治学态度，与泥古不化、因循守旧不可同日而语。这是毛泽东留给我们的宝贵经验。

乘其不备解决之

毛泽东将"乘其不备，出其不意"的孙子军事原则，用于与正规的敌军作战，也用于与非正规的土匪武装作战。

1935年年底至1936年年初，经过万里长征的中央红军在陕甘宁苏区根据地站稳脚跟，团结一切爱国力量推动全国抗战。可是陕北土匪猖獗，危害根据地正常社会秩序的建立。

李清武股匪活动于宜川县北部及延安县临真镇一带，赵老五（赵思忠）股匪活动于盐池县西南甜水堡、环县北部山城堡一带。还有三四股土匪经常出动扰乱作恶。到1937年夏天，陕甘宁苏区根据地剿匪工作取得了很大胜利。陕北股匪已肃清，股匪李清武已投诚，关中六股土匪已消灭五股。

1937年7月6日，毛泽东和朱德给中共三边特委军事部部长刘景范和陕甘宁省委军事部部长黎林发去电报，要求他们加速完成剿匪任务。电报

提出"剿匪的基本方针":

> （二）根据剿匪经验，基本方针应该是，积极以军事力量打击土匪威胁，同时进行政治上的争取、分化、改造、改编、瓦解的策略，最后达到消灭土匪的目的。
>
> （三）赵老五匪股暂时可以停止军事进攻，积极进行政治上的争取和瓦解的工作，特别注意甜水堡一带的群众工作，达到争取、分化、瓦解、消灭的目的。至少应使其暂时中立，以便我方集中力量首先消灭最坏的，然后乘其不备解决之。（《关于剿匪的基本方针》，《毛泽东军事文集》第一卷，军事科学出版社、中央文献出版社1993年版，第797页）

剿匪的基本方针是军事打击和政治争取相结合。对于争取无效、死不投诚的顽匪，军事打击的谋略仍然是"乘其不备解决之"。土匪绝大部分是本地人，熟悉地理环境和社会状况，出没无常，刁钻狡猾，"能攻能守又能溜"，不易对付。"乘其不备"是将其制伏剿灭的根本战术。

定将收到攻其无备出其不意的奇效

实施"攻其无备，出其不意"的谋略，关键在于要奇正多变，用兵灵活，不拘一格，不囿常规和常法。

1946年6月，国民党发动全面内战，我军实行战略防御，在内线歼敌。

在苏中战场，国民党第一绥靖区司令官李默庵指挥十五个旅约十二万人，企图攻占如皋、海安，巩固其沿江一线阵地，尔后沿（南）通（赣）榆公路北犯，策应由徐蚌地区东进的敌人会攻淮，并预定,7月15日发起进攻。

6月26日，毛泽东在作战电报中指示华中野战军司令员粟裕、政治委员谭震林：

> 粟谭率主力（不少于十五个团）位于三分区，与陈舒配合，一举占领蚌浦间铁路线，彻底破坏铁路，歼灭该地之敌，恢复三、四分区失地，并准备打大仗，歼灭由浦口北进之敌。（《华中野战军应准备出蚌浦线作战》，《毛泽东军事文集》第三卷，军事科学出版社、中央文献出版社1993年版，第301页）

电报中的"陈舒"指陈毅和舒同。陈毅时任新四军军长、山东军区司令员，舒同则任政治部主任。

粟裕等为抓住战机，打乱敌人进攻部署，创造尔后歼敌的有利条件，决定先敌发起泰兴、宣家堡战斗，求歼敌第十九旅。该敌是美械装备，美国教官训练的部队。抗日战争后期，曾作为远征军到缅甸作战，战斗力较强。

七月十三日，毛泽东在作战电报中指示"华野"首长：

> 苏北大战即将开始，蒋军将由徐州向南，由津浦向东，由江北向北，三方面同时动作，先求解决苏北，然后打通津浦、平汉。……在此情况下，待敌向我苏中、苏北展开进攻，我苏中、苏北各部先在内线打起来，最好先打几个胜仗，看出敌人弱点，然后我鲁南、豫北主力加入战斗，最为有利。（《苏中苏北各部先在内线打几个胜仗》，《毛泽东军事文集》第三卷，军事科学出版社、中央文献出版社1993年版，第340页）

粟裕等为了实现中央"先打几个胜仗"的战略方案，一改我军传统作战方针，不是采用"诱敌深入"的战法，也不采用"拣弱敌打"的常规，而是主动出击打强敌，在解放区前沿地带摆开战场，力求歼灭这股美械化蒋军。

7月13日，"华野"主力第一、第六师以五倍于敌的兵力，分别向宣家堡、泰兴守敌第十九旅发起攻击，经激烈战斗，歼该旅两个团及旅属山炮营共三千余人。

粟裕后来回忆说：

"首战打这个强敌是否没有根据？不，这个部队有一个很大的弱点就是骄傲，他们做梦也不会想到我军敢于主动向他们攻击，并且到他们的进攻出发地去打。我们定将收到出其不意、攻其无备的奇效。"（《粟裕战争回忆录》，解放军出版社1988年版，第368页）

宣泰战斗结束后，毛泽东指示"华野"准备在南线连续作战。此时，李默庵自恃兵力雄厚，又估计我军宣泰一战，伤亡必大，便急调第四十九师从如皋，第六十五师从黄桥，第八十三师从泰州，企图三面夹击我军。

为了打好第二仗，粟裕、谭震林决定舍近求远，以主力做远距离运动，直插进犯如皋的第四十九师侧后，出其不意地发起攻击。确定攻击目标后，"华野"首长命第一师全部和第六师大部转兵东进，并用汽艇疾运第七纵队一个团先期赶回如皋，协同如皋我军守城。同时设置疑兵，继续围歼泰兴城，给敌以我军主力还在泰兴一带的错觉，引诱如东之敌放胆进犯。

7月17日晚，我攻击部队在连续两昼夜激战后，又急行军一百余里，于18日晚分别将敌第四十九师包围于如皋东南鬼头街、田肚里、宋家桥和杨花桥地区，经19日、20日两日激战，歼灭该师师部及第二十六旅全部、第七十九旅大部约一万余人。

苏中宣泰战斗和如南战斗，充分体现了粟裕熟知兵法、通晓谋略和高超的指挥艺术。他没有拘泥于书本知识和现成的经验，而是从实际出发，什么时候好打就在什么时候打，什么地方的敌人好消灭就在哪里打，哪种战法有效就用哪种战法。不论是主动攻坚、敢打强敌的宣泰战斗，还是舍近求远、长途奔袭的如南战斗，这种活用原则、不拘常法、变换打法、以智取胜的作战指挥，都是为了达到"攻其无备，出其不意"的目的。毛泽东对此给予了高度评价，在如南战斗结束后，他于7月21日致电粟裕、谭震林说"庆祝你们打了大胜仗"，并对战斗部队的干部战士给予关怀和鼓励。在8月28、29日两封作战电报中，毛泽东总结归纳了华野"七战七捷"的作战经验，指出：

> 我粟谭军从午元至未感一个半月内，作战六次，歼敌六个半旅及交通总队五千，造成辉煌战果。而我军主力只有十五个团，但这十五个团是很充实与很有战斗力的，没有采取平均主义的补充方法。每战集中绝对优势兵力打敌一部（例如未宥集中十个团打敌两个团，未感集中十五个团打敌三个团），故战无不胜，士气甚高；缴获甚多，故装备优良；凭借解放区作战，故补充便利；加上指挥正确，既灵活，又勇敢，故能取得伟大胜利。这一经验是很好的经验，希望各区仿照办理，并望转知所属一体注意。（《华中野战军的作战经验》，《毛泽东军事文集》第三卷，军事科学出版社、中央文献出版社1993年版，第438页）

电报评价"华野"战绩是"辉煌战果"，是"伟大胜利"！这个评价实在不低。"指挥正确，既灵活，又勇敢"，当然包括变"诱敌深入"为在解放区前沿地带设战场，变"拣弱敌打"为攻击强敌，这样逆向思维，反常用兵，必出敌军意料之外。所以"华野"每战必胜，"七战七捷"（拍发电报时，统计到"作战六次"）！

"攻其无备，出其不意"的谋略，说到底是个奇正变化问题。在一定条件下，以强攻弱转化为以强攻强，以正为奇，以正藏奇，同样能收到"攻其无备，出其不意"的效果。

我军出敌不意举行袭击

1946年9月，解放战争进行了四个月（1946年6月国民党破坏和平协议发动内战）。我军还处于战略防御阶段。但是，各解放区战场我军部队采取积极防御作战方针，给猖狂进犯之敌以迎头痛击，歼灭敌军二十几个旅，取得战胜敌人的初步经验。

9月16日，毛泽东为中共中央军委起草了题为"集中优势兵力，各个歼灭敌人"的党内指示，其中第七条说：

> 在敌处进攻地位、我处防御地位的时候，必须应用这一方法（指"集中优势兵力，各个歼灭敌人"的作战方法——引者注）。在敌处防御地位、我处进攻地位的时候，则应分为两种情况，采取不同的方法。如果我军兵力多，当地敌军较弱，或者我军出敌不意举行袭击的时候，可以同时攻击若干部分的敌军。……如果我军兵力不足，则应对敌军所占诸城一个一个地夺取之，而不要同时攻击几个城镇的敌人。（《集中优势兵力，各个歼灭敌人》，《毛泽东军事文集》第三卷，军事科学出版社、中央文献出版社1993年版，第484页）

这个以军委名义下发的"党内指示"，显然是在总结解放战争初期经验的基础上，为了统一全党全军对敌作战方针而发布的。指示围绕"集中优势兵力，各个歼灭敌人"这个核心作战方针共讲了九条，后来构成了著名的"十大军事原则"的一些基本内容。应该看到，这个指示是解放战争初期我军作战的基本经验，是导致歼敌获胜的无价之宝。

在这个事关重大的"党内指示"第七条，毛泽东再次提到"我军出敌不意举行袭击的时候，可以同时攻击若干部分的敌军"。一般的情况下，毛泽东都强调作战时主要突击方向只能有一个，以便"向心突击"，形成拳头打击敌人。只有在"出敌不意举行袭击"时，才允许"同时攻击若干部分的敌军"。这个限制说明毛泽东对集中优势兵力打歼灭战的推崇，也说明在他的潜意识中对孙武子"攻其无备，出其不意"作战原则的重视。

"出敌不意举行袭击"的战法，进入了解放军的基本作战方针！

孙子所谓"示形"之类

——运用与发展之二

《孙子兵法》中有《形篇》，而没有"示形"一词。"示形"是后人对《孙子兵法·计篇》中一段话的概括。孙武子说：

> 兵者，诡道也。故能而示之不能，用而示之不用，近而示之远，
> 远而示之近。

诡，奇异，不平常。诡道，诡诈之行，欺敌之术。孙武子的意思是说：军队作战，是一种奇异的、诡诈的行为。所以，能打，可以表现出不能打的样子；用兵，可以表现出不用兵的样子；在近处，可以表现出在远处的样子；在远处，可以表现出在近处的样子。

所谓"示形"，现代人可以理解为"伪装出的和事物本来面貌相反的样子"，也就是伪装欺敌行为。

"能而示之不能"四句话，通常被称为"示形"。"示形"是兵法中的"诡道"。"示形"的目的在于欺骗敌人，调动敌人，所以它与"动敌"紧密相连。孙武子在其兵法《势篇》中说：

> 善动敌者，形之，敌必从之；予之，敌必取之。以利动之，
> 以卒待之。

可见，孙武的所谓"示形""动敌"，就是要求将帅善于用"诡道"、

假象设法隐蔽自己的企图，迷惑、引诱和调动敌人，以便"攻其无备，出其不意"地打击敌人。

孙武子的"示形"，意与现代军事理论的佯动战法意思相似，旨在蒙骗欺敌。不过这里孙武子特别强调"形之，敌必从之"。要确有把握地让敌军上当受骗，才是"活动敌者"。

毛泽东在丰富多彩的战争指导当中，"形之，敌必从之"的战例，比比皆是。

干脆再来个示形于东

中央苏区的反"围剿"战争中，红一方面军在毛泽东、朱德指挥下，多次诱敌深入运用"示形于敌""虚张声势"的谋略，欺敌败寇。

1931 年 7 月，蒋介石在对中央苏区红军第二次"围剿"失败仅仅一个月后，即发动了第三次"围剿"。他自任总司令，重新调集了三十万人马，组成四个军团，计十八个师和两个独立旅，此外，还调来五个空军队，配有几十架飞机协同作战，再一次疯狂地向中央革命根据地发动进攻。

7 月 1 日，蒋介石发出命令，以宁都为主要目标，指挥国民党"围剿"军全线进攻。"围剿"军迅速向南侵犯，来势凶猛，相继占领中央根据地兴国、富田、固陂圩等大片领土，并继续向东固、龙冈、小布、黄陂一带推进。蒋介石的嫡系师最为猖獗，陈诚率第十四师，罗卓英率第十一师一马当先，7 月 2 日便占领了黎川，13 日占领了广昌，19 日占领了宁都，然后又转向西北，经龙冈、富田直到赣江东岸，在中央根据地的中心地域绕了一个大圈子，一路上疯狂地寻找红军主力决战，但均未遭红军打击。因此，蒋介石断定红军早已流窜了。

当时，毛泽东和朱德正在带领红一方面军在闽西和闽赣边界一带地区做群众工作。7 月 5 日，总部电台收到赣南后方红军发来的急电，得知敌军正向我根据地大规模袭击。敌人来得如此之快，并已占领我大片地区，真是料所不及。毛泽东在这种万分危急的形势面前，沉着冷静，在分析了敌我态势后，根据敌我力量的对比，以及敌人急于寻求红军主力决战的心态，决定红军立即千里回师，集中红军主力于兴国地区，仍然以诱敌深入、避敌主力、打其虚弱、乘退追歼的方针来对待敌人的突然袭击，并决定以一部分兵力在地方武装和赤卫队的配合下不断迟滞、牵制、消耗敌人。

兵贵神速，红军主力立即出发。为了避开与突入根据地的敌人遭遇，隐蔽行动企图，毛泽东决定绕道先下西南再急转西北，直奔兴国。时值盛夏，红军指战员们忍着饥饿，背着全部行装在烈日下汗流浃背地奔跑，他们以"胜利在脚""走路出胜利"为口号，坚忍不拔地向前挺进。终于，红军历时十天，经福建的安远、宁化、长汀和江西的瑞金、曲阳等地，到达兴国，完成了千里回师的战略行动。

红军千里回师，大踏步地后退，避开了敌人的锐气，保存了自己的实力。红军总部经过周密侦察，逐步获得了敌军各部行动的准确情况，毛泽东决定采取"避敌主力，打其虚弱，乘胜追歼"的方针避开国民党的主力，让他们深入赣南无用武之地，红军则由兴国经万安向富田突破，然后由西向东横扫敌人后方，"打其可打者"。

7月底，红军主力从兴国出发，渡过于都河，避开了敌人主力赵观涛师和卫立煌师，从敌军的间隙中穿过，经老营盘向北，来到了泰和县的沙村，准备首先打击富田之敌。这时，红军抓获了两名敌军侦察员，经审讯得知，敌已从空中侦察到了红军的迂回行动，陈诚和罗卓英的两个主力师已奉命赶到了富田，准备与红军决战。毛泽东和朱德根据敌变我变的原则，立即决定放弃攻打富田的计划，红军主力立即折回，返回高兴圩一带的山村地区隐蔽待命，并命令肖克同志率独立第五师协同地方武装和赤卫军，在北面以积极的行动吸引敌人的注意力。

突然，红军总部的电台侦听到何应钦发出的一份密报，"限十天扑灭共匪"，其中有敌"围剿"部署的详细情况。毛泽东、朱德等当机立断，根据敌上官云相的第四十七师和郝梦龄的第五十四师已脱离富田一带的巩固阵地，正向前移的可靠情报，决定从敌人的中间突破，命令红军主力向兴国县的莲塘、永丰县的良材和宁都县的黄陂方向突进，迂回到敌人的背后，第一仗在莲塘打上官云相，第二仗在良村打郝梦龄，第三仗在黄陂打毛炳文。为防止敌人察觉，红军总部命令主力在夜间行动，同时命令红十二军三十五师及地方部队向西运动，佯装主力，诱惑敌军向西面的良口、万安方向追击。

红军开始实施大胆的中间突破，终于在8月7日抓住战机，一日之内，连打两个胜仗，生擒敌旅、团长以下官兵三千五百多人，毙伤敌千余人，并缴获了步枪、迫击炮、机关枪、电台、子弹以及马匹等大量武器装备。

按照原定计划，莲塘、良村两仗之后，红军要转而打龙冈之敌。但此时，红军总部根据侦察的情报得知，敌第十九路军和赵观涛师，以及孙连仲部都在向我军目标前进。而且，敌周浑元的四个团已在龙冈构筑了工事。上官云相和郝梦龄的败兵四个团这时又已窜至龙冈。所以红军总部决定改变原计划，以红三军佯攻龙冈，吸引敌人的注意力，主力第一、三军团和红七军向东挺进，星夜兼程，出其不意，攻其无备，远程奔袭敌军毛炳文师。

红军广大战士再次发扬不怕苦、不怕死的精神，不顾连续两仗的疲劳，用了三天时间，神速地飞到了黄陂。八月十一日清晨，红军包围了敌军。

蒋介石在他的南昌行营里驱使着"围剿"军主力，在红三十五军和红十二军三十五师的诱牵下，向西和西南疾进，日夜不停地在兴国以北的崇山峻岭中辗转，急不可待地在那里寻求红军主力决战。直到莲塘、良村的战斗，把上官云相打得屁滚尿流以后，蒋介石才发现自己上当了，红军主力并未西进。8月9日，蒋介石赶紧下令将其所有西进的部队掉回头，向东疾进，以密集的大包围向红军主力扑来，企图决一死战，并叫嚣绝不失去这次战机，一定要彻底消灭红军。

在黄陂歼敌毛炳文的战斗中，红军从毛炳文师部中查出敌第一进击军总指挥赵观涛在几小时前发给毛炳文的一份紧急电报，告知他的第六师已推进黄陂西南二十多里的蔡江地区。因此，红军方面军总部判断出敌人已经清醒过来，并已集结大部兵力正向黄陂逼近。主力方面军立即下令停止追歼毛炳文的残部，迅速打扫战场。之后，主力部队立即向西疾行几十里，赶到君埠附近隐蔽集结，只留一支小部队在黄陂监视敌人的行动。红一方面军在君埠地区休息了两天，此时敌人从各个方面扑向黄陂。

8月12日，在东、南、北三个方向上，敌人集结了二十万兵力，对红军形成了大包围的态势。这时，如果决策稍有失误，红军将陷入万劫不复的境地。

面对强敌，毛泽东、朱德、彭德怀、叶剑英、黄公略、罗炳辉等指挥员在君埠一座家庙里开会，讨论破敌之策，研究红军第二阶段对付敌人的办法。毛泽东认为此时红军应采取"声东击西"战术，针对敌人最怕红军北出临川的心理，派罗炳辉率红十二军伪装红军主力向乐安方向佯动，将敌主力向东北方向牵引，掩护红军主力悄悄西进，回到兴国地区隐蔽，待机破敌。

8月13日早上，红一方面军总部参谋处长郭化若正在地图上标明敌各个挺进纵队的位置，计算行军速度。突然听见毛泽东问："参谋长，有什么情况吗？"

"我正准备去给首长汇报呢。"郭化若一回头，见毛泽东、朱德来到了参谋部，不好意思地说，"所有向西向南之敌军主力，皆转旗向东，集中视线于黄陂，猛力并进，找我主力决战。现敌取密集的大包围态势接近我军。"

　　"好。"毛泽东看了一下地图说："我们干脆再来个示形于东。"
（樊昊：《毛泽东和他的顾问》，人民出版社1993年版，第87页）

　　"对，"朱德说，"进一步疲惫敌人。"

　　会议决定，避开与敌人主力接触，红军主力向西隐蔽突围，跳出敌人的包围圈，回到兴国地区集中，并以一部分兵力佯装红军主力，迷惑敌人。

　　当天，红军主力则在敌军麇集的空隙中穿插向西。沿途连一个集镇也没有，只有一个高高的山头，叫"尖岭脑"。下午，毛泽东亲自派遣了红四军一个主力师担任后卫掩护，然后上了尖岭脑山上，观看远方山下的敌军行进。敌军正在我军东边由南往北走。我军则在东北南三面敌军中间，从蒋鼎文、蔡廷锴、韩德勤军和陈诚、罗卓英军之间一个二十华里的间隙中连夜静悄悄地穿插过去。这一晚，全军连总司令部在内，都找不到宿营的房子。我军第二次穿出敌人的包围圈，进到兴国白石、枫边山沟里隐蔽休整，静观敌军动向。

　　8月13日，就在红军主力向西突围的同时，红十二军（欠三十五师）两千多人在罗炳辉军长和谭震林政委的率领下，朝着与红军主力突围相反的大金竹方向，大模大样地向东北走去。红十二军是红一方面军中的小部队，由地方武装升为主力不久。素有"神行太保"之称的罗炳辉指挥这支小部队，一路虚张声势，扬旗鸣号，铺设"路标"，以红军主力的架势，把敌人的鼻子紧紧牵住。他们走走停停，停停走走，与追击的敌人保持若即若离的状态。白天，他们战旗如林，烟尘滚滚，人马如潮，浩浩荡荡，大摇大摆，故意让敌机侦察到。夜晚，他们高举火把，口号震天。每到一处都留下大队人马行走、住宿的记号。

　　"围剿"军果然中计，兴奋极了，以为抓住了红军主力的影子，判断红军要北攻临川和宜黄，威胁抚州，除派第十师援救抚州，主力则迅速向东北方向追去，且一路紧追不舍。红十二军牵着敌人的鼻子爬高山，走险路，过密林，把行装笨重、不惯爬山、不愿吃苦的敌军累得筋疲力尽。就这样，敌人被红军牵着从白沙、藤田转到乐安县的大金竹、小金竹，又被红军从大、小金竹带回黄陂、小布。敌军在根据地内狼奔豕突多时，肥的拖瘦，瘦的拖垮。

　　直到8月底，"围剿"军在南团合围扑空后，蒋介石才发觉红军主力并未东去大金竹，知道中了红军"示形"欺诈的诡计。追了半个月的红军根本不是主力，而是红十二军小股部队。于是，再传命令，令其部队向西寻找红军主力决战。这时敌军已疲惫不堪，人困马乏，饥疲沮丧，哪里还有战斗力。蒋介石的高级将领们这才真正地了解了红军，他们无可奈何，终日哀叹："共党出没无常，百姓的游击战，使蒋委员长极为棘手！"敌人一个旅参谋长说他的部队已经"肥的拖瘦，瘦的拖死"。"围剿"军上下真是饥疲交加，进退两难。

"破屋又遭连阴雨"，正在这时，国民党内部矛盾加剧，发生内讧，军阀混战骤起。蒋介石怕丢了湖南，乱了阵脚，只得将他的"围剿"军全部撤了回来。

红一方面军主力在白石休息了大约半个月，养精蓄锐以待战机。

养精蓄锐待机歼敌的红军，得知"围剿"军全线撤退，利用这个有利战机乘胜追歼逃敌。9月7日，敌军蒋鼎文第九师的先头旅慌慌张张地窜至老营盘，在红三军的突然猛烈的打击下，顿时溃不成军，纷纷夺路而逃。红三军以三个团的实际兵力，歼灭了敌人的三个团，取得追歼战的第一个大胜仗。9月15日上午10点多钟，在方石岭、张家背附近，红军总部命令红三军、红四军和红三军团兵分三路由西向东，将向北撤的敌韩德勤的第五十二师和蒋鼎文的第九师残部分割包围。下午3点，敌人后撤，队形混乱，被红军拦腰斩断。走在前面的蒋鼎文师残部的六个团侥幸逃跑，而后面的韩德勤的六个团以及蒋鼎文的师部机关和两个炮兵团加一个多营的步兵，全部被红军歼灭。

在毛泽东、朱德指挥下，红一方面军在第三次反"围剿"战争中运用孙子"示形"战法，两次战役佯动，"示形"欺敌。先后以红三十五军、红十二军假冒主力"动敌"，将"围剿"军主力向错误方向引导，屡屡得手，使敌军在红军根据地"大游行"，像没头苍蝇到处扑空，失掉战机，疲惫不堪。同时，红军主力千里回师，远程机动，找弱敌打，先后取得了莲塘、良村、黄陂、老营盘、高兴圩、方石岭战斗的胜利，胜利粉碎敌军第三次"围剿"。

"示形"于贵阳之东

更绝的是毛泽东善于重叠连环运用"声东击西"的"示形"战法，摆脱被动，争取主动。长征中四渡赤水之役，是毛泽东的"得意之笔"。说"得意"，是因为在万千敌军的围追堵截中摆脱了敌人，夺得了主动。红军四渡赤水后的一系列行动，毛泽东运用的战术就是"声东击西""调虎离山"。

这里且不说四渡赤水，单说四渡赤水以后，毛泽东声东击西，巧妙调动敌人的战术。

1935年3月16日，中央红军三渡赤水进入川南后，蒋介石判断红军又要北渡长江，急忙令追剿部队再向川南进击，企图围歼红军于古蔺地区。毛泽东当机立断，决定乘敌不备折返东岸，寻求机动。为了迷惑敌人，红军以一个团伪装主力向古蔺前进，诱敌向西；主力则于21日晚四渡赤水，向南疾进。31日，红军南渡乌江，把几十万敌军甩在乌江以北。

这时，毛泽东打出了一张好牌：绕道云南渡过金沙江，进入川康地区。而借道云南，关键是要将较有战斗力的滇军调出来。他说："只要能将滇军调出来，就是胜利。"如何调出滇军？毛泽东的方法就是"声东击西"。他的总意图是示形于东，意在西进，为此连下几招：

第一招以"神行太保"罗炳辉指挥红九军团伪装主力暂留马鬃岭地区，并向长白山、枫得坝佯攻，吸引敌人北上，红军主力则乘机南下。

红军渡过乌江后，毛泽东又下了第二招，以红军一部佯攻息烽，主力进占机动位置扎佐等地。

毛泽东的第三招是兵指贵阳。这时蒋介石正在贵阳督战，而贵阳加上周围地区只有四个团。老蒋这才感到"笨人下棋，死不顾家"的后果，一面令守城部队死守机场，并准备好轿子、马匹、向导，以便随时逃跑，一面令各部火速增援，特别是发出"万万火急"电，调滇军三个旅驰援贵阳。

毛泽东连续虚晃三枪，犹嫌不足，又下了第四招，令红军一部在黔东清水江架设浮桥，装作东渡入湘西与贺龙、任弼时领导的红二、六军团会师的姿势。这下子可热闹了。蒋介石不仅按毛泽东的意图将滇军主力孙渡的第二纵队调了出来，而且令中央军一部和湘军东进布防，阻止毛泽东与贺龙会合。

滇军调出后，毛泽东并未马上直趋金沙江，而是出了第五招，以主力直指昆明，与驰援贵阳的滇军背向而行。这次的目的是要将驻守金沙江南岸的滇军调出来。果然不出毛泽东所料，国民党云南省政府主席龙云深恐红军进占昆明，而昆明附近的滇军此时都已被蒋介石调到贵州去了，远水解不了近渴。龙云只好急调驻守滇北的部队，包括民团回援昆明。这一来，金沙江南岸敌兵力顿时空虚。

毛泽东目的达到，便不告而别，出人意料地大踏步北转，直奔金沙江。中央红军一两万人在金沙江渡了七天七夜，蒋介石和龙云的部队硬是没追上来。

从四渡赤水到巧渡金沙江，毛泽东连用了五个"声东击西"：第一次是让罗炳辉"声东"马鬃岭，引敌北上，主力乘机南进；第二次"声东"息烽，装作"西击"贵阳；第三次"声东"贵阳，实则调出滇军；第四次"声东"清水江，佯装东进会师贺龙；第五次"声东"昆明，实则北出金沙江。以上诸种行动，"虚"多"实"少，"声东"是"虚"，而"击西"也不全是"实"的。五处"声东击西"只有两处是毛泽东的真用意：调出滇军，北渡金沙，其他种种都不过是虚晃一枪而已。

连环套式的"声东击西"，确实难让人摸透其真正意图。在毛泽东的一套套"声东击西"面前，蒋介石判断连连失误：把罗炳辉部当作主力；红军打息烽时，老蒋尚未摸到头脑，当红军前锋逼近贵阳，他以为红军打息烽是假，打贵阳是真，急调滇军出来；及至红军在清水江上架桥，他又判断朱毛要东出与贺龙会合，急忙将主力一部调到黔东，距云南越来越远；当红军前出云南时，他才急了，但已无能为力，及至龙云将滇北部队调往昆明后，就再也追不上红军了，只能眼睁睁地看着红军从容渡过金沙江，徒呼奈何。

刘伯承在《回顾长征》中对毛泽东的"示形"战法由衷地赞佩。他说：

> 这次，毛主席又成功地运用了声东击西的灵活的战术，"示形"于贵阳之东，造成敌人的过失，我军得以争取时机突然西去。（《刘伯承军事文选》，战士出版社1982年版，第559页）

孙子所谓"示形"之类

由于红军的弱小地位，毛泽东运用"示形"战法，多数情况下是用于战略，避开强敌锋芒之时。有时，为了主力部队的安全转移，动用小股部队伪装成主力部队，诱导敌军跟踪而至，"寻求共军主力决战"。利用敌人自恃强大、急于寻机决战的心理，诱使敌人以假为真，上当受骗。

到了1936年长征胜利后的陕北保安时期，毛泽东把孙武子的"示形"战法上升到理论形态，纳入弱小的红军克敌制胜的主要经验：

> 退却的最后一个要求，是造成和发现敌人的过失。须知任何高明的敌军指挥员，在相当长时间中，要不发生一点过失，是不可能的，因此我们乘敌之隙的可能性，总是存在的。敌人会犯错误，

正如我们自己有时也弄错，有时也授敌以可乘之隙一样。而且我们可以人工地造成敌军的过失，例如孙子所谓"示形"之类（示形于东而击于西，即所谓声东击西）。要这样做，退却的终点，就不能限定于某一地区。有时退到该地区还无隙可乘，便不得不再退几步，待敌发生可乘之"隙"。（《中国革命战争的战略问题》，《毛泽东选集》第一卷，人民出版社1991年版，第209页）

孙武子"示形"战法出自《计篇》。在这篇文章中，孙武子阐述的是在战略进攻中争取战场主动权的思想，其中包括造成敌人的弱点、错误和过失。这就是后人总结的所谓孙子"诡道十二法"，如"示形""诱敌""挠敌""骄敌""疲敌""间敌"，等等。如本文开篇所讲，孙子"示形"是"诡道"中的四种方法的概括。这些诡谲战法，在今天看来，也具有很大的价值。

毛泽东讲"示形"，不是讲战略进攻，而是讲战略退却，这是他不同于孙子的地方，也是他活用孙子战法的高明之处。毛泽东借鉴"孙子所谓'示形'之类"的战法：一是将其具体化为"声东击西"等具体办法；二是指出其目的和作用在于"人工地造成敌军的过失"——强大的敌军开始没有过失可利用，而我军要在退却或转移中"人工地"造成他的过失；三是可以看出毛泽东的退却不是消极躲避强敌，而是积极运用"声东击西"各种欺敌、骗敌、蒙敌、惑敌兵略军谋，造成敌人的"可乘之'隙'"！

历史有许多巧合之处，兵学理论有时也有古今不谋而合的情况。毛泽东将孙武子"示形"战法解释为声东击西，就与西汉淮南王刘安（汉高帝刘邦的孙子）的见解有相通之处。刘安组织"门客"论兵，谈到"欲西示东"时说：

> 将欲西而示之以东，先忤而后合，前忤而后明。若鬼之无迹，若水之无创。故所乡（向）非所之也，所见非所谋也。举措动静，莫能识也。若雷之击，不可为备；所用不复，故胜可百全。（《淮南子·兵略训》）

刘安这段话的意思是：将要向西进击，先伪装向东进击；先采取与己相反意图避开敌人，然后再打击它；先隐藏自己的行动企图以使敌人迷惑不清，然后采取果敢明确的行动。要像鬼神一样无影无踪，像水一样柔弱无所创痕。所以，先去的方向并非真正要去的方向，先显示的企图也非真正的企图。一举一动，都要使敌人无法测知。行动像打雷一样，使敌人无法防备；所用战法不断变化而不重复，所以胜利就会百分之百地完满取得。

《淮南子·兵略训》是刘安等一些文人论兵，不像兵书那样易于引起战争指导者的注意。没有材料证明毛泽东在1936年以前看过这部书。但是，刘安的"欲西示东"，毛泽东的声东击西，都是对孙子"示形"战法意思相近的发挥。这种"英雄所见略同"，倒说明声东击西等"示形"战法是战争艺术规律性的反映。

毛泽东重视"示形"之类的战法，引入自己的军事理论著作，在于强调正确认识战略退却的反"围剿"意义，在于强调各级指挥员要善于以各种手段隐蔽自己的企图，迷惑引诱敌人，造成敌人的错觉和不意，以突然袭击的手段，给敌人以"攻其无备，出其不意"的打击，设法歼灭强敌。这是劣势军队造成优势和夺取主动的重要战法。

蟠龙战斗的声北击南

解放战争中毛泽东从1947年春天到1948年春天转战陕北。他在退出延安一个多月时间，即指挥西北野战军连续胜利进行了青化砭、羊马河和蟠龙镇三次战斗。

蟠龙镇战斗中的"示形"动敌也十分出色。

1947年三四月间，西北野战军在取得青化砭、羊马河两次战斗胜利后，即转至瓦窑堡西北和清涧以南等地进行休整补充。

进犯陕北的蒋胡军发现我军主力在瓦窑堡以南地区后，胡宗南急令其整编第二十九军从羊马河东进，整编第一军从安定东进瓦窑堡南拐，对我军实行南北夹击，企图将我军围歼于瓦窑堡以南地区，但是他扑了空。

胡宗南部队遍寻"西野"主力不着，饥饿疲劳，士气下降，于4月20日撤回永坪和蟠龙一带，进行休整补充。

此时，蒋介石得到情报，说"中共中央及其主力在绥德附近结集"，又说"共军已开始东渡黄河"。4月20日即电令胡宗南部主力九个旅自蟠龙、永坪分两路向绥德迅速北进，并令榆林邓宝珊部南下配合，向米脂、葭县策应，企图将我军南北夹击于吴堡、葭县等地歼灭之，或逼我军东渡黄河。

胡宗南除留下整编第一师第一六七旅（欠五〇〇团）和陕西自卫军第三、四总队守备蟠龙补给基地外，其余九个旅的兵力分为左右两路，于4月26日北上绥德，追击"西野"主力。

事实上，"西野"主力并没有在绥德，只有第三五九旅在瓦窑堡东北地区活动。

蒋胡军主力北进，正中"西野"圈套。原来，蟠龙镇是敌人的重要补给基地。敌主力北进后，给"西野"创造了歼灭蟠龙守敌的良好战机。"西野"按照毛泽东制定的"蘑菇战术"，决定进一步诱敌坚定北上绥德。彭总把"调敌"任务交给了二纵队。二纵队又指定三五九旅来完成佯装主力诱调敌人的任务。

二纵队王震司令员对旅长说：让敌人认为你们就是西北野战军的全部，做出一副给养困难、不堪其扰的样子，一直把敌人牵到绥德去，好让主力痛痛快快地打个漂亮仗。

敌人九个旅的主力能否乖乖地服从"调动"，听任"指挥"呢？二纵队副政委打了个比喻："依我看这和演戏差不多，一个'像'字顶重要。演像了，观众就信以为真，演不像，观众就要回家睡觉。一定要设身处地从这个角色的角度考虑问题，该急则急，该跑则跑，该从容则从容，该拼命则拼命；同时，道具、效果、服装、布景也要配合得适宜，给人以逼真的感觉。"

为此，三五九旅很快制定了调敌措施，决定全旅临时编成五个支队，都配备电台，以两个支队扮演一纵队和新四旅，对付右路之敌整编第二十九军；以两个支队扮演二纵队和教导旅，对付左路之敌整编第一军；以一个支队扮演三五九旅，留在敌人背后，迟滞敌人行动；旅部则扮演野战军的领导机关，与"二纵队"一道行动。

王恩茂反复强调："千万不要把敌人当成傻子！你们一定要咬着牙坚持，不管有多大的危险，你们都不能有一丝一毫的犹豫。"

至此，一副"野战大军"的机动场景展现出来了，行动起来浩浩荡荡，驻扎起来庞庞杂杂。在东西宽达十里的地域上，燃烧起了无数堆熊熊篝火，远远望去，忽明忽灭纵深很大，再次行进，留下的是一个"大军仓皇退走"的场面。破烂的门板，散乱的担架，破军装扔得到处都是，一些电文纸还隐约可见"为保存有生力量……立即转移"等字迹。

对此，敌人完全把三五九旅当成了"西野"主力，认为这是逼其退出边区的良机。而三五九旅且战且退，敌军以九个旅的兵力尾追而来，步步紧逼，星夜直奔绥德，而使蟠龙之敌孤悬于榆林、延安之间。

4月28日，中央军委、毛泽东电复彭德怀、习仲勋，同意攻打蟠龙镇守敌。

蟠龙镇由于是敌军的重要补给基地，所以有一定纵深较完整的防御体系。其东山是整个蟠龙防御的支撑点。蒋胡军以第一六七旅四九九团的二营和三营的一部分，守主阵地集玉峁。北山和街市由旅部和第四九九团的一营防守。

彭德怀、习仲勋指挥的"西野"主力部队，于5月2日以四倍于敌的兵力，对蟠龙守敌发起攻击。经两昼夜苦战，全歼镇中守敌六千七百余名，俘虏敌旅长李昆岗等人，缴获夏季军服四万套，面粉一万余袋，子弹百余万发以及大批医药品，解决了解放军当时严重缺乏的粮食、衣服、医药等问题，给敌军以极大创伤。

等到5月9日，蒋胡军援兵打回蟠龙镇，兵站基地已一无所有，变为一座空堡。

就在"西野"主力全歼蟠龙镇敌军留守部队第一六七旅的第三天（5月6日），毛泽东给华东野战军司令员和副司令员陈毅、粟裕拍电报，介绍蟠龙战斗的经验：

> 第一不要性急，第二不要分兵，只要主力在手，总有歼敌机会。凡行动不可只估计一种可能性，而要估计两种可能性，例如调动敌人，可能被调动，亦可能不被调动，可能大部被调动，亦可能只有小部被调动。凡在局势未定之时，我主力宜位于能应付两种可能性之地点。……我主力距敌要远一点，不要守阵地。对敌正面侧面后面一枪不打，让敌放心前进，又使敌完全不知我主力所在，当此时机好打则打之，不好打则以主力转入敌后，局势必起变化。此次胡宗南以三十一个旅攻入只有人口一百五十万之陕甘宁边区，集中十一个旅，有时十个旅，有时九个旅成一横直四五十里之方阵，使我无歼击之机会，我们即以上述方法对付之。对集中之敌置之不理（此次敌九个半旅入绥德，我们一枪不打），而集中全力打敌后路，使敌完全陷入被动地位，可作你们参考。（《不性急不分兵诱敌深入相机歼击》，《毛泽东军事文集》第四卷，军事科学出版社、中央文献出版社1993年版，第58—59页）

"西野"在蟠龙镇大获全胜，关键是"示形""动敌"战法运用得好：声北击南，"调动敌人"，使本来在蟠龙镇休整的蒋胡军九个旅主力部队在假情报的诱惑下，离开坚固设防阵地，又在"西野"小部队制造的假象的牵引下，向北长途奔袭，进占无有用武之地的绥德、米脂一线，真正地被"调虎离山"，蟠龙镇只剩下孤立无援的第一六七旅。本来，被打怕了的蒋胡军部队总是猬集在一起，形成四五十里方阵，使我军"无歼击之机会"。可是"西野"声北"示形"成功，造成了敌人的可乘之隙，就决心用四个主力旅"击南"，"集中全力打敌后路，使敌完全陷入被动地位"！"打敌后路"即合围蟠龙镇打敌第一六七旅。此时蟠龙战场敌我兵力对比是一比四，"西野"处于绝对优势。蒋胡军主力部队被"牵往"远在十日以上路程的绥德，远水不解近渴。虽然蟠龙战斗打响后，如梦初醒的胡宗南急调董钊第一军从绥德南下救援一六七旅，但赶到蟠龙已是5月9日，只剩空城一座。"西野"早在三四天前即已打扫完战场，主动撤离转移。往返扑空的蒋胡军官兵只能徒叹奈何。

在中国革命战争中，毛泽东十分推崇机动灵活的战略战术。声东击西的"示形"，是机动灵活战略战术之一法。毛泽东认为在战争中示敌以假象会造成敌人的错觉和不意：

> 错觉和不意，可以丧失优势和主动。因而有计划地造成敌人的错觉，给以不意的攻击，是造成优势和主动的方法，而且是重要的方法。错觉是什么呢？"八公山上，草木皆兵"，是错觉之一例。"声东击西"，是造成敌人错觉之一法。(《论持久战》，《毛泽东军事文集》第二卷，军事科学出版社、中央文献出版社1993年版，第320页)

在革命战争中，采用这种欺骗敌人的方法，常能有效地陷敌于判断错误和行动错误的苦境而丧失其优势和主动。

蟠龙镇战斗的"示形"之妙，令人不得不佩服其指挥者战争艺术之高超绝伦！

毛泽东在领导中国革命的历次战争中，多次成功地运用了"示形"战法，夺取了战争的胜利。

庙算·多算·胜算

——运用与发展之三

《孙子兵法》指出战争指导者"求战求胜"有两种状态：第一种是"胜兵先胜而后求战"，第二种是"败兵先战而后求胜"。（《形篇》）

孙武子要求用兵打仗选择前者，避免后者。

那么，怎样才能知道并做到"先胜"呢？重要的前提条件之一是善于"庙算"，即进行战略谋划。孙武在《计篇》中有一段久为兵家视为至理名言的话：

> 夫未战而庙算胜者，得算多也，未战而庙算不胜者，得算少也。
> 多算胜，少算不胜。而况无算乎？吾以此观之，胜负见矣。

庙算观胜负，"先胜"可知。庙算知先胜，求战必胜；无算不知胜，求战必败。

"庙算"用兵之道，孙子提出了得算、多算、少算、无算等概念，后世兵家又丰富了胜算等一系列思想，以为它在军事对抗中是指挥员必须遵循的一条极其重要的原则。在开战用兵之前审己量敌，统筹谋划，精于庙算，施计用谋，以强大的军事实力为后盾争取"不战而屈人之兵"的目的，是"善之善者"的最佳选择。

毛泽东对这一军事原则直接谈及的次数并不多，但在战争指导实践中运用并不少，而且将"庙算"思想发展成对"战争计划性"深刻而周详的思考。

游击战里操胜算

1930年11月，中原蒋、冯、阎大战结束，蒋介石取得胜利，立即腾出手来，任命鲁涤平为江西南昌行营主任，集中十万兵力，分进合击，组织向中央苏区的围剿。

11月2日，鲁涤平下令将在江西的七个师一个旅编成三个纵队，发动对赣西红军的第一次大"围剿"。第一纵队司令是张辉瓒。

张辉瓒，1885年生于湖南长沙的一个地主家庭。在日本士官学校留学回国后，参加了反袁护法运动，自己拉起一支队伍，成为司令。在北伐战争中任师长，参加攻克南昌战役。蒋介石反共以后，宁汉分裂，张协助李宗仁打败唐生智，一度驰名东南，被誉为"铁军"。蒋桂战争中，张被蒋收买，打跑了李宗仁，从此投靠蒋，虽不是蒋的嫡系部队，却颇得信任。1930年1月被蒋任命为江西全省剿匪总指挥。

张为人狂傲而残忍。在他任上，全省被杀害的共产党员和群众达一千多人，人称"张屠户"。这次又被鲁涤平委以前敌指挥官，率领三个师。他自以为装备好，老兵多，剿灭红军必立大功。出发前，他发誓说："吾党与共匪势不两立，此番不剿清，誓不生还！"还恶毒地诱使官兵抢掠，说东固有共军银行，打进去，"发财归自己"。然而，张辉瓒正在急急要找红军主力决战时，红军却不见踪影。

10月30日，毛泽东召开总前委紧急会议，说服不同意见，确定了"诱敌深入"的战略方针，命令红一方面军渡过赣江，退到赣江以东广阔地区，寻找机会破敌。

12月上旬，毛泽东在黄陂主持会议，制定作战方案。大家认为，张辉瓒的十八师和谭道源的五十师是鲁涤平的嫡系，如果将其消灭，就可以打败"围剿"。

12月25日，"红军总前委"和"红军总部"在宁都小布麻糍石下河滩上，召开了根据地军民歼敌誓师大会，会议由袁国平主持。在临时搭起的主席台两边的台柱上，挂着毛泽东亲自拟定的一副楹联，吸引了全场的目光：

> 敌进我退，敌驻我扰，敌疲我打，敌退我追，游击战里操
> 胜算；
> 大步进退，诱敌深入，集中兵力，各个击破，运动战中歼敌人。

（逢先知：《毛泽东年谱》上卷，人民出版社1993年版，第329页）

这副楹联的上联，镶嵌着毛泽东自1928年以来，历次作战正反两个方面的经验总结，是适应当时情况的游击战争原则的"十六字诀"。这是红军作战永操胜券的法宝，是毛泽东、朱德等人与各种错误战略、战术主张做了针锋相对的斗争，并在实战中检验过的正确作战原则。

下联则是面对十万强敌，在"十六字诀"原则的基础上，提出了"诱敌深入""集中优势兵力打歼灭战"的新的作战方针，是"十六字诀"在新的历史条件下的发展。

这副楹联，是对我党我军灵活机动的战略战术的形象阐述，是对毛泽东英明战略指导思想的高度概括，是毛泽东对第一次反"围剿"作战的英明预见，是他运筹帷幄、决胜千里的革命家气魄和胆略的具体表现，也是红军以游击战为主向运动战发展的历史记录，是走与打、优势与劣势、主动与被动、进攻与防御、保存自己与歼灭敌人的活的辩证法，是你打你的、我打我的、打得赢就打、打不赢就走的既灵活又勇敢的指挥艺术。

这副楹联上联结句"游击战里操胜算"，暗用《孙子兵法·计篇》里的思想。"胜算"即"庙算胜"也。"操胜算"即胜于庙算，稳操胜券。毛泽东的"庙算"，就是游击战"十六字诀"，就是在"十六字诀"基础上进一步提出的"诱敌深入"等集中兵力打歼灭战的一系列方针。孙子"庙算"的军事原则，目的是"先胜而后求战"。这副对联，集中反映了毛泽东的"庙算"成果，即反"围剿"战争的军事谋划。以后的反"围剿"战争实践表明，这些正确的军事原则确实是克敌制胜的"胜算"。

誓师会上，毛泽东做了生动形象的动员报告，说明了反"围剿"的有利条件及"诱敌深入"的必要性和重要性，大大地鼓舞了全体军民的斗志。

当时，我四万红军将士于1930年11月中旬退到吉安、南丰、樟树地区。12月上旬，又退到宁都黄陂、小布地区，把敌军主力张辉瓒、谭道源的两个师诱至根据地中部。这就是"大步进退，诱敌深入"的具体内容。

12月27日，红军在小布设伏。但胆小的谭道源不敢深入，而傲横的张辉瓒却率领三个旅向龙冈进发，送上门来。

张辉瓒进军以来，没有同红军接上仗，却在东固将第五师误认为红军，双方交火一个多小时才弄清，伤亡已不小。张辉瓒气得七窍生烟，第五师师长公秉藩则愤而率部离开了他的指挥。张师到达龙冈后，部下劝他停留待援，张执意不肯，说："附近纵有红军，也是黄公略的那些人，我师人多武器好，怕什么！"

龙冈，四面峭壁高耸，地势险峻，中间盆地有龙冈街，有二三百户人家。29日晚，毛泽东、朱德向四万多红军下达了攻击命令。

30日凌晨，下起了蒙蒙细雨，漫天昏暗，雾锁群峰，正是伏击的好天气。毛泽东、朱德走上龙冈、君埠之间的黄竹岭指挥所。毛泽东对朱德说："总司令，你看，真是天助我也！三国时，诸葛亮借东风大破敌兵；今天，我们借晨雾全歼顽敌啊！"上午10时，战斗打响，张辉瓒才如梦初醒，知道落入了红军主力包围之中。

下午6时，战斗结束，敌十八师九千多人全部被歼。但清点俘虏时，没有找到张辉瓒。红军士兵在附近山上发现一件狐皮大衣，有张的名字，便仔细搜索，终于在一个土坑中将穿上士兵棉袄、哆嗦不止的张辉瓒揪了出来。

"捉住张辉瓒了！"红军战士的欢呼声响彻山谷。

毛泽东从黄竹岭指挥所赶来。张辉瓒在北伐战争时曾与毛泽东相识，连忙敬礼，打躬作揖，口称："润之先生！久仰，久仰……"毛泽东嘲讽地打断他说：

"总指挥先生，你是怎样指挥的呀？你从湖南进到江西，又从南昌到龙冈，今天就叫你进到龙冈为止啊！你气势汹汹叫嚣要围攻我们，你可没有想到红军的厉害吧！你的围剿反而被我们给围剿了。你在东固，我们没有会到面，想不到今天在龙冈见到你，你还想怎么样了？你在龙冈墙壁上到处写标语要剃朱、毛的头，现在到底是你剃了朱、毛的头，还是朱、毛剃了你的头？"

张辉瓒后来被愤怒的红军和群众杀掉了。毛泽东不同意这种做法。1965年8月25日他会见刚果代表团时，还说：杀俘虏不好。我们也杀过，杀过敌人的将军。如张辉瓒，他是指挥几万人的将军。从这以后我们就不杀。这没有好处，不能瓦解敌人。

张辉瓒所部不漏一人一马，全部被歼被俘，吓得谭道源师向东韶逃跑，许克祥师向头陂逃跑。红一方面军乘胜追击，五天后向谭道源的五十师发起了猛攻，歼敌三千多，其他各路敌军仓皇逃走。第一次大"围剿"宣告失败。鲁涤平自知无法交代，辞职回乡。

据吴吉清《在毛主席身边的日子里》记载：在1931年年底庆祝反"围剿"胜利暨迎新春的大会上，只见会场的庆祝台两侧挂着竖联，上联是"敌进我退，敌驻我扰"，下联是"敌疲我打，敌退我追"。红军指战员们干脆把"十六字诀"写成楹联。由此可见，毛泽东的这副楹联中所表达的"操胜算"的军事战略思想，是多么深入人心！

第一次反"围剿"战争取得胜利。春天来临，山花烂漫。毛泽东诗兴大发，填下新词《渔家傲·反第一次大"围剿"》，其上阕是："万木霜天红烂漫，天兵怒气冲霄汉。雾满龙冈千嶂暗，齐声唤，前头捉了张辉瓒。"

出击毫无胜算断然撤退

稳操胜券，即战争中的主动性。每个战争指导者，都极其希望自己手中握有战场的主动权。但是，正如俗话所说："胜败乃兵家常事。"敌强我弱的战争态势，有时不仅表现在战争全局上，而且表现在战役、战斗的局部上。没有打赢的希望和可能，也就是"毫无胜算"。反"围剿"战争、抗日游击战争中常常出现这种情况。此种状态下毛泽东主张"打不赢就走"，断然撤退，保存实力，寻机再战。

1937年年底，郭化若在中央党校学习了三个月。结业分配工作的时候，毛泽东对他说："我们要向全国宣传抗日，你要多写一点文章。"第二天，毛泽东就给郭化若交代任务了。其中说到抗战全面展开后，全国各阶层思想很活跃，在党内和一部分群众中，还有轻视游击战争的倾向，只把希望寄托在正规战争上，或者寄托在国民党军的作战上。

毛泽东想写一篇文章批驳这种观点，要郭化若请来罗瑞卿、萧劲光、刘亚楼开座谈会。座谈会上，毛泽东提出为什么要把游击战争提到战略地位，怎样指导游击战争等军事理论问题，请大家发表意见。他认真听大家发言，有时也插话。

毛泽东要求大家把在会上谈的问题，写成文章交给他。罗瑞卿等走了后，毛泽东对郭化若说："请你将大家的发言整理一下，就抗日游击战的战略问题拟一个写作提纲，另外要想办法多收集一些资料。过些时候组织点力量出抗日战争丛书，由你担任编辑。"

根据毛泽东指示，郭化若连夜着手工作。他深知搞抗日游击战争战略问题研究任务很重，是一个难度很大的课题。12月28日，毛泽东又写信告诉他"写战略，应找些必要的参考书看看"，"不担任任何别的事，专注于战略问题的研究及编辑部事务，务把军事理论问题弄出个头绪来"。郭化若跑遍延安城各大学、图书馆，稍与战略沾边的书都找了来。他关起门来阅读、思考，经过冥思苦想，编出《抗日游击战争一般战略问题》的提纲，不几天就写出了头几章。他把收集到的资料和试写的头几章抄写整齐后，送给毛泽东审阅。

根据毛泽东的指示，郭化若继续编写"战略问题"。同时遵照毛泽东的吩咐还撰写了《抗日游击战争战术上的基本方针》一文。陈伯钧写了《抗日游击战争基本战术——袭击》，两文经毛泽东阅改后刊登在《解放》杂志第二十八期上。

陈伯钧《抗日游击战争基本战术——袭击》一文，其实出自毛泽东的手笔，源自毛泽东1934年写的《游击战争》一书。原来，第一二〇师第三五九旅旅长陈伯钧在组织的安排下，于1937年12月节录了毛泽东1934年所著《游击战争》的一部分，用陈伯钧的名字发表在1938年1月11日出版的《解放》第二十八期上。

重新发表时，毛泽东不仅做了一些修改，而且为《解放》写了编者志："这篇文章，是陈伯钧同志节录1934年毛泽东所著《游击战争》小册子上面论游击战术之一部分，为了适合抗日战争的情况，陈同志在文字与条文上有所增减，复经毛同志校正，今在本刊发表，以供全国各地抗日游击战争领导干部的参考。"（《毛泽东军事文集》第二卷，军事科学出版社、中央文献出版社1993年版，第152页注释）

《抗日游击战争基本战术——袭击》一文在收入《毛泽东军事文集》时，标题多了"论"和"的"两个字，也许为整理者所加。

在《论抗日游击战争的基本战术——袭击》一文中，毛泽东谈到"伏击不可能或不成功时的处置"办法。他"庙算"了两种战法：

> 伏击不可能或不成功时的处置：（1）如刚出击尚未进入战斗，忽然发现敌人兵力过大或被敌人预先发觉我之埋伏而早已占领阵地，出击毫无胜算，则应马上停止出击，断然撤退，以保存自己力量。这时候，需要指挥者之最高的机断与灵活的处置。（2）已经进入战斗，但遇敌人顽强抵抗，确无胜利把握时，亦应终止战斗，决心引退。（《毛泽东军事文集》第二卷，军事科学出版社、中央文献出版社1993年版，第149页）

在游击战场上，或"忽然发现敌人兵力过大"，或"被敌人预先发觉我之埋伏而早已占领阵地"，或"遇敌人顽强抵抗"……诸种情况都会发生。指挥员应当尽力避免。但是，战场情况瞬息万变，不意之情况随时出现，在确信"出击毫无胜算","确无胜利把握",打下去拖下来的结果只能徒然造成伤亡甚至是反被歼灭时，明智的选择是断然撤退，终止战斗。

抗战初期，毛泽东组织人研究游击战争的战略问题，也研究游击战争的具体战术战法。他从实战出发，又以孙子有无"胜算"军事原则为尺度，权衡此中利弊、进退、胜败，决定弃取，得兵法要义，知进退方略，如鱼得水，如鸟飞空。他熟知兵法，暗中引用，不留痕迹。

"庙算"与"计划性"

毛泽东推崇《孙子兵法》中的"未战而庙算"的战略预测、筹划、决策，并从战役眼光和战略眼光两个层次上看待"庙算"问题。他在漫长而多样的战争实践中，其"庙算"的科学性、准确性和可验证性，是无与伦比的，足令任何谋士、军师、战略家和预言家难望其项背，既目瞪口呆，又心悦诚服。

孙武子以"庙算"预测战争胜负是有具体内容的，这个内容就是他在《计篇》所展开的"五事七计"：

> 故经之以五，校之[以]计而索其情：一曰道，二曰天，三曰地，四曰将，五曰法。道者，令民与上同意也，故可与之死，可与之生，而民不畏危。天者，阴阳、寒暑、时制也。地者，远近、险易、广狭、死生也。将者，智、信、仁、勇、严也。法者，曲制、官道、主用也。凡此五者，将莫不闻，知之者胜，不知者不胜。故校之以计，而索其情，曰：主孰有道？将孰有能？天地孰得？法令孰行？兵众孰强？士卒孰练？赏罚孰明？吾以此知胜负矣。

这段话意思是说：所以用以下五项来衡量敌我，通过计算，进行比较，从而探求胜败情形：一是道义，二是天时，三是地形，四是将领，五是法度。道义，是使人民与君主同心同德，因而可以让他们拼死，可以让他们求生，而他们不会违背。天时，是看时日的阴阳、天气的冷暖、季节时令的变化等。地形，是看路程的远近、地势的险平、地域的广狭、战地的死生。将领，是看其智谋、诚信、仁义、勇敢与严明。法度，是看军队编制、任命官吏以及主管军需的制度规定。以上五项，将领必要一一了解；能深刻了解的才能取胜，不能深刻了解的就无法取胜。所以通过计算，进行比较，从而探求胜败情形，就要问：君主哪一方更有道义？将领哪一方更为贤能？天时地利哪一方能够掌握？军法政令哪一方能贯彻执行？部队实力哪一方更为强大？士卒哪一方训练有素？赏罚哪一方更为严明？我通过这些预知胜败。

孙子"五事七计"的"庙算"，在他那个时代尽可能全面地对比了敌我双方决定战争胜负的各种条件和因素，包括政治、经济、天候、地理、法制、统帅和将领、军事实力、部队训练和管理等方面。毛泽东的"庙算"，也用"胜算"等概念，但更多时候是用"战争计划性"的概念来表述。如1938年5月，抗战军兴一年多，他在论述"游击战争的计划性"时说：

> 游击战争要取得胜利，是不能离开它的计划性的。乱干一场的想法，只是玩弄游击战争，或者是游击战争的外行。不论是整个游击区的行动或是单个游击部队或游击兵团的行动，事先都应有尽可能的严密的计划，这就是一切行动的预先准备工作。情况的了解，任务的确定，兵力的部署，军事和政治教育的实施，给养的筹划，装备的整理，民众条件的配合，等等，都要包括在领导者们的过细考虑、切实执行和检查执行程度的工作之中。没有这个条件，什么主动、灵活、进攻等事，都是不能实现的。固然正规战争的计划性更大些，游击战争的条件不允许很大的计划性，如果企图在游击战争中实行高度的严密的计划工作，那是错误的；但依照客观条件允许的程度，采取尽可能的严密的计划，则是必要的，须知同敌人斗争是一件不能开玩笑的事情。（《抗日游击战争的战略问题》，《毛泽东军事文集》第二卷，军事科学出版社、中央文献出版社1993年版，第240—241页）

毛泽东认为"整个游击区的行动""单个游击部队"的行动，"游击兵团的行动"，事先都应有"尽可能的严密的计划"。这个计划起码应该包括：（一）情况的了解。（二）任务的确定。（三）兵力的部署。（四）军事和政治教育的实施。（五）给养的筹划。（六）装备的整理。（七）民众条件的配合。孙武子时代的战争"庙算"内容与毛泽东时代的战争"计划"内容，毕竟有时代的差别，有具体内涵的差别，但是构成战争胜负的诸种基本因素是大致相似的。

同年稍晚些日子，毛泽东谈整个"抗日战争计划性"时，他的"庙算"功夫进入更高的层次，确如孙武子所言："多算胜，少算不胜。"他说：

"凡事预则立，不预则废"，没有事先的计划和准备，就不能获得战争的胜利。……战争的计划性……随战争的运动（或流动，或推移）而运动，且依战争范围的大小而有程度的不同。战术计划，例如小兵团和小部队的攻击或防御计划，常须一日数变。战役计划，即大兵团的行动计划，大体能终战役之局，但在该战役内，部分的改变是常有的，全部的改变也间或有之。战略计划，是基于战争双方总的情况而来的，有更大的固定的程度，但也只在一定的战略阶段内适用，战争向着新的阶段推移，战略计划便须改变。战术、战役和战略计划之各依其范围和情况而确定而改变，是战争指挥的重要关节，也即是战争灵活性的具体的实施，也即是实际的运用之妙。抗日战争的各级指挥员，对此应当加以注意。（《论持久战》，《毛泽东军事文集》第二卷，军事科学出版社、中央文献出版社1993年版，第323—324页）

在这里，毛泽东将抗日战争的计划性划分为战斗、战役、战略三个层次。要求各级指挥员"应当加以注意"。在《论持久战》中，他的"庙算"主要是战略指导方面的。如他在探讨中国抗战的前途命运时，便立足于知彼知己，从分析研究中日双方各自的特点入手，判断战争的趋势和结果：由于日本的特点是：（1）其是世界六个强国之一，中国不能速胜；（2）它的战争是退步和野蛮的，失道者寡助；（3）国小，经不起长期的人、财、物力的战争消耗；（4）虽在国际上有少数同盟者，但更多的是敌人。相反，中国的特点是：（1）弱国，不能速胜；（2）得道多助；（3）大国、地大、物博、人多、兵多，能够支持长期战争；（4）在国际上能得到更多的支持。

通过对日本和中国上述特点的分析与比较，毛泽东客观唯物地归纳出：中国既不能速胜，亦不能灭亡，结果是经过持久抗战而获取最后的胜利。七年后日本侵略者战败投降，中国抗战全面胜利，证明了毛泽东"庙算"的科学性和战略预测的准确性。

"庙算"和"计划性"对于战争实践来说，具有超前的指导性。古人云："夫运筹策于帷幄之中，决胜于千里之外"（《史记·高祖本纪》及《史记·留侯世家》），也注意到"运筹"之与"决胜"的前导作用。毛泽东不相信有什么"能掐会算"的"诸葛亮""刘伯温"，认为那是不切实际的唯心论。但是他统军作战这种"庙算"超前指导才能，则屡建奇功。不仅在土地革命战争、抗日战争中，而且在解放战争和抗美援朝战争中，毛泽东的战略"庙算"每每洞若观火，致使中外兵学家无不钦佩其用兵如神。毛泽东在陕北的窑洞中，就看破了抗日战争乃至第二次世界大战的必然发展趋势；在河北省平山县西柏坡村中，就把几千里之外的辽沈、淮海、平津战役导演得那样有声有色，恐怕在古今中外的战争史上，也是屈指可数的。

其始误于《隆中对》

和平建设时期，戎马生涯大半生的毛泽东虽然较少思考战争问题，他的"庙算"对象亦有些许变化。他读古书兵书，臧否前人他人的"庙算"成败得失。他评点诸葛亮的《隆中对》就是典型的一例。这是他读清代学者、桐城派大文章家姚鼐所编纂《古文词类纂》的心得。

《古文词类纂》这本书，是中华人民共和国成立后毛泽东最喜欢读的古文选编之一。据说，他从北京图书馆"借了还，还了借，他不知看了多少遍"（忻中：《毛泽东读书生活纪实》，《社会科学战线》1981年第四期）。1959年10月23日，毛泽东在外出视察时，所要带的书目单中，就有这本书。（龚育之、逄先知、石仲泉：《毛泽东的读书生活》，三联书店1986年版，20页）

毛泽东在读《古文词类纂》时，做了不少批语。其中有关军事方面的批语，见解独特，读来令人颇受启发。该书《论辨类》所收宋人苏洵（字明允，苏东坡之父）所作《项籍》一文说：

> 诸葛孔明弃荆州而就西蜀，吾知其无能为也。且彼未尝见大险也，彼以为剑门者，可以不亡也。吾尝观蜀之险，其守不可出，其出不可继，兢兢而自完犹且不给，而何足以制中原哉？若夫秦汉之故都，沃土千里，洪河大山，真可以控天下，又乌事夫不可以措足如剑门者而后曰险哉！

苏洵本为蜀人，对蜀地历史地理更为通达。他批评诸葛亮的"弃荆就蜀"，蜀汉据剑门之险而"其守不可出，其出不可继"，占据西蜀远不如占据"秦汉故都"长安，占长安者"可控天下"。这在一定程度上说出了刘蜀为曹魏所灭的原因。然而，苏洵只是从政治、经济、地理角度看问题，如果从军事角度分析问题将如何？对此，毛泽东曾作过这样的批语：

其始误于隆中对，千里之遥而二分兵力。其终则关羽、刘备、诸葛三分兵力，安得不败。（《毛泽东读文史古籍批语集》，中央文献出版社1993年11月版，第106页）

《隆中对》为诸葛亮军事政治著作的名篇，是刘备第一次会见诸葛亮时，诸葛亮就天下形势和统一国家的根本大计回答刘备询问的一席谈话。

三国时官渡之战后，曹操逐渐统一了北方，欲挥师吞并江南。而刘备自起兵二十多年来，屡遭惨败，势失众寡，四处投靠，无立锥之地，寄居在刘表辖下的新野。为摆脱困境，急需才智之士辅助，他多方访贤问计。汉献帝建安十二年（207），经司马徽、徐庶等推荐，刘备亲自到隆中三顾草庐，拜会了年仅二十七岁的诸葛亮。诸葛亮为刘备的诚恳求教所感动，于是答应出山，分析了天下大势，提出了刘备集团的战略计划。后来，这次对话载于陈寿《三国志·蜀志·诸葛亮传》，史称《隆中对》或《草庐对》：

自董卓以来，豪杰并起，跨州连郡者不可胜数，曹操比于袁绍，则名微而众寡，然操遂能克绍，以弱为强者，非惟天时，抑亦人谋也。今操已拥百万之众，挟天子而令诸侯，此诚不可与争锋。孙权据有江东，已历三世。国险而民附，贤能为之用，此可以为援而不可图也。荆州北据汉沔，利尽南海，东连吴会，西通巴蜀，此用武之国，而其主不能守，此殆天所以资将军，将军岂有意乎？益州险塞，沃野千里，天府之土，高祖因之以成帝业。刘璋暗弱，张鲁在北，民殷国富而不知存恤，智能之士思得明君，将军既帝室之胄，信义著于四海，总揽英雄，思贤如渴，若跨有荆、益，保其岩阻，西和诸戎，南抚夷越，外结好孙权，内修政理，天下有变，则命一上将将荆州之军以向宛、洛，将军身率益州之众出于秦川，百姓孰敢不箪食壶浆以迎将军者乎？诚如是，则霸业可成，汉室可兴矣。

诸葛亮针对当时错综扰攘的天下大势，剖析敌、友、我三方面的情况，提出一整套兴复汉室的策略。他认为刘备不可与敌手曹操"争锋"，对孙权"可以为援"做盟友"而不可图"。刘备开疆扩土的战略是首先夺取荆州、益州（今四川）作为立足之地，联孙抗曹，革新政治，融洽民族关系，伺机图进，统一全国。诸葛亮分析中肯，议论精辟，识见卓著，深得刘备赞赏。后来，高瞻远瞩的《隆中对》，成为刘备集团争夺天下总策略，为其后刘、孙联盟在赤壁之战中打败曹操，以及为刘备占据荆州、夺取益州确定了指导思想。

但是，蜀国刘备集团最终没有进取中原，反被魏国攻破消灭，其原因何在？晚年毛泽东读《古文词类纂》，写下的批语对一向推崇的诸葛亮一生事功中的失误，有所疵议。他批评的角度不同于苏洵，颇有新意。他从兵力部署的角度着眼，指出诸葛亮襄助刘备经营西蜀，在战略兵力部署上，"隆中对"之时即"二分兵力"，即"天下有变"，便分兵两路，成钳形攻势进击中原，"命一上将将荆州之军以向宛、洛"，同时刘备"身率益州之众出于秦川"；刘蜀集团占有益州后，又"三分兵力"一是关羽率兵镇守荆州；一是刘备率兵驻扎成都，一是诸葛亮率兵长期经营汉中。刘蜀集团"始误"于二分兵力，"终误"于三分兵力，从始至终犯了分散主义的错误。当时，蜀国无论在政治、经济，还是在军事上，都还是个弱国。在这种情况下，更应该集中兵力、物力于一个作战方向。《孙子兵法》主张"并敌一向"（《九地篇》曹操注"并兵向敌"），毛泽东主张集中兵力。一般作战规律，也都反对同时有两个或多个战略方向。这就难免毛泽东批评诸葛亮的"庙算"分散兵力，一语道破他军事上失败的主要原因。

总的看来，诸葛亮的"庙算"杰作《隆中对》有合理的成分，导致了刘备集团能够正确处理与其他集团的战略势力关系，并顺利夺取荆州和益州这些战略要地，促成了蜀、魏、吴"鼎足而三"的战局格局。但是，诸葛亮的"庙算"也有"失误"的成分，最终导致蜀国与统一中原大业无缘，成为三国历史的配角。

毛泽东评点诸葛亮的"隆中对"，发前人所未发，言前人所未言，其结论令人耳目一新。

顿兵挫锐，屈力殚货

——运用与发展之四

陆、海、空军各一部，联合作战；天空、地面、水上同时攻击。

这是 1955 年 1 月，华东军区夺取台湾国民党军占据的浙江省东部一江山岛时的战争情景。这也是我军首次多兵种联合登陆作战。

前指司令员是时任华东军区暨第三野战军参谋长张爱萍。他曾于 1949 年渡江战役后，任华东军区海军司令员兼政治委员，组建华东人民海军，后任第七兵团兼浙江军区司令员。

大陆解放后，国民党军残余部队退据东南沿海部分岛屿。台湾国民党当局企图利用这些岛屿作为护卫台湾的屏障、反攻大陆的跳板、袭扰大陆的基地。国民党军在浙东沿海所据守的岛屿，经过几年经营，已构成防御体系，其防务由"大陈防卫区司令部"组织实施，刘廉一任总指挥。守军主要是美械装备的第四十六师和六个突击大队，还有十余艘海军舰艇经常在此海域游弋，总兵力达二万余人。

一江山岛由南一江、北一江两岛组成，面积为 1.4 平方公里。据守一江山岛的为"一江山地区司令部"，下辖突击第四大队、第二大队第四中队和一个炮兵中队共 1100 余人。守军以岛上几个高地为核心，设置三道阵地和四层火力网，构筑明碉暗堡 154 个，平均每百米正面配二门火炮和二挺机枪，前沿各突出部和阵地前密布铁丝网和地雷，形成坚固的环形防御。

鉴于国民党军在浙东沿海岛屿的指挥中心和防御核心是大陈岛，一江山岛是大陈岛的门户和前哨据点，如攻占一江山岛，必能击中要害，沉重打击和震撼大陈岛守军。因此，华东军区决定先攻占一江山岛，再取大陈岛，然后相机攻取其他岛屿。1954 年 7 月 11 日，中央军委批准了华东军区的作战方案，并指示以海、空军轰炸大陈岛，以陆军攻占一江山岛，解放浙东沿海全部岛屿。

7 月下旬，华东军区确定参战部队为陆军第二十军六〇一师一个团又一个营，地面炮兵一个多团，高射炮兵一个多团，火箭炮兵二个营，海军舰艇一百三十七艘，海军航空兵和空军航空兵共 12 个大队 184 四架飞机。

8 月，华东军区浙东前线指挥部成立，由参谋长张爱萍任司令员兼政治委员。前指下设空军指挥所、海军指挥所、登陆指挥所，还成立了三军联合后方勤务部和政治工作组。在作战准备过程中，浙东前指还特别重视隐蔽作战企图，如对大陈、一江山、披山、渔山等岛进行不规律的轰炸和炮击，以一部兵力对披山方向实施战术佯动等。

12 月 2 日，美国政府和台湾当局签订《共同防御条约》。为表明中国政府和人民坚决反对这一侵略性、非法性条约的严正立场，华东军区浙东前指遵照中共中央、中央军委指示，在条约出笼前后，按照一江山岛登陆作战第一阶段计划，从空中、海上对战场实行了封锁。海空军出动飞机 226 架次，海军鱼雷艇击沉敌护卫舰"太平"号、坦克登陆舰"中权"号、炮舰"洞庭"号，击伤舰艇 7 艘，击落击伤敌机 19 架，削弱了国民党守军的防御能力，迫使其舰艇白天不敢在大陈锚地停泊，飞机不敢飞抵大陈上空，人民解放军掌握了战场的制海权和制空权。

1955 年 1 月 18 日，浙东前线三军准备攻击一江山岛。陈赓受命向毛泽东汇报攻击准备情况。汇报后，他转达了浙东前指张爱萍司令员攻打一江山岛的意见。毛泽东听后，有理有据地说：

> 既然箭在弦上了，那就不得不发呀！孙子说"夫钝兵挫锐，屈力殚货"，让他们打吧！（雷华建、王冀成：《新中国海战内幕》，中国对外翻译公司 1993 年版）

同日 8 时，浙江前线三军发起一江山岛登陆作战，开始实施第一次火力准备。三个轰炸机大队和二个强击机大队，在歼击机掩护下飞临一江山岛上空猛烈轰炸扫射。同时，一个轰炸机大队和一个强击机大队突入大陈岛上空，袭击蒋军"大陈防卫区司令部"、炮兵阵地和通信设施。一江山岛和大陈岛守军防御系统陷于瘫痪，阵地混乱。

9 时起，五十余门火炮对一江山岛进行射击。12 时许，登陆部队乘 70

余艘登陆艇从高岛、雀儿岙、头门山岛起航，在 40 余艘作战舰艇掩护下，分两批成三路防空队形向展开区驶去。14 时，对敌军阵地进行第二次火力准备。

14 时 20 分，攻击登陆部队在南江、北江两岛二十多个登陆点实施登陆突击，迅速突破守军防御前沿阵地向纵深发展。由于支撑点内守军的凭险顽抗和受地形限制，登陆部队战斗队形被割裂，伤亡增多。登陆部队随即采取灵活的小群战术，主动协同，勇猛穿插，逐点逐地进攻，以手榴弹、喷火器摧毁暗堡，并开展战场喊话及利用俘虏军官喊话。残存的守军见大势已去，纷纷缴械投降。17 时 50 分，浙东前指命令登岛部队清理战场并转入防御。此役，共毙俘国民党军一千零八十六人，登陆部队牺牲三百九十三人。

一江山岛解放后，浙东前指为了实现解放大陈等浙东沿海岛屿的既定计划，于 1 月 30 日下达准备攻占大陈岛的预令。台湾当局被迫于 2 月 5 日决定将国民党军撤离以大陈岛为中心的台州列岛。至 2 月 25 日，在美国海空军掩护下，国民党军全部撤离。至此，浙东沿海岛屿全部解放。

解放一江山岛，改变了台湾海峡的斗争形势，初步取得了联合兵种协同作战的经验。

毛泽东在听取陈赓有关浙江前线解放一江山岛准备情况时所引孙子名言，出自《孙子兵法·作战篇》：

> 其用战也胜。久则钝兵挫锐，攻城则力屈，久暴师则国用不足。夫钝兵挫锐，屈力殚货，则诸侯乘其弊而起，虽有智者不能善其后也。故兵闻拙速，未睹巧之久也。夫兵久而国利者，未之有也。故不尽知用兵之害者，则不能尽知用兵之利也。

毛泽东从中只引用"钝兵挫锐，屈力殚货"八个字，其含义需要解释一下：

钝兵挫锐：钝兵，钝了刃的刀。挫锐：挫了尖的矛。这里比喻军队疲惫，锐气挫伤。

屈力殚货：屈力，竭尽军力。殚货：耗尽物力财力。这里指战斗力衰竭，经济力耗尽。

孙子这段话的意思是说：用这样庞大的军队作战，就要求速胜。旷日持久，军队疲惫、锐气挫伤，军力耗尽，经济枯竭，诸侯就会乘机而进攻，那时，即使很有才智的人，也不能挽回危局了。因此，用兵打仗只听说老老实实地速战的，没见过求巧而久拖的。长期战争对国家有利的，是不会有的事。所以，不能完全懂得用兵害处的人，就不能完全懂得用兵的好处。

　　毛泽东筹划战争，显然是考虑到利与害两个方面。诚如孙子所说："不尽知用兵之害者，则不能尽知用兵之利也。"1954年前后，从战争废墟上建立的新中国还成立不久，抗美援朝战争虽然已经停战，可是不少部队还没有撤回。此时再动用三军攻打一江山等浙江沿海诸岛，毛泽东在计量战争之利时，不能不考虑战争之害。一江山岛近在咫尺，蒋军时常骚扰大陆，此患必除，就如"箭在弦上，不得不发"，攻岛战事必起，夺下岛屿才能太平无事。这是此战之利。此战之害呢？要言之即是"钝兵挫锐，屈力殚货"八个字。不能让战争搞得军队疲惫，国力耗尽。孙子说："智者之虑，必杂以利害。杂以利者，务可信也；杂以害者，患可解也。"（《孙子兵法·九变篇》）毛泽东思谋战事，利害兼顾，确是军事辩证法的大家韬略。

"粮不足也"与"因粮于敌"

——运用与发展之五

即使不太懂得行军打仗的人，也会说出"兵马未动，粮草先行"的俗语。粮者，官兵食用也；草者，战马食用也。还有一句俗语："手中有粮，军心不慌。"可见，军粮马草在传统战争中的重要作用乃至决定性作用。

军粮从哪里来？到哪里去取用？《孙子兵法·作战篇》中说：

> 善用兵者，役不再籍，粮不三载，取用于国，因粮于敌，故军食可足也。

大意是说：善于用兵的人，兵员不两次征集，粮秣运送不超过三次，武器装备从国内解决，粮秣从敌区就地获取，这样，军队的供应就可以充足。

在冷兵器主宰战场的古代战争中，"军食"是否充足，在很大程度上决定了战争的胜负。《孙子兵法·军争篇》又说："军无辎重则亡，无粮食则亡，无委积则亡。"兵书《百战奇法·粮战》也说："凡与敌垒相对峙，两兵胜负未决，有粮则胜。"都是说军中粮秣对战争胜负的重要作用。

"因粮于敌"是孙子关于深入敌境作战，夺取敌人粮秣、就地补充给养的后勤保障思想。古代战争消耗中粮食所占比重最大，加上当时运输手段落后，组织远道运输极其困难，而且运输线又是敌人攻击的重要目标之一，因此粮食的补充对军队和国家都是一个沉重负担，造成国困民疲常常是由于远道运粮。从这种客观实际出发，孙子提出了"因粮于敌""取敌之利"的思想，就其"胜敌而益强"、以战养战的含义来讲，"因粮于敌"不失为有价值的原则。

孙武子的这一军事原则的普遍价值，又为现当代战争实践所证实。人民军队从红军到解放军的作战，在有根据地和解放区的情况下，后勤保障能得到人民政府、边区政府的支持。但是，这种支持很有限，根据地和解放区没有太像样的兵工厂，没有太富裕的产粮区。而且许多情况下，人民军队是无后方作战，是到敌占区的外线作战，是飘忽不定的游击作战。这样，枪支弹药由谁来保障，粮食蔬菜由谁来供给，仍然是关系战争胜负的关键，是战争指导者必须倾力解决的难题。

毛泽东受孙武子"因粮于敌"军事原则的启发，在二十余年的革命战争中，创立了许多用敌武器、借敌粮草为我所用的战场奇迹。"没有枪没有炮，敌人给我们造""蒋介石是运输大队长"等流行歌词和嘲讽名句，就是这一战争奇迹的投影和聚焦。

毛泽东读《三国志集解》卷五十八《吴书·陆逊传》时，看到彝陵之战陆逊的破蜀之计。

彝陵之战是三国时期的著名战役。东吴趁刘备取西川之时，用突然袭击的战法夺取了荆州，并擒杀了关羽。刘备一怒之下，以为关羽报仇的名义，倾全国之兵力进攻东吴，东吴求和不成，只得应战。孙权任命年轻有为的陆逊为大都督，拨给他五万人马抵抗蜀军。

在优势敌人面前，陆逊采用了诱敌深入、后发制人的战法，向东实施战略退却。从221年冬季开始，吴、蜀对峙了七八个月，天气渐热，蜀国士兵个个叫苦，斗志涣散。刘备为了避热，减轻士兵疾苦，把军营驻扎在阴凉的深山密林里，依傍溪涧结营四十多座，并决定暂时休整，待到秋后再大举进攻。

这时，陆逊认为反攻条件成熟，立刻动员全军准备战斗。他对部将们说："刘备是狡猾的，而且经历过很多战事。他的军队刚开始进攻时，他考虑问题精而且专，不可反攻他。现在他住得久了，没有得到我们的便宜。士气疲惫，意志沮丧，没有什么新的计策。擒获刘备今天正是时候。"

于是派小股部队先行试探进攻，没有取胜。将领们都说："这是白白让士兵们送死。"

陆逊却说："我已经知道了怎样打败刘备了。"于是令士兵每人持一把茅草，用火攻刘备军营。火势起来了，陆逊率全军同时进攻。斩了蜀军大将张南、冯习和少数民族的首领沙摩柯等，攻破四十余营。蜀军损失惨重，伤亡和逃散的共有数十万人。

为《三国志》作疏解的钱振锽说："陆逊破先主，无他奇策，只令军士各持一把茅耳。意先主连营，皆伐山木为之，故易火；若土石为之，逊其如之何！"

读至此，毛泽东不同意钱振锽的意见，他批道：

> 土石为之，亦不能久，粮不足也。宜出澧水流域，直出湘水以西，因粮于敌，打运动战，使敌分散，应接不暇，可以各个击破。

刘备彝陵战败的原因是什么？毛泽东与钱振锽的着眼点不同。钱振锽以为蜀军的营垒"山木为之"利于吴军火攻；如果蜀军营垒"土石为之"，则吴军将束手无策。

毛泽东在批语中用《孙子兵法》"因粮于敌"的观点看问题，他指出，土石垒营虽然不怕火攻，但也不能打持久战。因为大军云集，后方太远，供应不上，"粮不足也"。久战不果，士气必然不高，如陆逊所说"兵疲意沮"。刘备应该打运动战，从吴军防守较弱的彝陵南边的澧水流域进攻，使吴军分兵把口，兵力分散，然后各个击破。蜀军外线作战，可以"因粮于敌"，就地解决后勤供应，也就是战争持久了也能支撑下去。

"因粮于敌"与运动歼敌，这就是毛泽东为刘备设计的战胜陆逊的计谋。毛泽东有丰富的军事理论知识和实战经验，他为刘备的谋划可说是"胜算"之策。可惜历史不能假设和重复，毛泽东批语的价值在于总结历史经验。从这个批语中，还透视出毛泽东对孙子"因粮于敌"思想的熟悉程度和运用方法。

敌人的兵工厂我们是有权利的

"因粮于敌"与运动歼敌，也是毛泽东克敌制胜的基本经验。

1936年12月，毛泽东总结土地革命战争的经验，在讲演的基础上，写作了《中国革命战争的战略问题》一文，在文章的结尾处，他语出惊人地写道：

> 我们建立军事工业，须使之不助长依赖性。我们的基本方针是依赖帝国主义和国内敌人的军事工业。伦敦和汉阳的兵工厂，我们是有权利的，并且经过敌人的运输队送来。这是真理，并不是笑话。（《毛泽东军事文集》第一卷，军事科学出版社、中央文

献出版社 1993 年版，第 759 页）

伦敦的兵工厂，那是英国的；汉阳的兵工厂，那是国民党的。但是毛泽东十分自信也毫不客气地说"我们是有权利的！"而且是"敌人的运输队"把枪支弹药给我们"送来"。常规思维的人以为这是说"笑话"，毛泽东却坚定地认为"这是真理！"

在这段言简意赅、内容丰富的议论中，毛泽东无意中把孙子"取用于国，因粮于敌"的思想，修正发展成"取用于敌，因粮于敌"的思想，不仅军粮马草要取用于敌，枪炮弹药也要取用于敌。人们读《中国革命战争的战略问题》，往往对毛泽东总结的中央苏区反"围剿"战争的战略战术比较关注，对文章结尾这段关于革命军队"军事工业"问题，似乎不很重视。其实，这个谋略在抗日战争、解放战争中都是我军后勤保障的一条原则，一个渠道。

也许受武器装备"经过敌人的运输队送来"这个新观念的影响，毛泽东本人和他的士兵们则戏称蒋介石是"运输大队长"。国民党军高级将领冯玉祥与蒋介石政见分歧，他也从另一个角度称蒋氏为"运输大队长"。

抗日战争胜利后，毛泽东亲赴重庆与蒋介石进行和平谈判，冯玉祥非常佩服毛泽东一身系天下之安危的胆略和勇气，他说："毛泽东到重庆，说明了他胸襟坦白，一片至诚。"毛泽东在重庆期间，同冯玉祥接触的机会多了，每次接触，他们都推心置腹。

冯玉祥的爱国行动越来越为蒋介石所难以容忍。在万般无奈的情况下，冯玉祥不得已而离渝赴美。在美国考察期间，冯玉祥席不暇暖，奔走呼号，在各种集会和街头上发表演说，在报刊上撰写文章，举行记者招待会，向世界舆论公开表明他反对蒋介石独裁，反对美帝扶植蒋介石打内战，他用形象而激动的语言说：

> 蒋是屠宰公司的总经理，在中国屠杀了成千上万的教授、学生、老百姓。又是"制造"共产党工厂的厂长，反共打内战，共产党愈打愈多，中国人民都倾向共产党了。他还是运输大队长，无底洞洞主，他把美国送给他的武器弹药，也都转送给共产党；无论你给他多少援助，也填不满他这个无底洞……（谭玉琛：《毛泽东与党外人士》，河北人民出版社 1993 年版，第 131 页）

冯玉祥的言论，对美国朝野影响很大。虽然冯氏有自己的讲演立场和目的，但他在认可蒋介石是"运输大队长"这点上，则从另一个角度印证了解放军用缴获敌人的枪支弹药武装自己的事实。而他说的"多少援助也填不满他这个无底洞"，更是确凿地反映了解放军"取用于敌"的物资装备数量大得惊人。

毛泽东也把他取用于敌、因粮于敌的军事战略，讲给著名的美国新闻记者安娜·路易斯·斯特朗。蒋介石发动内战之初，1946 年 8 月 6 日，毛泽东在延安会见斯特朗，两人坐在窑洞前苹果树下，就内战的前景进行热烈的交谈。

石桌上，摆放着一个茶壶，一个大茶杯，大杯的周围有许多小杯，还有火柴盒。毛泽东一边含笑摆弄着它们，一边对斯特朗说：

> 茶壶是苏联，大茶杯是美帝国主义，小茶杯和火柴盒是其他众多小国家，中国也是其中的一个。茶壶、小杯们连在一起，包围着大茶杯。你说，美帝国主义还能战胜苏联吗？

斯特朗表示理解地点了点头。可是她又说道："可是美国的确很强大。它有许多先进武器设备送给了国民党呀。"

毛泽东爽朗地笑了。他看着斯特朗说：

> 你也患有"恐美病"哟。是啊，美帝国主义确实给蒋介石送了不少武器，可这不过是"输血"，这种"输血"嘛，是美国输给蒋介石，蒋介石又输给我们。这"血"还是我们得了哟！（谭逻松等：《毛泽东的幽默故事》，同心出版社 1996 年 9 月版，第 43 页）

毛泽东停了一下，又接着说："美国是历史上最强大的。可是，你知道，它的摩天大楼是最高的，但是摩天大楼的基础也是最不稳固的哟！"

当翻译将这句话译给斯特朗后，她忍不住笑了起来。

在毛泽东看来，美国"输血"把许多先进武器给了国民党打内战，可这"输血"最终还是"输"给了共产党和解放军——"这'血'还是我们得了哟！"

打内战，毛泽东与强敌周旋，"因粮于敌"也"制造"出一些幽默故事。

1947 年 3 月，胡宗南率军进攻陕北，到处闹粮荒，顿顿吃黑豆，极为艰苦。然而，在毛泽东的周围，仍能听到战士们的笑声：

由于胡宗南的进攻，陕北闹粮荒，从梁家岔开始，我们天天顿顿吃黑豆，毛泽东写《中国人民解放军宣言》，因为吃黑豆胀肚，放屁放得坐不稳，便起来散步。

走到院子里，院门口站岗的警卫战士朱老四，大概是抽烟抽的，牙齿很黑。他又喜欢咧嘴，一咧嘴就露出两排黑牙。毛泽东看到了，煞有介事地睁大眼睛："哎呀，老四同志，你的牙齿怎么那么黑哪？吃黑豆吃的吧？"

朱老四咧着嘴正不知如何回答好，却"噗"地放了一个屁。

毛泽东像听到回答一样点点头："不？噢，不是就好。"

这一来，朱老四再也忍不住，红着脸，抓住后脖梗憨笑起来。我们也都笑出了声。毛泽东笑了一阵，语言一转，对大家说：

"吃黑豆是个暂时的困难。陕北就是这么大个地方，每年打的粮食，就够自己吃的。现在敌人来了十几万，又吃又毁，粮食就更困难了。不过，这也不要紧，我们要渡过这一关，再过几个月，就不在这里吃了，到敌人那边吃去。"

他盯住朱老四，抱不平似的问："你说，难道只许他们吃我们的，我们就不许吃他的？"

朱老四点点头，用力憨出一句："吃狗日的！"同志们又是一阵开心大笑。（周宏让：《跟毛泽东学文》，红旗出版社2002年版，第556页）

这是一个令人忍俊不禁的笑话。毛泽东与警卫战士朱老四探讨的是极严肃的"因粮于敌"的大问题。粮食方面仅"够自己吃"的陕北，来了十几万像蝗虫般的进犯军"又吃又毁"，岂能不闹粮荒！毛泽东的主意早已打定——"到敌人那边吃去"，也就是把战争引向蒋管区，让敌人背上这个沉重的财政经济包袱。战士朱老四以自己特殊的语言支持毛泽东的招法："吃狗日的！"

因粮于敌，取用于敌，具有较大的经济利益。孙武子说得好："故智将务食于敌，食敌一钟，当吾二十钟，䓤秆一石，当吾二十石。"（《孙子兵法·作战篇》）意思是：聪明的将领在作战中务求就粮于敌国。就地取粮一钟，相当于从本国运输二十钟；就地征集草料一石，相当于从本国运输二十石。这个账，谁都会算，何况有丰富实战经验的毛泽东呢！

一切取给于敌

毛泽东十分重视取用于敌、以战养战的谋略思想，认为这是在敌强我弱的条件下，弱军由小到大，由弱变强，在战争中不断发展壮大，最终打败敌人的重要保障。

解放战争初期，毛泽东在《关于目前形势和我们的任务》的报告中，总结了我党领导军事斗争的经验教训，提出了著名的"十大军事原则"。其中第九条中说：

> 以俘虏敌人的全部武器和大部人员，补充自己。我军人力物力的来源，主要在前线。

解放军的物力、财力乃至人力，相当大的部分取给于敌。将缴获的武器、辎重补充了部队，将被俘人员加以教育编入连队，不仅加强了步兵，而且还成立了包括炮兵、装甲兵在内的特种部队，提高整体战斗力，为坚持长期的革命战争提供了物质基础。

1947年3月，胡宗南部进攻陕北。迎敌的西北野战军弹药奇缺，粮食也少，人员补充困难。为此，"西野"定下的作战方针是："要求每战必胜，粮食、弹药、被服、人员的补充，主要取之于敌人。"（《彭德怀自述》，第247页）

5月2日，"西野"趁胡宗南主力远在米脂、绥德一线，即向胡宗南重要补给基地蟠龙发起攻击。一举歼灭敌军一六七旅六千七百余人，俘敌旅长，"缴获了夏季军服四万套，面粉一万余袋，子弹百万余发（这是最宝贵的），医药品无数。解决了我军当时严重困难的粮食、衣服、医药问题。等第四天胡宗南部回到蟠龙，兵站基地已一无所有，变为一座空堡"（《彭德怀自述》，第248页）。

蟠龙之战，可说是"军食"争夺战。"西野"于清化砭、羊马河、蟠龙三战三捷后，又进行了陇东和三边战役，使陕北战局根本改观，10月11日，毛泽东起草给各军区、各野战军的电报中，介绍了西北战场我军的作战经验，指出陕北"本年荒旱，近数月粮食极端困难。七个月作战未补解放区新兵，补的都是俘虏，即俘即补"。"人员因有俘虏补充，亦比三月开始作战时略有增加。"毛泽东要求陕北我军：

这一经验，望各首长转知所属，加以研究。对于若干干部似乎认为一定要有定期大休整，要有两三千人一个团的充实的大部队，要有大批民夫、大车随军使用，要有充分的后方粮弹供给，才能打大胜仗，稍有疲劳减员即叫苦连天的思想，转变为一切取给于敌，不靠后方接济，大大减少民夫、大车，节省粮弹，提倡不怕伤亡，连续战斗，善于利用两个战役或战斗之间的空隙进行短时休整（七天十天或半月），善于捕捉战机，经常保持旺盛士气，多打胜仗，每战确保胜利。这是后一种思想，一切从打胜仗中解决问题的思想。这后一种思想，必须在各军巩固地建立起来，特别是关内各军必须如此。即使有后方接济，亦决不可行依赖之心，必须将重点放在依靠前线，依靠野战军，从前线自己解决问题。不但西北有此经验，各区自己亦必有这种经验，务望总结起来，加深部队教训，争取大反攻胜利。（《关于西北战场的作战经验》，《毛泽东军事文选》内部本）

解放军各部队认真贯彻了毛泽东的电报指示精神，对人员补充，贯彻执行即俘即补、即教即战的原则，及时补充兵员，保持作战有足够的兵力；在后勤供给方面，各部队发扬艰苦奋斗的精神，坚持不依赖后方接济、一切取给于敌的方针，为夺取战争胜利提供了物资保障。

解放战争中，毛泽东军事后勤思想得到极大的发展。他借鉴孙子"因粮于敌"的原则，将其扩大到武器装备、兵员补充等方面。

1947年12月21日，毛泽东做了题为"改造旧艺术，创造新艺术"的讲演，其中讲到正在进行的战争，他说：

一年多的自卫战争，我们已消灭敌人一百六十多万，其中俘敌一百零几万。我们打仗，部队主要是靠俘虏来的蒋军士兵补充，枪炮子弹也主要靠国民党运送，我们没有大的兵工厂。过去吃穿供给是靠解放区内部解决，现在还要靠国民党区来解决，如刘邓大军在大别山地区、陈谢大军在伏牛山地区打仗，人员、枪炮、子弹都是从敌人那里来的。这是我们解放军扩大队伍的一个特点。这是世界上任何军队所少有的，而我们一贯就是用这个老法子。（《毛泽东文集》第四卷，第324页）

本来谈的是"艺术"，这段谈的却是"战争"，是解放军在兵员、枪炮、吃穿、供给等方面"要靠国民党区来解决"。毛泽东声称"我们一贯就是用这个老法子"，也就是说，这是人民军队一以贯之的壮大自己战胜敌人的方法。

这也是毛泽东对孙子"取用于国，因粮于敌"思想最好的注解和阐释。

当然，实施以战养战、取用于敌的谋略，其局限性也是显而易见的。故《兵法百言》中说：因粮于敌，"间可救一时，非可常恃也"。现代战争与古代战争相比，其武器装备、后勤补给、人力物力消耗等都是巨大的。而一般说来，交战中的任何一方，都将在很大程度上依靠自己的后方补充。探讨这个问题，不可不说明此点。

"不贵久"与"持久战"

——运用与发展之六

兵贵神速！古今中外用兵作战，都信奉这个军事指导原则。战机稍纵即逝，动作慢半拍，进攻晚一步，就要付出头破血流甚至覆军杀将、国破家亡的代价。

孙武子是"速胜论"者，他主张：

> 故兵贵胜，不贵久。（《作战篇》）
> 故兵闻拙速，未睹巧之久也。夫兵久而国利者，未之有也。（《作战篇》）

《十一家注孙子》一书中，注家对此做了发挥。曹操曰："久则不利。兵犹火也，不戢将自焚也。"张预曰："久则师老财竭，易以生变，故但贵其速胜疾归。"杜牧曰："攻取之间，虽拙于机智，然以神速为上；盖无老师、费财、钝兵之患，则为巧矣。"（《十一家注孙子》，上海古籍出版社 1978 年版，第 48、35 页）这是对孙子速胜思想的进一步延伸发挥。

孙武子第一句话的大意是说：用兵作战重在必胜，不宜旷日持久。他第二句话的大意是说：用兵作战只听说过指挥虽拙，但求速决，没有见过为讲求工巧而久拖不决的。战争持久而对国家有利的情形，是从未有过的。

孙武子和诸位注家共同认为进攻作战宜速战速胜。他们认为军队作战旷日持久，消费巨大，运输任务艰巨，会造成"屈力殚货""国用不足"，加重国家的经济负担；久拖不决，军队也会"钝兵挫锐"，造成武器装备的损失和人员的伤亡，士气下滑低落，增加军事行动的困难；夜长梦多，久则生变，战略环境也会发生意外变故，"诸侯乘其弊而起"，陷入两面乃至多面作战的不利境地。速决战则有我充分的准备、初战的锐势、有利的战机等优越条件，敌人仓促应战、不备不虞等弱点，易于达成作战目的。宁"拙速"勿"巧久"，反映了孙武子的速战速胜思想，揭示了战争指导上的一般规律。

"贵胜不贵久"，拙速胜巧久，是孙武子的进攻作战原则。一般地说，旷日持久作战总是不利的。因此，孙武子这一思想对于进攻作战是有普遍指导意义的。

但是，历史发展到20世纪三四十年代，面对革命战争和反侵略战争的毛泽东，却提出了"持久战"的思想，对孙武子的"贵胜不贵久"的军事思想，给予了辩证性的吸纳和新时代的发展。

持久战才是争取最后胜利的唯一途径

毛泽东"持久战"的军事主张主要发生在两个时期：土地革命战争时期和抗日战争时期。这两个时期，"持久战"的主旨是相同的，其具体内容是有差别的，主要是作战对象不一样。

毛泽东论"持久战"，并没有明确提到孙武子"不贵久"的话语，但是他说：

> 在战役和战斗上面争取速决，古今中外都是相同的。在战争问题上，古今中外也都无不要求速决，旷日持久总是认为不利。(《中国革命战争的战略问题》，《毛泽东军事文集》第一卷，军事科学出版社、中央文献出版社1993年版，第755页)

毛泽东虽然没有提到孙武子之名和《孙子兵法》之书，但是他说的在战争、战役、战斗上面争取（要求）速决"古今中外都是相同的"，是应该包括孙子在内的。因为无论在中国还是在世界，孙子都是最早、最明确、最系统提出"兵贵胜不贵久"思想的军事学家。它的这个思想影响至今。

毛泽东提出"持久战"，并不是简单地排斥和盲目地反对"速决战"。他是承认"速决战"，并也实行"速决战"。只是他对什么情况、什么条件下实行"速决战"做出了新的规定。是进行"速决战"还是进行"持久战"，都可以找到合理性，一切依战争条件和环境变化而确定。

　　毛泽东在总结土地革命战争反"围剿"的经验时，提出红军战略上的持久战的实现，是以战役战斗上的速决为先决条件的。也就是说，只有通过若干次战役战斗上的速决战，使红军与白军敌我双方的军事力量对比发生变化，使敌军由强变弱，则使我军由弱变强，才能最终夺取革命战争的胜利。"战略上是持久战"的认识，是中国共产党人和红军将士用鲜血和生命换来的真理。在第一次大革命失败后，三次"左"倾错误，都是要求战略速决的，结果都失败了。毛泽东总结中国革命战争的经验教训时指出：

　　　　强大的敌人，弱小的红军……规定了中国红军的不可能很快发展和不可能很快战胜其敌人，即是规定了战争的持久，而且如果弄得不好的话，还可能失败。(《中国革命战争的战略问题》，《毛泽东军事文集》第一卷，军事科学出版社、中央文献出版社1993年版，第711页)

他又说：

　　　　因为反动势力的雄厚，革命势力是逐渐地生长的，这就规定了战争的持久性。在这上面性急是要吃亏的，在这上面提倡"速决"是不正确的。……"灭此朝食"的气概是好的，"灭此朝食"的具体计划是不好的。因为中国的反动势力，是许多帝国主义支持的，国内革命势力没有聚积到足以突破内外敌人的主要阵地以前，国际革命势力没有打破和钳制大部分国际反动势力以前，我们的革命战争依然是持久的。从这一点出发，规定我们长期作战的战略方针，是战略指导的重要方针之一。(《中国革命战争的战略问题》，《毛泽东军事文集》第一卷，军事科学出版社、中央文献出版社1993年版，第755页)

　　孙武子的"速决战"，并不区分战略、战役和战斗的层次，又绝对排斥"持久战"，是一种机械的"速决战"。毛泽东不仅区分了作战层次，而且辩证地处理了"速决战"与"持久战"的关系，他的"持久战"是机动的"持久战"，也就是辩证的"持久战"。他在阐述战略持久战与战役速决战的关系时，是这样表述思想的：反对战役的持久战和战略的速决战，承认战略的持久战和战役的速决战。它们之间的关系，相互依存，相辅相成。战略上的持久，规定了战役战斗上的速决；同时，也只有战役或战斗上的速决，才能坚持战略上的持久。毛泽东指出：

> 战略的持久战，战役和战斗的速决战，这是一件事的两方面，这是国内战争的两个同时并重的原则，也可以适用于反对帝国主义的战争。（《中国革命战争的战略问题》，《毛泽东军事文集》第一卷，军事科学出版社、中央文献出版社1993年版，第754页）

毛泽东运用军事辩证法的思想方法来看待"持久战"与"速决战"的关系。"一件事的两方面"的观点告诉我们，战略上的持久与战役战斗上的速决，是相互对立，相互渗透，相互转化的。没有战役战斗上的速决战，就没有战略上的持久战。战役战斗上的速决战，是实现战略持久这个目的的手段，战略持久是通过战役战斗的速决来实现的。毛泽东正确地揭示了持久战与速决战的关系，确定了二者的主从地位，并把战役战斗上的速决战作为实现战略持久的必要条件和前提。这是孙武子时代的军事思维无法达到的高度，也是毛泽东对孙子以来这一战争指导原则全新的阐述。

从战略和战役战斗的两个层面来考虑问题，强调战略上的持久战和战役战斗上的速决战的辩证统一和相互转化。毛泽东认为这个结论"也可以适用于反对帝国主义的战争"。也就是说，这样处理"持久战"与"速决战"的关系，也适用于抗日战争。1936年，毛泽东说这个话时，只是局部抗战（如东北和华北）时期。到1937年七七事变以后，全面抗战才开始出现。1938年5月毛泽东发表了军事著作名篇《论持久战》，对"持久战"与"速决战"的军事辩证法又有新的阐述。

抗日战争初期，关于抗战前途和战略的各种议论纷纷扬扬，而以"速胜论"和"亡国论"为其代表。抗日战争是速胜战还是持久战？为什么只能是持久战？怎样进行持久战？中国人民为何会最后胜利？怎样才能争取最后胜利？毛泽东在《论持久战》中，科学地回答了一系列迫切需要回答的理论和实践问题。

毛泽东在该书中开宗明义，首先回答了中国既不会亡国也不可能速胜的问题。他尖锐地指出，"亡国论"和"速胜论"都是错误的。持这两种观点的人看问题的方法是主观的和片面的，其认识根源是战争问题的唯心论和机械论。

毛泽东"知彼知己"，深谙中国和日本的历史与现状，对两国的政治经济军事等方面的情况了如指掌。他在书中运用比较法对中日双方的特点做了科学的分析：日本是一个帝国主义的强国，中国是一个半殖民地半封建的弱国，这个特点决定日本侵略中国的不可避免性，也是决定中国抗战不能速胜的基本依据；日本所进行的战争是退步的、野蛮的侵略战争，中国所进行的战争是进步的、正义的反侵略战争，这就决定日本侵略战争必然要失败，中国的反侵略战争一定取得最后的胜利；日本是一个小国，中国是一个大国，这就意味着日本经不住长期战争的消耗，而中国则能够进行持久战争；由于日本侵略战争的非正义性，必遭到全世界爱好和平的国家和人民的反对，中国反侵略战争的正义性，必得到全世界人民的同情和支持。通过分析和比较，毛泽东满怀信心地得出结论：中国既不能灭亡，也不能在很短时间内取得胜利，中国的抗日战争是持久的，最后胜利是属于中国的。他说：

> 由于日本是帝国主义的强国，我们是半殖民地半封建的弱国，日本是采取战略进攻方针的，我们则居于战略防御地位。日本企图采取战略的速决战，我们应自觉地采取战略的持久战。（《论持久战》，《毛泽东军事文集》第二卷，军事科学出版社、中央文献出版社1993年版，第312页）

抗日战争怎样具体地实行持久战呢？毛泽东说：

> 抗日的战略方针是持久战，是的，这是完全对的。但这是一般的方针，还不是具体的方针。怎样具体地进行持久战呢？这就是我们现在要讨论的问题。我们的答复是：在第一和第二阶段即敌之进攻和保守阶段中，应该是战略防御中的战役和战斗的进攻战，战略持久中的战役和战斗的速决战，战略内线中的战役和战斗的外线作战。在第三阶段中，应该是战略的反攻战。（《论持久战》，《毛泽东军事文集》第二卷，军事科学出版社、中央文献出版社1993年版，第312页）

仍然是战略的持久战与战役战斗的速决战的配合使用，相互转化。孙子的"兵闻拙速，未闻巧之久也"放到抗日战场来行不行呢？根据毛泽东的论述，可说也行也不行：也行，是因为还有战役和战斗的速决战；也不行，因为战略上必须坚持持久战，"速胜"不现实。毛泽东批评"速胜论"说：

> 我们也不是不喜欢速胜，谁也赞成明天一个早上就把"鬼子"赶出去。但是我们指出，没有一定的条件，速胜只存在于头脑之中，客观上是不存在的，只是幻想和假道理。因此，我们客观地并全面地估计到一切敌我情况，指出只有战略的持久战才是争取最后胜利的唯一途径，而排斥毫无根据的速胜论。我们主张为着争取最后胜利所必要的一切条件而努力，条件多具备一分，早具备一日，胜利的把握就多一分，胜利的时间就早一日。我们认为只有这样才能缩短战争的过程，而排斥贪便宜尚空谈的速胜论。（《论持久战》，《毛泽东军事文集》第二卷，军事科学出版社、中央文献出版社1993年版，第287页）

整个抗日战争，全面抗战八年（从七七事变算起），局部抗战十四年（从九一八事变算起），确实是战略持久战；而抗战中的一些具体战役战斗，如抗战初期八路军在山西前线所组织的平型关战斗的胜利，袭击敌人后方兵站、运输队、飞机场等多次精彩战斗的胜利，则是在"战役战斗速决战"的作战方针指导下取得的。

将孙武子"贵胜不贵久"的军事思想，发展为"持久才能胜"的战争指导原则，毛泽东创造性的军事理论思维给后人提供的借鉴是如此丰富，如此巨大，令人叹为观止！这是毛泽东不言孙子词句却对孙子思想很好发挥的典范事例。

冯梦龙的"巧速"与"捷智"

毛泽东有时也间接读《孙子兵法》。他读冯梦龙的《智囊》，就不止一次遇到《孙子》的内容。20世纪60年代初，章士钊先生送毛泽东一套线装版《智囊》，毛泽东爱不释手，常常阅读，偶有批语。

《智囊》卷十三《捷智部·总叙》有这样一段话：

> 冯子曰："成大事者，争百年，不争一息。然而一息固百年之始也。夫事变之会，如火如风，愚者犯焉，稍觉，则去而违之，贺不害斯已矣。今有道于此，能返风而灭火，则虽拔木燎原，适

足以试其伎而不惊？尝试譬之足力，一里之程，必有先至，所争逾刻耳；累之而十里百里，则其为刻弥多矣；又况乎智之迟疾，相去不啻千万里者乎！军志有之：兵闻拙速，未闻巧之久。夫速而无巧者，必久而愈拙者也。今有径尺之樽，置诸通衢，先至者得醉，继至者得尝，最后至则干唇而返矣。叶叶而摘之，穷日不能髡一树；秋风下霜，一夕零落。此言造化之捷也。人若是其捷也，其灵万变，而不穷于应卒，此惟敏悟者庶几焉。呜呼！事变之不能停而俟我也，审矣。天下亦乌有智而不捷、不捷而智者哉！"

毛泽东读了此段，有所触动。提笔批道：

吾见其人矣。（《毛泽东读文史古籍批语集》，中央文献出版社1993年版，第60页）

据为晚年毛泽东管理图书的徐中远先生介绍：

说到毛泽东读《智囊》联系实际的事，还要说一下毛泽东读第五部敏捷的智慧总序中的一段话后写下的批语。这段话是这样的："兵书上有这样的记载，用兵上只听说过虽快而方法却笨拙的，没有听说过用兵缓慢而方法却是巧妙的。用兵快而不巧妙的人，要是拖得时间再长了，必定是方法更加笨拙了。"毛泽东在这段话的旁边写的批语是："吾见其人矣。"（徐中远：《毛泽东晚年读书纪实》，中央文献出版社2012年版，第289页）

也就是说，毛泽东的批语是针对"军志有之：兵闻拙速，未闻巧之久"这句话批的。冯梦龙论"捷智"，引《军志》的话，实际引的是《孙子兵法·作战篇》中的语录，其原话已见前引，此处不赘。毛泽东批语中的"其人"应指冯梦龙。这与中国文学史上的"知人论世"的批评传统有关。西汉大史学家司马迁说：

《诗》有之："高山仰止，景行行止。"虽不能至，然心乡（向）往之。余读孔氏书，想见其为人。（《史记·孔子世家·太史公曰》）

余读《离骚》《天问》《招魂》《哀郢》，悲其志。适长沙，观

屈原所自沈渊，未尝不垂涕，想见其为人。(《史记·屈原贾生列传·太史公曰》)

司马迁为春秋战国之际的两个大文化人孔子和屈原作传，读他们的传世之作，产生了"高山仰止，景行行止"的阅读感受，因而"想见其为人"！

读其书想见其为人，这个文化传统肇端于战国中期的大思想家孟子，他在其著作《孟子·万章下》中说：

……颂其诗，读其书，不知其人可乎？是以论其世也。

孟子提出"知人论世"观点，后来不少人主张把"知人论世"作为评论文学作品的重要方法，并逐渐成为我国古代文学批评的一个传统，为历代文艺批评家自觉和不自觉地所遵循。评论作品必须知人论世，就是因为作家的作品和作者本人的生活思想以及所产生的时代有密切的关系，因此，要真正了解作品，就必须"知其人"和"论其世"，既要了解作者的身世、经历、思想感情、为人品德，同时又要了解作者所处的时代环境。

对孟子这一重要文艺评论原则，章学诚在《文史通义·文德》篇有明确解释："不知古人之世，不可妄论古人文辞也。知其世矣，不知古人之身处，亦不可以遽论其文也。"

鲁迅先生也是坚持这种原则的，他说："世间有所谓'就事论事'的办法，现在就诗论诗，或者也可以说是无碍的罢。不过我总以为倘要论文，最好是顾及全篇，并且顾其作者的全人，以及他所处的社会状态，这才较为确凿。要不然，是很容易近乎说梦的。"(《且介亭杂文二集·"题未定"草（七）》)这是对"知人论世"的更深刻全面的说明。

孟子、司马迁、章学诚、鲁迅都主张读其书，知其人，即知人论世。毛泽东读冯梦龙《智囊·捷智部·总叙》，感慨地说：我由此知道冯梦龙的"为人"啦！也是继承这个评书论文的优良文化传统。

冯梦龙（1574—1646），字犹龙，又字耳犹，别号墨憨子、龙子犹，长洲（今江苏吴县）人。他出身书香门第，少有才气。他和兄冯梦桂、弟冯梦熊在当时文坛上同被誉为"吴下三冯"。但科举不得志，青壮年时，多次应举赴考，但总不顺利，同时他也过着放荡不羁的风流才子的生活。五十七岁时补了一名贡生，六十一岁出任福建寿宁知县，曾上疏陈述国家衰败原因。清兵入关时，进行抗清宣传，是爱国志士。在任期间，"政简刑清，首尚文学，遇民以恩，待士有礼"。六十五岁离任回苏州，南明政权相继覆亡。他忧愤而死。卒年七十三岁。冯梦龙深受王艮、李贽为代表的"左派王学"的影响，具有一定的进步思想，反对伪道学，肯定"人欲"，尊重个性。在文学观上，他也接受李贽的观点，大力推崇通俗文学和民间文学，并有许多独到的见解。

冯梦龙是一位杰出的小说家，毕生从事通俗文学的搜集、整理和编纂工作。在我国文学史上，他是在通俗文学的各个方面都做出了重大贡献的作家。在小说方面，他编著了"三言"——《喻世明言》《警世通言》《醒世恒言》，刊刻于明天启年间。他还增补了长篇小说《三遂平妖传》，改作了《新列国志》，推动书商购印《金瓶梅词话》，鉴定了《盘古至唐虞传》《有夏志传》《有商志传》等。民歌方面刊行了民间歌曲《挂枝儿》《山歌》等。此外，他还编印《笑府》《古今谈概》《情史类略》等书，编辑散曲集《太霞新奏》，也曾写作传奇剧本，并刻印了《墨憨斋传奇定本》十种。改编了《精忠旗》《酒家佣》等戏曲，创作了《双雄记》和《万事足》两部剧本。在这些文学活动中，以编选"三言"的影响为最大。"三言"被称为"文苑之英华，小说之宝库"。

毛泽东读《智囊》"见"到冯梦龙"其人"。具体说他的所"见"是哪方面呢？当然是冯梦龙的"捷智"，亦即冯梦龙的处理"拙速"与"巧久"的关系所表现出的人生态度。

我们从小传中明白了冯梦龙的生活态度和惊人业绩，再来理解他的"捷智论"则深有趣味。所谓"捷智"，即敏捷的智慧。冯梦龙对"捷智"从多方面做了展开的阐述。他对成事、事变、足力、用兵、饮酒、摘叶等生活现象、社会现象、自然现象中的"捷智"问题，都有概括和阐述。

冯梦龙认为成就宏大的事业，有"争百年"与"争一息"的问题，而"一息"是"百年"的开始，所以他主张成大事者也要"争一息"。这里的关键是对待"事变"的态度。因为"事变之会，如火如风"，反应迟钝木讷则愚则违，而且事变有"不能停而俟我"的特点，所以人要达到"造化之捷"的境界，成为"敏悟者"。他认为只有达到"捷智"境界，才能"其灵万变而不穷于应卒"，游刃有余地应对各种"事变"。冯梦龙一生经历了科举坎坷、抗清失败、南明灭亡等"事变"，在政权更迭、兵荒马乱的社会环境下，竟能成就创造巨量优秀通俗文学的伟业，实在得力于他"争一息"的"捷智"人生态度的促成推动。

毛泽东认同冯梦龙的"捷智"人生，孙子说："兵闻拙速，未闻巧之久也。"冯梦龙从"捷智"的思想立场出发，批评说："夫速而无巧者，必久而愈拙者也。"意思是说，干事业疾速而不巧妙，岂不是时间越久人越笨拙。言外之意是主张"巧速"，也就是"捷智"。冯梦龙的结论是"天下亦乌有智而不捷、不捷而智者哉！"就捷与智、速与巧来说，人世间应是智者捷、捷者智，巧者速、速者巧，而不是相反。

对于冯梦龙捷智巧速的人生态度，毛泽东是视为同道的。1963年1月，他填词说：

> 多少事，从来急。天地转，光阴迫。一万年太久，只争朝夕。(《满江红·和郭沫若同志》，《毛泽东诗词集》，中央文献出版社1996年版，第135页)

我们回头再来看冯梦龙的议论："冯子曰：成大事者争百年，不争一息。然而一息固百年之始也。夫事变之会，如火如风，愚者犯焉，稍觉则去而违之，贺不害斯已矣。……呜呼！事变之不能停而俟我也，审矣。天下亦乌有智而不捷、不捷而智者哉！"

就人生成就事业和争取时间来说，毛泽东与冯梦龙的思想观点真可谓"何其相似乃尔"！还有奇者，毛泽东读《智囊》是在20世纪60年代初，他填《满江红·和郭沫若同志》一词也是在这个时间段。二者思想上的内在联系，是偶然的巧合，还是思想的契合？我们宁肯相信后者。干大事业，时不我待，毛泽东认同冯梦龙的"巧速"捷智。"一万年太久，只争朝夕"的词句，永远鼓舞着后来者！

不战而屈人之兵

——运用与发展之七

毛泽东从《孙子兵法·谋攻篇》中汲取古典兵学营养，对"不战而屈人之兵"接受最早。

早在湖南一师读书之时，青年毛泽东在1913年年底二十岁时，曾从清代魏源（1794—1817）的《孙子集注序》中涉猎过孙子思想，其《讲堂录》中就记录有：

> 百战百胜，非善之善者也；不战而屈人之兵，善之善者也。（《毛泽东早期文稿》，湖南出版社1995年版，第595页）

这是《讲堂录》"国文"科内的听课笔记。记录也比较准确。传世本《孙子兵法》此句，除"百战百胜"前有"是故"二字外，其他与毛泽东听课所记完全一样。

青年毛泽东的老师和他本人当时对"不战而屈人之兵"的军事原则怎样理解、怎样认识，《讲堂录》中毫无反映，今天也不得而知。

《谋攻篇》中孙子论述"不战而屈人之兵"的思想比较丰富，如：

> 是故百战百胜，非善之善者也；不战而屈人之兵，善之善者也。
> 故上兵伐谋，其次伐交，其次伐兵，其下攻城。攻城之法为不得已。
> 故善用兵者，屈人之兵而非战也，拔人之城而非攻也，毁人

之国而非久也。必以全争于天下，故兵不顿而利可全。此谋攻之
法也。

先对孙子三段论述中的核心词语给予简单注释：

不战而屈人之兵：不施行作战手段就能迫使敌军屈服。

上兵伐谋：最好的制胜手段是用计谋征服敌人，迫使敌军不战而降。

伐交：两军发生战端，我方折冲樽俎，在谈判桌上征服敌人，使敌人
屈服或退兵。

伐兵：两军对阵，经过战斗，打败敌人。

攻城：攻坚冲垒，蚁附拔城。

孙子认为，动用武力的"百战百胜"与"不战而屈人之兵"是两个层
次的胜利，显然他更追求后者；孙子认为，作为征服和打击敌人的手段，
"伐谋"最优，第二位的是"伐交"，"伐兵"已包含"战而屈人"，冷
兵器时代的"攻城"已经是下下策。这四个层次的递减，只有"伐谋""伐
交"符合"不战屈人"的原则；孙子认为，屈兵非战，拔城非攻，毁国非久，
才是"善用兵者"。这里的"非战""非攻""非久"要求，都是在争取
战场最佳值。总之，孙子的战争利益观是"兵不顿而利可全"，"以全争
于天下"。"利可全"是根本目的，"兵不顿"而能达到"利可全"则是
用兵"谋攻"中的最高境界！

"不战而屈人之兵"的军事理论命题中，有许多问题引起人们的争论。
比如，什么是"不战而屈人之兵"？用什么手段"不战而屈人之兵"？它是"反
战"理论吗？它是军事威慑主张吗？孙子的"非战"与孔子、老子、孟子的"反
战"有相通之处吗？孙子的"非攻"与墨子的"非攻"是相同相似命题吗？
它仅仅适用于战略层面还是对战略、战役、战斗层面都适用？

这是孙子学界颇为"热议"的一个兵学观点。"不战而屈人之兵"是
《孙子兵法》所提出的一种理想的战争境界，反映了古代兵家对和平的渴
望与追求。20 世纪 30 年代到 50 年代，人们对它的评价不高，甚至说它是
唯心主义的产物。近年来，随着国际形势的变化，它所包含的思想精髓及
现实意义愈来愈引起人们的注意，评价也有新的变化。如有学者认为，以"不
战而屈人之兵"为核心的"伐谋""伐交"的全胜战略是决定着军事战略
的制定和实施的更高层次的战略——大战略，是《孙子兵法》军事思想的
核心，是孙武在战略学上的独特成就。有的学者指出，孙子"全胜"思想
可区分为五个层次，即全国、全军、全旅、全卒、全伍。虽然有时不能达

到全部的不战而屈之，也可以求得局部的不战而屈之，因此是一项缩短战争过程的速胜战略。它可以适用于战略层面，也可以适用战役、战斗层面。

在现存文献资料中，毛泽东没有对"不战而屈人之兵"兵学观点的评论和阐述，较多的是对这一军事原则的灵活运用，从而创造了一些堪称绝妙的精彩战例：

一封信阻挡十万兵

抗战最为艰难的 1941 年和 1942 年，毛泽东曾经仅用一封书信，计退胡宗南进犯延安大军。这是他"不战而屈人之兵"的一个杰作。

同年 12 月 8 日，日本海军联合舰队偷袭美国海军基地珍珠港，太平洋战争爆发。美国、英国被卷入了同日本的战争。

消息传来，重庆一片欢腾。蒋介石更是笑逐颜开，在他看来，从此可以把抗日的重担推到美英身上，自己则可以腾出手来处理"内政"——消灭共产党，剪除异己。

毛泽东对美英参战后蒋介石可能的反共活动保持着高度警惕，并对国共关系的状况做出了基本估计。1942 年 2 月 20 日，毛泽东在一份内部情况通报上加了这样一段话：

> 设想日苏战争发生后的各种情势及我党任务，估计在国民党盼望已久之日苏战争爆发时，彼方很可能对我加强压力，迫我北上，我应准备对付此种局面。但滇缅路不久将断，英美援华物资必经苏联，国民党亦更困难，对我决裂是不会的。（《毛泽东年谱(1893—1949)》中卷，人民出版社、中央文献出版社 1993 年 12 月版，第 365 页）

也就是说，国民党不会放弃有利时机从事反共活动，但其反共活动受制于客观条件，不能超出一定限度。

到了 4 月中旬，国民党军胡宗南部十余万大军开始积极准备进攻边区。毛泽东告诫全党，对国民党不要放松警惕，把事情放在最危险最困难的方面来考虑，"一方面准备它来打，一方面争取它不来打。"为防备国民党军队的进攻，毛泽东一面下令成立陕甘宁边区和晋绥边区联防司令部，加强了对边区的防卫部署，一面以朱总司令的名义给胡宗南写信一封。

5月19日，这封信送到了西安胡宗南手里。信的抬头很客气，称"西安胡总司令宗南兄勋鉴"，信中说：

> 据报贵部正在积极动员进攻边区，采取袭击办法一举夺取延安……实属骇人听闻，大敌当前岂堪有此，致电奉询，即祈示复。

以质询方式向国民党当局提出警告，可谓巧妙至极，胡宗南见边区已有防备，只好放弃了进攻边区的念头。

短短一封信，吓退十几万大军。这是毛泽东"不战而屈人之兵"的一个范例。

好！好！不战而屈人之兵

精明绝顶的蒋介石却无可奈何地说：我的剿共计划是绝密的，怎么上了共产党的报纸电台？毛泽东这一手厉害，厉害呀！

他说这话是在1943年他发动的"第三次反共高潮"被粉碎之后，此年5月，共产国际执行委员会主席团考虑到各国斗争情况，提议解散共产国际，并公开宣布了《关于提议解散共产国际的决议》。这个消息无疑给蒋介石造成可乘之机。他先是发表《中国之命运》的文章，诬蔑八路军、新四军是"新式军阀"，扬言在两年之内解散共产党武装，并叫嚣"解散共产党，取消陕北特区"。不仅是嘴上说，而且他在暗中调兵遣将，准备闪击延安。

胡宗南根据蒋介石的密令：预定进攻延安的时间是7月9日。

这时候的延安呢？陕甘宁边区的部队总共才两万人，除担任河防任务防止日寇进攻外，能抽出来对付国民党军队的兵力寥寥无几，且都是留下来搞生产的部队。延安危在旦夕，一旦蒋介石阴谋得逞，将会是比皖南事变大得多的损失。

在陕北的窑洞里，毛泽东、朱德、叶剑英、贺龙和八路军总部的有关同志召集紧急会议，研究对策。面对蒋介石大兵压境，整个陕甘宁边区确实有几分紧张气氛。两万留守部队怎么与十几万蒋军作战？整个根据地都在担忧。

毛泽东仍然是那样泰然自若，从容镇定。他在会议上说：

摆在大家面前的情况已经很清楚，彼此力量太悬殊了，而且互相都知道底细。靠我们现有力量打退蒋介石十六个师的部队进攻是不可能的。怎么办？军事、政治、外交、宣传等齐头并举，以斗智为主，来迫使蒋介石放弃军事进攻。

谈到这儿，毛泽东在根据地地图上画一个大圆圈说："当然咯，我们陕甘宁也不能老唱空城计，老唱空城计，顽军真的来了我们就会吃亏。"

从军事上，毛泽东不能不做好充分迎战准备。但是，与数倍于己的国民党军队打仗，是不得已而为之的。对毛泽东的意见，大家一致赞同，认为在当前形势下，避免内战是上策，表示按照这个部署应立即实施。这时候参谋长叶剑英站起来说："我有一个比较大胆的想法，想听听主席的意见。"毛泽东高兴地说："说说看。"叶剑英说："能不能在通电、新闻报道和社论中打破常规，使用一些我们掌握的绝密情报。把顽军离开抗日前线准备进攻共产党的计划，从每个师直到每个营的动向全部公布于世，用准确无误的材料揭露国民党顽固派的阴谋，使他们无密可保，让他们的一切活动都暴露在光天化日之下，从而产生畏惧不再轻举妄动。"毛泽东微笑着点头问："会不会有什么消极后果呢？""这一点我已经想到了。"叶剑英继续说："这么一弄，我们可以收到异乎寻常的攻心效果，自然也要冒点风险，我们绝密情报来源很可能会中断一个时期。可眼下粉碎反共高潮挽救时局危机是大局，情报问题我们可以将损失减少到最低程度。这一点我已经同情报部门的同志研究过了。"听到这里，毛泽东右手使劲拍了下左手掌，用很浓的湖南口音大声说：

好！好！不战而屈人之兵，善之善者也！

大政方针已定，立即开始分头落实。

7月4日，朱德给蒋介石、胡宗南、徐永昌的电报发出，电报中称：

自六月十八日胡副长官到洛川后，边境实呈战争景象，河防大军纷纷西调，粮弹运输络绎于途，道路纷传，中央将乘共产国际解散机会，实行大举剿共，边区军民闻此意外事变，莫不奔走相告，骇异莫名。窃思当此抗战艰虞之际，力谋团结犹恐不及，若遂发动内战，兵连祸结，则抗战团结之大业必将破坏，而使日

寇坐收渔利，陷国家民族于危亡之境，并使英美苏各友邦之作战
任务亦将受到极大影响，心所谓危，不敢不告。

7月7日，新华社全文播发这份电报，并刊登在《解放日报》头版头条。
胡宗南收到这份电报，连看了两遍，然后又让秘书熊向晖念了一遍，皱着
眉头提出了两个问题："共产党这么快就知道了我的意图，这是谁泄的密？
我们这一仗到底还打不打？"胡宗南万万没有想到，他暗中筹划的整个兵
力部署计划正是熊向晖透露出去的。熊向晖是受周恩来安排，打入蒋军内
部的中共地下党员。

7月9日，贺龙在延安万人大会发表讲话，强烈要求蒋介石命令其部队
仍回原地驻防，呼吁保持团结，避免内战。并忠告那些准备参加内战的国
民党军官和士兵，鉴于过去十年内战之惨，不要打共产党，不要打边区，
不要打八路军，不要枪口对内。

与此同时，毛泽东亲笔为《解放日报》撰文，历数国民党破坏抗战破
坏团结的罪行。警告他们：

必须立即撤退围犯边区的反动军队，纠正一切错误。我们希
望蒋介石先生和胡宗南先生体恤中华民族四万万五千万生灵，追
念中华民族五千年悠久长远的历史，顾及后世子孙永远无穷的福
利，珍重我国在世界反法西斯盟国中的崇高国际地位，当机立断，
命令集中边区南线的大军归还抗日的岗位。

这样，一个声势浩大的反内战高潮遍及了整个根据地，蒋介石集结重
兵要发动内战的事，已为天下皆知。特别是将蒋介石的调兵计划原原本本
一一公布，国内外舆论大哗，纷纷谴责国民党、蒋介石。

蒋介石自认为他的计划不可能为共产党所知，没想到他的兵怎么摆，
部队怎么调，甚至火力怎么配系，都一一上了共产党的报纸电台。蒋介石
在惊呼共产党的密探就在他身边的同时，不由得哀叹道："毛泽东这一手
厉害，厉害呀！"

此刻，方方面面的情报也同时告诉蒋介石：共产党的根据地已严阵以待，
国内外舆论都在声讨国民党的内战阴谋。蒋介石权衡利弊得失，最后还是
改变了主意。于是几天之后，从重庆大大小小的宣传机器传出了一个声音，
说国军要闪击延安，那是根本没有的事。为掩人耳目，蒋介石要徐永昌、

胡宗南复电朱德，电文中吞吞吐吐地说："敝部换防，请勿误会。"

就这样，国民党十六个师的主力军，在一夜之间悄然消失。毛泽东未用一枪一弹，便击退了蒋介石精心谋划的第三次反共高潮。国民党没占丝毫便宜，反而激起了全国人民的一致反对；而毛泽东和他领导的八路军、新四军，在国内外得到了最广泛的支持和同情。于是，连亲蒋介石的西方社会也不得不承认：与毛泽东相比，蒋介石实在差得太远太远。

几十年后，中共党员、胡宗南的"机要秘书"熊向晖在回忆录中披露：1943 年 7 月 7 日，蒋介石在责令胡宗南退兵的同时，要求他查明有无"泄密""通匪"事情。胡宗南也的确费尽心力做了清查，清查的结果，逮捕了两个大肆宣传共产国际解散消息的国民党军官，因为蒋介石此前已有命令，为了有利于实现闪击延安的计划，对共产国际解散的事在公开场合不得议论。

蒋介石绞尽脑汁精心筹划的闪击延安行动，在毛泽东"屈兵非战"的政治舆论攻势面前，竟然变成了一盘臭棋。

几篇新闻稿吓退偷袭敌军

毛泽东在西柏坡指挥全党全军展开解放全中国的大进军后，全国各个战场的捷报就像雪片一样不断地飞来。到 1948 年秋末冬初，辽沈战役取得了重大胜利，东北解放战争已进入尾声；华北战场解放了包头，正在围攻太原；华东战场已解放了济南；中原战场连续攻克郑州和开封；西北战场也正在逼近西安。

毛泽东于 10 月 10 日起草的《中共中央关于九月会议的通知》中，更具体地通报了人民解放军在两年来的解放战争中所取得的巨大战果：已歼敌 264 万人，解放区面积已占全国面积的 24.5%，解放区人口已占全国人口的 35.3%，解放的县以上城市占全国城市的 29%。这些事实充分表明，蒋家王朝的寿命已屈指可数了。

正在捷报频传之时，党中央所在地西柏坡却突然出现了险情。这就是在 1948 年 10 月下旬，蒋介石及其派驻华北的"剿总"总司令傅作义发现华北解放军主力已到晋北和冀东作战，留在保定至石家庄沿线以及西柏坡周围的解放军兵力比较单薄，因而调集了大批国民党军，向距离西柏坡仅有 150 里地的几乎是一座空城的石家庄进扰，并妄图占领西柏坡，以便用这个局部"胜利"的假象来刺激一下早已离散了的军心和民心。

当蒋、傅准备行动时，10月25日，我党中央即得到情报。当时华北野战军远在绥远，党中央周围没有主力部队。如敌人拼命奔袭，后果是严重的，情况十分紧急。中央立即命令华北野战军日夜兼程，迅速回援，急速到达指定地点以便打击敌人，还命令保石线及两侧各县全部民兵和地方武装，在三天之内动员起来，以便配合解放军作战。此外，他还设想了一个"围魏救赵"的打法，就是调派东北解放军的二个纵队三个独立师、一个骑兵师出击冀东，威胁平津，逼迫傅作义回兵救援，使西柏坡解除危急状态。

10月27日清晨4时半、6时、7时，在这两个半小时内，周恩来接连三次向毛泽东书面报告情况。同时为防万一，周恩来命令中央警卫团派出两个步兵连、一个骑兵排到中央驻地东北方向警戒；聂荣臻把在石家庄的华北军政大学学员也组织起来，必要时投入战斗。

在这种险情面前，毛泽东迅速地从军事上做出了迎击敌人的部署。同时，他还注意发挥新华社新闻武器的"攻心"作用。

10月25日，毛泽东便为新华社修改审定了一篇电讯稿，第一次公开揭露了"蒋傅军决定集中九十四军三个师及新二军两个师，经保定向石家庄进袭"的阴谋，宣布"华北党政军各首长正在号召人民动员起来，配合解放军坚决彻底干净全部地歼灭敢于冒险的敌军"，并严正地发出预告"蒋傅军此种穷极无聊的举动，是注定要失败的"。

10月27日，毛泽东为新华社撰写了题为"华北各首长号召保石沿线人民准备迎击蒋傅军进扰"的电讯稿。

蒋介石和傅作义进扰石家庄，搞得很神秘，部队已行动，许多军官还不知所向，目的就是突袭，使中共首脑机关和解放军措手不及。但当时的蒋傅军处于风雨飘摇之中，自知此行是冒险，心里自然发怵。从心理学上讲，人就怕被别人看透，被别人看透首先就是精神上受到极大打击。

毛泽东正是抓住了敌人的这种心理，同敌人打"神经战"，十分详细地点出了敌人的兵力、番号、主官、企图，以及行军作战的预期日程，而且首先把敌人的意图，揭了个底朝天，使敌人精神上更为恐惧。第一篇新闻稿非常具体地指出：

据息，该敌准备于27日集中于保定，28日开始由保定南进。进扰部队为首的有九十四军军长郑挺锋，新编骑四师师长刘春芳，骑十二旅旅长鄂友三（即今春进扰河间之敌）。

为了紧急动员一切力量，配合人民解放军歼灭可能跑向石家庄一带进扰的蒋傅军，此间党政军各首长已向保石线及其两侧各县发出命令，限于三日内动员一切民兵及地方武装，准备好一切可用的武器，以利作战，尤其注重打骑兵的方法。""此间首长们指示地方各界，切勿惊慌，只要大家事先有充分准备，就有办法避开其破坏，诱敌深入，聚而歼之。今春敌扰河间，因我方事先毫无准备，受到部分损失，敌部也被其逃逸。此次务希全体动员对敌，不使敢于冒险的敌人有一兵一卒跑回其老巢。"（《毛泽东新闻工作文选》，新华出版社1983年12月版，第259—260页）

把敌人的兵力、番号、行军路线，预期日程、主官姓名及其劣迹，开了个清单。这就告诉敌人，你那点儿小把戏，我们一清二楚，你要"偷袭""出其不意"没有那么回事。而且新闻稿又告诉敌人："此间首长们指示地方各界，切勿惊慌，只要大家事先有充分准备，就有办法避开其破坏，诱敌深入，聚而歼之。"这就明说，等待你的是什么。

难怪事过几十年，有人回忆，被新闻稿点了名的郑挺锋，在保定看了新闻稿，"倒吸了一口凉气"，而另一个没有被点名的高官，却"暗自庆幸"。没有上阵，斗志全消。敌人更加恐惧，精神上完全崩溃。

同一天，他还从另一角度为新华社撰写了一篇辽西前线《我军歼灭由廖耀湘统率的蒋匪五个军》的电讯稿，以这个胜利的喜讯来震惊敌人。

10月29日，毛泽东又为新华广播电台撰写了一篇口播稿，进一步指出：

傅作义、郑挺锋、刘春芳、鄂友三、杜长城（爆炸队长）等部总共不过二万人，昨二十八日已窜至保定以南之方顺桥，我保石线两侧各县……广大人民群众，均已完成作战准备，等待着敌军到来，配合正规军大举歼敌。

10月31日，他还为新华社撰写了一篇评论，题目是"评蒋傅军梦想偷袭石家庄"。评论更是一针见血，刺到敌人的疼处。评论指出蒋介石已走投无路，分析了蒋介石和傅作义的矛盾，揭露了密谋偷袭石家庄的经过，特别指出敌人这种干法暴露出来的致命问题：

蒋介石最近时期是住在北平，在两个星期内，由他经手送掉了范汉杰、郑洞国、廖耀湘三支大军。他的任务已经完毕，他在北平已经无事可做，昨日业已溜回南京。蒋介石不是项羽，并无"无面目见江东父老"那种羞耻心理。他还想活下去，还想弄一点花样去刺激一下已经离散的军心和人心。亏他挖空心思，想出了偷袭石家庄这样一条妙计。这里发生一个问题：究竟他们要不要北平？现在北平是这样的空虚，只有一个青年军二〇八师在那里。通州也空了，平绥东段也只稀稀拉拉的几个兵了。总之，整个蒋介石的北方战线，整个傅作义系统，大概只有几个月就要完蛋，他们却还在那里做石家庄的梦！（《毛泽东新闻工作文选》，新华出版社1983年版，第259—260页）

这就明确说出：你的老窝都难于自保，还做什么偷袭美梦！本来就很恐慌的敌人，最疼处又被刺了一刀，更加心情沮丧，惊恐不安。

在新华社发出毛泽东所写的评论后的第二天，即11月1日，刚刚爬行到保定以南唐河南岸的蒋傅军，得知阴谋已经暴露，自谅难于得逞，便立刻转身北窜，争相逃归老巢。被迫放弃了进犯石家庄的计划，偷袭阴谋彻底失败。

毛泽东在这一星期内亲自撰写或修改定稿的这几篇新闻报道，胜似千军万马，在已成惊弓之鸟的蒋傅军官兵中间产生了强大的威慑力量。毛泽东于10月29日致胡乔木的信中曾谈到了这么一个情况：

我第一次口播已见效，九十四军军长郑挺锋27日21时告傅作义称：昨收到广播得知对方对本军此次袭击石门行动，似有警惕。广播谓本军附新二军二师拟袭石门。彼方既有所感，必然预有准备，袭击恐难收效等语。（《新闻业务》1984年第6期，第10页）

"不战而屈人之兵"产生奇迹！从当时情况看，我中央机关兵少将寡，确实受到极大威胁。当时之计，调兵遣将只能是辅助或后续手段，最重要的是要使敌人心生畏惧，不敢偷袭。毛泽东的大智大勇，就在于把新闻舆论攻势与军事谋略运筹结合起来，作为"不战屈人"的手段，"一支笔可胜三千毛瑟精兵"，两篇新闻稿科学分析了敌情我情，揭穿敌人老底，触到痛处怕处，使郑挺锋等敌军将领心起疑惑，踌躇不前，继之惊恐骇异，仓皇撤退。新闻稿达到了吓退偷袭进犯之敌的目的，毛泽东率领军民兵不血刃，将不驱驰，一举粉碎蒋傅军偷袭石家庄阴谋。

这是一种不流血的斗争方式

具备了强大的军事打击实力，才能更好地实施"不战屈人"的谋略，以达到"兵不顿而利于全"的目的。

置军事打击与政治瓦解于一体而以政治攻势为主的战例，在解放战争后期的人民解放军作战中表现得最为明显，这也是军事政治趋势使然。

1948年9月，解放战争的辽沈、平津、淮海"三大战役"开始以后，由于人民解放军军事上的节节胜利，国民党败局已定，敌人内部矛盾加剧，这就为"不战而屈人之兵"提供了有利条件。

辽沈战役，国民党军队有曾泽生部起义、郑洞国部投诚；淮海战役中，有何基沣、张克侠、廖运周等部起义，孙良诚、赵璧光、黄子华等部投诚；平津战役中，在我军发出了《敦促杜聿明等投降书》后，二十天内就有一万四千余人来降。在我大军包围北平，天津守敌陷于绝境的情况下，人民解放军同样采取了"先礼后兵"的政策，劝告平、津守敌接受和平解决，或战或降，任选其一。当天津守敌拒绝投降时，我军即以战斗方式全部歼灭该敌，迫使北平守敌接受了和平解放的敦促，使文化古都以不流血的方式回到了人民的手中。

平津战役胜利结束以后，我军为了集中力量解决国民党残余力量的主要部分，对绥远国民党军队有意让其暂时存在，在保留一个时期之后，待条件成熟将其和平改编。

三大战役结束以后，毛泽东于1949年3月5日，在中共七届二中全会上做报告，其中对解放军运用天津、北平、绥远三种方式解决残余敌军的问题作了专门的理论阐述。他说：

> 辽沈、淮海，平津三战役以后，国民党军队的主力已被消灭。国民党的作战部队仅仅剩下一百多万人，分布在新疆到台湾的广大的地区内和漫长的战线上。今后解决这一百多万国民党军队的方式，不外天津、北平、绥远三种。用战斗去解决敌人，例如解决天津的敌人那样，仍然是我们首先必须注意和必须准备的。人民解放军的全体指挥员、战斗员，绝对不可以稍微松懈自己的战斗意志，任何松懈战斗意志的思想和轻敌的思想，都是错误的。按照北平方式解决问题的可能性是增加了，这就是迫使敌军用和

平方法，迅速地彻底地按照人民解放军的制度改编为人民解放军。用这种方法解决问题，对于反革命遗迹的迅速扫除和反革命政治影响的迅速肃清，比较用战争方法解决问题是要差一些的。但是，这种方法是在敌军主力被消灭以后必然地要出现的，是不可避免的；同时也是于我军于人民有利的，即是可以避免伤亡和破坏。因此，各野战军领导同志都应注意和学会这样一种斗争方式。这是一种斗争方式，是一种不流血的斗争方式，并不是不用斗争可以解决问题的。绥远方式，是有意地保存一部分国民党军队，让它原封不动，或者大体上不动，就是说向这一部分军队作暂时的让步，以利于争取这部分军队在政治上站在我们方面，或者保持中立，以便我们集中力量首先解决国民党残余力量中的主要部分，在一个相当的时间之后（例如在几个月，半年，或者一年之后），再去按照人民解放军制度将这部分军队改编为人民解放军。这是又一种斗争方式。这种斗争方式对于反革命遗迹和反革命的政治影响，较之北平方式将要保留得较多些，保留的时间也将较长些。但是这种反革命遗迹和反革命政治影响，归根到底要被肃清，这是毫无疑问的。(《人民解放军永远是一个战斗队又是一个工作队》，《毛泽东军事文集》第五卷，军事科学出版社、中央文献出版社1993年版，第513—514页)

简单地概括，"天津方式"就是"以战屈敌"，而"北平方式"（和平解决）与"绥远方式"（暂时让步）虽然有差别，但基本上是军事打击威慑下的"不战屈敌"。

国民党"兵败如山倒"，这种"不战屈敌"也像多米诺骨牌一样引起连锁反应。1949年4月，人民解放军主力发起渡江战役，向全国尚未解放的广大地区举行规模空前的军事进攻，在强大的军事压力和迅速歼灭了一切敢于顽抗之敌后，又用和平方式解放了绥远、长沙、昆明、四川西部、新疆和西藏等广大地区。

这一历史时期的宏伟的军事斗争，波澜壮阔的战争实践，展现出高超的军事斗争艺术，由此产生了毛泽东军事思想的精彩内容。这个历史时期虽然同孙武子"不战而屈人之兵"的时代背景不可同日而语，但其思想是相通相融的，都是战争指导不以力胜而以智胜的思想的具体表现。所以，从解放战争后期的战争实践中不难看出"不战而屈人之兵"军事原则在现当代战争实践中的积极作用和宝贵价值。

十则围之，五则攻之

——运用与发展之八

如何使用兵力是作战指挥的基本内容。而使用兵力又基本有两种形态：集中兵力与分散兵力。古往今来有头脑的军事家和聪明的指挥员，一般都主张集中兵力收拢拳头打击敌人，也都反对分散兵力张开五指让敌人各个击破。

《孙子兵法》中主张集中兵力的语句不少，而《谋攻篇》中有句话常为人所乐道：

> 十则围之，五则攻之，倍则分之，敌则能战之，少则能逃之，不若则能避之。

大意是：有十倍于敌人的绝对优势兵力，就要四面包围，歼灭敌人；有五倍于敌的优势兵力，就要进攻敌人；有多于敌人一倍的兵力，就要设法分散敌人，以便在局部上造成兵力的优势；同敌人兵力相等，就要善于设法战胜敌人；比敌人兵力少，就要善于摆脱敌人，以为后图；各方面条件均不如敌人，就要设法避免与敌交战，引兵避之，待机而动。

根据敌我力量对比，针对"十""五""倍""敌""少""不若"的六种情况，分别采取"围之""攻之""分之""战之""逃之""避之"的六种战术原则。而这里的核心是集中兵力，造成战场上的优势和主动，做到"以众击寡"，彻底歼灭。

毛泽东的战争理论和实践中，一以贯之地强调"集中优势兵力，各个歼灭敌人"。他认为这不但必须用于战役的部署，而且必须用于战术的部署。毛泽东指挥打仗的秘诀首先是避实击虚，以众击寡。

毛泽东把《谋攻篇》中"十则围之，五则攻之"称为"这是老话"。他在 1962 年中印边境自卫反击作战中明确提到和使用了孙武子这一战争指导原则。那是一场中国人很不情愿打的边境自卫战争。1962 年秋天，印度总理尼赫鲁悍然发动了侵华的中印边境战争。10 月初，印度国防部长梅农、陆军总参谋长塔帕尔上将、参谋局长考尔中将等人，在尼赫鲁总理授意下，拟订了"里窝那"作战计划，其作战的任务和要点是：在东部，要占领塔格拉山脊，将中国军队赶出塔格拉山；在西部，要拔除中国军队的二十一个据点，占领全部有争议的阿克赛钦地区。为了加强东部的军事力量，拟在最快时间内组建特种部队第四军，考尔中将亲赴东北边境指挥，并兼任第四军军长。进攻的准备，要在 10 月 10 日前完成。

中印两国间的边界纠纷，已经持续了十年。1960 年 4 月 20 日之后，周恩来在印度访问的六天中，同尼赫鲁会谈了二十个小时。会谈的暇隙，周恩来和陈毅挨家访问了印度的各个部长。但是周恩来的苦口婆心没有奏效。

印度国内的舆论非常激烈，尤其是国防部长梅农，叫嚷要与中国打一场有限的战争，在这种气氛中，尼赫鲁也越来越强硬。中国希望举行高级会议，解决边界争端，他都坚决拒绝，他强调会谈的前提是中国军队全部撤出有争议的地区……

10 月上旬的一天，周恩来向毛泽东汇报："现在中印边界非常吃紧，不少边境哨所受到威胁，战士和边民的生命安全得不到保障，零星枪战时有发生。西藏、新疆军区多次来电，询问该怎么办。"

毛泽东点着一支香烟，深深地吸了一口，站起来，缓缓踱着步子，待慢慢将烟雾吐尽，说："尼赫鲁是我们的老朋友，他是同我们建交的第二个国家，为新中国在世界地位的提高出过力，我们不能对不起人家。他不谈判，不要紧，我们可以等。谈判的大门，不能从我们这边关上。电告西藏张国华、新疆何家产，在边境纠纷中，我们坚持不先放一枪，不先伤一人，尽量避免流血事件的发生。但我们不能退，退了没得理讲。犬牙可以交错，要准备长期武装共处。总之，我们不想打仗，再做最后一次努力，让尼赫鲁走到谈判桌上来……"

可惜，印度无视中国的友谊和警告。考尔中将乘一架美国 C-130 飞机从新德里军用机场飞抵前线，开始了大规模的调兵遣将。

10 月 8 日，印度总理尼赫鲁乘坐专机飞往提斯浦尔，亲临前线去慰问大战前的印军官兵。考尔中将雄心倍增，自信果决地说："叔叔，我想把全线反击的日期定在10月20日。在这之前，做好一切准备。当然，不排除为争夺有利进攻出发地域而进行的局部战斗。不管怎么样，我将把最后的胜利——大印度完整、统一的版图奉献给您。"尼赫鲁满意地点点头："很好，我的山鹰，这，我就放心了。"

这时的北京香山双清别墅，毛泽东、周恩来和众位将帅正开"西山军事会议"。会议由毛泽东主持，参加人员有：国务院总理周恩来，外交部部长陈毅，国防部长林彪，叶剑英元帅，刘伯承元帅，总参谋长罗瑞卿大将，副总参谋长杨成武上将，总政治部主任肖华上将，总后勤部部长邱会作上将，西藏军区司令员张国华中将，新疆军区副司令员何家产少将……

毛泽东将烟蒂掐灭，说："今天找大家来，是开一个军事会议，我们和印度的边境纠纷，闹了好多年了，我们不想打仗，原来想通过谈判解决。可是尼赫鲁不想谈，调集了不少部队，硬逼着要和我们打一架。现在看来，不打是不行了。可打，怎么个打法？打成个什么样子？还请大家献计献策！"

会议上，副总参谋长杨成武公布了当前敌情："印度于1954年成立东北边境特区后，不断增兵，加强中印边界的军事力量。同时修筑了边境公路、兵营和机场。现在，西段之敌有一个旅部、六个步兵营、一个机枪营及若干配属分队，共计五千六百余人。其中在侵入我国境内的四十三个据点上部署了一千三百余人。东段是印军准备向我大举进攻的主要方向，计有印军第七旅的四个营，炮四旅的两个营，第五旅的八个营。东段的兵力合计一个军部、一个师部、三个旅部、十五个步兵营，约一万六千余人，东西两段共集结军力两万五千人。另据情报，印正将印巴边界的两个师调往东北特区，不久，印军总数将突破五万人。现在，他们在我国境内部署据点一百余个，有的离我哨所只有几米远，有的楔入我边防哨所之间，有的甚至插到了我们背后。另据情报，印军10月初拟订'里窝那'计划，准备大举进攻，尼赫鲁已公开授命前线总指挥官考尔中将，让他'将中国军队驱逐出去'。"

叶剑英元帅介绍了印军新任命的前线指挥官考尔中将：五年前考尔是第四师少将师长，他年轻时从英国的圣德赖斯特皇家军事学院毕业，二次大战中可能在缅甸参加过战斗，但没有实战经验，在同行中被讥笑为没打过仗的将军。考尔刚愎自用，盛气凌人，能倾听士兵的意见，却听不进将军的意见，这是他的致命伤。他喜爱音乐、戏剧，也爱好登山，经常在大雪封山的季节去巡视高山哨所，有许多冒险的经历。吹捧他的人称他为"胆大鬼"，是印度一个传奇式的人物。去年被尼赫鲁亲自授予维希特塞瓦一级勋章。接着，张国华中将、何家产少将介绍了当面之敌的态势和己方部队反击作战的具体部署及一些困难。关键问题是：东段之敌相对比较大，西藏军区难以再抽调部队加强作战力量。

会议决定把五十四军调到东段一线加强西藏军区作战力量。该军有西藏平叛的高原作战经验，而且驻地嘉江、雅安离战区也不太远，便于迅速开进接敌。军长丁盛在解放战争中曾经带一个师突破白崇禧七个师的团团围困，白崇禧的"口袋阵"被丁盛部的战斗小分队冲了个七零八落。白崇禧被粘了牛皮糖，甩又甩不掉，咽又咽不下，最后七个师被一锅端掉了。毛泽东定下决心："好，就用他，'丁大胆'与'胆大鬼'看看谁能碰过谁？"

印军终于动手了。10月18日，印军总参谋部命令，东北军区各部队开始实行"里窝那"计划。在中印边界的东西两线，印军同时持续向中国边防哨所发动炮击，倾泻炮弹一万四千八百余发。

10月20日半夜，一阵爆密的枪炮声将张国华惊醒，他借着蜡烛的微光，习惯地看了一下手表，时针指向凌晨一时二十六分。

凌晨五点二十分，中国军队近五百门重炮发出了震动天地的怒吼。炮火急袭三十分钟后，喜马拉雅山麓上空腾起三颗红色信号弹。中国五万士兵在中印边界东、中、西近六百公里的防线上同时发起了猛烈反击。中国军队按照预定部署，经过十七小时激战，当面之敌的据点大部已被清除。

尼赫鲁的算盘打错了，达尔维被眼前的情景惊得瞠目结舌。第七旅全军覆灭，达尔维准将束手被擒。塔帕尔上将急调重兵驰援前线。尼赫鲁临阵换将，梅农下台，恰范出任国防部，而且动用了空降部队。

周恩来打电话向毛泽东报告战况："中印边界反击战开战两天，进展顺利，东西两线的部队都打得不错，印军越境建立的据点已大部分被清除……总参谋部的同志请示是否越境作战。"

毛泽东沉吟了一下，说："对这场战争，有许多国家的朋友还不理解。既然我们打胜了，就放尼赫鲁一马，有好日子大家过嘛！我看暂时不要越境。不但不越境，还要后退二十里，表明我们愿意通过和平谈判解决边界纠纷的诚意，如果尼赫鲁不愿谈，还要打，那我们就奉陪到底，世界舆论也会对我们有利。"

10月24日，中国政府发表声明，提出停止武装冲突，回到谈判桌上来。印度政府拒绝谈判。印军不服输，继续增加兵力，11月中旬兵力增至三万余人，准备再次发动更大规模的进攻。毛泽东坐在北京中南海菊香书屋宽大的沙发上，正翻阅一份中印边境的敌情通报。国务院总理周恩来站在他的身旁，注视着他。

"真可谓黑云压城城欲摧，看样子要把整个喜马拉雅山推倒喽！"毛泽东从容不迫地微笑着，弹了一下烟灰，抬头望着周恩来。"主席，印军的兵力增加到了两个师部、九个旅，武装挑衅也是愈演愈烈了。""老朋友的情面一点也不要喽，看来老是好言相劝不行吧，人家听不进去嘛。""主席，打胜这一仗是有把握的，问题是要以小的代价换取大的胜利，要打出国威、军威，就不能打无把握之仗。""我在想，战争与和平是一对矛盾，又是统一的，这一仗打好了，至少要争取到二十年到三十年的和平，就是前人种树，后人要能乘凉，目光要远一点嘛！"毛泽东再一次表现了他远见卓识高瞻远瞩的洞察力。11月14日早晨，印军十一旅旅长席尔瓦遵照考尔中将的命令，对中国军队占领的〇六高地发动了猛烈的进攻。丁盛定下决心："命令部队十六日发起总攻。"

"〇七"高地尸骨蔽野，中印两军在弹丸之地殊死搏杀。中国军队势如破竹，越战越勇；印军开始动摇，继而弃阵而逃。接着，中国军队奏捷"〇八"高地。印军"〇七"和"〇八"高地失守，使东线防御体系中的两扇大门被打开了，其核心防守阵地"三二"高地，已完全暴露在中国军队进攻的炮火之下。印军瓦弄防线被中国军队拦腰斩断。瓦弄机场失守，考尔冒死救败将。印军六十二旅重蹈十一旅覆辙。西山口失守，印度举国震惊。印第四军全线崩溃，霍·辛格准将阵亡，考尔中将死里逃生。

11月17日，周恩来给亚非二十多个国家的首脑写了一封长达二十多页的致函。全面阐述了中国政府在中印边境冲突中的原则立场，表达了希望和平解决争端的愿望。

12月21日二十四时，中印边境中国边防部队接到了毛泽东签署的停火命令。几乎同时，全世界获悉了中国单方面停火的消息。胜利之师，首先单方面宣布停火，这在国际上尚无先例。

中国的历史长卷，镌刻着这个民族不容侵犯的意志与渴望和平的愿望。

两个月后的1963年2月19日，在中共中央工作会议期间，毛泽东听取西藏军区司令员张国华汇报中印边界东段自卫反击作战情况时，插话说：

> 关于集中优势兵力的问题，还是老话，十则围之，五则攻之。如果是围城，就要十倍；如果是野战，就要五倍。在具体的战术动作上就不止了，就要占绝对优势。……侧后迂回，这不仅是印军怕，从古以来，哪一个军队都最怕这一手。(《在听取中印边界

东段自卫反击作战情况汇报时的插话》,《建国以来毛泽东军事文稿》下卷,军事科学出版社、中央文献出版社2010年版,第165页)

这里毛泽东说的"老话",就是本文开头引《孙子兵法·谋攻篇》中的话。有意思的是,毛泽东对"十则围之,五则攻之"还做了文字诠释:"如果是围城,就要十倍;如果是野战,就要五倍。"孙子的时代,冷兵器作战,攻城是攻坚战,野战是运动战,攻城比野战使用的兵力还要大得多。毛泽东品读和引用《孙子兵法》,绝大多数情况下是直接征引名言原句,很少做文字注解,这次大约是特例。

不仅诠释文字,而且主要是发挥思想。毛泽东听汇报插话,是谈中印边界东段反击作战,是谈典型的山地战,是谈"关于集中优势兵力的问题"。古代攻城野战,十围五攻,那么现代作战呢?"在具体的战术动作上就不止了,就要占绝对优势。"中印边境反击战,东段是攻防重点,此地战况决定战争胜负。10月20日东段反击作战,西藏边防部队以四个多团的兵力对印军一个旅,在粉碎克节朗地区印军进攻后,根据其布防前重后轻、侧翼暴露、正面宽、纵深浅的特点和地形情况,采取从两翼开刀,迂回侧后,分割包围各个歼灭的战法。于17时30分开始反击。至当天下午,印军第七旅大部被歼,旅长达尔维准将被俘。西藏边防部队乘胜兵分五路反击,收复达旺。东段其他边防部队,同时向当面入侵印军反击,拔除印军据点十多个,进逼瓦弄。东段反击战,兵力使用上"绝对优势",战术运用上"四面包围",作战目的是歼灭战。

知彼知己，百战不殆

——运用与发展之九

孙武子在他的名著中写道："知彼知己者，百战不殆；不知彼而知己，一胜一负；不知彼不知己，每战必殆。"（《孙子兵法·谋攻篇》）此段意为：了解敌人又了解自己，即使百战也不会有危险；不了解敌人而了解自己，胜败的可能各占一半；不了解敌人又不了解自己，那就每战都很危险。

《孙子兵法》中的避实击虚、我专敌分、示形动敌和兵无常势等战争指导原则，都曾经给毛泽东的军事战略建构以深刻影响，而笔者的研究结果表明，孙子"知彼知己，百战不殆"的战争指导原则，则是其中对毛泽东军事战略形成影响最为显著者。

在土地革命战争末期和抗日战争初期，毛泽东为建构军事战略，在以往接触过《孙子兵法》的基础上，着手进行深入的研究，这有许多证据：1936年10月22日，毛泽东致信叶剑英和刘鼎，要求买"战役指挥与战略的"军事书，特别强调"买一部《孙子兵法》来"，还说先前买的"战术技术"方面的兵书"多不合用"（《毛泽东书信选集》，人民出版社1984年版，第81页）；1939年秋天，郭化若打算阅读《孙子兵法》后写点文章，毛泽东得知后对郭说"要精虑《孙子兵法》中卓越的战略思想，批判地接受其战争指导的法则与原理，并以新的内容去充实它"（樊昊：《毛泽东和他的顾问》，人民出版社1993年版，第202页）；此前在中央苏区时，党内"左"倾教条主义领导者嘲讽毛泽东把"古时的孙子兵法无条件地当作现代战略"（张树德：《毛泽东与中国古典军事典籍》，中共中央党校出版社1997年版，第329页）。

这正反两方面的事例恰好说明，毛泽东的《孙子》研究，首先着眼其战略方面，是直接为其战略思维、战略建构及其战略决策、战略指导服务的。

日本现代军事评论家小山内宏说："毛泽东的战略，是从其弱者艰苦的斗争中创造和发展起来的卓越的战略。""它与孙子的战略一脉相承。"(《现代战略论》)小山内宏看到毛泽东战略与孙子战略的继承性，是很有眼力的。

"知彼知己，百战不殆"仍是科学的真理

"知彼知己"，从狭义理解指了解敌我双方情况，广义理解还可以包括彼己以外的相关情况；"百战不殆"则表述了"两知"后的战势趋向和必然结局，这就使战胜的目标建立在客观实际的基础之上。这个命题集中地体现了孙子的朴素唯物主义军事哲学精神，表明了孙子关于知与战关系的战争认识论思想具有真理的价值。孙子克服了春秋时代迷信卜筮鬼神的唯心主义战争观，认为战可知、胜可为，知是战的前提，胜是知的结果。如他所论："明君贤将所以动而胜人，成功出于众者，先知也。"(《用间篇》)只有先知，才能有正确的情况判断，才能有正确的庙算决策，作战才能"动而不迷，举而不穷"。孙子进而提出战略决策应以熟知敌我双方"道、天、地、将、法"各方面情况为基础。"知己"方面将帅要懂得各种"用兵之法""谋攻之法""知胜之道""九地之变""屈伸之利""人情之理"等，也不能忽视士卒"可以击"还是"不可以击"，这些都属于知的范围。只有先知，才能趋利避害，扬长避短，批亢捣虚，有效地利用这些条件以战胜敌人。

从1936年到1938年，毛泽东先后写作了《中国革命战争的战略问题》《矛盾论》《论持久战》等军事、哲学著作，对孙子"知彼知己"战争指导原则多次阐述，将其提升为形成正确军事战略的重要思想方法。他从战可知、胜可为，忌主观、求全面，重学习、讲使用等方面，对具有朴素唯物精神的"知彼知己"原则进行批判吸纳，发展到军事辩证法的高度，使其具有战略思维、战略建构的方法论意义。

第一，战可知、胜可为，反对战争问题上的唯心论和不可知论，客观地认识战争现象。

1938年5月26日至6月3日，毛泽东在延安抗日战争研究会上作《论持久战》的讲演，强调"知彼知己"对认识战争现象的重要，他说：

我们承认战争现象是较之任何别的社会现象更难以捉摸，更

少确实性，即更带所谓"盖然性"。但战争不是神物，仍是世间的一种必然运动，因此，孙子的规律，"知彼知己，百战不殆"，仍是科学的真理。错误由于对彼己的无知，战争的特性也使人们在许多的场合无法全知彼己，因此产生了战争情况和战争行动的不确实性，产生了错误和失败。然而不管怎样的战争情况和战争行动，知其大略，知其要点，是可能的。（《毛泽东选集》第二卷，人民出版社1991年版，第490页）

　　孙武反对有神论，反对用占卜等迷信方式去推测预断战争的凶吉胜负，明确提出"胜可知"的思想。他的"知"是建立在朴素唯物论基础之上的，他反对战争的神旨天意说和不可知论，把战争作为认识的对象，战争是可以认识的。认为战争的胜负是可以预知的，战争规律是可以认识把握的。他还强调"先知"，就是要知而后战，战而有知。

　　毛泽东和孙武子都没有把战争当成不可知的"神物"，认为战争现象、战争双方都是客观实在，因此是可知可识的。从这个意义上，毛泽东把孙子的"知彼知己，百战不殆"视为对战争规律的把握，称之为"孙子的规律"和"科学的真理"。这就坚持了战争认识和战略建构上的唯物论。

　　毛泽东明确指出了战争不是主观的东西，而是不依赖于人们头脑的客观实在，是一种客观的社会运动形式。毛泽东认为人们若想取得战争的胜利，就必须明确战争和战争规律的客观性，从对彼己敌我双方实际情况的对比分析中抽象出战略战术，在客观条件许可范围内，运用从客观中抽象出来的战略战术指导战争。这是建构战略、指导战争的唯一正确方法，否则就会变成瞎碰乱撞的鲁莽家，非陷入唯心主义的泥潭吃败仗不可。当然，毛泽东进一步揭示了认识战争规律的复杂性和局限性，那就是战争的"盖然性"特点所决定的战争指导者不可能"全知彼己"。但毛泽东并没有因此否定战争的可知性，而是科学指出"知其大略，知其要点，是可能的……实现一般的正确指导，是做得到的"（《毛泽东选集》第二卷，第490页）。他认为战争活动虽然具有不确实性，但它不是神物，仍是有端倪可察，有规律可循。要正确地指导战争，唯一的方法就是熟识敌我双方各方面的情况，找出其行动的规律，并且应用这些规律于自己的行动。毛泽东深刻细密的论述，使"知彼知己"的战争指导原则更为丰富、严谨和周延。他既肯定了孙子朴素唯物主义战争可知论命题，又从辩证唯物主义的立场出发，通过驳斥战争问题上的不可知论，科学地阐明了战争规律的客观性和可知性，对"知彼知己，百战不殆"给予了马克思主义哲学认识论的解释。

第二，忌主观、求全面，反对战争问题上的形而上学片面性，辩证地认识战争现象。

事物的两分法讲究处于统一体中矛盾的双方。战争是敌我双方的对抗行为，"知彼知己"要求的恰恰是熟知对立的双方。顾此失彼，舍掉一头，是不行的。这也就是毛泽东在《矛盾论》里提到的了解矛盾双方，这是解决一切问题（包括战争胜负）的根本方法。毛泽东说：

> 研究问题，忌带主观性、片面性和表面性。……所谓片面性，就是不知道全面地看问题。例如：只了解中国一方、不了解日本一方，只了解共产党一方、不了解国民党一方，只了解无产阶级一方、不了解资产阶级一方……一句话，不了解矛盾各方的特点。这就叫作片面地看问题，或者叫做只看见局部，不看见全体，只看见树木，不看见森林。这样，是不能找出解决矛盾的方法的，是不能完成革命任务的，是不能做好所任工作的，是不能正确地发展党内的思想斗争的。孙子论军事说："知彼知己，百战不殆。"他说的是作战的双方。唐朝人魏徵说过："兼听则明，偏信则暗。"也懂得片面性不对。可是我们的同志看问题，往往带片面性，这样的人就往往碰钉子。（《毛泽东选集》第一卷，人民出版社1991年版，第312—313页）

战争是敌我双方的暴力对抗，研究战争，建构战略，必须着眼全面，熟知彼此，否则就是思想方法上的片面性错误。孙武十分重视了解和掌握战争敌我双方情况与胜负的密切关系，比较交战双方的各种条件，探求战争胜负的规律。就是说，哪一方的国君政治贤明，哪一方的将帅有指挥才能，哪一方占据有利的天时地利条件，哪一方的法令能切实贯彻执行，哪一方的军队实力强大，哪一方的士卒训练有素，哪一方赏罚严明，据此进行分析对比，就可以判断谁胜谁负了。

战争之前认识和估价交战双方的实际情况，一般地讲，了解彼方的劣势和弱点容易，了解彼方的强项和优势，则不愿意承认；同样道理，了解熟悉己方的长处优势是比较容易做到的，但要熟悉己方的不足、缺陷是不容易的，甚至是很困难的。思想方法片面，必然导致明于知彼而暗于知己，或是相反。敌我两方面的矛盾相互制约，相生相变。在指挥战争中，要恰当利用矛盾双方相互依存、相互渗透和在一定条件下相互转化的关系，造成利于己方而不利于敌方的态势，赢得战争的胜利。

毛泽东在阐述矛盾学说时，依据马克思主义哲学的对立统一规律，特意指出孙武子说的是"作战的双方"。从"知彼知己，百战不殆"这个古典军事辩证法思想材料中，引申出了研究把握认识对象的一切方面和一切联系的全面性的观点。他的目的在于提醒战争指导者不要犯片面性的错误。毛泽东还明确指出，认识战争规律，就是认识战争客体中的彼和己两个方面，"学习和认识的对象，包括敌我两方面，这两方面都应该看成研究的对象"（《毛泽东选集》第一卷，第182页）。在战略建构中，只有坚持全面的辩证观点，才能从中找出规律性的东西以指导战争。

第三，重学习、讲使用，反对认识和实践相脱离，做到知行统一和知战统一。

1936年12月，为了总结第二次国内革命战争的经验，毛泽东写了《中国革命战争的战略问题》。在论述到学习和使用战争规律的时候，毛泽东说：

> 有一种人，明于知己，暗于知彼，又有一种人，明于知彼，暗于知己，他们都是不能解决战争规律的学习和使用的问题的。中国古代大军事学家孙武子书上"知彼知己，百战不殆"这句话，是包括学习和使用两个阶段而说的，包括从认识客观实际中的发展规律，并按照这些规律去决定自己行动克服当前敌人而说的；我们不要看轻这句话。（《毛泽东选集》第一卷，人民出版社1991年版，第182页）

毛泽东对"知彼知己，百战不殆"的战争指导原则，从认识和实践的关系上做了发挥，赋予了全新的含义。他赞扬了孙武子知战统一的可贵思想，把它看作是一个完整的战争认识过程，更深刻、更透彻地阐释了这个命题，进而把它深化和发展成为马克思主义战争认识论的重要原理。"知彼知己，百战不殆"阐明的是了解敌我双方情况和战争胜负的关系，只是一种朴素的唯物主义认识论。毛泽东运用马克思主义哲学对其加以整合和改造，借以表述自己在战争问题上的辩证唯物主义认识论观点。毛泽东把战争中的唯物论和辩证法结合起来，揭示了战争认识的辩证发展过程，强调了在学习和使用两个阶段上做到知行统一和知战统一。学习阶段就是由感性认识上升到理性认识，把握战争发展客观规律的阶段。这里所谓的知不仅是对敌我情况的感性之知，而且是上升到认识战争规律的理性之知。使用阶段就是由理性认识回到实践，自觉运用战争规律指导战争实践的阶段。所以，"知彼知己"所包括的内容十分广泛，除敌我之外，还涉及对战争指导规律和兵法原则的认识和理解。所以，"知彼知己，百战不殆"不仅揭示了了解彼己与战争胜负之间的关系，而且也触及在了解彼己的基础上，找出作战指导规律的问题，已经涉及知与行、学习与使用的关系问题，其科学价值已经远远超出军事领域，而具有普遍认识论的意义。后来，毛泽东在《实践论》中，把这一战争认识过程两个阶段的认识方法，进一步抽象为"实践——认识——再实践"的人类认识的总公式，由此深刻揭示了人类认识发展的总过程，从而丰富和发展了马克思主义的认识论。

在战争史上，有的人既不知彼，又不知己，或专凭热情，或专靠书本，或唯上是从，去指导战争与指挥作战，因而难免碰壁，难免失败。据当年在抗大参谋训练队学习的学员回忆，毛泽东在参训队讲军事辩证法时，为了通俗地解释"知彼知己"的"孙子战略"，给学员们列举了战国时代秦赵长平之战这个典型战例。毛泽东说：

赵王在长平之战中，从企图占据上党郡的主观愿望出发，不重视敌我力量的对比，轻率地决定对秦国采取战略进攻的方针。当赵军统帅廉颇在长平之战初期，经两次进攻受挫后，认为进攻力量不够，乃果断地采取战略防御。他敢于按照实际情况改变战法，不愧为杰出的军事家。而赵王急于打败秦军，又中了秦国的反间计，撤换坚持战略防御的廉颇，任命只知空谈兵法的赵括。赵括既过低估计秦军的力量，又过高估计赵军的力量，既不知彼，又不知己，轻举妄动地向秦军展开了战略决战，结果被秦军包围，最后全军覆没，使赵国处于濒临灭亡的危险境地。（程国璠：《毛泽东给抗大参谋训练队讲军事辩证法》，《军事历史》1993年第六期）

毛泽东讲的这个故事出自司马迁的《史记·廉颇蔺相如列传》。"知彼知己"的廉颇与"既不知彼，又不知己"的赵括，正反比较，两相对照，发人深省。

任何军事战略建构，深层次的东西是战略思维，而决定战略思维质量好差的关键是思想方法是否正确。毛泽东借助孙子"知彼知己"的思想材料，进行了艰辛的卓有成效的军事理论创立工作，为我党我军建构正确的军事战略，奠定了思想方法的基础。

了解对手，熟知对手

怎样才能做到知彼知己呢？怎样才能做到了解矛盾各方的情况呢？

毛泽东认为，知彼知己的重要方法是调查研究。在战争中，要想取得胜利，要调查自己一方，还要调查敌人一方，然后才能制定正确的军事战略。通过调查研究达到知彼知己，这是唯物主义的认识事物、认识战争现象的可靠方法。在古代是这样，在科学技术发达的今天，也应当如此。

毛泽东把"知彼知己"原则熟练地运用到军事战略决策过程中去。这使他更加重视调查研究，更加重视运用各种战略侦察手段，更加重视情报工作，更加重视敌我情况的对比分析。

在长期的中国革命战争中，毛泽东制定的军事战略以及每一次战役的具体战术，之所以是正确的，之所以指导战争取得了胜利，就是因为它是建立在调查研究的基础上的，就是因为它是建立在知彼知己的基础上的。

毛泽东自己曾经谈过这样的体会。1961年，毛泽东向全党提出"大兴调查研究之风"。3月下旬，在"广州会议"上，毛泽东就讲起当年在作战中间调查研究找出办法的往事：

> 我的经验历来如此，凡是忧愁没有办法的时候，就去调查研究，一经调查研究，办法就出来了，问题就解决了，打仗也是这样，凡是没有办法的时候，就去调查研究。在第二次反"围剿"的时候，兵少觉得很不好办，开头不了解情况，每天忧愁。我跟彭德怀两个人到白云山上跑了一天，察看地形，看了很多地方。我对彭德怀说，把你的三军团全部打包抄，敌人一定会垮下去。一军团打正面，那时还有四军、三军，可以打正面、打两路。如果不去看呢？就每天忧愁，就不知如何打法。（《在广州中央工作会议上的讲话》，《毛泽东文集》第八卷，人民出版社1999年版，第261页）

在广州的另一次讲话中，毛泽东说：

> 我们打仗，首先要搞侦察，侦察敌情、地形，判断情况，下决心，然后布置队伍、后勤等。历来打败仗都是情况不明。（薄一波：《若干重大决策与事件的回顾》下卷，中共中央党校出版社1991年版，

第 906 页）

毛泽东读史书看古代军事家传记，也注意从这个角度总结经验。他读《南史·韦睿传》，赞赏韦睿军事指挥的务实作风，两次写下"躬自调查研究"的批语。（《毛泽东读文史古籍批语集》，第 199 页）韦睿是南朝梁武帝手下少有的常胜将军。他之所以能做到这一点，首先就在于他能靠"躬身"的实际调查，做到事事心中有数。据《南史·韦睿传》记载，天监四年（506），梁武帝令韦睿为都督，率军攻打魏国。韦睿接受命令后，亲自作了几天的实地调查，然后决定出兵首先攻打魏国的小岘城。这个城不大，但久攻不破。韦睿好几次临城巡视。毛泽东在这段的"睿巡行围栅"处加了旁圈，并在天头上画了三个大圈，批注了六个字："躬自调查研究"，还在批注的"躬自"两字旁边加上了旁圈，进一步加重了"躬自"在调查研究中的重要意义。韦睿攻下小岘城之后，派人进攻魏所占领的合肥，也是久攻不下。韦睿到后，不急不躁，"案行山川"。毛泽东对此，也都加上了旁圈，天头上画着三个大圈，并又一次批注了"躬自调查研究"六个字。可见毛泽东对作战指挥中的亲自调查研究，详细掌握敌情，以取得战争的胜利，是多么重视，多么强调，对一千六百年前的韦睿将军能做到躬自调查知彼知己是多么赏识。

毛泽东说："……任何军事计划，是应该建立于必要的侦察和敌我情况及其相互关系的周密思索的基础之上的。"（《毛泽东选集》第一卷，人民出版社 1991 年版，第 180 页）他又说："先之以各种侦察手段，继之以指挥员的聪明的推论和判断，减少错误，实现一般的正确指导，是做得到的。"（《毛泽东选集》第二卷，人民出版社 1991 年版，第 490 页）这里说的各种必要的侦察手段，就是调查研究方法在军事斗争领域的具体运用。

孙武子认为对敌方实行侦察是掌握敌情的重要手段，用间谍搜集敌方情报是唯一可行的办法。孙子说："……五间俱起，莫知其道，是谓神纪，人君之宝也。"（《用间篇》）五种间谍都使用起来，就能使敌人莫测高深，这是神妙的要领，是国君取胜的法宝。为了达到知，就要"五间俱起"，战场上就要把"策之"（谋略刺探）、"作之"（派遣侦察）、"形之"（示形动敌）、"角之"（尝试交锋）等各种侦察手段都充分运用起来，千方百计察明敌情。（《虚实篇》）

毛泽东重视调研是很有名的。在战争指导上，受孙子"知彼知己，百战不殆"战略思想的影响，他十分重视情报工作。情报工作是调查研究在军事斗争中的具体表现。

孙武子说："能以上智为间者，必成大功。"（《用间篇》）。并举出"伊挚在夏"与"吕牙在殷"这两个上古用间的典型战例，证明"上智为间"在商朝和周朝建立中的重大历史作用。上智为间，一般的情况下都是进行战略侦察，影响到战略决策，所以其功甚伟，作用巨大。毛泽东对这个思想也很接受，1945 年 8 月底，他赴陪都重庆与国民党政府举行"和平谈判"。他在向民主人士解释重庆之行的必要性时说：

> 中国有句古话：不入虎穴，焉得虎子。谈判和打仗是一回子事，不同的是一个是流血的政治，一个是不流血的斗争。要想战胜对手，就必须了解对手，熟知对手。知己知彼，才能百战不殆嘛！宋江三打祝家庄，前两次都因情况不明、方法不对，吃了大亏。后来，梁山好汉们学得聪明起来，改变了方法，采用了孙子的论军事说，派人进去在敌人的营寨中搞了个调查研究，做了些工作，结果，李家庄、扈家庄和祝家庄的联盟开始分崩离析，盘陀路的道路也弄清楚了，并且布置了藏在敌人营盘中的伏兵，用了和外国故事中所说木马计相像之方法，于是，第三次进攻，就打了个大胜仗。
>
> 和蒋介石进行面对面的斗争，就是要更好地了解他，在战术上熟知他的同时，通过谈判，让更多的人深刻认识到蒋介石排除异己、消灭中共的错误战略思想。让人们在事实中得出结论：要打内战的不是共产党、毛泽东，而是他蒋介石执意要这么办！（李清华：《雾都较量》，中共中央党校出版社 1994 年版，第 177 页）

为了"在敌人的营寨中搞调查研究"，在谈判中"了解对手，熟知对手"，毛泽东敢于深入虎穴。毛泽东此次重庆之行，确实收到了"知彼知己"的战略侦察目的。请看他在回到延安后在干部会议上"关于重庆谈判"讲话中的一段：

> 我们解放区有一万万人民、一百万军队、两百万民兵，这个力量，任何人也不敢小视。我们党在国内政治生活中所处的地位，已经不是 1927 年时候的情况了，也不是 1937 年时候的情况了。国民党从来不肯承认共产党的平等地位，现在也只好承认了。我们解放区的工作，已经影响到全中国、全世界了。大后方的人

民都希望和平，需要民主。我这次在重庆，就深深地感到广大的人民热烈地支持我们，他们不满意国民党政府，把希望寄托在我们方面。我又看到许多外国人，其中也有美国人，对我们很同情。广大的外国人民不满意中国的反动势力，同情中国人民的力量。他们也不赞成蒋介石的政策。我们在全国、全世界有很多朋友，我们不是孤立的。反对中国内战，主张和平、民主的，不只是我们解放区的人民，还有大后方的广大人民和全世界的广大人民。蒋介石的主观愿望是要坚持独裁和消灭共产党，但是要实现他的愿望，客观上有很多困难。（《关于重庆谈判》，《毛泽东选集》第四卷，人民出版社1991年版，第1158页）

国共两党重庆谈判，不仅在谈判桌上"以谈对谈"，而且在战场上"以打对打"，如东北战场上的争夺和上党战役的交锋等。因此，这次谈判显然具有军事外交的性质。毛泽东关于"我这次在重庆"亲身感受的谈话，无疑是战略侦察后的"知彼知己"之论，对国共双方的情况洞若观火，对自身力量的估计恰如其分，对彼方战略图谋、战略趋向的分析入木三分，对国际势力的政治倾向和大后方人民群众的心理状态了如指掌，为我党我军制定一方面争取和平建国、一方面警惕国民党发动全面内战的政治军事战略，奠定了坚实的基础。

妙计就是"知彼知己"

毛泽东在指导中国革命战争中，对孙武子"知彼知己，百战不殆"战略原则非常重视，教育全党全军按照这个原则做事情，以期获得革命战争的胜利。

毛泽东本人也正是这样身体力行的，他在指导中国革命战争的过程中，整个军事指挥活动体现的正是这种知彼知己的理性精神，他的一整套战略战术以及他的军事理论体系，无不建立在知彼知己的基础上。

毛泽东把"知彼知己"原则看成是夺取革命战争胜利和建立巩固国防的基本经验。他对土地革命战争特点的分析，对抗日战争中日双方优势劣势的对比分析，对解放战争中战争进程的判断和分析，对抗美援朝战争中"联合国军"战略战术特点的分析，以及中华人民共和国成立后积极防御军事战略的形成，都是以"知彼知己"为前提、为指导、为依据的。在我军历史上，毛泽东亲自参与和组织领导制定的"十六字诀"方针游击战战略、持久战战略、"十大军事原则"、积极防御战略，等等，都是"知彼知己"的产物。

我们来看毛泽东自觉运用"知彼知己"战争指导原则确定军事战略方针的具体事例：

一、抗战前夕确定东征打击蒋阎军的战略。1935年年底，日本帝国主义把魔爪从东北伸向了华北。与此同时，国民党则叫嚷"攘外必先安内"，妄图趁中央红军初到陕北立足未稳之际，大举围剿，加以消灭。12月，党中央在瓦窑堡召开了政治局扩大会议，集中讨论军事战略、全国政治形势和党的策略路线等问题。会议决定，成立"中国人民红军抗日先锋军"，由毛泽东亲自率领，渡河东征，抗日讨逆。1936年2月20日，东征军突破黄河天险，取得晋西三捷，很快就打开了局面。3月23日，毛泽东在郭家掌召开了团以上干部会议，部署新的战略行动。会议决定将东征红军分为左、中、右三路大军。毛泽东只带领一个特务团（只有两个连的兵力）、一部电台和总部少量参谋警卫人员，以"中路军"的名义转战于晋西一带的吕梁山区，和敌人玩起了"捉迷藏"的游戏。阎锡山部队先后出动二十几个团，紧紧追赶"中路军"。在这样近的距离与数十倍的敌人周旋，电台组的干部战士不免为毛泽东的安危担忧。毛泽东却成竹在胸，他说：

> 大家不用担心。别看阎锡山的队伍数量不少，但他的战斗力不强。我们一渡河，他们便丢下沿河的堡垒，仓皇逃走；叶总参谋长只带一个小团，就能把石楼城里敌人的四个团围在城里不敢出来；他们号称"满天飞"的部队，跟我们一军团一接触，马上变成"满山飞"，到处跑，看来也不禁打。我们摸到了它这点底，所以尽可放开手脚来欺负它，引着它乖乖地到处跑。毛泽东又鼓励大家说：你们电台工作很重要。只要你们把工作做好了，把所有来往文电及时收进来和发出去，使我们掌握敌我双方的情况，就不会出什么问题。古代兵家不是有这样的话吗，知己知彼，百战不殆嘛！（张诚：《新编毛泽东故事集》，辽宁大学出版社1993年版，第139页）

一贯主张集中优势兵力打歼灭战的毛泽东，一反常态敢于用几百人"欺负"阎军的数万人，是因为他利用电台熟知敌情，摸清了阎军"战斗力不强""不禁打"的"底"。

二、解放战争后期确定渡江战役方略。1949 年 5 月 2 日，毛泽东邀约柳亚子同游颐和园。当时，解放军百万大军突破长江天险，解放了国民党政府的首府南京。两人交谈时，柳先生说："共产党要胜利，这是肯定的。共产党的路线和政策正确，合乎民意，人民拥护支持，这是胜利的基础。但是，我们没有想到胜利会这么快。人民解放军很快渡江成功，并且占领了南京，我们不知道毛主席用的是什么妙计。"毛泽东笑了笑说：

> 打仗没有什么妙计，如果说有妙计的话，那就是知己知彼，根据实际情况，做出正确的决策。还有，就是先生说的，人民的支持是最大的妙计。一百万军队要渡江，又没有兵舰轮船，如果没有人民的大力支持，是不能成功的。靠人民用土办法造木船、木排划子，在漫长的江面上，几万只木船一齐出动，直奔对岸，加上我们有很多大炮掩护，很快就过去了三十万军队。你能说这是妙计吗？这是一般的常识。但是，像这样一个普通的常识，蒋介石是不知道的。他想的是长江天险，是美帝国主义的援助……（孙琴安、李师贞：《毛泽东与名人》，江苏人民出版社 1993 年版，第 260 页）

说有人民的"大力支持"，这是知己；说蒋介石只知道靠长江"天险"、靠美帝"援助"，这是知彼。毛泽东战略决策的妙计，一言以蔽之，正在这"知彼知己"上。

三、中华人民共和国成立初确定反入侵方略。1949 年 10 月 1 日，中华人民共和国成立，中国人民从此站起来了。美帝国主义和蒋介石集团不甘心失败，酝酿着对我进行侵略、威胁和反攻。麦克阿瑟执行美国政府旨意分批释放日本战犯；重新武装日本的海军和空军，投资二亿多美元，建造远东最大的空军基地；陈纳德航空公司在 1950 年 4 月筹建"国际航空队"，这个航空队配置 P-51 战斗机和 B-25 式轰炸机，以及英制兰开斯特式轰炸机，用以扶助蒋介石集团，企图拼凑北起日本北海道，南至菲律宾的反华反共包围圈。为了反对敌人可能发动的侵略战争，中央军委开会研究对策。毛泽东于 1950 年 5 月 7 日为会议题词：

> 知己知彼，百战百胜。（庄胜贤、秦宇云、尹志清：《毛泽东

联语浅释》，漓江出版社 1999 年版，前插页第 7 页）

题词是从孙子"知彼知己，百战不殆"名句演化出来的，意在告诫与会人员充分了解敌方情况和掌握己方情况，做到知己知彼，然后去分析综合，制定有利于我的国防方略，赢得反侵略战争的胜利。后来的抗美援朝战争，证明了毛泽东战略眼光的深邃远大、战略预测的准确无误。

四、确定我军现代化建设方略。1956 年 8 月，中国共产党第八次全国代表大会前夕，国防部长彭德怀将准备在会上发言的稿《为中国人民解放军的现代化而斗争》送给毛泽东审阅。毛泽东对发言稿做了修改，其中改动并加写的一段是：

> 对于资本主义国家的军事问题我们也应当研究，以便达到知己又知彼的目的。他们的技术科学，只要是对于我们有用的，我们也应当学习。（《建国以来毛泽东文稿》第六册，中央文献出版社 1991 年版，第 193 页）

毛泽东在这里提出一个影响深远的思想：我军的现代化不仅要研究西方资本主义国家的军事问题，而且要学习他们先进的技术科学。只有这样做了，才能达到"知己又知彼"的目的。我军现代化建设的这一指导原则，很有生命力，今天仍在贯彻中。

"知彼知己，百战不殆"是冷静的理性态度在战争中的重要表现，是战争科学的真理，是使自己立于不败之地并战胜敌人的法宝。毛泽东继承和发扬了这一光辉的军事遗产，建构了克敌制胜的非凡战略，这在今天仍然有重要的启示意义。它引导我们在扑朔迷离、变幻不定的敌我对峙的双峰格局中，深察熟知彼己情况，仔细判断敌我态势，乃至涉及战略、战势、战局的一切方面，从而谋划战争，建构战略，判断战局，选择战机，规定自己的军事行动，满怀信心地去夺取反侵略战争的胜利。

看病也是"知彼知己"这个道理

——运用与发展之十

品读《孙子兵法》，毛泽东对其或评论，或运用，或发挥，大都涉及的是军事领域。他引用孙武子"知彼知己"的战争指导原则，主要谈的仍然是战争哲学和战略问题。

但事情也有例外，20世纪50年代，有一次他与保健护士长吴旭君谈到医疗和保健，就跳出了军事领域而谈起了孙子"知彼知己"原则。

吴旭君，福建德化人，1949年毕业于上海国防医学院护理科。1953年至1974年，前后二十一年任毛泽东保健护士长。有一次，毛泽东与吴旭君谈读书。谈着谈着，不知不觉谈到治病时，毛泽东说：

> 你们医生用抗生素消灭细菌，不要只看它的正面作用，权衡利弊再作决定。我就不信医院里全是"妙手回春"呐？经验不足，技术不高，责任心不强也出差错事故，重要的是要重视这反面教训，反面经验，有时给人印象更深。"知己知彼，百战不殆"，看病也是这个道理，你不了解细菌又不了解病人能看好病吗？学术界、医学界双方争论，你不了解双方的观点你能发表意见吗？（孙宝义、刘春增、邹桂兰、李凯旗：《毛泽东谈读书学习》，中央文献出版社2008年版，第326—328页）

看病也是"知彼知己"这个道理，这是毛泽东把孙武子的军事辩证法运用到医疗领域。

"用抗生素消灭细菌"，这在20世纪五六十年代还是新鲜事物，还是科学道理。但是毛泽东依据"知彼知己"的辩证法，则进一步提出不但要看它的正面作用，也要注意它可能产生的负面作用，因此要权衡利弊"再作决定"用与不用。他把"了解细菌"和"了解病人"，看作医生治疗病患的两方面，认为这样才能"看好病"，这种思维方法无疑是科学的。

现在，医学界正在研究和实践"合理用药"这个大题目。"过当过滥使用抗生素"可说是其中最普遍、最突出、危害最大的问题。毛泽东早在半个世纪前就警示人们不要相信它全是"妙手回春"，这是科学的洞见，也是科学的预见。当然，这不是因为毛泽东"能掐会算"，而是因为他掌握了"两知"的科学思维方法。

毛泽东由用药看病又扩展到学术界、医学界的"双方争论"。在"两知"方法的观照下，毛泽东提出学术上的争鸣，只有"了解双方的观点"，才能"发表意见"。这显然是能够推动"百家争鸣"，推动学术发展的正确意见。毛泽东说的道理，使吴旭君折服。两个人继续谈保健问题。

有一天，吴旭君见到毛泽东运动量少时，对毛泽东说："你整天不停地读书，可方法不够科学。""我怎么不科学？你倒说说看。""你写的《矛盾论》里说一切事物都存在着矛盾，文武之道，一张一弛，读书也该这样吧？大脑里兴奋与抑制是两个对立而统一的东西，你总是劳动兴奋，那矛盾就向另一方转化，发生抑制大脑就要疲劳。你不休息也不是劳逸结合，这不是违背辩证法吗？"吴旭君向他笑着问。"你怎么知道我这不是休息？你比我更懂辩证法？你好大的口气哟！"毛泽东歪着头在笑。"你应该进行体力活动代替脑力活动来休息一下，对晚上睡觉也有好处。""我看你的辩证法也很有限，你认为只有脑力改体力才是休息，这是只知其一，不知其二。我还有个秘密武器，你不知道。""主席你还有什么新式秘密武器呀？""一种脑力活动换另一种脑力活动也是休息。""都是脑力活动，怎么能休息呢？""你应该比我更了解，脑子这么大，功能这么复杂，感觉、思维、视听一定也是各有分工啊！我看文件累了换换报纸，看政治累了看看文艺小说，看诗词累了看看自然科学，看文字累了看看小人书，怎么样？""你还挺有办法。""我看累了还可听听京剧唱片，再不然和你吹一吹，我视力换听力，听力换语言，大脑潜力很大，我只活动一部分，让另一部分休息。""主席，你说得对，大脑里对感觉、运动、视听、语言都有不同的中枢，也各有权力范围，可总这么变换也够累的，你说不疲劳，那是真的吗？""我如果真累得不舒服，我能坚持几年、几十年吗？你要有目的，有兴趣，即使有点累成习惯就不觉得了。'发愤忘食，乐而忘忧'，这也是一种享受，如人饮水，冷暖自知，难道你就从来没体验过？""我也体验过，没你那么深。""双手劳动促进大脑的发育，'用进废退'。马克思、恩格斯、达尔文早就说过，人类的成长就是这样走过来的。"毛泽东说得悠然自得。"主席，学解剖时有一张图给我印象最深，大脑分管各部的中枢，大脑中所占密集容量不同，管手的部分特别大，拇指部分更大，口、舌、唇这些都比别的部分大，说明人类的双手、拇指、语言器官的运动与大脑的发育互相促进。大脑确是用进废退，脑力互相变换可以是一种休息方式，但脑力与体力互相变换的方式，休息的效率会是更好些。难道我的意见道理不足吗？""这回你说的还是有道理，怎么样，我们到院子里让四肢也劳动劳动？别等四肢萎缩了大脑也受牵连。"

于是，吴旭君和毛泽东的讨论停止了。两人来到长有七棵柏树的小院中缓缓散步。毛泽东对问题的认识分析，从不受书本的、世俗的、历史的、舆论的束缚。他喜欢独出心裁，独立思考，有理有据地提山独到的见解。他也经常鼓励别人"用自己的脑筋想问题"。

他与吴旭君后面的讨论，虽然没再提"知彼知己，百战不殆"的字眼儿，但仍然使用"两知"的思想方法。他们继续探讨保健中的辩证法，理解脑力与体力、紧张与松弛、兴奋与抑制、用进与废退等辩证法的各个具体范畴。毛泽东不愧是辩证法的大师。

根本上立于不败之地

——运用与发展之十一

《孙子兵法》有些名言或词语在长期流传中演化为成语，走进历代的军事生活和社会生活中，产生了持久的巨大的社会影响，如"知彼知己，百战不殆""不战而屈人之兵""攻其无备，出其不意"等，"立于不败之地"这句军事成语也是这种情况。

"立于不败之地"见于《孙子兵法·形篇》：

> 故善战者，立于不败之地，而不失敌之败也。是故胜兵先胜而后求战，败兵先战而后求胜。善用兵者，修道而保法，故能为胜败之政。

孙武子告诉人们的意思是：所以，善于打仗的人，能够使自己处于不败的地位，同时不放过使敌人失败的机会。所以，打胜仗的军队，总是在先造成取胜条件之后才去交战；打败仗的部队，总是先去交战而在战争中企图侥幸取胜。会用兵的人，善于修明政治并且遵循制胜的法度，所以能够成为胜败的主宰者。

毛泽东对孙武子"立于不败之地"的战争指导原则十分熟悉。从1936年开始，在整个抗日战争与解放战争的全过程中，多次运用它作为指导原则，阐明军事战略和政治战略的基本问题。毛泽东所指导的战争都具有首先使自己"立于不败之地"的显著特点，这使他赢得了令敌人闻风丧胆的声威，赢得了令将士信赖用命的声望，赢得了令世界友人交口称赞的战无不胜大军统帅的声誉。一名外国军事研究专家曾经这样称颂毛泽东的战争指挥艺术：

> 在本世纪20年代和30年代初期，他在一系列辉煌的游击作战中，把蒋介石及其国民党政府弄得苦恼不堪。十年后，他以游击战和运动战相结合，在中国打败了日本人。40年代后期，他在一系列得心应手的运动战中征服了中国。最后，他的部队在朝鲜阵地战中顶住了美国。哪个领袖能像他这样在这么多的不同类型的冲突中长期立于不败之地？（《外国军事学术》，增刊1983年第二十二期）

"立于不败之地"的条件是具体的，也是变化的。在各种类型的战争指导中，毛泽东谋划创立的各种各样"立稳脚跟"的方略，也是不一样的，发展变化着的。当我们仔细分析这些"先胜而后求战"的方略时，对毛泽东"立于不败之地的奥秘是什么"这样的问题也就有了答案。

这里有个理论问题要辨析，就是有的兵学家把孙武子"立于不败之地"军事原则中的"地"，仅仅理解为地理或地形，如李筌注解此句说："兵得地则昌，失地则亡。地者，要害之地。"（《十一家注孙子》，上海古籍出版社1978年版，第89页）这种解释不符合孙武子思想的本意。这里的"地"，是指地位，即使己方处于不能被打败的主动地位或有利地位。如果说占据"要地"是不败的条件，那么它仅仅是"不败"的一个条件，而孙子的"不败"条件是综合的、多方面的。孙武子说的"善用兵者，修道而保法，故能为胜败之政"，这里讲的"修道而保法"就是综合的、多方面的条件。

毛泽东没有对孙子"立于不败之地"的话作具体解释，他在运用这条原则时，是将"地"当作"地位"理解的。

有备无患，根本不败

红军长征，北上抗日，最早是在陕北的保安建立的大本营。此时是1935年年底和1936年年初。当时，东北大片国土沦陷敌手，华北也几乎全部沦为敌区。共产党人早已提出避免内战、一致对外的政治军事主张，用革命的民族战争赢得抗战的胜利，乃是拯救中华民族于危亡的当务之急。

1936年12月，毛泽东在保安红军大学讲演"中国革命战争的战略问题"，总结十年土地革命战争的经验教训，为今后的革命战争和民族解放战争提供借鉴。

毛泽东在演讲中谈到反"围剿"战争的准备。他首先说了准备的必要性："对于敌人的一次有计划的'围剿'，如果我们没有必要的和充分的准备，必然陷入被动地位。临时仓促应战，胜利的把握是没有的。因此，在敌人准备'围剿'同时，进行我们的反'围剿'的准备，实有完全的必要。我们队伍中曾经发生过的反对准备的意见是幼稚可笑的。"

进行反"围剿"战争的准备有一个困难问题，也是一个非常重要的问题，就是我军何时转入反"围剿"准备阶段。毛泽东对这个问题有成熟的经验，他说："准备反'围剿'的工作开始早了，不免减少进攻的利益，而且有时会给予红军和人民以若干不良的影响。因为准备阶段中的主要步骤，就是军事上的准备退却，和为着准备退却的政治上的动员。有时准备过早，会变为等待敌人；等了好久而敌人未来，不得不重新发动自己的进攻。"所以，毛泽东进一步展开说："断定这种时机，要从敌我双方情况和二者间的关系着眼。为着了解敌人的情况，须从敌人方面的政治、军事、财政和社会舆论等方面搜集材料。"做了这些铺垫，毛泽东结论说：

> 开始准备的时机问题，一般地说来，与其失之过迟，不如失之过早。因为后者的损失较之前者为小，而其利益，则是有备无患，根本上立于不败之地。(《中国革命战争的战略问题》，《毛泽东选集》第一卷，人民出版社 1991 年版，第 201 页)

准备时机的选择，有"失之过迟"与"失之过早"两种可能，也就是两种弊病。毛泽东认为，相对来说"失之过早"比"失之过迟"损失小，利益大。这也是"两利相权取其重，两害相权取其轻"的哲理所能证明的。因为早准备能够做到预有准备，而历史的经验是"有备无患"，准备充足才能使反"围剿"战争"根本上立于不败之地"。

反"围剿"战争准备是一项繁重复杂的军事工作。毛泽东归纳了一些具体方面：

> 准备阶段中的主要的问题，是红军的准备退却，政治动员，征集新兵，财政和粮食的准备，政治异己分子的处置等。(《中国革命战争的战略问题》，《毛泽东选集》第一卷，人民出版社 1991 年版，第 201 页)

准备的时机要选准，准备的内容要充分，即所谓"充分的准备"。反"围剿"战争的准备有哪些内容？毛泽东用十分简洁的语言一连举了五个方面。及时地抓住机会，把这些工作都做到位，红军就能"立于不败之地"，十分有把握地把进剿的白军消灭掉！毛泽东用这一成语，说明了我军早做反"围剿"准备的必要性，说明了有备无患的道理。

1936年是毛泽东三次派人购买《孙子兵法》的年头，也是他第一次把"立于不败之地"等孙武子战争指导原则公开写入自己军事著作的年头。从此时开始，每当遇到重大历史关头，他总是告诫部属与广大官兵们：有备无患，根本上立于不败之地！

我党即可立于不败之地

抗日战争与反"围剿"战争是性质完全不同的战争。我党我军屹立不败的条件，发生了许多变化。

彭德怀在抗日战争爆发后，任八路军副总指挥（第十八集团军副总司令）。与朱德总司令指挥部队开赴华北抗日前线，领导发动群众，扩大抗日武装，建立抗日根据地。1940年8月，在华北发动大规模的交通破袭战（即百团大战），沉重地打击了日伪军，使全国军民受到鼓舞。1942年8月，彭德怀代理中共中央北方局书记，领导华北军民度过抗日战争最艰苦的阶段。

1943年6月1日，毛泽东致电彭德怀，其中说：

> 我党应在此三年中力求巩固，屹立不败。对敌应用一切方法坚持必不可少之根据地，反"扫荡"反"蚕食"之军事斗争与瓦解敌伪之政治斗争均须讲究最善方策。对国民党应极力避免大的军事冲突，使彼方一切力量均用在对敌上。对人民除坚持"三三制"外，应以大力发展农业、手工业，如人民（主要是农民）经济趋于枯竭，我党即无法生存。为此除组织人民生产外，党政军自己的生产极为重要。对党内政策，一是整顿三风（应坚持一年计划），二是审查干部（清查内奸包括在内），三是保存干部（送大批干部来后方学习）。如能实施上述各项，不犯大错，我党即可立于不败之地。（《在今后三年中应力求巩固屹立不败》，《毛泽东军事文集》

第二卷，军事科学出版社、中央文献出版社 1993 年版，第 698—699 页）

毛泽东的电报告诉中共中央北方局代理书记彭德怀，抗日根据地军民的"最善方策"有四个方面：（一）对日本侵略军，主要是"坚持必不可少之根据地"，开展反"扫荡"反"蚕食"之军事斗争与瓦解敌伪之政治斗争；（二）对国民党则是"极力避免大的军事冲突"，使其把一切力量均用在对日伪敌军的作战上来；（三）对人民是坚持"三三制"的民主政治制度，大力发展经济，包括党政军民一齐动手发展生产；（四）对党内的政策，是整顿作风和审查、保存干部。

这四条可说是"四大法宝"。诚如毛泽东所说："如能实施上述各项，不犯大错，我党即可立于不败之地。"彭德怀等人领导下的华北人民抗战胜利的实践证明了这一点。

有备无患才能立于不败之地

采用"最善方略"，促使抗战一步步走近全面胜利。

1945 年 1 月 1 日，毛泽东出席中共中央举行的新年干部晚会，并作简短讲话。他说：我们的任务是团结一切力量打倒日本帝国主义。共产党员，中国各阶层人民，国际反法西斯的朋友，都要更好地团结起来。我们团结得越好，对敌人的打击也就越有力量。

这一天，毛泽东还同前来祝贺新年的郭述申等人谈话。郭述申，1941 年 1 月任新四军第二师政治部主任，同年秋天奉命赴延安，进入中共中央党校学习深造。学习期间，曾任该校第三部主任，与毛泽东熟悉。交谈中，毛泽东说：

> 同敌人斗争要有长远准备。过去只顾眼前，扩兵筹款，不久根据地也搞空了。河南的同志做得对，他们把扩大的军队留在地方，已扩大了一万多地方部队。去年各根据地生产搞得好，部队每人每日五钱盐、五钱油、一斤菜，比前几年好多了。不管敌人是早倒还是晚倒，我们都要做好准备，有备无患，才能立于不败之地。（《毛泽东年谱》中卷，人民出版社、中央文献出版社 1993 年版，第 571 页）

进入 1945 年，抗日战争已经走过最为艰难困苦的时期，日本帝国主义者的侵华战争已不可逆转地走入穷途末路，他们的"倒台"只是"早倒"与"晚倒"的问题。即使看到了胜利的曙光，毛泽东仍然要求做好对敌斗争的准备。他的基本思路是：有备无患才能立于不败之地！

可是，这种准备有两种情形：一种是"只顾眼前"，一种是"长远准备"。"眼前"要"顾"，可不能"只顾"。只顾眼前的人在根据地"扩兵筹款"，就是扩大人力增加物力，表面发展壮大了，其实把自己的根据地"搞空"弄穷了。毛泽东则主张长远准备，他举河南和"各根据地"的例子，说他们扩军后"留在地方"，年度"生产搞得好"，部队日常盐油菜粮供给"比前几年好"。两种"准备"都着眼于增加兵力和财力，但效果不同。前者客观上把根据地"搞空"，是"水落石出"式的"准备"；后者考虑到把根据地"搞实"，是"水涨船高"式的"准备"。

长远准备是养根固本。根据地发展，兵力资源雄厚，生产丰收，财力富足，抗战综合实力增强，才会立于不败之地。祝贺新年的礼节性轻松交谈中，毛泽东总结"去年"的经验和教训，以为新年度的借鉴，平淡话语说的却是"立于不败之地"的关键性问题。

持久打算才能立于不败之地

抗日战争于 1945 年 8 月取得最后胜利。这时，有两种命运摆在中国人民面前：一种是和平建国，一种是爆发内战。这年 9、10 两个月，毛泽东亲赴重庆与国民党谈判四十余天，寻求和平建国的道路。谈判过程中，蒋介石仍然指使阎锡山进攻共产党的控制区和人民军队，向进犯军下发《剿匪手册》。这表明国民党蒋介石还是想用战争手段实现自己的独裁统治。"重庆谈判"虽然签订了《双十协定》，但是国民党右派即主战派蠢蠢欲动，内战的灾难时刻都有降临中国人民头上的危险。

在这样的时局下，毛泽东提出一方面全力争取和平建国的可能性，另一方面不放松对内战可能性的高度警惕。12 月中旬，他为中共中央起草了对明年解放区工作的党内指示，后来编入《毛泽东选集》时，题为"一九四六年解放区工作的方针"，对新年度解放区的工作提出要注意的十项内容。其中第十项是：

一切作持久打算。不论时局发展的情况如何，我党均须作持久打算，才能立于不败之地。目前我党一方面坚持解放区自治自卫立场，坚决反对国民党的进攻，巩固解放区人民已得的果实，一方面，援助国民党区域正在发展的民主运动（以昆明罢课为标志），使反动派陷于孤立，使我党获得广大的同盟者，扩大在我党影响下的民族民主统一战线。同时，我党代表团即将出席各党派和无党派人物的政治协商会议，并和国民党重新谈判，为全国的和平民主而奋斗。但事情可能还有曲折。我们面前还有许多困难，例如新区域、新部队还不巩固和财政困难等。我们必须正视这些困难，克服这些困难，在一切工作布置中作持久打算，十分注意人力物力的节省使用，力戒侥幸成功的心理。（《毛泽东选集》合订本，人民出版社1964年版，1967年改六十四开横排本，第1073页）

毛泽东说立于不败之地的"持久打算"：一是坚持解放区自治自卫立场，巩固已得的果实。二是援助国统区民主运动，扩大民族民主统一战线，使反动派陷于孤立。三是我党代表团出席政治协商会议，并和国民党重新谈判，为全国的和平民主而奋斗。总的精神准备是：事情有曲折，面前有困难，必须正视困难，克服困难，在一切工作布置中作持久打算，十分注意人力物力的节省使用，力戒侥幸成功的心理。

因为前途未卜，和、战两种可能性都存在。此次毛泽东引用孙子"立于不败之地"的思想，确定"持久打算"的指导方针，主要是从政治战略与军事战略结合的层面上考虑问题。这为我党我军在军事上防范敌人新的进攻、在政治上形成民主建设框架，取得了"站位"的优势，争取了战略主动。

自己立于不败之地

共产党人虽然积极防止内战，但是蒋介石自恃兵多将广，有美国大老板撑腰，掌握全国政权，不顾多年抗战人民需要休养生息，悍然于1946年6月22日发动全面内战。一时之间，中国大地时时战火，处处狼烟。

"兵来将挡，水来土掩。"党中央决定派林彪、彭真等人组成东北局，组建"东北民主联军"，带领大批干部和十万部队长途奔赴东北，与国民党"接收"东北的"中央军"展开激烈拼争，抢占战略要地。

7月11日，毛泽东以中央名义致电林彪，对东北局"关于东北形势及任务的决议"提出修改意见，其中说："在这个一心一意准备以长期艰苦斗争去取得和平的总方针下，我们的方法，就是从战争，从群众工作，从解决土地问题改善人民生活。从其他一切努力，去增加革命力量，减少反动力量，使双方力量对比发生于我有利的变化。"

"修改意见"还指出：

> 主要应依赖自力而不应依赖外力，只有自力更生，自立自强，自己有办法，自己立于不败之地，然后国际与国内各方助我力量，方能发生作用，才是可靠的取得和平，否则就是不可靠的，是危险的。（《对东北局关于东北形势及任务决议的修改意见》，《毛泽东军事文集》第三卷，军事科学出版社、中央文献出版社1993年版，第334页）

共产党和东北民主联军怎样在东北站稳脚跟，怎样去争取和平？有两种办法：一是"依赖自力"，一是"依赖外力"。毛泽东主张前者，他一连用了四个"自"字表述"自力"的内涵，结论是"自己立于不败之地"。当时的所谓"外力"，即"国际与国内各方助我力量"。这样的"外力"，借用可以，"依赖"则不行。因为只有"自力"挖掘好了，利用好了，发挥好了，"外力"才能发生作用。毛泽东在《矛盾论》中谈矛盾的转化，强调外因是变化的条件，内因是变化的基础，外因通过内因而起作用。争夺东北，争取和平，也是这个道理。只依赖外力"是不可靠的"，甚至"是危险的"！

依靠自力更生立于不败之地

就在毛泽东电示林彪与东北局"依赖自力"争夺东北争取和平的一周以后，7月20日，他又为中共中央起草对党内的指示，编入《毛泽东选集》时，题为"以自卫战争粉碎蒋介石的进攻"。这个指示是对全党全军的要求，但其基本思路与主要观点与给林彪的电报内容是相通的，而又有发展。其中说：

> 为着粉碎蒋介石的进攻，必须作持久打算。必须十分节省地使用我们的人力资源和物质资源，力戒浪费。必须检查和纠正各

地已经发生的贪污现象。必须努力生产，使一切必需品，首先是粮食和布匹，完全自给。必须提倡普遍植棉，家家纺纱，村村织布。即在东北亦应开始提倡。在财政供给上，必须使自卫战争的物质需要得到满足，同时又必须使人民负担较前减轻，使我解放区人民虽然处在战争环境，而其生活仍能有所改善。总之，我们是一切依靠自力更生，立于不败之地，和蒋介石的一切依靠外国，完全相反。我们是艰苦奋斗，军民兼顾，和蒋介石统治区的上面贪污腐化，下面民不聊生，完全相反。在这种情况下，我们是一定要胜利的。（《以自卫战争粉碎蒋介石的进攻》，《毛泽东军事文集》第三卷，军事科学出版社、中央文献出版社1993年版，第355页）

给林彪的电报认为"立于不败之地"，主要是处理好依赖"自力"与"外力"的关系，而在这封对全党的指示电中，则把国共两党筹措战争"人力资源和物质资源"的办法进行了对比：共产党"一切依靠自力更生"，国民党蒋介石则"一切依靠外国"；解放区是"艰苦奋斗，军民兼顾"，国统区则是"上面贪污腐化，下面民不聊生"。由此，毛泽东提出新的主张，在自力更生完全自给中"使自卫战争的物质需要得到满足，同时又必须使人民负担较前减轻，使我解放区人民虽然处在战争环境，而其生活仍能有所改善"。根本上说，解放战争中粉碎蒋介石军事进攻的"不败"条件，是争取民心，动员民力，依靠人心所向和群众力量赢得战争胜利。

"奇正之变" 与原则性和灵活性

——运用与发展之十二

兵家几乎都懂"用兵贵奇"的道理。翻阅古代兵书，经常会遇到"奇正""奇兵""奇功""奇谲""出奇""用奇""使奇"这样的概念和词组，也经常会遇到"奇正之变""奇正相生"等军事哲学命题。

现代军事家或军事著作中也常讲"出奇制胜"。毛泽东品读《孙子兵法》，不仅关注这个思想，而且将其化为指导战争夺取胜利的利器。他曾经同两员战将讨论过孙武子的这个著名的战争指导原则。

毕占云懂奇正用兵的道理

毕占云，曾任武汉军区副司令员。1955年被授予中将军衔。井冈山武装割据战争时期，他任红四军特务营营长，在毛泽东的指挥下奋勇杀敌，屡立奇功。

1928年年底，井冈山的星星之火，在毛泽东这一引火人的播撒下渐成燎原之势。蒋介石不甘心于自己的失败，决心把红军彻底消灭，他调集湘、粤、赣三省的兵力，气势汹汹而来，向井冈山革命根据地进行"会剿"。

为了调动、牵制敌人，减轻对井冈山的压力，毛泽东勇挑重担，亲率红军下山，在赣南取得几仗的胜利后，率部进入闽西汀县四都镇。第二天早上9点钟，驻长汀的敌人郭凤鸣部以一个团的兵力，沿着大路杀气腾腾地向四都红军进犯。郭凤鸣系土匪出身，闽西封建割据的土皇帝之一。他依仗一旅兵力盘踞瑞金、长汀一带，奸淫烧杀，无恶不作。党代表毛泽东和军长朱德决定利用我军善攻的特点，主动迎击，打乱敌人的进攻步骤，使我军变被动为主动。这天上午10时左右，在毛泽东等人的指挥下，部队全部从四都出动。红二十八团居左，红三十一团居右，特务营紧随军部居中，齐头向前推进。

郭凤鸣部被红军突然出击，惊慌失措，招架不住，忙向长汀方向撤退。毛泽东和朱德命令特务营追击。特务营在营长毕占云的率领下，紧盯着敌人猛打，不让敌人中途集结，一直追到胜华山脚下的波溪才奉命停止下来。随后，军部和主力都赶上来了。毛泽东听取各方汇报，又征求了大家的意见，最后决定：进攻长岭，占领长汀，彻底消灭郭凤鸣。

长岭距长汀五里，山高林密，毛竹杂草丛生，地势十分险要。它是长汀南的重要屏障，我军攻城的必经之路。上午一仗，郭凤鸣被我军敲掉半个团后，亲率部队占据此山，企图凭险阻止红军进攻长汀。

次晨8时，毛泽东站在长岭山脚下，手握自卷的纸烟，和朱德交换了一下意见后，向部队发出了出击命令。随着毛泽东一声令下，我主力部队按计划分左右两路向长岭发起总攻。

毛泽东命毕占云率特务营从左翼迂回敌后，斩断敌人去路，并告诉他说：

这叫奇兵取胜！

昨天让敌人溜掉一部分，战士们很不服气，因此个个精神抖擞，不顾满山荆棘刺破手脚，大步前进，恨不得一步插到敌后，全歼敌人，好给毛委员、朱军长长长脸。

毕占云按照毛泽东的部署，率全营插到长岭左侧，斩断了敌人的退路。敌人见此处难逃，又向策田方向逃窜。很快，我军主攻方向的枪声又转向策田方向，而且越来越激烈。毕占云急令全营向枪声激烈方向增援，战士们飞似的向指定方向跑去。

特务营赶到牛头山附近，枪声已经稀落，战斗似乎结束了。这时，朱军长迎面大步走来，笑着对毕占云说："郭凤鸣被打死了！"

原来在特务营迂回的时候，主力攻上了敌人的阵地，一阵冲杀，把敌人打垮。肥胖的郭凤鸣受了伤，在马弁的拉扯下狼狈奔逃。红军战士们看见了，只一枪就把他撂倒。前后不到三个小时，郭旅三四千人，除极少数逃向濯田外，绝大部分被红军歼灭。

下午，红军押着千余名俘虏，抬着郭匪的尸体，开进长汀县城。城内居民群情沸腾，纷纷奔走相告："郭凤鸣被打死了，这回没后患了，起来干吧！""苦日子可熬出头了！""红军前天还在江西，今天就到这里，真是神兵天降啊！"毕占云自豪地向老乡们说："我们是朱毛红军！"毛泽东见了毕占云，对他率领全营断敌退路十分满意，表扬说：

占云懂兵法，知道用兵的奇正道理！（李智舜：《毛泽东与开国中将》，中共中央党校出版社1997年1月版，第310—314页）

这时，红四军由一千余人扩大到两千余人，并改编为三个纵队。军部特务营改编为第二纵队第四支队，毕占云升任支队长。

毛泽东看出了营长毕占云作战指挥中"用兵的奇正道理"。就是说毕占云既懂用"正兵"，也懂用"奇兵"。他说毕占云"懂兵法"，显然是指古代"兵法"。而较早较明确讲"用兵的奇正道理"的兵书则是《孙子兵法》。

"奇正"的军事观念，产生的时间很早，在商周时代演化成的《易经》即已滥觞，到春秋晚期的《孙子兵法》中，已有很成熟较系统的思想。

奇，指奇兵，出乎敌人意料而突然袭击的军队。《孙子兵法·势篇》："故善出奇者，无穷如天地，不竭如江河。"正，指正兵，与"奇"相对。《孙子兵法·势篇》："凡战者，以正合，以奇胜。"

奇正，古代著名的军事术语，有关用兵领域中特殊与一般矛盾关系的重要范畴。指作战时正面和侧翼、一般和特殊的兵力部署或战术配合。含义非常广泛，大体上"当敌为正，傍出为奇"；警戒守备部队为正，机动出击部队为奇；钳制敌人的部队为正，突击部队为奇；正面强攻为正，侧翼迂回为奇；先出为正，后出为奇；明攻为正，暗袭为奇；等等。在不同情况下，双方互相转化，变化莫测。《孙子兵法·势篇》："三军之众，可使必受敌而无败者，奇正是也。""战势不过奇正，奇正之变，不可胜穷也。奇正相生，如循环之无端，孰能穷之？"奇正，并没有刻板的规定，二者是相互联系、不可分割的。正中有奇，奇中有正，完全视具体战场情况相机变化，灵活运用。随着战争形态、概念内涵及运用价值的不断发展，奇正的具体含义和二者关系都会有新的内容。

具体到红四军长岭歼灭郭旅之战，主力部队红二十八团、三十一团正面进攻为"正兵"，特务营"迂回侧后，断敌退路"为"奇兵"。毛泽东很注意毕占云的侧后迂回，关门打狗。此战郭旅大部被歼，只逃走极少数人，其奥妙正在毕占云贯彻了毛泽东指挥"用奇"的战法！毛泽东赞扬毕占云懂得"用兵的奇正道理"，其实，这也是他的夫子自道。

与萧华谈"兵有奇变"

《后汉书》为我国历史上南北朝时期史学家范晔所作。毛泽东爱读"二十四史"，也常翻阅《后汉书》。

大约1954年年初，毛泽东读《后汉书》七十一卷的《皇甫嵩传》，其中有一段关于东汉名将皇甫嵩剿灭颍川"黄巾军"的记载：

> （皇甫）嵩、（朱）儁各统一军，共讨颍川黄巾。儁前与贼波才战，战败。嵩因进保长社。波才引大众围城。嵩兵少，军中皆恐。乃召军吏谓曰："兵有奇变，不在众寡。今贼依草结营，易为风火。若因夜纵烧，必大惊乱。吾出兵击之，四面俱合，田单之功可成也。"

此段书中有小字夹注，为唐朝章怀太子李贤所书。他于"兵有奇变，不在众寡"下引孙武子兵法说：

> 《孙子兵法》曰：凡战者以正合，以奇胜者也。故善出奇，无穷如天地，无竭如江海。战势不过奇正，奇正之变，不可胜也。

毛泽东读书至此，提笔批道：

> 正，原则性。奇，灵活性。（《毛泽东读文史古籍批语集》，中央文献出版社1993年版，第134页）

大概《孙子兵法》"奇正之变"的高妙见解，激活了毛泽东的思维细胞，写过批语，他兴犹未尽。4月的一天深夜，他又在中南海约见时任军委总政治部副主任的萧华将军谈话。

毛泽东请萧华坐在一张沙发上，很有兴致地拿起摊在桌子上的一本线装书，对萧华说：

> 我刚刚看了一篇好文章。你看看这一段。

说着，毛泽东指着书中的一段，把书递给了萧华。萧华看看封面，是《后汉书》。毛泽东指给他看的文章正是《皇甫嵩传》。萧华把皇甫嵩讨黄巾一段匆匆看了一遍。也注意到毛泽东在传中所引《孙子兵法》一段的旁边，用毛笔醒目地批了几个字："正，原则性。奇，灵活性。"

　　萧华看罢，看看毛泽东。他知道毛泽东好读史书，尤喜兵书，但他不清楚毛泽东深更半夜把自己找到家里来，让他看这段文字是什么意思。

　　"有何感受？"毛泽东看着问他。萧华想了一下说："孙子深得辩证法。"

　　毛泽东开了一句玩笑："你得孙子精髓。"萧华说："我可不敢当，在主席面前，只是半瓶子醋。"毛泽东说："你过谦了，若真的半瓶子，那就装满它。"萧华趁机说出了他多年的愿望："参加革命前，我上学不多，参加革命后，又没有机会系统学习，我还是想脱产学习一个时期。"毛泽东说：

　　　我看眼下不行，罗荣桓也是不会答应的。你是总政治部的壮劳力嘛。从战争中学习战争，我历来重视实践这门功课。想当年在中央苏区，李德、博古说我是山沟里的马列主义。当时我就跟他们争，山沟里为什么就出不了马列主义？长征途中，凯丰又说我只知《孙子兵法》，我就问他读没读过《孙子兵法》。

　　毛泽东说着，从沙发上站起来踱了两步，说：

　　　孙子不简单，用兵不教条。大千世界，千变万化，哪有一成不变之理。《后汉书》中提到的这个皇甫嵩也不简单，击黄巾，兵少，军中皆悲。他召集干部作动员，说"兵有奇变，不在众寡"，也是个有识有勇的统兵之才。（李镜：《儒将萧华》，解放军文艺出版社1998年版，第558页）

　　前面提到李贤注引的那段孙武子的话，出处在《孙子兵法》的《势篇》。李贤所引，与传世本《孙子兵法》的文字略有不同。传世本如军事科学出版社出版的《孙子校释》中这段话是：

　　　孙子曰：凡战者，以正合，以奇胜。故善出奇者，无穷如天地，不竭如江海。……战势不过奇正，奇正之变，不可胜穷也。

古本和今本中关于"奇正之变"的论述虽然文字略有差异，但并不影响思想主旨的表达。此段意为：大凡作战都是用"正"兵迎敌，用"奇"兵取胜。所以善于出奇制胜的将帅，他的奇谋妙策，就像高天厚地那样无穷无尽，就像江河流水那样奔腾不竭。作战的基本方法不过奇正两种，奇正的巧妙运用和相互变化，则是无法穷尽的。

孙子"奇正之变"的思想，表明他对奇正相生、奇正相变有辩证的思维和透彻的见解，是对战争指导规律的深刻体验和对战争指导艺术的深刻揭示。

毛泽东所以对孙子"奇正之变"的思想倍加关注，不仅因为他是军事辩证法的大家，而且堪称是把"奇正"用兵方法巧妙结合起来的典范。谈兵论战时，虽然他有时并不使用"奇正"的概念，但却明白无误地运用了"奇正相生"的用兵原则：

例如，抗战时期，毛泽东在《中国革命战争的战略问题》中说：

> ……为着打破某一优势敌人的进攻，在人民、地形或天候等条件能给我们以大的援助时，以游击队或小支队钳制其正面及一翼，红军集中全力突然袭击其另一翼的一部分，当然也是必要的，并且是可以胜利的。（《毛泽东选集》第一卷，人民出版社1991年版，第227页）

这里说的"以游击队或小支队钳制其正面及一翼"是用"正"，而以红军"全力突然袭击其另一翼的一部分"则是用"奇"，毛泽东断定这样用兵是"可以胜利的"。

还是抗战时期，毛泽东在《论抗日游击战争的基本战术——袭击》中谈到伏击战的实施时说：

> 配置兵力，应按照游击队兵力大小，敌人兵力大小及地形情况而定。通常以一小部（在全兵力百分之三十以下），占领险要地点，用火力杀伤和钳制敌人，而以主力埋伏于便于出击地点，实行突击。（《毛泽东文集》第二卷，人民出版社1993年版，第83页）

这里说的伏击战"配置兵力"，"以一小部……钳制敌人"是用"正兵"，而"以主力实行突击"则是用"奇兵"。与以往不同的，是毛泽东奇正易位，以通常的奇兵当敌，借以钳制敌人；以通常的正兵伏击，用来歼灭敌人。

在解放战争中，毛泽东在确定作战方针时，同样关注"以正合，以奇胜"。1947年1月25日，他在以中央军委的名义起草的给晋察冀军区将领的电报中讲"打大歼灭战的两个条件"时写道：

> 打大歼灭战的两个条件：（一）以小部兵力钳制敌之其他部分，集中绝对优势兵力打一个敌人，决不可同时打两个敌人，也不可将很多兵力使用于钳制方面。（二）以一部打正面，以主力打迂回，决不可以主力打正面，以一部打迂回。希望你们按以上两条检查过去经验，部署新的作战，好好打几个大歼灭战。（《毛泽东军事文集》第三卷，军事科学出版社、中央文献出版社1993年版，第640页）

这里讲打大歼灭战的"两个条件"，实际都是作战指挥的兵力配置问题。不管是"以小部兵力钳制敌之其他部分，集中绝对优势兵力打一个敌人"，还是"以一部打正面，以主力打迂回"，都与"战势不过奇正""以正合，以奇胜"的精神内涵一脉相通。当然，毛泽东绝不死搬教条，他的"两个条件"里体现的则是"奇正之变"，是以己之奇，对敌之正；以己之正，对敌之奇。因敌变化，不可穷尽，使敌人难以琢磨他是用正还是用奇。毛泽东则在"奇正相生"中攻无不克，战无不胜。

更为难能可贵的是毛泽东在战争指导实践和军事理论思维合力作用下，发展了孙子"奇正之变"的思想，将其升华为对立统一的军事辩证法的一对范畴——正，原则性；奇，灵活性。

对于正与奇——原则性与灵活性这对军事辩证法范畴的具体内容，毛泽东在《后汉书》天头地脚写评点时，不可能展开论述，似乎令人遗憾。可也不必过于失望，因为早在《论持久战》一文中，毛泽东就很展开地讨论过战争指导中的"灵活性"问题。他说：

> 灵活性是什么呢？就是具体地实现主动性于作战中的东西，就是灵活地使用兵力。灵活地使用兵力这件事，是战争指挥的中心任务，也是最不容易做好的。战争的事业，除了组织和教育军队，组织和教育人民等项之外，就是使用军队于战斗，而一切都

是为了战斗的胜利。组织军队等固然困难，但使用军队则更加困难，特别是在以弱敌强的情况之中。做这件事需要极大的主观能力，需要克服战争特性中的纷乱、黑暗和不确实性，而从其中找出条理、光明和确实性来，方能实现指挥上的灵活性。（《毛泽东选集》第二卷，人民出版社1991年版，第493—494页）

讲"灵活性"，毛泽东又谈到战争指导者要依据时机、地点、部队三个关节，灵活地使用和变换战术，战斗、战役和战略指挥都是如此。毛泽东还谈到，灵活性是聪明的指挥员基于客观情况，"审时度势"（这个势，包括敌势、我势、地势等项）而采取及时的和恰当的处置方法的一种才能，即所谓"运用之妙，存乎一心"。

我们还不能说毛泽东在《论持久战》中所讲的"灵活性"，就是《后汉书》批语中"奇，灵活性"的注脚。但是，一个人的思维是有连续性的，尤其对哲学思辨中同一命题（如战争指导中的"原则性与灵活性"命题）的思考更具连续性。从这个层面来看，可以把毛泽东在《论持久战》中对"灵活性"的论述，作为理解《后汉书》批语"奇，灵活性"的参照物，这并非不可理解。

总之，孙武子阐释了"以正合，以奇胜"的战争指导原则，皇甫嵩创造了"兵有奇变"的成功战例，李贤引孙子"奇正"之论注《后汉书》，毕占云懂"用兵奇正的道理"，萧华把"奇正"视为"孙子深得辩证法"——毛泽东读《孙子兵法》，在先贤时彦的战争实践和军事理论基础上，又把"奇正"概念发展为军事辩证法新范畴——原则性与灵活性。毛泽东真可谓"得孙子精髓"！

以十攻一与以十当一

——运用与发展之十三

作战指挥,孙武子主张"以十攻一"。兵力使用,毛泽东主张"以十当一"。两者之间,虽然有差异,有区别,有不同,但是在基本精神上是一脉相承的。后者是对前者的继承和发展,前者是对后者的启迪和滋润。

《孙子兵法·虚实篇》说:

> 故形人而我无形,则我专而敌分;我专为一,敌分为十,是以十攻其一也,则我众而敌寡;能以众而击寡者,则吾之所与战者,约矣。

意思是说,通过各种手段使敌人暴露真形,又采取欺敌手段隐蔽自己的行动企图,以使我军兵力集中而敌军兵力分散;我军集中形成一股力量,敌军分散多处,这样我军是以十倍的兵力攻击少数敌人,是我军兵力众多而敌军兵力寡少;能够"以众击寡",那么我军与之作战的敌人就少了。

在用兵作战时,孙武十分强调"我专而敌分"。所谓"专",就是集中兵力;所谓"分",就是分散兵力。孙武的"专"与"分",讲的是我军敌军两个方面的兵力使用状态,有定量分析的成分。我专,兵力要集中到"为一"的程度,就是主力部队集中到一处,形成"拳头",只有一个主要出击方向和打击对象;敌分,兵力要分散到"为十"的程度。就是能使敌军越分散越好。"为十",不可机械理解,指分处、数处、多处,总之使敌人分散兵力,化众为寡,化大为小,化强为弱。

　　毛泽东对孙子"我专而敌分"的作战指导原则不仅是继承，而且是在战争实践中不断地丰富和发展。孙子的这一思想启示了毛泽东的军事思维，形成了集中兵力各个击破的以弱胜强的基本军事战略。

　　他鉴于中国革命战争敌我力量对比强弱众寡悬殊的客观情况，尤为重视集中兵力的原则。他借用孙武子的遣词造句语言表述发挥说：

　　"以一当十，以十当百"，是战略的说法，是对整个战争整个敌我对比而言的，在这个意义上，我们确实是如此。不是对战役和战术而言的，在这个意义上，我们绝不应如此。……我们的战略是"以一当十"，我们的战术是"以十当一"，这是我们制胜敌人的根本法则之一。（《中国革命战争的战略问题》，《毛泽东军事文集》第一卷，军事科学出版社、中央文献出版社1993年版，第746页）

　　毛泽东在这里要表述的核心思想是"以十当一"，集中兵力打歼灭战，并将其定位为进行革命战争"制胜敌人的根本法则"。战略与战术两个层次上，前者"以一当十"，是因为中国革命力量起初处于弱小地位，而敌人十分强大，"以一当十"才能敢于革命，敢于作战；后者"以十当一"，是因为以众敌寡易于胜利，是弱者战胜强者的最佳战法，这样，才能善于革命，善于作战。

　　对这个"制胜敌人的根本法则"，毛泽东有过多次阐述：

　　我们是以少胜多的——我们向整个中国统治者这样说。我们又是以多胜少的——我们向战场上作战的各个局部的敌人这样说。（《中国革命战争的战略问题》，《毛泽东军事文集》第一卷，军事科学出版社、中央文献出版社1993年版，第749页）

　　这里的"以少胜多"，如同"以一当十"；这里的"以多胜少"，如同"以十当一"。"向整个中国统治者这样说"，就是从战略上说；"向战场上作战的各个局部的敌人这样说"，就是从战术上说。

　　毛泽东讲到井冈山时期运用游击战"十六字方针"（敌进我退，敌驻我扰，敌疲我打，敌退我追）反白军围攻时，就曾经讲到工农红军"集中主力"战法：

……红军的战略战术在很大程度上导致了军事上的胜利发展。我们在井冈山采取了四个口号，这四个口号可以约略说明我们所采用的游击战术，而红军就是从这种游击战中成长起来的。……一般说来，只要红军背离了这些口号，它就不能打胜仗。……红军最重要的一条战术，过去是，现在仍然是，能够在进攻时集中主力，随后又能迅速分散。这意味着避免阵地战，力求在运动中迎击并歼灭敌人的有生力量。红军奇妙的机动性和神速有力的速决战，就是在上述战术的基础上发展起来的。（《毛泽东一九三六年同斯诺的谈话》，人民出版社1979年版，第62—63页）

1936年12月，毛泽东在总结中央苏区时期红军反"围剿"战争的经验时，不无自豪地说：

从战略防御中争取胜利，基本上靠了集中兵力的一着。（《中国革命战争的战略问题》《毛泽东军事文集》第一卷，军事科学出版社、中央文献出版社1993年版，第745页）

中国红军以弱小者的姿态出现于内战的战场，其迭挫强敌震惊世界的战绩，依赖于兵力集中使用者甚大。（《中国革命战争的战略问题》，《毛泽东军事文集》第一卷，军事科学出版社、中央文献出版社1993年版，第746页）

在解放战争初始的1946年9月16日，毛泽东又代表中央军委起草了"集中优势兵力，各个歼灭敌人"的作战指示，其中说：

集中优势兵力，各个歼灭敌人的作战方法，不但必须应用于战役的部署方面，而且必须应用于战术的部署方面。……这是战胜蒋介石进攻的主要方法。实行这种方法，就会胜利。违背这种方法，就会失败。（《集中优势兵力，各个歼灭敌人》，《毛泽东军事文集》第三卷，军事科学出版社、中央文献出版社1993年版，第482—484页）

解放战争进行一年半以后，毛泽东根据战争条件的发展变化，创造性地提出"十大军事原则"，其中第四条是：

　　每战集中绝对优势兵力（两倍、三倍、四倍有时甚至是五倍或六倍于敌之兵力），四面包围敌人，力求全歼，不使漏网。（《目前形势和我们的任务》，《毛泽东军事文集》第四卷，军事科学出版社、中央文献出版社1993年版，第353页）

　　毛泽东娴熟于集中优势兵力攻敌于一部或一点，得手后再迅速扩大战果，从而各个歼灭敌人。他认为"这种战法的效果是：一能全歼，二能速决"，并且是"以歼灭敌军有生力量为主要目标"。

　　毛泽东还把这一兵力使用方法上升为"战略上藐视敌人，战术上重视敌人"的原则，从战略、战术的两个不同层次上予以深刻地总结和创造性地发展。积极发挥集中优势兵力的优势，变劣势为优势，变弱者为强者，变不利为有利，变战略的被动为战略的主动，进而夺取整个战场的主动权，直到消灭敌人。

　　毛泽东之所以这样强调集中使用兵力，是因为长期处于战略防御地位的弱小的人民军队，只有采取这种方法才能获得主动。在中国革命战争中，弱小的革命军队要对付强大的反动军队，就必须在战役战斗上集中绝对优势兵力，造成自己的局部优势。这样，才能以自己的局部优势去攻击敌人的局部劣势，借以将敌军战略上的分进合击和战略优势，化为我军在战役战斗上对敌军的分进合击和战役战斗的优势，使战略上处于强者地位的敌人，在战役战斗上处于弱者地位。从而，逐步转变整个战场态势，实现强弱的根本转变。

　　刘伯承高度评价毛泽东"以十当一"集中兵力的作战指挥原则，他说："毛主席的集中优势兵力消灭敌人有生力量的思想，在军事指导上是划时代的人民军队的天才指导。"（《刘伯承军事文选》，第487页）

　　集中兵力，是毛泽东用兵作战最重要的指挥原则，也是他用兵如神，及时正确地实行兵力的集中、分散和转移，攻无不克、战无不胜的"法宝"。

　　从上述叙述分析可以看出，毛泽东关于"以一当十"与"以十当一""集中优势兵力，各个歼灭敌人"的原则，在许多方面丰富和发展了孙武子有关"我专而敌分"的原则。这种丰富和发展至少包括这样几点：一是通过战略和战术的区分，细致阐述了这一原则，它较之孙武子的提法更深刻；二是从战争制胜根本法则的高度提出这一作战原则，它较之孙武子的提法更概括；三是从重要性及具体的实施方法等方面系统阐述了这一作战原则，它较之孙武子的原则更完整；四是将这一作战原则广泛运用于中国革命战争的实践，直至取得最后胜利，这更是孙武子所无法企及的。（此段参考了夏征难《毛泽东与中外军事遗产》的论述，大连出版社1997年版，第77页）

在集中兵力这个问题上，毛泽东把孙武子"分"与"合""以十攻其一"等思想有机地吸纳过来，结合中国革命战争的实际，成功地解决了弱小的人民军队如何战胜强大敌人这个困难而又复杂的问题，独步一时，俯视一代，创造了人民军队的光辉战史，导演出极为出色的战争活剧。

兵无常势，水无常形

——运用与发展之十四

《孙子兵法》中"水"字出现十五次。其中，多数指地貌、用水或水战，如"水草""水内""水上"，如"绝水""迎水""处水"，如"以水佐攻"等。还有六次用到"水"字，是以水喻兵。讲兵形，讲兵势，讲避实击虚，意味深长。

《孙子兵法·形篇》说：

> 胜者之战，若决积水于千仞之溪者，形也。（胜利者指挥军队打仗，就像从八百丈高处决开溪中积水一样，势不可当。这是一种强大力量的表现啊！）

《孙子兵法·势篇》说：

> 激水之疾，至于漂石者，势也。（湍急的流水飞快地奔泻，能够冲走石块，这是因为水势大的缘故。）

孙武子拿决放"积水"和"激水"漂石比喻兵形兵势，形容逼真，灵巧飞动。孙子以水喻兵，最精彩的段落在《孙子兵法·虚实篇》。毛泽东也很喜欢这一段：

> 夫兵形象水，水之形避高而趋下，兵之形避实而击虚。水因地

而制流，兵因敌而制胜，故兵无常势，水无常形，能因敌变化而取胜者，谓之神。（用兵的规律像水，水流的规律是避开高处而流向低处，用兵的是避开敌人坚实之处而攻击其虚弱的地方。水因地势的高下而制约其流向，用兵则要依据敌情而决定其取胜谋略。所以，用兵作战没有固定不变的方式方法，就像水流没有固定不变的形状一样。能依据敌情变化而取胜的，就称得上用兵如神了。）

这段话，文字很美，两两对仗的排比句，句式整齐，声韵铿锵，朗朗上口；更重要的是喻义深邃，义理绵长，兵机哲思，大智大慧。此段用兵名言警句不少。掌握此理，用兵"谓之神"——出神入化！

游击部队转移要像流水和疾风一样

毛泽东于 1938 年 5 月写作了《抗日游击战争的战略问题》一文。在论述游击战争的灵活性谈到转移兵力时，他写道：

　　按照情况灵活地分散兵力或集中兵力，是游击战争的主要的方法，但是还须懂得灵活地转移（变换）兵力。当敌人感到游击队对他有了大的危害时，就会派兵镇压或举行进攻。因此，游击队要考虑情况，如果可以打时，就在当地打仗；如果不能打时，就应不失时机，迅速地转移到另一方向去。有时为着各个击破敌人，有刚才在这里消灭了敌人，又立即转移到另一方向去消灭敌人的，也有在这里不利于战斗，要立即脱离此敌转移到另一方向去进行战斗的。如果敌情特别严重，游击部队不应久留一地，要像流水和疾风一样，迅速地移动其位置。兵力转移，一般都要秘密迅速。经常要采取巧妙的方法，去欺骗、引诱和迷惑敌人，例如声东击西、忽南忽北、即打即离、夜间行动等。（《毛泽东军事文集》第二卷，军事科学出版社、中央文献出版社 1993 年版，第 239—240 页）

抗日战争，游击战上升到战略地位，也是敌强我弱的态势使然。有的研究者认为，虽然毛泽东明白指出抗日战争"这样又广大又持久的游击战争，在整个人类的战争史中，都是颇为新鲜的事情"，但是他仍主张继承古代兵学中的有益内容为抗战服务。他说到的"游击部队不应久留一地。要像流水和疾风一样，迅速地移动其位置"，很可能与《孙子兵法》中所谓"兵形象水"（《孙子兵法·虚实篇》）、"其疾如风"《孙子兵法·军争篇》有关。（王子今：《毛泽东与中国史学》，中共中央党校出版社1993年版，第159页）这个推论是有道理的。1938年前后，正是毛泽东热心研究《孙子兵法》的年头，他在自己的论兵著作中化用孙武的词句，屡见不鲜。

游击部队转移"要像流水"一样。孙子的名言已见前引。"水之形避高而趋下，兵之形避实而击虚。"水之"避高"，兵之"避实"，都是转移。前者是物理，后者是事理。互相证明，讲透了用兵之道。毛泽东化用时引申一层，借用流水的快速，强调游击部队"迅速地移动其位置"，也是兵贵神速之意。

游击部队转移"要像疾风"一样。毛泽东则可能是化用《孙子兵法·军争篇》中的话：

> 故兵以诈立，以利动，以分合为变者也。故其疾如风，其徐如林，侵掠如火，不动如山，难知如阴，动如雷震……此军争之法也。（用兵打仗要奇诈多变才能获得成功，根据是否有利采取行动，才能随情况变化决定分散或集中使用兵力。所以，军队行动快速时，像疾风迅至；行动缓慢时，像微风掠过的森林；进攻敌人时，像迅猛的烈火；驻守时，像山岳一样屹立不动；阴蔽时像阴天看不见日月星辰那样；动作起来，就像迅雷闪电。……这就是军争的原则。）

日本战国时代（15至16世纪）的著名将领武田信玄把孙子"其疾如风，其徐如林，侵掠如火，不动如山"这四句话，简化成"风林火山"四个字，绣到军旗上，以培养军人的武德和战斗作风。

毛泽东则为我所用，以"其疾如风"的孙子精神来要求游击部队的机动转移，像疾风一样，"秘密迅速"，跳出险境，避开强敌，"打得赢就打，打不赢就走"。游击游击，能游才能击。游得快迅，击得狠准。游是手段，击是目的。总之，游击部队准确判断敌我态势，适时机动，快速转移，"兵形象水"，"其疾如风"，避实击虚，灵活用兵，则无往而不胜。这是毛泽东总结的制胜要诀。

"兵无常势，水无常形"

抗美援朝战争初期，不可一世的美帝国主义入侵军和仆从军，被我志愿军和朝鲜人民军打掉疯狂北犯的嚣张气焰，不得不掉头南撤，败下阵去。

可是，由于敌人是具有现代化装备的诸兵种合成军队，而我则装备较差，机动能力较弱，虽集中兵力歼灭了大量敌人，但第一次战役全歼敌之成建制单位最大是一个营。到第二次战役，也只一个团。第五次战役时，开始因口张得太大，不仅没有打成大的歼灭战，还造成一些损失。

失败的敌人也聪明起来。新换马的"联合国军"总司令李奇微发明了一种叫作"磁性战术"的打法，企图扭转战局。敌变我变。北京中南海的毛泽东也在思考对策，思考对付"磁性战术"的破敌招法。

1951 年 5 月 26 日，毛泽东在致志愿军司令员彭德怀的电报中，曾将重新总结构想的战法做了详细的指示。他说：

> 历次战役证明我军实行战略或战役性的大迂回，一次包围美军几个师，或一个整师，甚至一个整团，都难达到歼灭任务。这是因为美军在现时还有顽强的战斗意志和自信心。为了打落敌人的这种自信心以达最后大围歼的目的，似宜每次作战野心不要太大，只要求我军每一个军在一次作战中，歼灭美英土军一个整营，至多两个整营，也就够了。现在我第一线有八个军，每个军歼敌一个整营，共有八个整营，这就给敌以很大的打击了。假如每次每军能歼敌两个整营，共有十六个整营，那对敌人打击就更大了。如果这样做办不到，则还是要求每次每军只歼敌一个整营为适宜。这就是说，打美英军和打伪军不同，打伪军可以实行战略或战役的大包围，打美英军则在几个月内还不要实行这种大包围，只实行战术的小包围，即每军每次只精心选择敌军一个营或略多一点为对象而全部地包围歼灭之。（《对美英军在几个月内只打小歼灭战》，《毛泽东军事文集》第六卷，军事科学出版社、中央文献出版社 1993 年版，第 282 页）

第二天，即 5 月 27 日，毛泽东在中南海接见陈赓。陈赓即将奔赴朝鲜战场担任志愿军副司令员。接见时，志愿军参谋长解方也在座。毛泽东向解方详细询问了朝鲜战场的情况，解方不仅介绍了那里的具体情况，还总结了近阶段战役的经验教训。此时，陈赓插言说："美军不像蒋介石那样笨拙地计较一城一地的得失，很注意保持战线的连续和完整，必要时不惜放弃汉城，也要发挥其有效的机动性。李奇微的'磁性战术'，就是企图让我军吃不掉他们，又甩不掉他们，以达到疲惫和消耗我军力量的目的。"毛泽东点头赞同他们的意见，然后充满自信地说：

> 兵无常势，水无常形。在军事科技手段日新月异的现代化战争中，我们不能抱着老的作战经验不放。我们在国内战场上连续打了二十多年的仗，取得的作战经验毕竟来自现代化程度不高的国内战场。我们用老办法打歼灭战就不适应新情况了。李奇微接受了教训，动了脑子，发明什么"磁性战术"来对付我们。我们也要来个"魔高一尺道高一丈"。我们湖南家乡用稻米精制的一种粘力很强的传统糖块，一般是几斤或十多斤一块，名叫牛皮糖，糖味很甜，群众很喜欢吃，但必须用铁锤一小块一小块地敲下来，才便于吃。我们是不是可以用零敲牛皮糖的方法，对英美军作战，口不能张得太大，必须采取敲牛皮糖的办法，一点一点地去敲。彭老总知道湖南这种吃糖的办法，实际上，你们在朝鲜前线已经采取了这种战法了。（谭一青：《决胜万里将帅魂——毛泽东兵法》，中原农民出版社1996年7月版，第152页）

"零敲牛皮糖"的战法，是毛泽东针对劣势装备之我军对付敌人现代化装备大兵团作战的现实情况而提出的。这一战法的实质，是打小歼灭战。通过若干小歼灭战的积累，化小胜为大胜，最后战胜敌人。

按照新战法，志愿军和朝鲜人民军广泛组织了小歼灭战。今天你歼敌一个班，明天我歼敌一个排。虽然每次歼敌的数量不多，但许多出色的小歼灭战，打掉了敌人的士气，打得敌人惊恐万状，为赢得抗美援朝作战的最后胜利创造了条件。

"零敲牛皮糖"战法，有效地打击了拥有现代化武器装备的敌人。据统计，1951年7月10日停战谈判开始以后，小规模的战斗仍在继续。经过三个月夜以继日的连续作战，志愿军共歼敌十六万八千余人，敌我伤亡对比为二十七比一。"零敲牛皮糖"战术在这一时期的战争中产生了明显的效果。

最为可贵的，是毛泽东把孙武子"兵无常势，水无常形"的名言，看作一种思想方法，形成了一种新的战术发展变化理念，即用发展变化的观点看待战争的一切现象。

孙武子指出一切事物都处在不断变化中。他说："兵形象水"，"水无常形，兵无常势"。水无常形有变形，兵无常势有变势。战争像流动的水，时刻处于动态变势之中。水没有固定的形态，战争也没有固定的战法，都在永恒地变动变化着。战争及与战争相关联的事物，一切皆变，一切皆流，变是绝对的，不变的事物只是相对的。

既然战争内容在不断变化着，战争指导者就必须"因敌变化而取胜"，善于临事而变，根据敌变而定我之变。有了发展变化的世界观，必然会有适应发展变化的方法论，战场上也就会产生发展变化的新战法。战争指导者根据敌情我情，根据不断变化的战场形势，抓住事物矛盾的本质，拿出新的对策和新的战法，才能促使战争向有利于己不利于敌的方向转化。

就抗美援朝五次战役以后毛泽东接见陈赓等人谈话的情况看，他看到了三种战法：第一种是国内战场上"老的作战经验"，第二种是李奇微发明的"磁性战术"，第三种是毛泽东新总结出的"零敲牛皮糖的方法"。毛泽东以孙子含有朴素辩证观念的"水无常形，兵无常势"的观点，作为观察战争态势和战争规律的理论基础，毅然否定了国内战场上"老的作战经验"，提出和应用了适应朝鲜战场具体条件和环境的"零敲牛皮糖"战法，以此战胜了李奇微的"磁性战术"。须知，这时是1951年5月。所谓国内战场上"老的作战经验"，其实并不很"老"，海南岛解放不久，南方的剿匪战斗还在有些地方进行。况且，这些"老的作战经验"正是毛泽东本人总结提炼出来的。否定"老的作战经验"，是明智的自我否定，也是勇敢的自我否定！

毛泽东和孙武子都是兵学家，又都是哲学家。毛泽东汲取吸纳"兵无常势，水无常形，能因敌变化而取胜者，谓之神"思想的精髓，充分显示了兵学与哲学思想的统一。正是由于以唯物辩证法思想作基础，他提出的战法和军事原则往往具备理论和实践的双重坚实基础，建筑了一座宏伟的军事哲学理论大厦，为后世的军事理论和哲学理论的发展奠定了基础。

兵以诈立与兵不厌诈

——运用与发展之十五

"兵不厌诈",似乎是军人的口头禅。尤其在战争时期,几乎每个有军事常识的人,甚至不懂多少军事知识的人,都可以顺嘴说出"兵不厌诈"这个成语。可见这个成语流行之久、普及之广,真可谓家喻户晓、妇孺皆知。

不过,这个成语源于《韩非子·难一》,《孙子兵法》中表达这个思想的是"兵以诈立":

> 故兵以诈立,以利动,以分合为变者也……此军争之法也。(《孙子兵法·军争篇》)

孙武子的意思很明白:所以,用兵打仗要奇诈多变才能获得成功,根据是否有利采取行动,随着情况变化决定分散或集中使用兵力……这就是军争的原则。

《十一家注孙子》中诸家注"兵以诈立"着重"诈"与"立"二字上解说。杜牧曰:"诈敌人,使不知我本情,然后能立胜也。"梅尧臣曰:"非诡道不能立事。"何氏曰:"张形势以误敌也。"张预曰:"以变诈为本,使敌不知吾奇正所在,则我可为立。"(《十一家注孙子》,上海古籍出版社1978年版,第168页)

两军交战,离不开诡诈之道。《孙子兵法·计篇》中指出:"兵者,诡道也。"《十一家注孙子》注此,曹操曰:"兵无常形,以诡诈为道。"李筌曰:"军不厌诈。"张预曰:"用兵……取胜,必在诡诈。"(《十一家注孙子》,

上海古籍出版社1978年版，第18页）兵家的"道"，就是"诡道"，就是"以诡诈为道"。自古以来，"兵以诈立"一直为兵家打仗的必守之训。

孙武子归纳出诡道之术十二法："能而示之不能，用而示之不用，近而示之远，远而示之近。利而诱之，乱而取之，实而备之，强而避之，怒而挠之，卑而骄之，佚而劳之，亲而离之，攻其无备，出其不意。"（《计篇》）

孙子论军事行动的隐秘性，也包含诡诈的成分，他说："难知如阴。"（《军争篇》）"善守者，藏于九地之下；善攻者，动于九天之上，故能自保而全胜。"（《形篇》）"故形人而我无形。"（《虚实篇》）讲的是在欺敌蒙敌中隐蔽自己，洞察敌人。

毛泽东是主张"兵不厌诈"的。他说：

> 在优越的民众条件具备，足以封锁消息时，采用各种欺骗敌人的方法，常能有效地陷敌于判断错误和行动错误的苦境，因而丧失其优势和主动。"兵不厌诈"，就是指的这种事情。（《毛泽东选集》第二卷，人民出版社1991年版，第492页）

用"诈兵"目的是造成敌人的失误，使其陷入"判断错误和行动错误的苦境"。给敌以错觉，给敌以不意，就能战而胜之。

毛泽东指出，游击队不应久留一地，要像流水和疾风一样，迅速移动其位置。兵力转移，一般都要秘密迅速。经常要采取巧妙的方法，去欺骗、引诱和迷惑敌人，例如声东击西、忽南忽北、即打即离、夜间行动等。这些对游击队行动的要求，也是中国古代兵家诡诈主张的流风遗韵。

毛泽东又说：

> 我们不是宋襄公，不要那种蠢猪式的仁义道德。
>
> 我们要把敌人的眼睛和耳朵尽可能地封住，使他们变成瞎子和聋子，要把他们的指挥员的心尽可能地弄得混乱些，使他们变成疯子，用以争取自己的胜利。（《毛泽东选集》第二卷，人民出版社1991年版，第491—492页）

使敌人变成聋子瞎子疯子，其办法就在运用"诡诈之道"。战争可以用欺骗、用计谋，神秘莫测，诡计多端。

毛泽东在二十余年的战场角逐中，为了掩盖己方的真实企图，总是竭力施展真真假假、虚虚实实、隐真示假、声东击西、调虎离山等欺诈手段，使敌上当受骗。他的明智还在于对敌人的欺诈保持高度警惕，从而立于不败之地。请看一些大大小小的典型战例：

［战例之一］机诈脱险

根据客观情况，随机用诈，灵活变换制敌的方法。

如毛泽东 1938 年以别的同志的名义在《解放》第二十八期上发表的《论抗日游击战争的基本战术——袭击》中，就讲了不少机诈权变之法。其中"游击队就是在无严重敌情下撤退时，亦应伪装，例如先向假方向走若干里，再折到真正要走的道路，用以迷惑敌人"。使敌人失去跟踪追击的目标，便是一招儿。

毛泽东此法，可以说是集古人、先人与战友经验之大成。陈赓对他讲述自己机诈脱险的故事，也很有启发。

1927 年 8 月 24 日，陈赓在会昌战斗后撤退途中，负了重伤，左腿两处中弹，膝盖处的筋断了，脚腕骨被打折，不能行走。见追击的敌人赶上来，忙从山坡上滚下来，跌进一块深草的田沟里，腿上流出的血把沟里的水都染红了。待敌人来搜索时，他把腿上流出的血涂抹一身一脸，紧咬牙关躺那儿装死，结果敌人踢他一脚便走了。

毛泽东在听完陈赓给他讲这段故事时，曾经评论说："机诈权变。戏是好戏，但不宜重演！"

［战例之二］蒙敌渡江

"兵不厌诈"的重要方法是"隐真示假"。优秀的指挥员在指挥作战时无不竭"示形"之能事，即实施佯动以欺骗敌人。

1935 年 4 月下旬，长征途中的中央红军分三路从贵州进入云南，以红九军团向宣威地区发展，主力以神速动作西进攻占马龙，继克寻甸、嵩明，前锋直逼昆明。

此时，昆明国民党云南省主席、"剿共"第二路军总司令龙云十分恐慌，因其主力已调入贵州，滇境空虚，昆明几乎是座空城。他一面向蒋介石求援，一面命孙渡率部回援，同时调各地民团增援昆明。其实中央红军并未有攻打昆明的意图，只是为了迷惑敌人，威逼昆明，以便声东击西，准备渡过金沙江北上。

当蒋介石急调薛岳率第一、第二、第四等纵队向昆明赶来时，红军虚晃一枪，忽然向西北方向疾进。至此，蒋介石才恍然大悟，判明红军渡金沙江北上。于是，他急命薛岳督师跟踪追击，大叫什么"同仇敌忾，灭此朝食"。企图歼红军于金沙江以南地区。他还密电龙云、川军刘文辉，令其扼守金沙江各渡口。

4月29日，中央红军分左、中、右三路纵队连夜向金沙江前进。左纵队红一军团进抵龙街渡口时，发现这里江面宽阔，又无渡船，敌机又反复轰炸，架起的桥又被洪水冲击，难以渡过。但为了吸引、迷惑敌人，红军继续摆出渡江的姿态。右纵队红三军团乘势进至皎西、杉乐，抢占皎平渡，控制了渡口一带。

为迅速渡江，中央军委派总参谋长刘伯承直接指挥陈赓、宋任穷率领的干部团首先渡江。干部团在杉乐村时，碰上了国民党禄劝县的一个小官，他气喘吁吁地问："你们是哪个部队？"战士们回答："是'中央军'，奉命来调查河防。"那家伙信以为真，急忙说："我也刚接到通知，要到江边去'封江烧船'。"他还从口袋里取出龙云的命令给红军看。刘伯承问他："命令送到了江边没有？"那人说："还没有，但今天必须发到江边，把船烧掉，防止共军过江。"刘伯承判明敌情，立即告诉他："我们就是中国工农红军！"那家伙吓得面如土色，不知所措。于是，先头部队押上俘虏，前去找船。在艄公的帮助下，红军找到了船只，并利用俘虏兵，诱捕了敌人的哨兵，避开敌区公所和保安队。

红十三团在洪口渡虚张声势，引诱敌人，保证主力从皎平渡渡江，其他部队也相继从树节、盐井坪等地渡过了金沙江。

当敌军大队人马赶到江边时，红军已经远走高飞，踪影全无。看着激浪滚滚浩荡东去的金沙江，疲惫不堪的敌军只能望江兴叹徒唤奈何了。

对于劣势之军来说，"示假隐真"不仅可以摆脱敌人困扰，而且可以争取战场主动，迷惑敌人，打败敌人。

毛泽东指挥中央红军巧渡金沙江，实施"示假隐真"的谋略，示出南下假象，隐其北渡真形，伪装企图，欺骗敌人，从而迷惑并调动了敌人，达到了渡江北上的战略目的。

[战例之三] 佯顺敌意

以表面上顺从敌人的心理和意向，迷惑敌人，以扰乱其对我真实行动的侦察、分析和判断，使敌人在理智上犯错误，从而看不到事物的真相。

导致其获取的情报失实，判断情况失误，所定决心失策，作战行动失败。

1947年8月6日，人民解放军西北野战军为了策应陈赓兵团南渡黄河，发动了围攻榆林的战役。榆林战役打响后，胡宗南果然乖乖地听从调动，调集了主力约十个旅的兵力，长驱北上增援榆林，妄图与榆林守敌邓宝珊部对我实行合围。因敌兵力众多，我军处于不利地位，彭德怀决定我主力于8月12日撤出榆林。

敌整编三十六师师长钟松所部一二三旅和一六五旅于8月13日赶到榆林。自以为胜利完成了"解围"任务，这使钟松十分得意，国民党报纸大肆吹嘘什么"钟松师神速巧妙，榆林不战而解围"。胡宗南还骄横地断定："共军已仓皇逃窜，其主力势必东渡黄河。"

善于施谋用计的彭德怀司令员，得悉胡宗南得意忘形，并由此产生错误判断之后，决心将计就计，采取疑兵计谋，以假乱真，诱骗敌人，消灭敌整编第三十六师。他当即向毛泽东报告说："我以一部向榆林东北长乐堡方向转移，并以后方机关一部在葭县（今佳县）以北东渡黄河，迷惑敌人，调动敌人，争取主动，待机歼敌。"

毛泽东完全同意彭总的计划，并高兴地说：只要在这儿搞敌人一股，拖住胡宗南，使陈赓兵团安全南渡，反过来他们又给我们以有力的配合。到那时，西北战局和全国一样，就要大大改观，而敌人只能一天天地走向下坡路了。

此后，"西野"后方机关干部伪装成主力，从葭县以北的黑峪口渡过黄河到晋绥解放区去了，而胡宗南的空中侦察机如实地向他报告了我"主力"在黑峪口"偷渡黄河"的情况。这一以假乱真行动，的确取得了使敌信假为真的效果。而取得这一效果的关键，是彭德怀根据敌人的错误判断，顺应敌人的思维定式，使敌人信以为真。

胡宗南接到彭部主力"偷渡黄河"的报告后，急令钟松所部：共军主力已开始东渡黄河，现大部已被压缩在米脂县以北，长城以南，黄河以西，无定河以东的中间地区。整编第一军和二十九军正沿咸榆公路北上，令你师迅速从榆林南下，以便南北配合行动，把共军主力压迫到米脂以北的葭县地区，一举消灭。

信假为真的钟松，本来就被吹嘘得"昏了头"，得悉胡宗南的急令后，更是骄气十足，他夸下海口："现在要一战结束陕北问题。"他迫不及待地率部从榆林南下镇川堡，妄图与北上的两个军会合，形成钳形攻势，夹击"西野"主力于榆、米之间的狭小地区。此时，"西野"主力已在敌三十六师行进途中的必经之地沙家店东北地区设置好了"口袋阵"。

8月18日下午,"西野"一、二纵队向敌三十六师发起猛攻。此时的钟松才如梦初醒:"共军主力并未渡河!"于是,他急令一二三旅火速靠拢,而该旅觉得地形复杂,夜间行军,怕遇埋伏,决定次日行动。结果,三十六师遭到"西野"围歼。一番激战,全师覆灭。钟松乘夜暗,换上便衣潜逃。

[战例之四] 假戏真唱

假戏真做、真戏假做是诡诈欺敌又一战法。假戏真唱,有时是敌人判断失误,我则利用敌人的这种失误,以假行动迎合敌人的判断;有时是故意制造假情况,让敌人上当,做出错误判断。

解放战争中辽沈战役结束后,蒋介石判断,东北野战军至少要休整半年才能入关作战。为"顺应"蒋介石的判断,稳住傅作义,不使其南撤或西逃,也为了掩护东北野战军早日入关的秘密意图,毛泽东指示东北野战军开演了一系列"假戏",采取了一系列战略伪装措施。

他除了要求部队行动须十分隐蔽,夜行晓宿,不走山海关,而走热河境内经冷口、喜峰口出冀东外,还要求东北野战军在东北境内演一些"假戏",以迷惑敌人。1948年11月20日,毛泽东电告林彪说:

> ……除部队行动应十分荫蔽外,请东北局及林(彪)、罗(荣桓)、谭(政)令新华社及东北各广播台在今后两星期内,多发沈阳、新民、营口、锦州各地我主力部队庆功祝捷练兵开会的消息,以迷惑敌人。(《先以四个纵队夜行晓宿秘密入关》,《毛泽东军事文集》第五卷,军事科学出版社、中央文献出版社1993年版,第254页)

第二天,又指示林彪携轻便指挥机构先行入关,仍继续部署媒体舆论欺敌:

> 如林(彪)罗(荣桓)刘(亚楼)决定先走,则携带轻便指挥机构先行,并于走后一星期左右在沈阳报上登出一条表示林(彪)尚在沈的新闻,并经新华社广播。(《东北部队入关的时间路线和任务》,《毛泽东军事文集》第五卷,军事科学出版社、中央文献出版社1993年版,第256页)

细心的毛泽东还考虑到沈阳附近有敌特电台，要求沈阳附近的"东野"部队推迟出发时间，以稳住敌人。否则，部队一出动，敌必察觉。兵不厌诈，毛泽东可说是运用到家了。

[战例之五] 饵兵诱敌

《孙子兵法·计篇》："利而诱之。"即对贪功图利的敌人抛出钓饵，诱其上钩。一般情况下，"诱敌深入"的"诱兵"，即是"饵兵"。兵法还讲：饵兵勿食，即不要上"饵兵"的当。对"饵兵"，既要用，又要防！

毛泽东也曾多次提及此法。他在为纪念抗日战争两周年时写的《反对投降活动》一文中，斥责了那些认为日本帝国主义能够觉悟能够让步的欺人之谈后，揭露日本灭亡中国的根本方针是绝不会改变的。武汉失守后，日本鬼子的甜言蜜语绝不可信，例如所谓放弃"不以国民政府为对手"的方针，转而承认以国民政府为对手，例如所谓华中、华南撤兵的条件等，"乃是诱鱼上钩取而烹之的阴险政策，谁要上钩谁就准备受烹"。

1939年9月1日，毛泽东在对《新华日报》记者谈关于国际新形势时，批驳了日本"以华制华""以战养战""军事扫荡"等政治、经济、军事政策之后，又一针见血地指出："在某种适合于日本的时机，日本将发起东方慕尼黑阴谋，以某种较大的让步为钓饵，诱胁中国订立城下之盟，用以达其灭亡中国的目的。"这两次都是提醒人们"饵兵勿食"！

毛泽东不仅能及时识破敌人"以利钓鱼"阴谋战法，而且也能运用此法制敌。在抗美援朝战争的头两次战役中，他就连用此法。1950年10月25日，志愿军第四十军一一八师，激战一小时，在温井全歼伪六师一个加强步兵营之举，揭开了抗美援朝第一次战役的序幕。10月27日，伪六师两个营在温井以东龟头洞地区，与志愿军第四十军一二〇师交战，彭德怀遵照两天前毛泽东"吸引敌主力增援"的电示精神，决心以攻击龟头洞之敌为诱饵，引熙川、云山之敌来源，然后集中第三十八、第四十军和第三十九军主力予以歼灭。但由于敌人过于狡猾，仅伪八师两个营来援，其余敌人没有入套。志愿军遂顺手牵羊，令第四十军将龟头洞地区敌四个营歼灭。

又如在第二次战役中，毛泽东发现敌人恃强骄傲和轻视对方的心理，及时电示彭德怀、邓华、宋时轮、陶勇、覃健要适时"以利钓鱼"。志愿军在敌人发起试探性进攻时，一面抗击，一面有计划地后撤，示敌以弱，造成敌之错觉。同时以多种手段察明敌人企图与部署。当发现敌因惧歼而行动谨慎，不敢长驱直入时，于11月17日，第三十八军、第三十九军和第四十军又继续后撤至云山、球场洞以北地区，以解除敌人疑虑，让敌人大胆前进，步步上钩。11 月 24 日，敌发起总攻后，志愿军主力按预定作战方针，继续诱敌深入，使敌人的错觉继续增大增强，达到了骄纵、消耗、疲惫、分散敌人之目的。待西线之敌供应线拉长、右翼暴露、后方空虚，进入对志愿军有利的作战地区时，西线志愿军突然发起攻击，给敌以出其不意的打击，为整个战役的胜利和发展，创造了极为有利的条件，最后钓到了大鱼。

古人说："战阵之间，不厌诈伪。"毛泽东深得《孙子》"兵以诈立"的精神，他的用兵风波诡谲，奇计百端，疑敌、惑敌、欺敌、诈敌故事实难道尽。

避其锐气，击其惰归

——运用与发展之十六

《孙子兵法·军争篇》有一段兵家名言，在古代兵书中常常被引用，乃至在现当代军事理论著作中也时常见到。这段名言是：

> 故三军可夺气，将军可夺心。是故朝气锐，昼气惰，暮气归。故善用兵者，避其锐气，击其惰归，此治气者也；以治待乱，以静待哗，此治心者也；以近待远，以逸待劳，以饱待饥，此治力者也；无邀正正之旗，勿击堂堂之阵，此治变者也。

孙武子的意思是说：对于敌人的军队，可以打击他们的士气；对于敌人的将领，可以扰乱他们的决心。为了这个缘故，所以必须知道：军队士气与人们精神状态一样，早晨的气势饱满，中午逐渐懒散，傍晚就更疲乏。因此，善于指挥军队作战的人，总是避开敌人（初来时）的锐气，等待敌人懒散疲惫的时候再去打击他们。这是掌握军队士气的原则。用自己的严整来等待敌人的混乱，用自己的镇静沉着来等待敌人的烦躁惊慌。这是掌握敌人将领心理的原则。用自己部队的接近战场来等待敌人远道而来，用自己部队的养精蓄锐来等待敌人的奔走疲劳，用自己部队的饱食来等待敌人的饥饿。这是掌握军队战斗力的原则。不去急袭旗帜整齐、配备周密的敌人，不去攻击阵容强大、实力雄厚的敌军。这是掌握战略战术机动变化的原则。

《军争篇》主要是讲"战略进攻"的。孙子在这里提出了战略进攻中对敌军"夺气夺心"的"四治"：即"治气""治心""治力""治变"。

孙子强调战争指导者要掌握敌人士气、心理、战斗力、阵地等一系列情况，来灵活地变换战略战术。难得的是，孙子充分认识到了精神因素的好坏，在实现战争目的中积极或消极的重要作用。孙子就此问题展开了全面而深入的论述。

孙子的这段论述，常为后世兵家所推崇。尤其是"避其锐气，击其惰归"一句，更成为擅长兵学者所论及，并在战争实践中屡试不爽，被兵家视为必须严格遵守的著名军事准则。

毛泽东在孙子军事思想中，对"避其锐气，击其惰归"这句名言有特殊的好感。这并不是有意玩味，而是他指挥的革命军队总体上、战略上处于劣势的实际需要要求他这样做。

在军事理论上，毛泽东引用"避其锐气，击其惰归"一语，在于纠正"左"倾冒险主义的错误做法，论证革命战争中积极的"战略退却"的意义和原则。他把孙子这个指导战略进攻的军事原则，改造成指导战略退却和战略反攻的用兵方针，这正是毛泽东不拘泥古人活用兵法的可贵之处！

待其疲惫而歼灭之

毛泽东较早运用"避其锐气，击其惰归"的孙子用兵原则，发生在中央苏区的第一次反"围剿"战争中。

1930 年 10 月，蒋介石在"中原大战"中战胜了冯玉祥、阎锡山之后，便迅速将主要兵力转向"围剿"南方的革命势力，对共产党领导的红军和革命根据地，由过去一省或几省军阀的"进剿""会剿"，升级为全国统一组织的大规模"围剿"，并把红一方面军和瑞金中央根据地作为"围剿"的重点。

蒋介石以国民政府主席的名义发布了《告误入共产匪党民众书》，同时由南京出发，视察各地"共军叛乱"情况。

10 月 23 日蒋介石抵达南昌，立即召集湘鄂赣三省党、政、军高级官员举行"剿匪军事会议"，商讨"剿共作战计划"，集中攻击"盘踞在赣南和闽西边境所谓中央苏区的朱德、毛泽东共军"。

蒋介石认为赣西南根据地的红一方面军，是各地红军中实力最强的部队，"此股一经扑灭，其余自易解决"，决定动用第六路军、第九路军、第十九路军及航空队等，总计兵力约十万人，以鲁涤平为总司令，张辉瓒为前线总指挥，采用数路分进、长驱进入、分进合击的战术；西自吉安，东到建宁，由北而南，挺进穷追，南北夹击，企图把布防在赣中袁水两岸的红一方面军包围歼灭。

蒋介石命令第九路军第十八师师长张辉瓒率部从南昌出发，沿赣江溯流而上，到达赣中重镇樟树，然后绕道南下，经崇仁、戴坊等地，摸到了红一军团的屁股后头，驻扎在永丰县城，以配合他南北合击的战略意图。

精心部署一番之后，蒋介石两眼露出凶光，弦外有音地说："诸位听明白，今后，任何人，不管这个人从前同我有什么关系，都要泯除一切门户之见，大家精诚团结，一致对敌！限三省剿共军在一个半月内夺回失地，消灭赤匪，否则以违令论！"这个"剿匪军事会议"散场之前，蒋介石又向大家表示，他将往返于南京与南昌之间，亲自督促"进剿战事"。

蒋介石用"分进合击，长驱直入，外线作战，猛进猛打"十六个字来对付毛泽东的"敌进我退，敌驻我扰，敌疲我打，敌退我追"十六字方针。蒋介石不信他的十万正规军斗不过毛泽东那三四万"工农武装"，他的十六字诀玩不过毛泽东的十六字诀。在一次演讲中，蒋介石非常自信地说："对于剿匪的军事部署都很妥当。我想三个月内，肃清共匪一定没有什么问题。……过去谣传哪一县的共匪怎么厉害，军事计划如何周密，实在都是无稽之谈。"蒋介石挟"中原大战"胜利之威，兵悍将骄，浩荡南进，锐气正盛。

就在蒋介石进行三省"围剿"军事部署，自以为得计之时，毛泽东已决计率领红一方面军主动撤出吉安，总前委根据当面敌情，改变在湘江、赣江之间机动作战的原计划。

10月下旬，红军第一方面军约四万人，正在清江至分宜段的袁水流域活动。根据获得的情报，基于敌强我弱、敌大我小的客观情况，红一方面军总前委书记毛泽东提出了"诱敌深入"的作战方针和东渡赣江，在根据地中心集中兵力，各个歼灭敌人于运动中，打破敌"围剿"的主张。10月30日，红一方面军总前委"罗坊会议"通过了上述方针和主张，并据此做了以下准备工作：对红军和苏区人民进行政治动员；组织群众实行坚壁清野；部署游击战；建立支援红军作战组织等。

11月1日，毛泽东和红一方面军总部在江西新余罗坊的园前村下达了《诱敌深入赤色区域，待其疲惫而歼灭之》的命令，其中第二项：

（二）方面军以原任务拟诱敌深入赤色区域，待其疲惫而歼灭
之。决以主力移到赣江东岸，相机取樟树、抚州，发展新淦、吉

水、永丰、乐安、宜黄、崇仁、南丰、南城各县工作，筹措给养，训练部队。（《毛泽东军事文集》第一卷，军事科学出版社、中央文献出版社1993年版，第181页）

11月5日前后，在毛泽东的指挥下，红一方面军以第三军留在赣江西岸监视敌人，总部率主力从袁水流域东渡赣江，两次主动进行大踏步战略退却。转到新淦（今新干）、崇仁、南城、宜黄、永丰之间地区，做群众工作，筹措给养，训练部队。12月上旬，又退却到根据地中部，即宁都的黄坡和小布地区，从而把敌军主力张辉瓒和谭道源两师诱至根据地中部。

11月2日，敌将"围剿"军分编为三个纵队从北、东、西三面，以"分进合击"的战法向红一方面军发起进攻。

11月5日，敌人首先扑了个空，又以主力继续向赣江东岸逼近。红一方面军除以少数兵力配合地方武装，迟滞、迷惑敌人，诱敌就我范围外，主力实行"求心退却"，于11月26日全部退到东固、南垅、龙冈地区。12月1日，又秘密转移到黄陂、小布、安福圩地区，隐蔽待机，进行作战准备。

12月16日，各路敌军开始向我根据地中心区进攻，至28日，先后进占万安、泰和、东固、源头、广昌、建宁一线，东西相距八百里。在我集结地域周围的敌军有五个师：左路第十八、第二十八师进至富田、东固、南垄；中路第五十师进至源头；右路第二十四师进至洛口，第八师先头进至头陂。由于敌军深入我根据地，战线拉长，兵力分散，又不断遭到红军和赤卫军、少先队的袭扰，士气沮丧，饥饿疲惫等许多弱点都暴露出来，造成了红军反攻的必要条件和有利态势。

12月29日，敌前线总指挥、第十八师师长张辉瓒率师部及两个旅主力向龙冈推进，急于寻找红军主力决战。该地区人民条件和地形条件均对红军有利，敌人又是孤军冒进，于是红军主力秘密西进，埋伏在龙冈附近山中。12月30日，当敌张辉瓒率其师部及两个旅，由龙冈进至小别附近时，即遭我猛烈攻击，连张辉瓒在内的九千余人全被歼灭。

闻听张辉瓒师被歼，在源头的谭道源师仓皇东撤。红军乘敌阵势混乱，挥戈东向，星夜向东韶疾进。1931年1月3日，谭师退到东韶，立足未稳就遭红军突袭，被歼半数，俘敌官兵三千余人，残敌向南丰方向溃逃。

这次反"围剿"，红军第一方面军实行"诱敌深入"的作战方针，五天内打两仗，歼国民党军一个师部、三个多旅，共毙伤俘敌一万五千余人，缴获各种武器一万二千余件，其余敌军畏于被歼纷纷撤退。至此，国民党军对中央苏区的第一次"围剿"被彻底粉碎。

"围剿"的敌人撤退以后，红一方面军乘胜转入进攻，至三月中旬，在永丰、乐安、南丰、广昌、宁都等县境内，消灭了一些地主武装，恢复和加强地方武装，发动和争取了几十万群众，巩固和扩大了中央根据地，为粉碎敌人以后的"围剿"创造了有利条件。

面对气势汹汹而来的十万"围剿"大军，毛泽东确定的战争指导原则是"诱敌深入赤色区域，待其疲惫而歼灭之"！这正是孙子"避其锐气，击其惰归"作战方略在革命游击战争中的运用。把十万"围剿"军诱入红色区域，他们就失去了阵地，失去了依靠，失去了辎重供给，失去了大部分优势，并发生种种过失，暴露出劣势。正如毛泽东指出：战略退却，"从前的军事理论家和实际家也无不承认这是弱军对强军作战时在战争开始阶段必须采取的方针"。又指出："弱军对于强军作战的再一个必要条件，就要拣弱的打。然而当敌人开始进攻时，我们往往不知敌之分进各军何部最强，何部次强，何部最弱，何部次弱，需要一个侦察的过程。往往需要许多时间，才能达此目的。战略退却的所以必要，这也是一个理由。"从一定意义上说，红一方面军第一次反"围剿"战争胜利的原因，具体吸收、改造孙武子军事思想中的"避锐击惰"、避实击虚积极因素可算重要一条。

强而避之，拣弱敌打

蒋介石在对中央苏区第一次"围剿"失败以后，于1931年2月，派何应钦为"陆海空军总司令南昌行营"主任，调集十八个师又三个旅约二十万人的兵力，对中央苏区发动第二次大规模"围剿"。

蒋介石确定这次"围剿"的方针和原则是：以厚集兵力，严密包围及取缓进为要旨，以主力分别由东、北、西三面进剿，一部由南面协剿，稳扎稳打，步步为营，逐渐紧缩包围圈，彻底消灭红一方面军，摧毁中央苏区。

二三月间的一天，毛泽东、朱德、周恩来、彭德怀、叶剑英等在龙冈开会，讨论第二次反"围剿"的作战方针。

毛泽东客观地分析了当时的军事形势，指出"围剿"军虽然有二十万，与第一次"围剿"时一样，都不是蒋介石的嫡系，与蒋介石有矛盾，各部派系复杂，动作不协调。其中第五路军从北方新到，胆薄恐惧，是个弱敌，可以先打。毛泽东的发言赢得了普遍的赞同。

彭德怀支持毛泽东的意见。他一向总是不那么习惯引古论今，这次一反常态，他谈了自己对形势的看法，以及红军应持何种战法以后，还引用了《管子·制分》中关于"强而避之"的一段话，指出凡进攻作战，打强点就会碰钉子，打弱点就容易成功。攻击敌人的强点不克，其弱点也会变成强点；乘虚先击破敌人的弱点，其强点也会变成弱点。

彭德怀认为，毛泽东讲的诱敌深入，避其锐气，拣弱敌打，旨在灵活运用以屈求伸的辩证形式，其内容是积极的可取的。他强调指出，这种"强而避之，击其惰归"的战法，和《管子·制分》里的主张颇相似。这一战法不仅适用于古代战争，也适用于今天的反"围剿"作战。（黄丽镛：《共和国元帅读古书实录》，上海人民出版社1995年版，第98页）

"避其锐气，拣弱敌打"，是毛泽东活用孙子"避其锐气，击其惰归"思想又一做法。毛泽东指出："弱军对于强军作战的再一个必要条件，就是拣弱的打。"（《毛泽东选集》第一卷，人民出版社1993年版，第208页）拣弱敌打，讲的是要正确地选择作战对象，是改变敌强我弱形势的重要战法，是实现歼灭战的一条重要原则。这一战法的意义，在于使我军保持作战的主动权，每战都能确有把握地歼灭敌人。不打则已，打则必胜。

彭德怀引用《管子·制分》中的话是："凡用兵之法，攻坚则韧，乘瑕则神。攻坚则瑕者坚，乘瑕则坚者瑕。"管仲是说用兵打仗的方法，进攻敌人的强点会受挫，乘虚攻击则会取胜。攻击敌人的强点，其弱点会变成强点；攻击敌人的弱点，其强点就会变成弱点。管仲和孙武都是春秋时代的人，管仲《制分》中的话与孙武《军争篇》的话，可以互相证明。

关于在会议上引用《管子·制分》中这段话，时任红一方面军总部参谋处长的郭化若的回忆与此略有不同。他在回忆第二次反"围剿"战争的文章《横扫七百里的辉煌胜利》中说：

4月18日，苏区中央局扩大会议继续举行，各军军长、政委和红三军团的总指挥、总政委都到了。在面对敌人的第二次"围剿"，打不打的问题基本上解决后，紧接着讨论怎样打的问题。毛泽东从实际出发，以充分的理由说明了对这一次各个歼灭敌人的大体设想，和在打破"围剿"后转入战略进攻时的发展方向。毛泽东的意见提出后，大家都表示同意。关于先打弱敌还是先打强敌，毛泽东在会后闲谈时指出：

> 他们不懂得在战略上也应打弱的道理，是古已有之的。《管子》中说："故凡用兵者，攻坚则韧，乘瑕则神。攻坚则瑕者坚，乘瑕则坚者瑕。"不是古人早已讲过了吗？（《历史研究》1978年第一期）

仔细分析，郭化若的回忆与彭德怀的回忆，在细节上不仅不矛盾，而且可以互相补充。引用《管子·制分》中关于"攻坚"与"攻瑕"的名言，彭德怀是在会议上讲的，毛泽东是在"会后闲谈时"说的。两人都赞成"攻瑕"，也就是"拣弱敌打"。

毛泽东继承和发展孙武和管仲"击惰""攻瑕"这一古代兵法思想，提出从北方远道而来的王金钰第五路军是"弱军"，这首先把反"围剿"的弱敌选准了。如果"弱敌"选不准，就会出现"攻坚则韧"，"攻坚则瑕者坚"的情况。敌人的弱点，一靠找，二靠造。任何敌人绝不会像钢板一样，在相对的条件下，总有弱点可找，有缝隙可乘。敌之弱点暴露，更利于我的攻击。

面对国民党军新的"围剿"，中共苏区中央局和红一方面军总部领导红军和人民群众进行了反"围剿"准备，也就是采取了各种使"强敌"变"弱敌"的措施：3月中旬，将中央苏区划分为十个游击区，并规定了各游击区地方部队和群众武装扰敌、堵敌、诱敌、截敌、毒敌、捉敌、侦敌、饿敌、盲敌、袭敌十项任务；3月下旬，红一方面军派出少数兵力监视北面"围剿"军，主力由永丰、乐安、宜黄、南丰以南地区南移至广昌、宁都、石城地区，进行反"围剿"作战训练；苏区各级政府组织动员人民群众进行坚壁清野和支援红军作战。

4月1日，"围剿"军兵分四路，以宁都为目标，大举进攻。各路国民党军在红军部分兵力及地方武装和赤卫队、少先队的阻击、袭扰下，行动缓慢，至23日始进至江背洞、龙冈头、富田、水南、严坊、招携、界上、横石、广昌一线。

在此期间，中共苏区中央局多次研究讨论红军的作战行动方针，根据毛泽东的意见，决定继续采取"诱敌深入"的方针，把敌人引到苏区内，集中优势兵力先打较弱的王金钰第五路军，继而由西向东横扫，各个击破，彻底粉碎"围剿"。据此，红一方面军三万余人在总司令朱德、总政治委员毛泽东指挥下，4月20日由宁都、石城、瑞金地区秘密转移，23日转至龙冈、东固地区隐蔽集结。红一方面军主力在东固山区持重待机二十余日。

5月13日，王金钰的第二十八师和四十七师一个旅终于脱离其富田阵地。14日和15日，红一方面军总部相继下达了歼击由富田出犯之敌的作战命令和补充指示。16日，红军主力向正在东进的第二十八师和第四十七师一个旅展开攻击，经一昼夜激战，将其大部歼灭，残敌逃向水南。红一方面军择弱攻击，首战告捷，随之向东横扫。从16日至31日，横扫七百里，五战皆捷，歼灭"围剿"军二万余人，缴枪二万余支，痛快淋漓地粉碎了国民党军的第二次"围剿"。

接着，红军转入进攻，解放了闽赣边界的黎川、南丰、建宁、泰宁、宁化、长汀等广大地区，分兵发动群众，进一步巩固扩大了中央苏区。

我们只好避其锐气

蒋介石不甘心对中央苏区两次"围剿"的失败，很快又于1931年6月组织了第三次"围剿"。蒋介石自任"围剿"军总司令，何应钦任前线总司令。调集了二十三个师又三个旅约三十万人的兵力，以其嫡系部队五个师十万人担任"围剿"主力，采取"长驱直入"作战方针，企图首先击破红军主力，摧毁根据地，然后再深入进行"清剿"。

7月1日，蒋介石发出第三次"围剿"命令，驱使他的军队立即离开南昌、吉安和抚州，向苏区"围剿"。第三次"围剿"来得这样快！第一、第二次"围剿"之间相隔三四个月，而第三次和第二次之间只隔一个来月，这是毛泽东也没有料到的。

当时，红一方面军经过两个多月紧张艰苦的行军作战，未休整也未补充，根据地内地主武装尚未肃清，赣南、闽西两块根据地尚未完全连成一片，王明"左"倾冒险主义干扰又在加剧，可谓困难不小。

"看起来，蒋介石想打我们个措手不及。"毛泽东说着点燃一支香烟，用力吸着。"我们先要把拳头收回来，再考虑怎么打出去的问题。"朱德说。

"我上次在前委会上说过，如果敌人只从南丰来打我们，就好办。可以诱敌深入到宁都、黄陂、小布，甚至宁城来打。"毛泽东弹了弹烟灰：

"要是敌人多路向我们进攻就不好办。现在敌人是多路齐头并进，而且是先要端我们的老窝，这就有点麻烦了。我们只好'避其锐气，击其惰归'。先实行极端退却，把苏区让出来，退到苏区后部去。"

朱、毛分析敌情，研究对策，直至黄昏。

7月10日，毛泽东率领总前委和总部人员离开建宁，向赣南转移。

这时敌军已从南城、南丰及吉安、永丰、乐安等方向压过来。但毛泽东镇定自若，从容迈步。

当晚毛泽东召集几个军的首长商讨行动问题。会上先由参谋长讲了敌情，军首长汇报了情况，毛泽东拿出了第一个作战方案：

> 由兴国经万安突破富田一点，然后由西而东，绕至敌后，向敌之后方联络线横扫过去，让敌主力深入赣南根据地置于无用之地，此为第一阶段；及敌回头北向，必甚疲劳，乘隙打其可打者，为第二阶段。此方针之中心是"避敌主力，打其虚弱"。（樊昊：《毛泽东和他的军事谋士》，中央文献出版社1999年版，第137—144页）

这次敌人的"围剿"，是由蒋介石亲自指挥的。蒋介石也不是一点韬略都不懂的，他确定的这次"围剿"的重点就是"雩、瑞、石、汀"四县，这和毛泽东确定的反"围剿"作战的战场是一致的。蒋介石的总方针是"厚集兵力，分路围攻，长驱直入，先求击破红军主力，捣毁红军根据地，然后再逐渐清剿"。

毛泽东棋高一着是早料到蒋介石要进攻根据地，先令苏区坚壁清野。而蒋介石棋输一着是他进攻根据地"得手"，并不知道是扑空。7月30日，他给北平、汉口等文武官员发电，吹嘘："赣南各匪老巢东固、龙冈、黄陂、小布、古龙冈皆已为我军击破，确实占领，散匪不难于十日内肃清也。"

蒋介石动用这么多部队，闯入根据地内东奔西突，给红军的行动确实带来了许多困难。毛泽东在分析敌情、部署作战方案时说："这次敌人十倍于我，如果进攻的敌人规模没有这么大，有一路从闽赣之间的建宁、黎川、泰宁前进，我们也可以在闽西白区集中，打破此敌，不必绕千里走瑞金了。"

国民党军深入苏区二十余日，一直未找到红军主力，7月底发现红军主力在兴国地区，立即以其主力分路向西向南疾进，企图压迫红军主力于赣江边消灭之。

7月31日，红军在获悉敌军主力正向兴国方向行动，其右侧后的富田、陂头、新安一带仅有三个团防守的情报后，毛泽东等决定"避敌主力，打其虚弱"，首先集中主力北移，突破富田一点，然后由西向东横扫敌后方联络线，置深入赣南苏区之敌主力于无用武之地；待敌发觉，主力回头北向时，再乘其疲惫打其可打者。

8月5日晚，在郭化若的建议下，红军主力从兴国、崇贤两地国民党军之间二十公里的空隙中隐蔽东进，6日午前至莲塘附近。这时，敌第一、第二路军在红三十五师等部牵引下正扑向赣江边，第三路军则分别向良村、莲塘前进，6日晚，红三军团、红三军、红四军和红十二军主力等部秘密接敌，7日拂晓发起攻击，至九时，全歼敌第四十七师第二旅又一个营。红军乘胜向良村疾进，途中与由良村出援的敌第五十四师第一六〇旅遭遇，歼其一个团，该旅残部逃向良村。红军衔尾猛追，攻入良村，继歼刚由城冈圩撤到良村的第五十四师师部和两个旅的大部。11日中午，红军攻入黄陂，歼灭第八师两个团，下午又追歼其突围残敌两个团。

红军初战胜利，三战三捷。蒋介石发现红军主力在黄陂地区，遂令其第一、第二路军和第一军团掉头向东，12日至15日，国民党军取密集大包围态势接近红军的集中地——君埠以东地区，企图与红军主力决战。

面对这种情况，毛泽东、朱德决定，以红十二军（欠第三十五师）伪装主力向乐安方向佯动，将"围剿"军引向东北方向；红军主力15日晚从"围剿"军十公里间隙的大山中再次偷越过去，向西疾进，先是进到枫边、白石地区休整。后继续西移，转至兴国、万安、泰和之间的均村、茶园冈地区休整。当"围剿"军发觉，再向西进时，红军主力已休整半月，而"围剿"军则已被拖得疲惫不堪，蒋介石不得不于9月初下令实行总退却。

红军乘其退却，进行追击，于9月7日在老营盘歼灭第九师一个旅，同时在高兴圩给敌第六十、六十一师以严重打击，15日又在方石岭追歼敌第五十二师及第九师的一个炮兵团和一个步兵营。至此，红军六战五捷，歼国民党军十七个团三万余人，胜利粉碎了蒋介石对中央苏区的第三次"围剿"，红军取得了更丰富的反"围剿"作战经验，并且基本形成了一套独具特色的作战原则。

第三次反"围剿"作战，敌人兵力众多，战斗队形密集，齐头并进，不好各个击破。毛泽东的作战方案分两步走，核心乃是"避敌主力，打其虚弱"。第一步实质还是"避其锐气"，只是战略退却比较彻底，撤到了根据地的后部，创造战机；第二步还是"击其惰归"，歼灭敌军十七个团，大部分是在追击逃敌时实现的。

孙子说的"避其锐气，击其惰归"

在中央苏区第一、第二、第三次反"围剿"战争中，毛泽东成功运用孙武子"避其锐气，击其惰归"的军事指挥原则，大步进退，诱敌深入，运动歼敌，打得国民党军，无论是地方兵团，还是嫡系部队，纷纷败下阵去。"围剿"军十万不行，二十万不行，三十万也是吃败仗！但是，"左"倾领导者逐步剥夺了毛泽东的军事指挥权力，正确的作战指导方针被抛弃，致使第五次反"围剿"战争失败，不得不退出中央根据地，被迫长征。遵义会议又把毛泽东请回领导位置，同时也恢复了毛泽东的一系列战略战术。

长征胜利到达陕北一年后的 1936 年 12 月，毛泽东总结中国革命战争的历史经验，主要是总结中央苏区五次反"围剿"战争的经验教训。他在《中国革命战争的战略问题》一文中谈到"战略退却"时写道：

> 如果进攻之敌在数量和强度上都超过我军甚远，我们要求强弱的对比发生变化，便只有等到敌人深入根据地，吃尽根据地的苦楚，如同第三次"围剿"时蒋介石某旅参谋长所说的"肥的拖瘦，瘦的拖死"，又如"围剿"军西路总司令陈铭枢所说的"国军处处黑暗，红军处处明亮"之时，才能达到目的。这种时候，敌军虽强，也大大减弱了，兵力疲劳，士气沮丧，许多弱点都暴露出来。红军虽弱，却养精蓄锐，以逸待劳。此时双方对比，往往能达到某种程度的均衡，或者敌军的绝对优势改变到相对优势，我军的绝对劣势改变到相对劣势，甚至有敌军劣于我军，而我军反优于敌军的事情。江西反对第三次"围剿"时，红军实行了一种极端的退却（红军集中于根据地后部），然而非此是不能战胜敌人的，因为当时的"围剿"军超过红军十倍以上。孙子说的"避其锐气，击其惰归"，就是指的使敌疲劳沮丧，以求减杀其优势。（《毛泽东选集》第一卷，人民出版社 1991 年版，第 208、209 页）

毛泽东谈"战略退却"问题，对孙武子"避其锐气，击其惰归"原则作了引申和发挥，认为"避其锐气"不是消极避战，而是积极地"使敌疲劳沮丧，以求减杀其优势"，并将其作为"战略退却"的理论支持。这就把此一战法提到了全新的高度。毛泽东把它作为一个完整的战法，放在战争全局和力争主动权这些战争的根本问题上来研究，赋予了新的内容。把执行这一战法同改变整个战争形势，转换敌强我弱的战局结合起来，这不能不说是对这一战法的创造性运用。

在解释或运用此一兵法时，在此之前的军事家大都注重强调一个"避"字。在《十一家注孙子》中，唐人李筌说："量力不如，则坚壁不出。"宋人梅尧臣说："势力不如，则引而避。"张预则解为："兵力谋勇皆劣于敌，则当引而避之。"解来解去，还仅限在一个"避"字上，解决的是为什么要"避其锐气"，以及如何"避其锐气"的问题。这里的"避"，并不是消极地避开避让，还有着一定的积极内容，如"避"是"以伺其隙"，乘虚而击，以达"击其惰归"的目的。这一战法强调的，是"避其锐气"在前，"击其惰归"在后。只有"避其锐气"，才会有"击其惰归"。避其锐气，只是力争主动权的第一步。只有"击其惰归"，后发制人，才能争得主动。"避其锐气"后并不一定必然会出现"击其惰归"的情况。它们互相联系，不可分割，然而后者并非是前者的必然结果。一般来说，"避其锐气"并不难做到，而要"击其惰归"就不那么容易。因此，毛泽东强调要充分发挥战争指挥员的主观能动性，造成和发现敌人的过失。通过我之努力，如采取声东击西、诱敌深入等具体手段，给敌人造成"惰归"的局面，为我实施这一战法创造条件。

毛泽东将孙武子"避锐击惰"运用于红军反"围剿"战争，提出"敌进我退，敌驻我扰，敌疲我打，敌退我追"的"打圈子政策"。在根据地内，不停地与敌人"兜圈子"，叫敌人抓不住打不着。避免在不利条件下与敌决战，避其锐气，令其疲惫，然后伺机破敌。即如孙武子在另一处所说："少则能逃之，不若则能避之。"（《谋攻篇》）将敌人拖来拖去，始终掌握战争主动权，"致人而不致于人"。在红军前三次反"围剿"中，毛泽东指挥红军用"盘旋式打圈子"的拖死狗疲劳战术，屡战屡胜。

以减杀敌军优势使其疲惫不堪为目的的"战略退却"，是劣势军队在优势军队进攻面前，因为顾到不能迅速地击破其进攻，为了保存军力，待机而破，而采取的一个有计划的战略步骤。毛泽东还以《水浒传》中的洪教头与林教头比武、春秋时代齐国鲁国长勺之战为例，告诉人们"战略退却"的一方往往会最终取得胜利的道理。随后，毛泽东又以人民军队成功运用战略退却方针取得胜利的斗争史为例，批判了"左"倾机会主义的错误和严重危害。相反，也有教训。1933年9月，蒋介石集中百万兵力，对根据地进行第五次大规模"围剿"。此时，毛泽东已经被错误地剥夺了在党和红军中的领导权。中共中央临时负责人博古和共产国际驻中国军事顾问李德，极力推行王明"左"倾冒险主义的错误作战方针，不知道战略退却，与强大的敌人展开了正面阵地战，搞"御敌于国门之外"，"短促突击"，"两个拳头打击敌人"。红军将士苦战一年后，无力打退敌人的进攻，被迫转入长征。

战略退却是为了保存军力，准备反攻。那么，反攻应具备什么样的条件呢？毛泽东提出了六种反攻的条件。"使敌人疲劳沮丧"就是其中之一。如同第三次"围剿"时国民党军某旅参谋长所说的"肥的拖瘦，瘦的拖死"，或者，"国军处处黑暗，红军处处明亮"之时，才能达到目的。这种时候，敌军虽强，也大大减弱了，兵力疲劳，士气沮丧，许多弱点都暴露出来。红军虽弱，却养精蓄锐，以逸待劳。此时双方对比，往往能达到某种程度的均衡，或者敌军的绝对优势改变到相对优势，我军的绝对劣势改变到相对劣势，甚至有敌军劣于我军、而我军反优于敌军的事情。在这种情势下再发动反攻，就是孙武子所谓的"击其惰归"。

毛泽东善于吸收并灵活运用传统兵家军事理论。孙子"避其锐气，击其惰归"指挥原则，其本来的意义只是战场上"治气"（即把握敌军士气）的一种手段，毛泽东将其借用过来，发展成弱小之军面对强敌实行"战略退却"以达到"战略反攻"的战略原则，这就扩大了它的内涵。毛泽东在战争实践上很好地运用了它，在战争理论上很好地发展了它。

使敌十分疲劳和完全饿饭的"蘑菇战术"

解放战争初期，毛泽东将红军游击战时期的"打圈子政策"，发展成为运动战中的"蘑菇战术"。

1947年3月初，国民党军队发动了对我山东和陕北解放区的重点进攻。蒋介石在西北地区集结了三十四个旅二十五万人的兵力，企图以嫡系部队胡宗南主力从南线突破，夺取延安。其战略意图是，驱逐中共中央和人民解放军总部出西北，在延安及其附近围歼西北解放军，或逼解放军东渡黄河，由胡宗南部与黄河以东的国民党军夹击而歼灭之。

我西北野战军在毛泽东和彭德怀的直接指挥下，主动撤离延安，转战陕北，与蒋胡部周旋。当时陕甘宁边区的部队，有抗战后期从晋察冀调来的教导旅，由太行山调来的新编第四旅等部，西北野战军全部仅六个旅，两万六千多人，与国民党军的二十五万兵力之比约为一比十，不仅兵力处于绝对劣势，而且武器装备差，枪炮少，弹药奇缺。陕甘宁边区只有一百五十多万人口，土地贫瘠，野战军的兵员补充和物资供应都极为困难。

中共中央在全面分析了敌我情况后，确定基本的作战方针是：诱敌深入，必要时放弃延安，与敌在延安以北的山区周旋，陷敌于十分疲惫、十分缺粮之困境，然后抓住有利战机，集中优势兵力在运动中逐批加以消灭，牵制胡宗南集团主力于陕北战场，以利解放军在其他战场打击与消灭敌人。

从 3 月 13 日起，胡宗南军十三万人，分两路向陕北发起进攻。我军以三个团的兵力五千余人在富县、临真镇以北地区，采取运动防御抗击进攻之敌。在完成掩护党政军领导机关转移和群众疏散的任务后，于 3 月 19 日主动撤出延安。

毛泽东决定留在陕北，与胡宗南军周旋。敌军东奔西突，寻找我中央机关和我军主力决战，毛泽东指出："目前敌之方针是不顾疲劳缺粮，将我主力赶到黄河以东，然后封锁绥德、米脂，分兵'进剿'。"胡宗南占领延安以后，更加骄狂，断言我西北野战兵团"不堪一击"，已"仓皇北窜"，把主力集结于延安附近，急于寻我主力决战。我军以小部兵力诱敌北上安塞，主力隐蔽集结在延安东北的青化砭、甘谷驿等地，待机歼敌。

3 月 24 日，胡宗南主力整编第一军五个旅被我军诱至安塞。敌三十一旅则于二十五日进入我青化砭伏击圈内，我军立即拦头、断尾、从两翼出击，仅经一个多小时激战，三十一旅直属队及九十二团二千九百余人全部被歼灭，旅长李纪云被俘。整个战斗打得非常快速，干脆利索，子弹消耗少，缴获多，当时被新华社称为"模范战例之一"。

4 月 15 日，毛泽东指示西北野战军：

> 我之方针是继续过去办法，同敌在现地区再周旋一时期（一个月左右），目的在使敌达到十分疲劳和十分缺粮之程度，然后寻机歼击之。我军主力不急于北上打榆林，也不急于南下打敌后路。应向指战员和人民群众说明，我军此种办法是最后战胜敌人必经之路。如不使敌十分疲劳和完全饿饭，是不能最后获胜的。这种办法叫"蘑菇"战术，将敌磨得精疲力竭，然后消灭之。（《关于西北战场的作战方针》，《毛泽东军事文集》第四卷，军事科学出版社、中央文献出版社 1993 年版，第 37 页）

"过去办法"就是"避其锐气，击其惰归"的办法，就是诱敌深入，疲惫敌人，在运动中歼灭的办法。

我军按照毛泽东战略意图，采用"蘑菇战术"，牵着敌人鼻子在陕北高原上"游行"，始终居于主动地位。胡宗南部疲惫不堪，迭遭败仗，经青化砭、羊马河两次打击后，愈发谨慎，行军不走大道平川，专走小路爬高山，不就房屋宿营，多露天宿营。复经一次次扑空，寻我主力不着，部队疲惫，士气沮丧，掉队、落伍、逃亡日渐增加。相反，却始终未见我中央机关踪影，丢盔解甲，损兵折将，一年中间胡宗南主力丧失殆尽，最后不得不退出延安。

对此一节，国民党的战史也说得明白："战斗遂行中，我军因情报搜集无法深入匪区……影响于指挥及部队间之行动不小。"而共军"始终凭借其严密之情报封锁，灵活之小后方补给，以避实击虚，钻隙流窜，不行主力决战。尤以陕北原已人烟寥落，匪复利用其地方组织，将仅有之人与物等可资利用之力量，全部撤离，使我军行动之区，渺无人迹，行军作战，均发生极大之困难"。

敌军"十分疲劳和完全饿饭"，就是已成疲惫不堪的"惰归"之军！

毛泽东撤出延安仅仅四十多天，就指挥部队三战三捷，打掉了胡宗南一万四千多人，逼得胡宗南在陕北"武装游行"、人困马乏、进退维谷，而蒋介石三个月解决西北问题的计划也不得不宣告破产。"蘑菇战术"得到淋漓尽致的发挥，我西北野战军也由战略防御转入战略进攻，实现了"伟大的转折"。在1947年到1948年仅一年多的陕北战争中，胡宗南损兵折将十万余人，输掉了老本，最后不得不从延安撤走。

毛泽东从延安撤出时，曾经预言："少则一年，多则两年，我们还要回延安来的！"战争实践证明了毛泽东预言的准确性。

十七战皆捷，只是避其锐气耳

毛泽东也运用孙子"避其锐气，击其惰归"的观点来解读战史，总结古人用兵经验。

《元史纪事本末》为明人陈邦瞻编写，每卷记叙一个专题事件的始末。其中卷五《占城安南用兵》，记叙元世祖忽必烈从至元十九年（1282）到至元三十一年(1294)，共十二年派兵征讨东南沿海占城、安南两个小国的情况。

元朝统一中国之初，占城国王迫于元朝的强大威势，曾遣使上表称臣。

至元十九年，元世祖忽必烈以占城既已归附，遂命大臣唆都负责在占城国建立一个行省，欲将占城纳入元朝的直接统治之下。但是，占城国王子补的并不甘心受制于元朝，反对在占城建立行省，并将元朝派往其国的使臣统统关押起来。对此，元世祖怒不可遏，命令唆都调集淮、浙、福建、湖广等处的军队共五千人，海船一百艘，战船二百五十艘，从海路大举进讨占城国。

至元二十年春，唆都惨败，退兵。至元二十一年，元世祖又命镇南王脱欢领军南下。至元二十二年，脱欢军取胜，攻入安南。但随即元军染上疾疫，无法抵达占城，不得不撤退。这时，安南国王陈日烜乘机派兵追袭，元军大败，唆都战死。

《元史纪事本末》卷五《占城安南用兵》载：

> （至元）二十四年春正月，复诏脱欢督右丞程鹏飞、参知政事樊楫等进击安南。鹏飞与楫等分兵三道，水陆并进，凡十七战皆捷，遂深入其境。安南王日烜弃城走于海。

读史至此，毛泽东挥笔批道：

> 所谓十七战皆捷，只是避其锐气耳。（《毛泽东读文史古籍批语集》，中央文献出版社1993年版，第325页）

脱欢在至元二十一年征讨安南，因疾疫退兵。至元二十四年春再次南征，分兵三路，水陆并进。安南王陈日烜为了避开元军的锐气，主动放弃陆上城池，率军转移至海上各岛屿中隐蔽，元军遂一路过关拔寨，轻松地攻入安南境内。至元二十五年春，脱欢派兵入海追击陈日烜，但却找不到他的踪影。不久，元军又多染上疾疫，战斗力顿减。于是陈日烜乘机率军反攻，元军死伤惨重，"无功而还"。

至元三十一年，元世祖驾崩，成宗铁穆耳即位，正式下诏"罢安南兵，释其使归国"。至此，元朝的"占城安南用兵"行动遂终以失利而宣告结束。

对于元朝脱欢第二次用兵安南取得的"十七战皆捷"，毛泽东不以为然。从语气上看，"所谓"一词，就否定了脱欢的"十七战皆捷"。实质上，元军并没有消灭安南王陈日烜的主力部队，安南兵避开元军强劲兵锋，躲到海岛上以逸待劳。元军的"皆捷"只是扑空，只是表面占领了安南，连安南主力的影子都没发现，安南也终未归附。

战局的发展证明，毛泽东在批注中的判断是完全正确的。至元二十五年，陈日烜乘元军多数染上疾疫，战斗力顿减之机，率领安南军反攻，多次击败元军，后又在脱欢不得不引军撤退之时，迅速聚集起三十万人赶往东关一带守御，不断袭击元军，最终使元军死伤惨重，"无功而还"。

由此可见，在至元二十四年的所谓十七战中，安南军主力确实没有受到什么重创，而是为避元军锐气主动地撤离了；否则，陈日烜根本不可能在短时期内又迅速聚集起三十万的兵力进行反攻，并取得最后的胜利。所以，毛泽东的批注不仅正确地揭示了元军"所谓十七战皆捷"的实质内容，同时也正确总结出安南以弱胜强、以小败大的战争指导原则，充分体现出一位大军统帅的史识、史鉴和敏锐的军事眼光。

占城、安南两个小国在抗击强大的元朝军队的过程中，都采取了先主动避开元军的锐气，后乘元军被迫撤退之机大举反攻的战略战术，这再次验证了孙子"避其锐气，击其惰归"用兵原则的真理性，也为毛泽东用兵一贯强调在敌强我弱的情况下，必须先主动退让，以避开敌人开始时的锐利气势，而等到敌人疲劳松懈之时再后发制人、出兵反击的作战方针找到了历史证据。

毛泽东读战史，运用孙子"避其锐气，击其惰归"的用兵思想，以其军事战略家的敏锐眼光，立即看出元军"无功而返"，占城、安南两小国以弱胜强的根本原因，从中总结出有益的历史经验，有利于后人借鉴。

养精蓄锐，以逸待劳

——运用与发展之十七

《孙子兵法·军争篇》论"治力"，即战争指导者对敌我战斗力的掌握和利用。他说：

> 以近待远，以佚待劳，以饱待饥，此治力者也。

意为：以自己部队靠近战地而等待敌人远道而趋，以自己部队的养精蓄锐来对付敌人的奔走疲劳，以自己部队的粮草充足来对抗敌人的饥饿难熬，这是掌握部队战斗力的办法。

孙武子的"治力"说，讲了三个方面：就战场来说，我近敌远；就部队劳逸状况来说，我逸敌劳；就官兵饥饱状态来说，我饱敌饥。总体来说，就是我近我逸我饱，而另一面是敌远敌劳敌饥。做到这几方面，就在敌我战斗力的比较中掌握了战场的主动权，也就有了胜利的基础。

《军争篇》"治力"三法，尤以"以逸待劳"为后世兵家所重，影响军事行动深远巨大，常以成语的形式进入兵学著作。

毛泽东在战争活动、军事文电和军事著作中，常常使用"以逸待劳"这条成语。

逸为安逸，劳指疲劳。此语多指作战时不首先出击，自己充分休息，养精蓄锐，待敌人疲劳不堪后，乘势出击取胜。"以逸待劳"亦作"以佚待劳"。"佚"与"逸"，在古书中为通假字。

战场态势千变万化。敌军处于"安逸"状态怎么办？孙子曰：

兵者诡道也……怒而挠之，卑而骄之，佚而劳之，亲而离之，攻其无备，出其不意。(《孙子兵法·计篇》)

凡先处战地而待敌者逸，后处战地而趋战者劳。故善战者，致人而不致于人。能使敌人自至者，利之也；能使敌人不得至者，害之也。故敌佚能劳之，饱能饥之，安能动之。(《孙子兵法·虚实篇》)

"佚而劳之"和"佚能劳之"，意思相同，都是指使敌军从安逸转化为劳累、劳苦、劳顿。这是诡道"动敌"的要求。聪明善于"治力"的指挥员，用这种办法使敌人处于失败的境地。

两千年前就有人懂得"佚而劳之"

战争指导中，将领之间常常为部队的劳逸问题发生意见分歧。红军长征途中，也有这种情况。

遵义会议后，红军虽然换了领导，但被围追堵截，频繁作战，而且被动作战的局面并没有多少改变。

蒋介石不甘心在遵义失败，决定亲自上阵，与毛泽东一决雌雄。1935年3月2日，他飞往重庆"督师"。蒋介石一到重庆，立即了解红军情况，他判断红军将向东面转进，即东去湘西，与贺龙、任弼时领导的红二、六军团会合。

于是蒋介石在3月9日命令吴奇伟、周浑元、孙渡、郭勋祺各纵队，采取"分进合击"的战术，"务将该匪聚歼于遵义西南地区"。

这时的红军指战员求战心切。3月10日，红一军团林彪、聂荣臻致电中革军委，提出："关于目前行动，建议野战军应向打鼓新场、三重堰前进，消灭西安寨、新场（打鼓新场）、三重堰之敌。"同时提出进攻打鼓新场的五条行动方案。进攻打鼓新场，是一个重大的军事行动。朱德把电报交给张闻天、周恩来、毛泽东、王稼祥等传看，召开紧急会议加以讨论。

会议由新的总负责张闻天主持。自从遵义会议上批判了李德"独断专横"之后，张闻天很注意发扬民主，事事要找一堆人开会讨论，依据多数意见行事。讨论中，大家都觉得林彪的电报可行，赞成他的建议，只有毛泽东一人反对。

毛泽东陈述了自己的理由：打鼓新场附近不仅有周浑元、吴奇伟两个纵队，而且还有孙渡的四个旅，如果红军对驻守打鼓新场的黔军实施攻击，那么面临的敌军将不只是黔军，而是蒋介石在黔的全部兵力，进攻一开始就将有迅速被敌人围困的危险。

虽然毛泽东再三阐述自己的见解，却没有说服与会人员。张闻天依据"少数服从多数"的原则，决定采用林彪的建议。

张闻天也认为毛泽东的意见有道理。这些天他这个总负责也颇感不顺和吃力。他不懂军事，可是却要不断地主持会议，讨论来，讨论去，最后按多数人意见去办。天天要打仗，天天这么讨论，怎么行呢！

这事引起毛泽东的思索。他向周恩来、张闻天提出，"不能像过去那么多人集体指挥"，军事指挥不能处处"搞少数服从多数"，不能老是二十来人讨论来讨论去。他认为，指挥作战权力必须高度集中。

于是，在3月11日，先以朱德的名义下达了不进攻打鼓新场的命令。接着根据毛泽东提议，中央决定组成新的"三人团"，即毛泽东、周恩来、王稼祥，全权指挥军事。

3月14日，中央红军前敌司令部发布了攻打鲁班场周浑元部的命令。

然而，鲁班场这一仗打得并不顺利。15日下午发起总攻，开始还有所进展，一军团的五团攻下了鲁班场西侧的白家垭，接近了敌前沿，三团在董家坡歼敌一个营，俘敌四百余人。但后来激战三小时，却无效果。因为敌人的碉堡都修好了，都躲在堡垒里不出来。眼看天黑了，夜战也对付不了敌人的堡垒。

这一仗的前线指挥是林彪和聂荣臻。林彪自然有牢骚了："他娘的，我说应该打打鼓新场嘛，为什么到这里来啃骨头！"聂荣臻说："报告吧，这一仗不能再打下去了！"

林彪刚要拿起电话，电话铃响，传来朱德的声音："林彪同志吗？立即撤出战斗！部队连夜袭占茅台、仁怀地区，准备渡赤水河西进。"林彪只回了两个字："晓得。"他想骂两句娘却没有骂出来，他放下电话，神情茫然："又渡赤水河？！"

毛泽东和朱德的指挥部离鲁班场小镇也只有两个山头。朱德给林彪打完电话说："林彪像是有点情绪嘞。"

毛泽东说：

不管他！我们有些同志，就是只知道打胜仗，走直路，走近路，却不知有时候也是要打点败仗，走点弯路，走点远路的。"怒而挠之，卑而骄之，佚而劳之"，两千年前就有人懂得，现在有的人却不懂。（杨庆旺：《百折不回的毛泽东》，中央文献出版社 2003 年版，第 306—312 页）

这时，毛泽东越发清晰和坚定地觉得，唯有再渡赤水，才能把敌人从碉堡里牵出来，把蒋介石的"牛鼻子"牵到川南去，然后再来一个大的机动。

后来的情况是中央红军在毛泽东的指挥下"四渡赤水"，在几十万追剿军的包围圈缝隙中钻出来，摆脱了困境，又使敌军"佚而劳之"，疲于奔命，疲惫不堪。

毛泽东说两千年前就有人懂得"佚而劳之"，指的是孙武子《计篇》中的话，已见前引。追剿军高级将领薛岳无可奈何地说过，他追剿长征中的红军"就是跟在红军屁股后头捡草鞋"。这话耐人寻味，他说出了红军的"走点弯路，走点远路"，正在于疲敌劳敌。以"走"来"动敌"，使蒋军除了"捡草鞋"，别无所获，没有"功劳"只剩"苦劳"，苦不堪言！

养精蓄锐，以逸待劳

战争是敌我高强度劳苦竞争。谁能保持旺盛的精力，谁能保持旺盛的体力，谁能保持旺盛的智力，谁就能最终赢得战争的胜利。

任何一位高明的指挥员，都懂得要使己方精神饱满，精力充沛，要使敌方精神不振，精力贫乏。

毛泽东 1936 年 12 月在《中国革命战争的战略问题》的军事著作中写道：

> 如果进攻之敌在数量和强度上都超过我军甚远，我们要求强弱的对比发生变化，便只有等到敌人深入根据地，吃尽根据地的苦楚，如同第三次"围剿"时蒋介石某旅参谋长所说的"肥的拖瘦，瘦的拖死"，又如"围剿"军西路总司令陈铭枢所说的"国军处处黑暗，红军处处明亮"之时，才能达到目的。这种时候，敌军虽强，也大大减弱了，兵力疲劳，士气沮丧，许多弱点都暴露出来。红军虽弱，却养精蓄锐，以逸待劳。此时双方对比，往往能达到某种程度的均衡，或者敌军的绝对优势改变到相对优势，我军的绝对劣势改变到相对劣势，甚至有敌军劣于我军，而我军反优于敌军的事情。（《毛泽东选集》第一卷，人民出版社 1991 年版，第

208 页）

毛泽东使用了源自《孙子兵法》的成语"以逸待劳"。

红军的反"围剿"战争，每次敌军"在数量和强度上都超过我军甚远"。毛泽东指挥红军采取诱敌深入的作战方针，牵引敌军在根据地的崇山峻岭水网泥沼里打圈子，在红军和民众坚壁清野袭扰游击中忍饥挨饿、惊恐万状，"围剿"军吃足了根据地的苦楚，敌我"强弱的对比"也就发生了变化。这时，强大的敌军变得"兵力疲劳，士气沮丧"，弱小的红军"却养精蓄锐，以逸待劳"，精神振奋，士气旺盛。

毛泽东引用"以佚（逸）待劳"这条《孙子兵法》成语，目的是为了清算反"围剿"战争中军事冒险主义的"左"倾错误路线，以阐明正确的积极的"战略退却""诱敌深入"的战略方针。"左"倾领导者指挥作战，不懂得用兵的一些基本道理，盲目强调死打硬拼的"消耗战"，僵化于不顾装备低劣而被动挨打的阵地战，愚昧于部队得不到休整的疲劳战。

自古至今，兵学家都懂得"以逸待劳"是部队的养精蓄锐，是提高战斗力。《十一家注孙子》中，各家注"以逸待劳"，都着重于理解和阐述这个军事思想。如杜佑注曰："以我之闲佚，待彼之疲劳……此理人力者也。"梅尧臣注曰："无困竭人力以自弊。"王晳注曰："以余制不足，善治力也。"张预注曰："佚以待劳……此所谓善治己之力，以困人之力者也。"（《十一家注孙子》，上海古籍出版社1978年版，第182页）逸者，是治己之力；劳者，是困人之力。此四人都注意到"以逸待劳"与保持己力、消损敌力的作用。

在毛泽东所指挥的无数次战役战斗中，十分注意部队的休整休息，"以逸待劳"几乎成为一条铁则，千方百计实行之。查阅毛泽东那数以千计的作战电报，许多次都告诫各级指挥员利用两次作战的间隙休整部队，即使在险象环生最为紧张的反"围剿"战斗和万里长征路上，一旦跳出敌人的包围圈，也都是想办法隐蔽自己，让部队险中求安，闹中取静，休整数日，以利再战。

加紧休整，以逸待劳

指挥部队作战，毛泽东十分注意使我军处于"以逸待劳"的有利态势。

1947年3月，胡宗南率领二十三万大军进犯延安，占领了陕甘宁边区大片土地。可是紧接着彭德怀、习仲勋领导的西北野战兵团，就发起了清化砭和羊马河两次战斗，歼灭蒋胡军两个主力旅。1947年4月下旬，"西野"又收拢主力，准备发起瓦窑堡或蟠龙镇战斗，继续歼灭蒋胡军有生力量。

4月30日，毛泽东以中共中央军委的名义给西北野战兵团司令员兼政治委员彭德怀、副政治委员习仲勋拍发电报，内称：

> 经过精密之侦察，确有把握，方可下决心攻击瓦窑堡或蟠龙，如无充分把握，以不打为宜，部队加紧休整，以逸待劳，准备运动中歼敌。（《确有把握方可攻击瓦窑堡或蟠龙》，《毛泽东军事文集》第四卷，军事科学出版社、中央文献出版社1993年版，第45页）

电报讲了两种情况：（一）如"确有把握"，就发起"攻击瓦窑堡或蟠龙"战役，4月30日，"西野"兵团已集中四个旅秘密运动到蟠龙镇北，准备一举夺取蒋胡军供给基地，歼灭守敌一六七旅。而瓦窑堡方向因敌情变化，"西野"未作攻击部署。（二）如"无充分把握"，就暂不打两处之敌，让部队"加紧休整，以逸待劳"。这封电报虽短，但体现了毛泽东的打有把握之仗、运动歼敌和以逸待劳的军事思想。

在电报中，毛泽东再一次使用了源自《孙子兵法·军争篇》的成语"以逸待劳"。可见这是毛泽东在指导战争时经常思考的问题。蟠龙镇战役，"西野"主力四个旅苦战两昼夜，到5月4日二十四时，胜利结束战斗，毙俘敌六千七百余人，捣毁了敌人供给基地，是个漂亮的进攻歼灭战。

第二天（5月5日），毛泽东再给彭、习拍电报，其中指示：

> 蟠龙之敌解决后，延安、瓦市、清涧等地之敌必起恐慌。昨日白天胡以绥德重要令一师留守，半夜得悉蟠龙陷落，立刻令董钊放弃绥德。本日董、刘均已行动，似是回头，如急行军走公路，可能四五天内赶至蟠龙。……部队如甚疲劳，可移至安塞以西荫蔽休整一时期，再出关中、陇东，似较稳妥。（《部队荫蔽休整一时期再出关中陇东》，《毛泽东军事文集》第四卷，军事科学出版社、中央文献出版社1993年版，第56页）

电报中的"胡"指胡宗南，国民党军第一战区司令长官，长驻西安，董钊为蒋胡军整编第一军军长，"刘"即刘勘，蒋胡军整编第二十九军军长。此时两个整编军进犯并已占领绥德。

蟠龙战役前,毛泽东告诉"西野"兵团首长部队要"以逸待劳"。蟠龙战役结束第二天,蒋胡军北犯绥德两个整编军"放弃绥德",回师赶往蟠龙,意欲寻我主力决战。敌军走公路急行军,只有四五天的路程。毛泽东在这紧要关头,仍安排"甚疲劳"的"西野"作战部队"移至安塞以西荫蔽休整一时期"。目的很明确:解除疲劳,以逸待劳。

毛泽东活用孙子"以逸待劳"军事原则,可谓炉火纯青得心应手到家了!

到了解放战争中的1947年12月25日,毛泽东在制定"十大军事原则"时,特意规定一条:

> 善于利用两个战役之间的间隙,休息和整训部队。休整的时间,一般地不要过长,尽可能不使敌人获得喘息的时间。(《目前形势和我们的任务》,《毛泽东军事文集》第四卷,军事科学出版社、中央文献出版社1993年版,第354页)

讲得很辩证,作战与休整、休整与迫敌,两方面因素都考虑到了。从孙武子的"以逸待劳"到毛泽东的"休整部队",有一个一脉相承的东西:要使我军保持精锐强劲势头,使敌军处于疲惫劳顿状态。这样,我军无论攻守,皆可稳操胜券。

宜将剩勇追穷寇

——运用与发展之十八

《孙子兵法·军争篇》说："故用兵之法，高陵勿向，背丘勿逆，佯北勿从，锐卒勿攻，饵兵勿食，归师勿遏，围师必阙，穷寇勿迫，此用兵之法也。"

翻译成现代文字，大意是：所以用兵的法则，敌人背靠高山，不要去仰攻；背倚高地，不要去迎击；假装败走，不要去追打；精锐的敌兵，不要去进攻；充当诱饵的敌兵，不要去歼灭；回国的军队，不要去阻击；被围的敌军，必要留下缺口；陷入绝境的敌人，就不要再去逼迫。这些都是用兵的法则。

这里讲了八种情况下的用兵处置方法，其中后三种情况有些联系。尽管"归师""围师""穷寇"情况不同，处置方法也有别，但用意都在于给敌人以生路，促其瓦解，以便于攻城夺地，战胜敌军。

这三种情况又尤以"穷寇勿迫"为兵家所重。毛泽东品《孙子》、用《孙子》，如何在实战中处置"穷寇"，则有非同一般的见解和实践。

宜将剩勇追穷寇

1949年上半年，解放战争已进入全面战略大反攻阶段。国民党蒋介石集团兵败如山倒，全面崩溃只是时间问题。元旦过后，蒋介石表面"下野"，背后掌控局势。一方面当辽沈、平津、淮海三大战役结束，几百万解放大军正向长江一线作战略性部署时，国民党南京政府在美国指使下发出了求和声明，搞缓兵之计，企图缓解人民解放军的强劲攻势；另一方面收拾残部，编练新军，沿长江天险筑垒布防，阻止解放军南进。

当时，国内一些民族资产阶级右翼分子在帝国主义者的指使下，竟说什么"穷兵黩武总要不得"，吁请共产党接受国民党的假"和平"倡议。有些人被求和假象迷惑，害怕美国出兵帮助蒋介石打内战，也说解放军不必过江，鼓吹什么"南北分治"。有的人还认为蒋介石军队已是"穷寇"，而穷寇"不宜猛追"。

国外一些好心的朋友也反对人民解放军打过长江去，担心那样会导致帝国主义出兵干涉，引起新的世界大战。比如斯大林，不相信中国共产党人会取胜，认为美国会全力支持蒋介石，害怕由此引起苏美冲突，劝说中国共产党与国民党反动派言和，建立某种联合政府。

一时间，解放军要不要渡过长江，是否以长江为"鸿沟"国共分疆而治，成了国内外许多人士关心的焦点。

在这国家民族何去何从的紧要关头，中共中央和毛泽东主席洞察风云变幻的局势，敏锐地识破了南京政府求和的阴谋，于1949年元旦向全党、全军、全国人民发出号召：将革命进行到底！

鉴于国民党政府最终拒绝按照我党提出的条件在"和平协定"上签字，4月21日，毛泽东主席和朱德总司令发出《向全国进军的命令》。号令全军坚决、彻底、干净、全部地歼灭中国境内一切敢于抵抗的国民党反动派，解放全中国！

解放军百万劲旅，随即在东起江苏江阴、西至江西湖口的千里江面上，万船竞发，强渡长江，以雷霆万钧之势，彻底摧毁了敌人苦心经营达三个半月之久的千里江防，并乘胜向前推进。

4月22日下午，毛泽东在北平香山双清别墅刚刚起床，得知我军已胜利渡过长江，高兴地同身旁工作人员说，"蒋介石想拖延时间，重整军队，卷土重来。他这样做，对我们也有好处，给了我们准备渡江的时间"。接着毛泽东为新华社起草了《我三十万大军胜利南渡长江》的电讯稿。

4月23日，奋勇突破长江防线的解放军，又一举攻占国民党反动政府的首都南京。全军士气旺盛，所向披靡，锐不可当。那种席卷全中国的气势，是战争史上的奇观，壮丽非凡。下午，毛泽东在双清院落凉亭的藤椅上，看着《人民日报》关于南京解放的号外，心情十分高兴，随即回办公室给二野刘邓大军写了贺电，并写下了《七律·人民解放军占领南京》：

钟山风雨起苍黄，百万雄师过大江。

虎踞龙盘今胜昔，天翻地覆慨而慷。

宜将剩勇追穷寇，不可沽名学霸王。

天若有情天亦老，人间正道是沧桑。

（《毛泽东诗词集》，中央文献出版社1996年版，第74页）

中央军委将这首七律用电报拍发到前线，全体指战员受到巨大的鼓舞，大踏步地向西南、西北进军，走向了解放全中国、取得人民民主革命完全胜利的新征途。

"宜将剩勇追穷寇"的"穷寇"，指处境窘迫的贼寇，泛指残存的、走投无路的敌人。《孙子兵法·军争篇》："穷寇勿迫。"《行军篇》："粟马肉食，军无悬瓿，不返其舍者，穷寇也。""勿迫"和"勿追"是一个意思，都是对走投无路陷入窘境的敌人不要追击，不要压迫，以防止其狗急跳墙，作"困兽之斗"。

孙子"穷寇勿迫"这个作战指挥原则，并非消极避战的保守主张。验证春秋时代的战争实践，证明它有一定道理。如春秋时，吴国与楚国发生战争，楚军败北，退到清发水，四处收集船只，准备渡河，甩掉吴兵追击。吴军见此情形，争着要去抢劫船只，就地消灭楚军。这时，吴王夫差制止说："不能这样干，楚军到这个份儿上，就好像是一头困兽。若留一线生机，便会竞相逃命。假若逼得太紧，生望既绝，必将死战，此即所谓'困兽犹斗'。不如等他们半渡时，再发起攻击，已上船的庆幸逃命而不返，未上船的拼命抢渡而不战。这样，我们可以不伤兵损将，而能够稳操胜券。"于是，吴军故意撤退二十里，待到楚军已有半数过河，才一齐掩杀过来。楚军乱成一团，自将军以下大部分被吴军歼灭。

吴王夫差的战例证明："穷寇勿迫"并非是避战纵敌，是在穷寇逃跑中寻求战机，机动歼敌，运动歼敌，同时减少战斗伤亡，争取最大战场效益。《后汉书·皇甫嵩传》中有："兵法：穷寇勿追，归众勿迫。今我追（王）国，是迫归众，追穷寇也。困兽犹斗，蜂虿有毒，况大众乎！"吴王夫概与东汉皇甫嵩在"穷寇勿迫"以免"困兽犹斗"上，可谓达成了共识。

"穷寇勿迫"这一军事思想有鲜明的时代特点。春秋以前，军队以兵车为主，在城邑攻守战中，长期围困和持久坚守是主要作战手段，靠兵力直接登城破邑难度很大。为了尽快攻取守城和守地，孙子提出了这种涣散敌人斗志、瓦解敌人防御的战法。这在当时历史条件下，不失为上策。战国以后，这种战法在原有的基础上有了进一步发展，不仅开其一角，放敌逃生，有时也对逃敌实施攻击，乃至设伏聚歼。宋代以后，火器运用于战场，长围和强攻兼用，夺城办法渐多，所以对这一古老的作战原则又做出新的解释。如《百战奇法》说："凡围城之道，须开一角，伏兵于远，则贼有生路，思出奔，其志不坚，乃可克也。法曰：围师必阙。"这个解释显然更强调诱敌出击，设伏歼灭的成分，但着眼点仍在于夺城。近代以来，更发展为以歼灭敌人有生力量为主，通俗地表达为"围三缺一，虚留生路"，从而赋予这一古老原则以崭新的意义。历史地了解孙子这一作战原则，对于加深现代战争中的类似战法的理解，也不无意义。

时代和战况不同了，毛泽东反用孙武子对待"穷寇"的作战原则，将"勿迫"变成"勇追穷寇"，号召全军将士将革命进行到底，把敌人坚决、彻底、干净、全部地消灭掉，不要放走残敌，以留后患。对于已处于穷途末路的国民党反动派，是一定要追剿和消灭的。长江要渡过，人民要解放，中国要统一，不能再来一个"南北朝"。"宜将剩勇追穷寇"，表明解放大军有足够的力量追灭"穷寇"，又表明解放大军将不遗余力地去推翻蒋帮统治。"穷寇"一词用得妙极，准确地勾勒出了国民党反动派的衰败腐朽与败逃窘况，能够打消国内外某些人以为蒋介石集团还能支撑残局的幼稚幻觉和错误心理，鼓舞全军将士的杀敌勇气。

"不可沽名学霸王"的"沽名"，指故意做作或用某种手段猎取名誉。秦朝末年，项羽（曾自封西楚霸王）和刘邦（后来的汉高帝）同时起兵反秦。刘邦先占据秦都咸阳以拒项羽；项羽歼灭了秦兵主力，拥四十万大军入咸阳。他当时为了避免"不义"之名，没有利用优势兵力消灭刘邦，后来反为刘邦所消灭。这里是说应从项羽的失败中得到教训，不可为了沽名钓誉，而给敌人苟延残喘、卷土重来的机会。表明解放大军势必渡江夺取全国胜利，决不能止步江北，让已陷入灭顶之灾的"穷寇"——国民党反动派获得喘息的机会，养好伤口，卷土重来，剿杀革命人民，重演一出楚霸王项羽的悲剧。

毛泽东吸纳和运用孙武子"穷寇勿迫"的战争指导原则，也并不刻意全做反面文章。在国共两党两军战争期间，"围三缺一，虚留生路"的战法，"围师必阙""穷寇勿迫"的战术，他也运用。如解放大上海期间，毛泽东就指示陈毅等将领留海路让国民党残军逃跑。

两千多年前，孙子用兵依据当时的作战条件，提出"穷寇勿迫"的指挥原则，有客观依据，有正确成分。两千年后，根据战争发展趋势，战场主客形势，毛泽东不拘泥古人兵法条文，反其意而用之，这正是他活用兵法的可贵之处。

鼓舞将士猛追穷寇

毛泽东曾经向他的师友王季范、周世钊解释过"勇追穷寇"的道理。

王季范是毛泽东的表兄，也是他在湖南一师读书时的老师；周世钊是他在湖南一师读书时的同学。

那是 1950 年 9 月，毛泽东约请王季范和周世钊赴京参加国庆观礼。10 月 7 日，毛泽东在参加德意志民主共和国大使馆于北京饭店举行的国庆纪念招待会后，偕同几个随员来到周世钊的住处，王季范也由隔壁房里来到周的房间迎见毛泽东。

王季范对毛泽东说："主席，像我们这种对革命没有什么贡献的人，住这样高级的饭店，实在感到惭愧和不安！"周世钊也说："王老的话很实在，我有同感！"

毛泽东却对他们说："你们过去搞了几十年教育工作，教书就是有益于人民的，就算是有益的贡献嘛！"

接着，毛泽东问两人："我们过去分别后，你们参加过什么民主党派吗？"王季范回答说："没有。"周世钊随即表白："我对民主党派不感兴趣，因此我不愿加入。"毛泽东又对两人说："现在全国解放不久，共产党对知识分子和农村发展党员采取慎重态度，吸收党员较少，你们两位最好先去参加一个民主党派。中国民主同盟就是知识分子的组织，你们去参加民盟好了。"周王二人说："好吧，我们考虑一下。"

接下来，两人问毛泽东："现在全国大陆已全部解放了，台湾怎么不解决啊？"毛泽东说："台湾也是要解决的，但要时间。再说解放台湾要有海军，没有海军是不行的。等我们的海军建设起来以后，台湾终究是要解决的。台湾要解放，祖国要统一，这是我们的决心。但是台湾到底什么时候解决，现在很难说定……"稍停，毛泽东接着说：

> 老实说，全国解放得这样快，这是我们所预料不到的事。当淮海战役和平津战役胜利结束，中国人民解放军将要渡江南进的时候，蒋介石在美帝国主义的指使下，摆出了一种和平的架势，搞了一套求和的缓兵之计。蒋介石企图保存他的反革命残余势力，

妄图等待时机，卷土重来。当时我们革命队伍中有些"好心人"和一些自由人士，害怕美帝国主义，对蒋介石抱同情态度，他们劝我们接受南京政府的所谓和平要求，说什么国民党反动派是"穷寇"，按照《孙子兵法》，穷寇勿追。说如果我们的革命继续前进，就会引起美国的直接干涉。所以我便于1948年12月为新华社写了《将革命进行到底》的元旦社论，后来又写了《七律·人民解放军占领南京》这首诗，以鼓舞中国人民解放军将士猛追穷寇，彻底肃清国民党反动派的残余势力，将革命进行到底。（陈有新：《领袖情·毛泽东与周世钊》，中央党校出版社1997年版，第129—131、179页）

与两位师友讨论"解放台湾"问题，顺着这个思想理路，毛泽东谈到对孙子"穷寇勿追"的军事思想的认识过程，使人们对他的思想轨迹看得更清楚。他的诗句"宜将剩勇追穷寇"，是对那些替国民党说话主张"穷寇"别追了的人的很好回答，同时也表明了他誓将残敌扫光、誓将全国解放、誓将革命进行到底的信念和决心。

对这次谈话提到的《人民解放军占领南京》这首七律，周世钊的后人周彦瑜的理解是：

> 一个无产阶级的伟大革命家，不但要有远大的革命理想，坚定的革命精神，还要有正确而灵活的战略战术。在《人民解放军占领南京》一诗中，写出"宜将剩勇追穷寇，不可沽名学霸王"的响亮句子。作者在这里既不相信"穷寇勿追"的孙子兵法，更反对效法那沽仁义的虚名、纵敌自伤的西楚霸王，为的是对敌人的仁慈就是对自己的残忍，为的是无产阶级革命事业不可中途停顿，为的是社会发展规律也不能以人们的意志为转移，而必须对残余的穷寇乘胜追击，不使它有死灰复燃的希望。（周彦瑜等：《毛泽东与周世钊》，吉林人民出版社1993年版，第178页）

周世钊的秘书陈有新在回忆录中写道：

> 毛泽东的诗《七律·人民解放军占领南京》……对中国人民解放军猛追穷寇，彻底肃清国民党反动派的残余势力，起了很大

的作用。对那些劝阻共产党渡江南进的好心人，则是一个极好的教育。"宜将剩勇追穷寇，不可沽名学霸王"，是革命人民将革命进行到底的真理。诗人最后写出"天若有情天亦老，人间正道是沧桑"的诗句，进一步使我们懂得旧社会的破灭，新社会的建立，蒋家王朝的灭亡，人民共和国的诞生，是完全符合历史发展规律的。（陈有新：《领袖情·毛泽东与周世钊》，中央党校出版社1997年版，第179页）

把毛泽东当时写的社论、写的进军令、写的诗词联系起来思考，对他结合自己战争指挥经验深化领悟孙子"穷寇勿迫"军事原则，废弃其中某些思想，反其道而用之，就会懂得这是大彻大悟后的灵活运用。毛泽东不仅主张发扬鲁迅痛打落水狗的精神，牢记农夫与蛇、东郭先生与狼一类寓言故事的深刻寓意，决不怜惜蛇、狼一类的恶人，而且写出"宜将剩勇追穷寇，不可沽名学霸王"这样脍炙人口的诗句，主张坚决、彻底、干净、全部地消灭敌人，将革命进行到底。仅从这一例即可看出，毛泽东品《孙子》，用《孙子》，善于创新与超越，这使他成为举世公认的军事家和战略家。

九变篇

君命有所不受

——运用与发展之十九

公元前512年，孙武子在伍子胥的推荐下，以兵法十三篇求见吴王阖闾。吴王阖闾看过之后，命孙武子训练宫女，以验证孙武子领兵作战的能力。于是，孙武子命吴王两个妃子为左右队长，把吴王后宫二百多宫女组织起来训练。但是，尽管孙武子三令五申，宫女们依然嬉笑不止，视训练为儿戏。孙武子和司马都认为按军律当斩宫女队长以整肃军纪。

> （孙武）乃欲斩左右队长。吴王从台上观，见且斩爱姬，大骇，趣使使下令曰："寡人已知将军能用兵矣。寡人非此二姬，食不甘味，愿勿斩也。"孙子曰："臣既已受命为将，将在军，君命有所不受。"遂斩队长二人以徇，用其次为队长。于是复鼓之。妇人左右前后跪起皆中规矩绳墨，无敢出声。于是孙子使使报王曰："兵既整齐，王可试下观之。唯王所欲用之，虽赴水火犹可也。"吴王曰："将军罢休就舍，寡人不愿下观。"孙子曰："王徒好其言，不能用其实。"（《史记·孙子吴起列传》）

"君命有所不受"，是《孙子兵法·九变篇》中一条最为引人注目的军事原则。司马迁《史记》关于孙子练兵斩姬的史事中，留下了孙武子亲身实践自己兵法主张的唯一记载。从中可以看出在春秋战国之际，"将在军，君命有所不受"不仅是兵学家的主张，在实际军事生活中也是得到认同的，行得通、用得上、起作用的带兵作战原则。

"君命有所不受"出自《九变篇》：

> 孙子曰：凡用兵之法，将受命于君，合军聚众……途有所不由，
> 军有所不击，城有所不攻，地有所不争，君命有所不受。

孙武子此段的意思是：大凡用兵的方法，主将受领国君的命令，征集兵员编成军队……（出兵征战之时）有的道路不要通过，有的敌人不要攻打，有的城市不要攻取，有的地方不要争夺，有的来自国君的命令也可以不执行。

仔细辨析，孙武子的"五不"（不由、不击、不攻、不争、不受）包括了两个方面："有所由"和"有所不由"，"有所受"和"有所不受"。不是单一的"不由""不受"，一切以利为动，依战场的实际情况而定。也就是要从全局利益出发，具体情况具体对待，善于视情况机断专行。

对"君命有所不受"也要这样理解。在孙武子的时代，首先是"将受命于君"，也就是将权"君授"；其次，是君命要"有所受"，要执行，这是主导方面；第三，才是君命"有所不受"，这是辅助方面，是特殊情况的处置方法；"不受"是有前提的，即"有所"不受，有限制的不受。

1972年，山东临沂银雀山出土的汉简孙子兵法佚文《［四变］篇》，专门解释了"途有所不由，军有所不击，城有所不攻，地有所不争，君命有所不受"这五句话。其中对"君命有所不受"解释道："君令有所不行者，君令有反此四变（指以上"途有所不由"等四方面——引者注）者，则弗行也。"可以看出，孙武的"君命有所不受"是有前提条件和严格限制的，其本意是符合与维护兼并战争中诸侯国国君即国家的根本利益，以夺取战争胜利为目的。

孙武子为了防止将帅囿于国君在大后方大本营制订的作战计划，不知变通而招致失败，明确地有限制地提出了"五不"等主张，其中既包含要求将帅根据具体情况灵活处置，也包含有所不为才能有所为和要有所取就必须有所不取的朴素辩证观点。孙武子认识到，为了达到预期的作战目的，对那些从全局看来无关紧要的目标，或小得大失的作战目标，则应坚决"不击""不攻""不争"。只有这样，才能达成作战行动的主要目的。

"君命有所不受"这个命题，涉及较为敏感的君主和将帅权力分配问题。孙武子之后的政治家、军事家和兵学家在其理解和实际运用上，歧见纷呈。也不排除后世有些搞分裂割据的人，往往借口"君命有所不受"而拥兵自重，闹独立性，那是对孙武子此项军事原则本意的歪曲。

"君命有所不受"这个命题，说到底是"君将权力论"。这个问题在古代战争中有，在现当代战争中也有。毛泽东在其一生的军事生涯中，既曾经为"将"，也曾经为"君"。作战指挥中，他先后与林彪、刘伯承、邓小平、彭德怀以及其他一些高级将领之间，都曾经发生过如何理解、如何运用"君命有所不受"孙子原则的理论碰撞和实际摩擦。在此基础上，他不仅从新的角度阐释了这个著名军事原则，而且有新的发挥发展。

又是一个"将在外君命有所不受"

1947年东北野战军的冬季攻势结束后，国民党军队被分割包围在沈阳、长春、锦州三座孤城，分别由卫立煌、郑洞国、范汉杰率兵防守。东北国民党军共四个兵团十四个军四十四个师（旅）约五十五万人。卫立煌采取集中兵力，重点守备，确保沈阳、长春、锦州，并相机打通北宁线的方略，企图维持现有局面。一旦形势不利，亦做从陆上经北宁线或从海上经营口、葫芦岛撤回关内之准备。

此时东北野战军总部司令员是林彪，政委是罗荣桓，参谋长为刘亚楼。敌我力量对比为五十五万人比一百零三万人。"东野"已经处于战略进攻的优势。

东北的形势对国民党极为不利。蒋介石在东北的精锐部队已陷于绝境，而关内各战场形势也在逐渐恶化。为了巩固关内，他想放弃东北，将陷于绝境的精锐部队拯救出来，因而一再要求卫立煌打通沈锦线，将沈阳主力调往锦州。

卫立煌不愿承担放弃东北的罪责，因而与蒋介石产生尖锐矛盾。蒋介石为了亲自说服卫立煌，于1948年4月1日将卫立煌召到南京。蒋介石说："沈阳、长春交通断绝，几十万人的补给全靠空运，政府已经无法维持。""只要不将主力撤出沈阳，东北部队补给由我负责。"卫立煌说，"我去请美国顾问团帮助运输。"蒋介石无可奈何，只好说："只要你对部队的补给有办法，暂时可不撤往锦州，但是一俟整训完成，仍要赶快打通沈锦线。"

4月2日清晨，曾在抗战期间任外事局翻译官的补给司令刘耀汉，陪卫立煌去拜访美军顾问团长巴大维，巴大维同意尽力协助。

上午11时，卫立煌再见蒋介石。蒋介石答应按卫立煌的计划，先巩固长春、沈阳、锦州三大战略要点，待部队整训完毕，再主动打通沈锦线。蒋、卫之间的争端告一段落。卫立煌回到沈阳，开始整训军队。

到了 5 月初，蒋介石借口整训差不多了，旧事重提。卫立煌仍不同意，再派廖耀湘、赵家骧和罗又伦到南京向蒋介石申述利害。蒋介石一心要实行自己的计划，他先后示意廖耀湘和范汉杰，只要打通了沈锦线，撤出东北主力，就将卫立煌的权力交给他们。结果，蒋介石打通沈锦线撤出东北主力的计划无法实现，反倒闹得卫立煌与部将矛盾重重，无法统一指挥。

蒋介石有飞机，因此，他与部将的争论基本上是"面对面"的。而毛泽东与林彪只能在电报里"电对电"地争论。"东野"冬季战役正在进行时，毛泽东就于 2 月 7 日致电林彪、罗荣桓、刘亚楼：

> 究竟打何地之敌为好，依情况决定。但你们应准备对付敌军由东北向华北撤退之形势。蒋介石曾经考虑过全部撤退东北兵力至华北，后来又决定不撤。这主要是因为南线我军尚未渡过长江及北线我军尚未给蒋军以更大打击的缘故。但最近你们已连续取得几次大胜仗，如果你们再有几次大胜仗，杨罗杨又出平绥、出冀东，南线我军又有积极行动，蒋军从东北撤退可能性就将突然增长，其时间可能在夏季，或更早一点。因此你们应准备……应付上述可能的新形势。……对我军战略利益来说，是以封闭蒋军在东北加以各个歼灭为有利。（《东北野战军应利用冰期歼灭大批敌人》，《毛泽东军事文集》第四卷，军事科学出版社、中央文献出版社 1993 年版，第 391 页）

毛泽东是立足全国战场考虑东北战局，林彪则主要是立足东北战场来考虑打击方向。

采取什么方法打？战略进攻的突破口选在哪里？林彪一直举棋不定。他整天在地图前"打坐"，迟迟定不下决心。毛泽东的电报频频传来，罗荣桓和刘亚楼的建议也在林彪的耳边时时响起。林彪对此一概视而不见、充耳不闻，照旧在心里把他关于战争的"算盘珠子"不紧不慢地拨弄。

毛泽东的战略设想很明确：切断东北与华北的联系，造成"关门打狗"的态势，将东北之敌就地歼灭。很显然是要先打锦州。

林彪不愿冒险攻锦州，因那里有十五万重兵把守，城防工事坚固。而且，南下北宁线容易受到沈阳敌军的侧击，攻锦州弄不好会被敌人"东西对进，夹击围歼"。他认为长春之敌最弱，又离解放军后勤基地最近，沈阳之敌出援困难，且远水难救近火。

那时，林彪在东北已经树起了"军事权威"的形象，虽然东北局对此进行了反复讨论，但是最终定下的还是林彪打长春的方案。

4月18日，林彪、罗荣桓、高岗、陈云、李富春、刘亚楼、谭政联名给毛泽东发去电报。电报中说，东北我军在目前进行的政治、军事训练结束后，拟于5月中下旬集结九个纵队攻打长春和阻击援敌，力求在半月左右时间内打下长春，结束战斗。目前只有打长春的办法好，其他意见，如打铁岭、抚顺、本溪、新民，如打义县、攻锦州，如向锦州、唐山之线进击，所遇敌军甚强，我军粮弹衣服不济，困难比较多。故均不适应。

"东野"总部这个方案报到西柏坡，毛泽东看后怒从心起，大发雷霆。他把燃着的一支烟，捏在手中捻碎，对周恩来道：

> 又是一个将在外君命有所不受。我看他胆子太小，3月就叫他南下北宁线，两个多月了，还是这个态度，要不然我去东北算了。
> （魏碧海：《毛泽东下决心锦州一搏》，《新闻出版报》2001年3月19日，摘自《第四野战军征战纪实》，解放军文艺出版社）

毛泽东将林彪等"东野"首长执意打长春、暂不执行军委"南下北宁线作战"的作战意见，批评为"将在外君命有所不受"，这已是很严厉的批评了。

4月22日，毛泽东经与周恩来等人商量，考虑再三，还是有条件地同意了林彪首先进攻长春的作战计划。同一天拍给"东野"首长的电报中说：

> （一）同意你们先打长春的意见。……（三）我们同意你们先打长春的理由是先打长春比较先打他处要有利一些，不是因为先打他处特别不利，或有不可克服之困难。你们所说打沈阳附近之困难，打锦州附近之困难，打榆锦段之困难，以及入关作战之困难等，有些只是设想的困难，事实上不一定有的。有些是实际的困难，在你们打开长春南下作战时会要遇着的，特别在万一长春不能攻克的情况之下要遇着的。因此，你们自己，特别在干部中，只应当说在目前情况下先打长春比较有利，不应当强调南下作战之困难，以免你们自己及干部在精神上处于被动地位。（《可先打长春但不应强调南下困难》，《毛泽东军事文集》第四卷，军事科

5月中旬，林彪用两个纵队试打长春。果然如毛泽东判断的那样，"东野"发现长春守敌比原来估计的要强大，出现了一时之间"长春不能攻克的情况"。于是，改强攻为"长围久困"。东北局讨论决定以一部兵力围困长春，主力南下作战。7月20日和22日，"东野"给中央军委两封电报都是这个意思。毛泽东接到"东野"这一计划，扔下饭碗，走过去拿起毛笔自语道："这个弯子好难拐哟。这是不见棺材不掉泪。"他坐下来写道：

> 向南作战具有各种有利条件，我军愈向敌人后方前进，愈能使敌方孤悬在我侧后之据点被迫减弱或撤退，这个真理已被整个南线作战所证明，亦为你们的作战所证明。攻击长春，既然没有把握，当然可以和应当停止这个计划，改为提早向南作战的计划。……现在你们已经将注意力移到向南作战方面，研究南面的敌情、地形、粮食等项情况，看出其种种有利的条件，这是很好的和很必要的。并且应向全军指战员首先是干部充分说明这些条件，以鼓励和坚定他们向南进取的意志和坚定他们的决心。（《林罗刘部应做好南下作战的各种准备》，《毛泽东军事文集》第四卷，军事科学出版社、中央文献出版社 1993 年版，第 542 页）

毛泽东再次明确指出："应当首先考虑对锦州、唐山作战。"林彪在雨季中又"面壁"了十几天，终于下定决心，准备雨季结束后，南下打锦州。

国民党军东北"剿总"副总司令兼锦州指挥所主任范汉杰，指挥十四个师防守义县至山海关一线，主力位于锦州地区。

9月12日，"东野"发起辽沈战役。大军首先出击北宁线，至10月1日，各部先后攻克兴城、义县，占领了塔山、高桥，把北宁线锦州至山海关段之国民党军分割在锦州和锦西、葫芦岛以及秦皇岛、山海关三个地区，并迅速包围了锦州，完成了攻锦部署，完全切断了国民党军东北与华北战略集团的陆上联系。

遵照毛泽东和中央军委关于迅速攻克锦州的指示，"东野"决定以六个纵队共十六个师和炮纵主力二十五万人，攻歼锦州之敌。

10月14日11时，"东野"攻锦部队在扫清锦州外围据点后，向锦州城发起总攻，并迅速突入城内，向纵深发展进攻。经三十一小时激战，于15日晚攻克锦州，全歼东北"剿总"锦州指挥所和第六兵团司令部等计十万余人，俘范汉杰及第六兵团司令官卢浚泉。

锦州被攻克，东北蒋军与华北蒋军的"扁担"被从中间折断，协同作战几不可能。"东野"形成"关门打狗"之势，战场地位极为有利。果然，锦州陷落，长春守敌起义的起义，投诚的投诚；廖耀湘指挥的"西进兵团"，在向营口和沈阳撤退途中，在运动中被歼灭；沈阳守军见大势已去，士无斗志，将无决心，很快土崩瓦解。东北全境解放。

东北解放战争战场上，在战略打击方向判断和战略兵力调整上，我军和蒋军的大本营统帅与前敌总指挥之间，都发生了"将在外君命有所不受"的问题——尽管他们争论的出发点、性质和结果不一样。蒋军的争论焦点，是固守沈阳等几个战略要点和北宁线，还是收缩兵力放弃东北力保华北；我军争论的关键之点，是"东野"首先南下北宁线斩断蒋军东北集团与华北集团的联系，还是先打北线蒋军守备薄弱的长春。

蒋介石和卫立煌都有几十年的征战历史，就战略眼光和战争指导经验论，也绝非等闲之辈。仅就东北战事来说，在"东野"越战越强，战场主客易位，蒋军已处于战略颓势的情况下，蒋氏收缩兵力撤兵关内的构想，还不能说是一着臭棋。否则，毛泽东远程奔袭攻取锦州的战略决策的高明之处，就失去了前提条件。卫立煌"君命有所不受"也有自己的"盘算"：一是害怕背上丢掉东北的历史罪名，二是过分依赖美军的战争物资援助，三是相信自己的指挥水平，以为"东北剿总"还有能力支撑危局，挽回败局。战局结果却表明，蒋氏在此战中虽有"撤兵关内，力保华北"的明智"君命"，但左右徘徊，犹疑不定，得计迟，行动缓，终失战机；卫氏的"君命有所不受"，虽然事出有因，但确是把几十万大军丢在东北战败南逃的原因之一。卫氏后来几经曲折，终于弃暗投明，奔向民主阵营，投入人民怀抱，那是后话，此处可以置而不论。

比较卫氏的"君命有所不受"，东北野战军司令员林彪的"先打长春，后打锦州"战役谋划，还不是出于个人的不良动机。历史地看问题，西柏坡大本营与哈尔滨双城"东野"总部之间"电对电"的争论，均属战争指导中正常行动的范围之内，目的都在于取得更大更好的战争利益。不同的是，毛泽东考虑全国战局多些，林彪考虑东北战局多些。毛泽东虽然批评林彪"又是一个将在外君命有所不受"，而且话语之中有些负气、怨气甚至怒气，但是并不认为林彪拥兵自重，不听号令，别有图谋，党委制也限制了个人私心野心行为。毛泽东较多的是做说服工作，甚至一个短时期内同意了林彪"打长春"的方案，待"东野"初攻长春不克转过认识的"弯子"，毛泽东才严令他们先打"锦州、唐山一线"。这说明，毛泽东与中央军委的"君命"，在执行中也含有纪律性与民主性（即三大军事民主）的统一。林彪的"不受君命"仅仅是"有所"，并不是毫无限制，肆意妄为。他把自己的作战设想多次拿到东北局党委会议上讨论，多次向西柏坡发电报陈述具体理由，在打长春出乎意料后，转而执行"君命"，南下作战，攻锦州，克沈阳，围歼廖耀湘兵团，富有成效地实现了毛泽东和中央军委的战略意图，也是历史事实。

应该说，在"君命"与"将令"的碰撞与协调中，毛泽东等大本营统帅与林彪等前敌总部将领既有原则性又有灵活性，最终达到了战役指挥的一致性和有效性，这也是辽沈战役取得歼灭敌人五十余万、解放东北全境伟大胜利的原因和保障。

一般情况下，"君命有所不受"的孙子用兵原则，用于承认或下放指挥权限。毛泽东在东北战场上运用这个原则，则是"反其意而用之"，批评下级理解上级意图缓慢有距离，对下级的固执己见耐心说服，给予纠正。这也是对《孙子兵法》的灵活运用吧。

临机处置，不要请示

不少情况下，毛泽东是按照原义"正面"运用"君命有所不受"作战指挥原则的。

谦虚谨慎，集思广益，汲取集体智慧，充分发扬人民军队内部管理"三大民主"（政治、经济、军事）的作用，对于正确战略预见和决策是必不可少的。这也是毛泽东经过长期实践锻炼形成的一个重要战略家素质。

古代兵法对将帅提出了"能受谏，能听讼，能纳人，能采言"的要求，但作为旧时代的将领，有些能做到一部分，有些则不能真正做到。因为在根本利益上与部属及士兵大众是对立的，对下级官兵信任程度很低，甚至不信任，往往越俎代庖，束缚手脚，不能发挥下级乃至广大官兵的智慧和创造力。

号称"小诸葛"的国民党高级将领白崇禧就曾嘲笑蒋介石："蒋老总指挥作战，连一个交警大队、一个步兵营也要干涉，弄得前方将领束手无策，动弹不得，别人说他是步兵指挥官，我说他是步枪指挥官。"桂系人物白崇禧是蒋介石的反对派，话说得未免苛刻。但是，作为统帅一级的人物，蒋氏似乎不懂层级管理原则，哪个层次都管，结果是哪个层次都管不好，哪个层次都有怨言而没有积极性。

毛泽东亲手制定了人民军队内部"三大民主"（政治、军事、经济）制度。这项制度要求在作战时，发动官兵出主意，想办法，解决战术技术难点，讨论如何执行作战命令和作战计划。毛泽东是"三大民主"的制定者，也是"三大民主"的带头实践者。他在做出关系全局的战略决策时，常能仔细调查研究，虚心听取各方面的意见，集中集体的智慧；在战争指导和作战指挥上，总是采取多种形式实行较为彻底的军事民主，相信和依靠各级指战员的思想觉悟和创造能力，发挥指战员的聪明才智，战胜敌人，取得革命战争的胜利。

这突出表现在毛泽东给下级将领的电报和指示中。翻阅《毛泽东军事文集》，即使在作战指示甚至作战命令里，不少地方写有"究应如何，望酌情机断行之""以上各项望复""请将你们意见电告""请按实情决定"。

上一节文章中提到的林彪在辽沈战役过程中开始不打锦州而先打长春的偏颇主张，毛泽东在反复陈述自己和军委的意见和决心，进行严肃批评耐心启发的同时，又从尊重前线指挥员意见的角度出发，在电文中要求：

> 先打范汉杰是否有可能，望以你们意见电告。（《应首先考虑对锦州唐山作战》，《毛泽东军事文集》第四卷，军事科学出版社、中央文献出版社1993年版，第548页）
>
> 你们对上述规定如有意见，速即电告，否则即照此部署执行。（《东北主力出动及开始攻击锦榆线的时间》，《毛泽东军事文集》第四卷，军事科学出版社、中央文献出版社1993年版，第552页）
>
> 你们如不同意这些指出，则望你们提出反驳。（《务必抓住可能从东北大量转移之敌》，《毛泽东军事文集》第四卷，军事科学出版社、中央文献出版社1993年版，第562页）

允许下级以正当理由"提出反驳"！这是毛泽东在作战指挥权限方面民主性的体现。不只在东北战场，在淮海战场，毛泽东也曾电示总前委常委刘伯承、陈毅、邓小平：

> 情况紧急时机，一切由刘陈邓监机处置，不要请示。（《同意先打黄维》，《毛泽东军事文集》第五卷，军事科学出版社、中央

就其指挥权力来说，一切由总前委常委"监机处置，不要请示"，虽然说的是"情况紧急"时的措施，其权力下放程度一点也不比"君命有所不受"低档。就其本质意义来说，都是处理前方后方指挥层级权力矛盾的正确方针。不同点是，孙武子主张将指挥权有限下放给将领个人，毛泽东主张将指挥权有限下放给下一级党委常委。这突出表现了毛泽东尊重下属、尊重群众、虚怀若谷、从谏如流的指挥品质。

《孙子兵法》一书阐述"君命有所不受"这种思想的观点有多处，如《谋攻篇》说："故知胜有五：……将能而君不御者胜。"《地形篇》说："故战道必胜，主曰无战，必战可也；战道不胜，主曰必战，无战可也。"《谋攻篇》说："君之所以患于军者三……是谓乱军引胜。"这些论述都是与"君命有所不受"在思想上有内在联系的。

"将能而君不御者胜。"意为将帅指挥才能超群而国君又不任意干涉的，一定能够取得胜利。这一条具有普遍适用的真理性。这里说的"君御"，实是君主在用将之时由于疑忌采取的遥控掣肘行为。王晳注曰："君御能将者，不能绝疑忌耳。若贤明之主，必能知人，固当委任以责成效，推毂授钺，是其义也。攻战之事，一以专之，不从中御，所以一威，且尽其才也。况临敌乘机，间不容发，安可遥制之乎？"（《十一家注孙子》，上海古籍出版社 1978 年版，第 77 页）这表明孙子熟谙战争指导上贵在因情通变、机断专行之妙诀，从胜负制约因素阐述了"君命有所不受"之义。

"君命有所不受"和"将能而君不御者胜"等孙子关于将帅要有独立指挥权的思想，是孙子关于机动灵活用兵思想的内容之一。将领有能力组织指挥军队作战，国君就不要越权干预指挥，应该大胆放手让将帅发挥主观能动性；作为将领应该在"唯民是保而利合于主"（《地形篇》）的前提下，结合战场实际情况大胆机断行事。当国君的命令不符合客观实际时，身在战场熟知军情的将领要着眼全局，从实际出发，机断处置，绝不能囿于君主的命令而机械服从，这样，才能取得作战的胜利。做到这一点，必须以君与将相互信任为前提，如果将骄君疑，就会"三军既惑且疑"（《谋攻篇》），必然导致自乱其军，自取败亡。

毛泽东在要求将领服从领导听从命令的同时，给予其"提出反驳""临机处置，不要请示"的权力，是他"将将之道"中对孙子"君命有所不受"和"将能而君不御者胜"思想的批判继承和发展发挥。这才是他的取胜之道。

兵法曰：将在外……

衡量将领具体作战指挥的得失，毛泽东有时引用"将在外，君命有所不受"的军事原则给予评价。

1951年5月下旬，志愿军司令员兼政治委员彭德怀，奉党中央、中央军委和毛泽东的指示，指定志愿军副司令员邓华率第一批出国赴朝作战的四位军长（三十九军军长吴信泉、四十军军长温玉成、四十二军军长吴瑞林、三十八军军长梁兴初因病由政委刘西元参加），回国向毛泽东主席汇报朝鲜战场的情况。

回到北京后，大家抓紧时间看材料，准备向毛泽东主席汇报。乘此时机，刘西元、吴信泉和温玉成三人赴天津参观并介绍抗美援朝情况，吴瑞林因检查身体未去。

5月底的一天，毛泽东在中南海接见了吴瑞林。吴瑞林首先向毛泽东汇报了朝鲜战场的情况。毛泽东边听边问。他拿起吴瑞林递过来的两份表格说："我看了这两份表，你们打了近三个月的防御战役，还有两万九千人啊，还有一个两千人的完整团呀。"吴瑞林说："这是主席的中国革命战争战略问题的教导嘛。"毛泽东问："你保持一个两千人的完整团的意义是什么？"吴瑞林回答说："我当时考虑留这个团的作用有三：一是防止敌人空降。二是防止敌人从海上偷袭登陆，保证侧翼安全。三是万一哪个地方出了漏洞，就用来补漏。"毛泽东说："好嘛，打仗要有预备队，以防万一嘛。你考虑得很细、很好呀！高级指挥员要有各种应变能力，这是非常必要的。"毛泽东喝了几口茶，又问吴瑞林："你军单独在东线执行任务，而且任务很重，你们建议，留后梯队师守熙川以南的妙香山，你是怎么考虑的？"吴瑞林回答："熙川是个战略要地，是三条铁路交叉的交通枢纽，其中两条直通我国边界，另外一条通元山、咸兴到清津，也与我国边界有联系。若敌人的机械化部队占领了熙川，则直接威胁我东西两线作战，也威胁到我国辑安、临江两条战略运输线。因此，我建议留后卫师守住妙香山，同时建议预备军开上去接替，我后梯队师直接控制这一战略要地，将使敌人无法破坏我东西两线联系。我正面虽然少了一个师，但地形对我有利，我既可节节抗击敌人，又可保证两条铁路供应线的安全。"

毛泽东听了高兴地说：

高级指挥员在现场了解情况，若遇威胁全局的问题，就应当机立断，这是非常重要的，我立即批准了你的建议。兵法曰：将在外，君命有所不受哟。这是个带有全局威胁的问题，又是个有战略意义的大问题。你这次一面执行，一面报告，不是等批了再执行，这样做是对的，不然就会耽误了大事呀。（吴殿卿等：《毛泽东与海军将领》，解放军文艺出版社1999年版，第198页）

"还有，"毛主席接着说，"我要你军派一个营，控制小白山制高点，你们也执行得很好。控制要点，是兵家常识。战争中，敌人控制了战略性的制高点，对我们则十分不利呀。"

毛泽东与四十二军军长吴瑞林谈朝鲜战场的形势，谈四十二军的战绩和兵力使用经验，谈"留后梯队师"守熙川以南的妙香山的作战企图及其战略价值。对于用"后梯队师"防守熙川妙香山计划，四十二军首长"一面执行，一面报告"，毛泽东引用《孙子兵法》"将在外，君命有所不受"的话，肯定了他们的临机处置是正确的。

毛泽东与吴瑞林这段谈话的丰富内容，可看作是他结合抗美援朝战争实际战例，对孙武子"君命有所不受"军事原则的阐释和发挥。

封建时代"将在外君命有所不受"是可以的

在毛泽东下属将领中，彭德怀元帅向以性格耿介、直言敢谏著称。他因此赢得忠诚坦荡之士的心仪，也往往被误解为冒犯领导。

20世纪50年代末期，在指导经济建设上，党内不顾实际的冒进、浮夸、蛮干等"左"的东西一时盛行，给经济建设和群众生活带来了灾难性后果。1959年党中央在庐山召开工作会议，会议前半期主题是反"左"，清理"大跃进"、人民公社运动中的"左"倾错误。7月中旬，彭德怀在一封信中提出了自己的批"左"意见，这最终被误解为向党进攻，会议议题也转向反"右"，即反对和批判彭德怀的"右倾机会主义"。这次会议史称"庐山会议"。

"庐山会议"期间，政治局常委扩大会议集体与彭德怀谈话，毛泽东在清算彭德怀的所谓"历史问题"时说：

（指彭德怀——引者注）不那么严格，党性、组织观念、纪律观念差。你有个理论：为了革命。多次听你进过，井冈山时期，一、

二、三次反"围剿"都听见过：有利于革命，专之（专擅）可也。如打朱怀冰，不可能请示，没有办法，专之可也。各根据地除重要问题外，次要问题不必事事请示。不然，应当统一。

毛泽东又说：

> 你多次讲过，为了革命，专之可也；决策不请示。各人都用此理论，那怎么办？现在有无线电、电话、汽车，还可以步行、骑马嘛。封建时代，将在外君命有所不受，因相隔太远，遇紧急措施，专之可也。马援打常德五蛮、水苗，年老了，一定要打，害了病，毫无办法，少数民族厉害得很。汉兵无纪律，内部矛盾，将领之间，硬无办法，只好妥协。用皇帝诏书宣抚，讲和，赦免。洛阳太远，假传圣旨。这种事可作，所谓矫诏。对此历史家有各种评论，可以，不可以。没有可能请示时，可以矫诏，用上级命令名义。（李锐：《庐山会议实录》，河南人民出版社1994年11月版，第188—190页）

毛泽东批评彭德怀"纪律观念差"，行事"专擅"，提到两个战例，一个是八路军打国民党顽固派朱怀冰，另一个是东汉马援打常德五蛮和水苗。古今这两个战例，都是"将在军，君命有所不受"的事例。

"打朱怀冰"。朱怀冰（1892—1968），抗战时期任国民党军第九十七军军长、第六战区长官部参谋长等职。1940年二三月间，蒋介石指令其纠合庞炳勋、张荫梧、侯如墉等部，分三路进攻太行区域八路军和共产党机关，参与发动了抗战时期的第一次反共高潮，是臭名昭著的反共"摩擦"专家。朱怀冰所部突然袭击，紧急情况下，八路军副总指挥彭德怀采取边打边报告的方式，指挥八路军自卫反击，击败了顽军的进攻。

3月16日，毛泽东在致彭德怀的电报中说：

> 朱怀冰事件，蒋亦将借题发挥。何应钦已在参政会常驻会议报告了一次。下月参政会开五次大会，彼现派在洛阳等处之视察团回川，必将大做文章，我们现在就应准备在政治上迎接蒋之新进攻。因此军事上必须立即刹住，转为守势，彼军进迫，我军后退，一枪不打，服从命令，才能造成政治上有理有利地位。（《在

华北军事上转为守势，造成政治上有理有利地位》，《毛泽东军事文集》第二卷，军事科学出版社、中央文献出版社1993年版，第523、524页）

"马援打常德五蛮、水苗"。马援，（前14—49）东汉初名将。东汉光武帝建武二十四年（48），与中郎将马武等率军四万余人镇压武陵"五溪蛮"，翌年病死军中。西汉时，汉高帝置武陵郡，治所在义陵（今湖南溆浦南），东汉时移治所临沅（今湖南常德市西）。境内少数民族汉代称"五蛮"、"五溪蛮"或"武陵蛮"，与汉族错居。东汉时"武陵蛮"曾不断起义。马援从黄河流域的洛阳进军到长江流域的常德，在古代是较为少见的远征，前后方路途遥远，联络极不方便。在"五蛮"强盛、汉军混乱，战局前途凶险的境况下，马援用"矫诏"（假传圣旨）的办法"招抚"起义的原住少数民族，不失为剿抚并用中的上策。

据许多史料记载和文章介绍，毛泽东在"庐山会议"上批判彭德怀，动情动怒"上纲"很高。即使在这样的情况下，他的举例论理并没有仅凭感情冲动走极端，也还注意到事物的辩证性。他一方面认为彭老总在井冈山和中央苏区时说"为了革命，专之（专擅）可也"是"无纪律性"，另一方面他还是承认"将在军，君命有所不受"有一定的合理性，他举彭德怀打朱怀冰、马援打常德五蛮的古今战例，意在说明"不可能请示，没有办法，专之可也"（指彭德怀），"相隔太远，遇紧急措施，专之可也"（指马援）的道理。

从军事学术角度来探讨毛泽东这次谈话的内容，较之以前，他对孙子"君命有所不受"的思想，又有三点新的解释：（一）"封建时代，将在外君命有所不受，因相隔太远，遇紧急措施，专之可也。"专之可也的前提是路途远、情况急。（二）那么现当代呢？"现在有无线电、电话、汽车，还可以步行、骑马嘛。"路途再远，情况再紧，现时的通信和交通工具都可以迎刃而解排除万难，言外之意是现在"君命有所不受"的客观条件已经不那么充分，与"封建时代"大不相同了。（三）"各人都用此理论，那怎么办？"此理论指"为了革命，专之可也"。都强调"君命有所不受"，还会有统一的步调、统一的纪律吗？

当然，毛泽东此次谈话的侧重点不在于讨论军事学术，而在于批彭，在于批判彭德怀的"党性、组织观念、纪律观念差"。历史已经证明并且还将继续证明，这个批判是错误的。"为了革命，专之可也"不失为忠诚战士的心声。只要将其与服从上级服从命令辩证把握，只要不是一种各行其是的借口，只要其"专"不是独断专行，只要分寸把握得当，它不失为获取战争胜利的军事指挥原则之一。

即使在今天，"君命有所不受"和"为了革命，专之可也"的精神也还有发挥作用的空间。1982年，在阿根廷与英国之间，爆发了争夺马尔维纳斯群岛的战争。马岛距英国一万多海里。英国特遣舰队司令武德沃德少将、登陆突击队队长穆尔将军，都曾经向他们的上司要"真正的指挥权力"，而他们的上司都毫不含糊地答应给他们不受任何干扰的指挥权。国际军界将这称之为"委托指挥"。马岛之战，英军胜出，更使军事评论家们和军事理论家们大谈特谈"委托指挥"的高妙。如果我们对东、西方的军事哲学不抱任何成见和偏见，你会感触到孙子的"将能而君不御者胜"，毛泽东的"临机处置，不用请示"，英军的"委托指挥"，它们之间尽管时代有别，内容差异，但有相通精神，反映共性的是规律！这也是英雄所见略同吧！

附录:

反摩擦战役

董按: 在《彭德怀自述》的《反摩擦战役》一节,彭德怀回忆了当年"打朱怀冰"的情况,对理解毛泽东说的"不可能请示,没有办法,专之可也"的思想,对了解彭德怀耿耿忠心和坚强组织纪律观念,很有帮助。特附录于此,以飨读者。

1940 年八路军在华北进行了两个大战役,一是"反摩擦战役",一是二十四个团的"大破袭战"。这两个战役对坚持华北抗日战争都是必要的。现在来说明一下当时的情况和经过:

首先说"反摩擦战役"。

日本军停止对正面战场的战略进攻后,在 1939 年夏,国民党就发动了反共宣传,什么"共产党捣乱""八路军游而不击""不听指挥",等等。1939 年 6 月国民党在平江杀死和活埋新四军通信处的同志。山东的石友三、秦启荣,河北的张荫梧、朱怀冰、侯如墉等,他们也打抗日旗子,但没有看见或听到他们向日本人打过一枪,却专门袭击八路军后方,杀害地方抗日干部。在山西,阎锡山发动秋林事变,屠杀抗日干部和共产党员,进攻新军(决死队)。在河南、湖北,发生屠杀新四军干部的惨案更为严重。陕西绥德专员何绍南专门搞特务,破坏陕甘宁边区,在三原设检查所扣押八路军车辆和来往人员等。真是数不胜数。

1939 年冬,蒋介石发动第一次反共高潮,企图控制太行山,派河北省主席鹿钟麟向八路军"收复失地";委任张荫梧为河北省警备司令,专门袭击八路军后方,打击抗日游击队。早在 6 月份,他就发布了"曲线救国"论,我 11 月从延安回太行山,路过西安、洛阳时,反共空气已异常紧张。过三原时,我逮捕了检查所两个特务,因为他们要检查并扣押我乘的大卡车。我放出了八路军被扣车辆,质问他们,是谁的命令要检查和扣押十八集团军副总司令的卡车?是蒋委员长的命令,还是程潜主任的命令?我把逮捕的特务送给程潜,要求惩办。我对程潜说,上海"四一二"事变、长沙"马日事变",把第一次大革命,变为反共反人民的十年内战,反得好吧!送掉一个东北,把日本人接到武汉来了。这些顽固分子，是秘密的汪精卫，比公开的汪精卫还坏。在程潜处，我指着何绍南的鼻子说："你就是这样的汪精卫，在陕北做尽了坏事，破坏八路军的抗日后方。"当着程潜面，我说，今天谁要反共，他先放第一枪，我们立即放第二枪，这就叫作礼尚往来，还要放第三枪。程潜说，放第三枪就不对了。我说，干净消灭他，他就不再来摩擦。临别时，我对何绍南说："再去绥德当专员，老百姓抓了你公审！"何未再去绥德当专员了。绥德专区从此成为陕甘宁边区的地方了。

这次陪我去见程潜的，是西安八路军办事处主任林伯渠同志。回到办事处时，林老对我说，今天为什么这样大火？我说，这火是要烧的，不烧打不退反共高潮，也阻拦不了何绍南再去绥德。伍云甫在座，他说，也是要闹一下，他们实在太可恶了。这是一次政治侦察：究竟蒋介石敢不敢打内战。如果他要打内战，他就要踢开英美，投降日本，他这步棋是不好下的。这次侦察是有价值的。程潜是国民党元老派，带典型性的中间派。他说，放第三枪就不对了，这就等于中间派批准了反摩擦斗争，而且是武装斗争，但是不要过分。

从西安乘车到洛阳，见了卫立煌，拜访了一些民主人士，如李锡九等。在李处无意中遇到孙殿英（新五军长），我把上述反共摩擦情况又说了一遍。李锡九是个老好人，他很着急。孙殿英是土匪出身的，极狡猾，他意味深长地说，你们八路军会有办法对付的。这意思是说，你打吧。我说，也要请你帮帮忙。他说，照你们的方针办事"人不犯我，我不犯人"。我懂得了他的意思：你们打他呗，我新五军是守中立的。以后我们打朱怀冰部，追歼其残部时，新五军在下操，他根本不介意。

在卫立煌处谈了好几次。他请了好几次饭，这也是怕内战的表现。卫是抗日战争时期的中间派，内战时期的坚决反共分子。对中央苏区第三次"围剿"，他是中路司令。在进攻鄂豫皖苏区时，国民党为表彰他的反共功绩，把金家寨改为立煌县。我向他说了国民党的反共情况，他不置可否，只劝我要相忍为国。我说，我忍，顽固分子不忍怎么办？我说，有打内战的危险？他说，内战是打不成的啊！再打内战就完了。在西安事变后，卫立煌的态度是"反共好，反不了"。十八集团军是受他指挥的，但他从未指挥过。"再打内战就完了"，这是当时国民党中抗战派的心情。

我临走告别时，他说，垣曲渡河后到第十军吃饭，陈铁军长派人在等着。这也是怕打内战的表现。我上车时，有个三十来岁的年轻人对我说，他们准备分三路进攻八路军总部。此人送我上车后就走了，可能是卫部下对八路军的同情分子。我到陈铁军部吃饭时，想，陈铁叫我去干什么？陈是醴陵人，他妻是湘潭人，当教员的。陈妻对我说："现在空气不好，彭先生个人走路要小心些。"垣曲到阳城中间有一段隘路，悬岩绝壁约三十里，我带小电台、警卫班和译电人员十余人，避开隘路，爬山另找小路。当晚露宿发出了电报，调集七个旅，准备反摩擦战役。

我回总部时，部队已准备好了，从晋察冀边区调两个旅，由聂荣臻亲自率领到达武乡。1940 年 1 月底开始反击反共摩擦，只三天，全部歼灭朱怀冰军两个师、侯如墉旅、张荫梧一个纵队，共十余个团，巩固了太行山根据地，保证了太行山根据地和山东、苏北、皖北、河北平原的联系。这是一个伟大的胜利。

当时，有意放走鹿钟麟及其卫队千人。中条山有蒋嫡系五个军未动；晋城滇军曾万钟军、林县新五军均未动，阳城有孙楚军也未动。从此，太行山结束了武装摩擦，打退了第一次反共高潮。这是在抗日民族统一战线中贯彻毛主席的革命路线，以武装反摩擦的"有理、有利、有节"所取得的胜利。

这次，第一次取得了民族统一战线的经验。彼以武装进行摩擦，我也只有以武装反对摩擦，从斗争中求团结，才能取得胜利。如不打退第一次反共高潮，太行山的抗日民主根据地是建立不起来的，整个华北抗日根据地都会受影响。不给顽固反共分子以坚决打击，也就争取不了中间势力。所以第一次反摩擦战役是必需的，是正确的。只团结不斗争，是不能坚持统一战线的。团结是有条件的，即为了抗日，为了发展革命势力，而不是削弱革命势力。这是毛泽东思想和革命路线。一切为了抗日、一切服从于抗日，反摩擦战役正是这一矛盾的统一。在这次胜利之后，没有展开讨论，提高认识，肃清王明路线影响，这是一个严重缺点。

这次战役，我事先没有请示。这是第一次反摩擦战役，应该事先请示，得到中央批准后再进行。可是我当时的处境是严重的，随时都有遭受袭击的可能，来不及请示。事后报告了中央，得到了认可。（《彭德怀自述》，人民出版社 1981 年版，第 230—234 页）

伍子胥豢养的刺客谋杀吴王

——运用与发展之二十

抗大参谋训练队学员程国璠曾听过毛泽东亲自联系军队情报工作讲军事辩证法的课程。他回忆说：1939年1月，参谋训练队在延安抗大正式成立。毛泽东先后三次到参谋训练队授课。

有一次，毛泽东在讲军事辩证法时，联系古今中外战争情报工作实例，讲到"敌中有我，我中有敌"。程国璠记录中有：

> 毛主席非常重视情报工作，他在给我们讲课时特别重视强调"敌中有我，我中有敌"的辩证关系。比如，他给我们讲了伍子胥与他豢养的刺客谋杀吴王的故事，和当时刚刚发生的两起轰动世界的间谍案。一起是以苏联元帅、红军总参谋长图哈切夫斯基为代表的十多名高级军官，因被纳粹德国收买叛国而被处决的间谍案（按：此案系德国情报机关利用斯大林的猜疑心理制造的一起冤案，苏联已经将其查清平反）。另一起是国民党炸开花园口，准备用黄河水淹没日军。结果由于国民党内部有人告密，日军连夜撤离，这次行动不但没有对日军造成多大损失，反而使花园口下游豫、皖、苏三省四十四个县遭受严重的水灾，淹死数十万同胞兄弟，上百万人无家可归。毛主席用这些古今中外血的教训告诫我们，在战争中，敌对双方都十分注重采取"用间"来获取对方的情报。"敌中有我，我中有敌"这种情况是客观存在的。因此，我们时刻要保持警惕。（李人毅：《烽火岁月——程国璠文集》，春

凤文艺出版社 1997 年版，第 11—12 页）

"伍子胥与他豢养的刺客谋杀吴王的故事"典故，《孙子兵法·九地篇》中曾经引用。孙武子说："投之无所往者，诸、刿之勇也。"这里的"诸"，即吴国勇士专诸，伍子胥"豢养的刺客"就是指他。这里的"刿"，即鲁庄公时代的鲁国勇士曹刿。孙武子的意思是：把士兵放到走投无路的绝地，他们就会像专诸和曹刿一样勇敢了。

毛泽东引用刺客专诸的故事，不在于欣赏他的勇敢，而在于说明他是"敌中有我，我中有敌"的"卧底"和刺客，提醒参训队学员们提高警惕性。

专诸故事，司马迁《史记·刺客列传》有详细记载：

专诸，吴国堂邑人。当伍子胥从楚国逃亡到吴国的时候，他发现了专诸的才能。伍子胥见了吴王僚以后，用伐楚的种种好处来游说吴王。吴公子光却向吴王说："那伍员的父兄，都死在楚王手里。他劝王伐楚，只是希望为自己报复私仇而已，并非真为吴国着想的。"吴王于是不伐楚国。伍子胥知道公子光正想杀害吴王僚，因此自言自语道："那公子光呀，他将有内谋弑君的意思，自然不能同他说对外大事的。"便介绍专诸给公子光。

原来公子光的父亲是吴王诸樊。诸樊有三个弟弟，按照顺序，大弟叫余祭，二弟叫余眛，三弟叫季札。诸樊知道季札最为贤能，所以不扶立自己的太子，依次传位给他的三个弟弟，想在最后让国给季札。诸樊死了之后，便传位给余祭。余祭死后，传位给余眛。余眛死后，应当传位给季札，季札却逃走不肯即位，吴国人便立余眛的儿子僚为吴王。

公子光说："要是以兄弟为顺序呢，季札应当即位；要是必定以儿子嗣位呢，那么光才是真正的嫡长，应当即位的。"所以曾暗地里养着谋臣，以求立为吴王。公子光得到专诸以后，对他很好，以客礼相待。吴王僚九年，楚平王死了。第二年春天，吴王僚想乘楚国有丧事，派他两个弟弟公子盖余和公子烛庸，率兵围攻楚国的灊地，又派延陵季子（即季札）到晋国去，来观察诸侯国的动静。楚国发兵断绝吴将盖余、烛庸的后路，吴国的兵马不能退还。就在这时候，公子光对专诸说："这个时机万不可失，现在不求即位，还要等到何时呢？况且光是真正的吴王的后嗣，应当即位。季子即使以后回来，他也不会废除我王位的。"专诸说："王僚自然可以杀死。他母亲老，孩子小，两个弟弟又率兵伐楚，被楚军断了后路。现在吴国正是外面受困于楚国，而里面又空空如也，没有一个忠直的臣子，是没有办法对付我们的。"公子光叩头说："光的身子就是你的身子呀！"（意思是说，我的事情现在要全部拜托你了。）

　　四月丙子这一天，公子光预先埋伏甲兵在空室里，一面备好酒筵，请吴王僚来饮。吴王僚派他的兵士排成队伍，从宫里直到光的家中。所有门户阶沿左右各处，都是吴王僚自己的亲信，站在吴王僚两旁护卫着，手里都拿着长铍。酒喝到尽兴之后，公子光假装说是脚痛，走到空室里，叫专诸在鱼炙的腹里放着匕首，端了进去。走到吴王僚面前，专诸打开鱼腹，就拿那柄匕首刺杀吴王僚。僚立刻被刺死了。左右武士也杀了专诸，一时王族的人，大起混乱。公子光出动他预先埋伏的甲兵，来攻击跟随王僚的人士，统统把他们歼灭了。于是公子光自立为王，这就是阖闾。阖闾于是封专诸的儿子为上卿。

　　专诸原是伍子胥"豢养"的亲信，伍子胥把他推荐给吴国公子光，又成了公子光的死党。公元前515年，在公子光有意安排的一次宴席上，专诸乘进看之便，藏匕首于炙鱼腹中，乘机刺死吴王僚。公子光自立为吴王，即吴王阖庐。这个故事中"敌中有我，我中有敌"的现象多么复杂。像专诸这样的人，是"投之无所往者"，不怕牺牲孤注一掷的"刺客"。

　　专诸是伪装成厨师的刺客，他对吴王僚所有情报了如指掌。他的勇气表现在"斩首行动"上。"苏联图哈切夫斯基间谍案"是苏军中的大冤案，是法西斯德军的"反间计"得逞。《孙子兵法》上说"亲而离之"，说的就是这种情况。"国民党炸花园口泄密案"是典型的"我中有敌"，是汉奸充当了"内奸"。毛泽东所列这三起古今中外间谍案，都说明了"敌对双方都十分注重采取'用间'来获取对方的情报"。血的事实，血的教训，都教育参谋人员重视用间，善于用间，也自觉防范和善于利用"敌间"。

引
用
卷

置之死地而后生

——运用与发展之二十一

战争年代，当我军面临危亡之境，毛泽东往往好用孙子"投之亡地然后存，陷之死地然后生"的名言，激励三军将士奋勇搏战，以"狭路相逢勇者胜"的精神杀出生路，把死亡赠给敌人。

孙武子根据用兵作战的原则，在他的兵学著作《九地篇》中，把战地地理分为九种情况，即散地、轻地、争地、交地、衢地、重地、圮地、围地和死地。

九种战地地理，就有九种作战方法。这九种战地地理的后三种，即圮地、围地和死地，都是险境，而尤其以"死地"最为严重。

作战，有"胜战计"，也有"败战计"。所谓"败战计"，即是军队处于险境、处于局部失败、处于暂时困窘状况下的反败为胜之计。"死地"的军队求生求胜，也应属于"败战计"。

孙子《九地篇》有三段探讨"死地"作战的论述：

> 孙子曰：用兵之法，有散地，有轻地，有争地，有交地，有衢地，有重地，有圮地，有围地，有死地。……疾战则存，不疾战则亡者，为死地。是故……死地则战。

> 凡为客之道，深则专，浅则散。……无所往者，死地也。……死地，吾将示之以不活。故兵之情：围则御，不得已则斗，过则从。

> 投之亡地然后存，陷之死地然后生。夫众陷于害，然后能为胜败。故为兵之事，在于顺详敌之意，并敌一向，千里杀将，此

谓巧能成事者也。

这三段语录的相应译文是：

孙子说：根据用兵作战原则，战地在地理上有散地、轻地、争地、交地、衢地、重地、圮地、围地、死地之分。……拼死奋战就能生存，不拼死奋战就会覆灭的地方叫"死地"。所以……处于死地就要迅猛奋战，死中求生。

大凡作为"客军"，进入敌国境内作战的规律是：深入敌境则军心专一，浅入敌境则军心涣散。……无路可走的地区就是"死地"。……在死地就要显示出决一死战的信念。所以，士卒的心理状态是：陷入包围时就会竭力抵御，迫不得已时就会拼死战斗，深陷险境时就会言听计从。

把他们置于绝境然后才能得以保存，把他们置于死地然后才能起死回生。三军陷入绝境，然后才能赢得胜利。所以，指挥作战的事情，在于详细地观察敌人的意图，集中兵力朝一个方向进攻，这样，即使长驱千里，也可以斩杀敌将，这就是所谓应用巧妙的方法而能够制胜的成功者。

另外，《孙子·九变篇》也说"死地则战"，《孙子·势篇》则有"危则动"的议论。这与《九地篇》关于死地的论说一脉相承，互相发明。

总括孙武子的"死地"战法，大致有五层意思：（一）军队走投无路之处（"无所往者"）是"死地"。（二）处于"死地"军队的生存状态是"疾战则存，不疾战则亡"。（三）死地的战术措置是勇敢战斗（"疾战"，"死地则战"，"不得已则斗"）。（四）处于死地之指挥员要告诫官兵下定必死杀敌的决心（"示之以不活"）。（五）死中求生，败中求胜，"投之亡地然后存，陷之死地然后生"。

《十一家注孙子》中，梅尧臣注"投之亡地然后存，陷之死地然后生"此句曰："地虽曰亡，力战不亡；地虽曰死，死战不死。故亡者存之基，死者生之本也。"（《十一家注孙子》，上海古籍出版社1978年版，第307页）这已接触到亡与存、死与生的辩证法。军队处于绝境，下必死之决心奋力作战，杀出生存血路：亡转化为存，死转化为生。

长征路上他又引用孙子的另一句话

红军在中央苏区第五次反"围剿"战争中，由于"左"倾领导者的错误指挥，连遭败仗，不得不撤离经营多年的根据地，万里长征，进行艰苦卓绝的无后方作战。且不说路途艰险，雪山草地横亘，险关要隘阻路，光是天上敌机的狂轰滥炸，地上几十万大军的围追堵截，已令红军前途莫测，生死未卜。仅湘江一战，八万红军损失过半……

党与红军生死存亡之际，毛泽东在寻求绝处逢生之道。

长征之时，"左"倾领导者之一的李德（奥托·布劳恩）也在军中。他在遵义会议上受到批判，失掉了指挥红军的权力。1933 年 9 月，共产国际派出的军事顾问李德，从上海来到中央苏区瑞金。"左"倾领导者错误地安排他主管军事和作战指挥。不乏革命精神、只了解一些苏俄革命战争经验的李德，却对中国国情与红军战史几乎一无所知。

后来，李德在回忆录《中国纪事》中写道：

> 我在中央苏区最初三个月，结识了一些领导人物。
>
> 给我印象最深的当然是毛泽东。他是一个身材修长的，几乎可以说是很瘦削的四十来岁的中年人。他给我最初印象，与其说是一个政治家和军人，不如说是一个思想家和诗人。在很少的几个庆祝会上，我们见面时很随便。在这种场合，他总是保持一种威严而又谨慎的态度，总是鼓励别人喝酒、说话和唱歌，他自己则在谈话中插进一些格言，这些格言听起来好像是无关紧要的，但总有一定的含义，有时还含有一种恶意的暗示。
>
> 总之，他喜欢引用民间的形象比喻，引用中国历史上哲学家、军事家和政治家的格言。有人告诉我，历来很著名的红军八项政治原则和四项策略原则中的一部分也是毛从历史中，也就是从 19 世纪后半叶太平天国起义的口号中吸收过来的。他根据中国古代军事著作《孙子兵法》提出了"不打无把握之仗"的原则，但在长征路上他又引用孙子的另一句话"投之亡地然后存，陷之死地然后生，夫众陷于害，然后能为胜败"。（奥托·布劳恩：《中国纪事》，现代史料编刊社 1980 年版，第 73—75 页）

李德还回忆道："毛不仅在私人谈话中或小范围里运用这些格言和比喻，而且还把它们引用到他的讲话中，并以革命的激情从中引出令人铭记的口号。我自己就经常看到，他是怎样用这种办法深深地影响了听他讲话的农民和士兵。"

从中央苏区到遵义会议，毛泽东与博古、李德等"左"倾教条主义者在军事路线、军事战略上有严重分歧，发生激烈争吵。李德几十年后回忆录中对毛泽东的评价，难免有失公允之处。但是他此处回忆毛泽东在长征路上"引用孙子的另一句话'投之亡地然后存，陷之死地然后生，夫众陷于害，然后能为胜败'"，验证于各方面材料，则大致上是符合历史事实的。

在长征那种困境当中，"亡地""死地"随时伴随着红军。毛泽东灵活地运用了《孙子兵法》中名言指挥作战，激发全军英勇奋斗的战斗精神，从而"深深地影响了听他讲话的农民和士兵"，并不断地化险为夷，转危为安，取得一个又一个的胜利。这不仅是必要的，而且是必需的。

具有坚定意志和乐观精神的毛泽东在"死地"的危境中，借助孙子的名言看到了生路和胜利，"能为胜败"，这还可以用他长征路上创作的诗词佐证：

> 山，刺破青天锷未残。天欲堕，赖以柱其间。（《十六字令三首》）
> 雄关漫道真如铁，而今迈步从头越（《忆秦娥·娄山关》）
> 红军不怕远征难，万水千山只等闲。五岭逶迤腾细浪，乌蒙磅礴走泥丸。金沙水拍云崖暖，大渡桥横铁索寒。更喜岷山千里雪，三军过后尽开颜。（《七律·长征》）
> 不到长城非好汉，屈指行程二万。（《清平乐·六盘山》）

"远征难""铁索寒""雄关如铁""天欲堕"，说尽了长征的艰难，生死的考验，局势的严重。红军"陷于死地然后生"，别无选择，唯有奋战取胜是出路。"而今迈步从头越"，"三军过后尽开颜"，走出了"死地"，摆脱了绝境，赢得了生存和胜利。

毛泽东引证《孙子兵法》辩证看待生死存亡的名言，善于从历史中汲取可以对现实产生积极影响的经验，善于以革命的激情结合历史内容进行有效的宣传鼓动，对统兵作战、读书明理大有启发。

韩信背水阵的"历史事实"

汉初韩信击赵，在井陉背水为阵，大获全胜，乃"陷之死地然后生"之著名战例。

1938年5月，毛泽东在《论持久战》中曾经举出"韩信破赵之战"等战例，以为中国古代"强大之军打败仗、弱小之军打胜仗的历史事实"。《论持久战》收入《毛泽东选集》时（20世纪50年代中期），选编者为"韩信破赵之战"

作注释说：

> 公元前204年，汉将韩信率部与赵王歇大战于井陉（在今河北井陉县）。赵军号称二十万，数倍于汉军。韩信背水为阵，率军奋战；同时，遣兵袭占赵军防御薄弱的后方，使其腹背受敌，遂大破赵军。（《毛泽东选集》第二卷，人民出版社1991年版，第517页）

《毛泽东选集》的注释，是经毛泽东亲自审阅修改定稿的。这说明毛泽东十分熟悉这一战例，也非常欣赏韩信在这一战役中"背水为阵"所表现出来的指挥才能。

韩信"背水为阵"胜赵军，大史学家司马迁有生动表述。据《史记·淮阴侯列传》记载：汉王刘邦二年（前205）九月，韩信、曹参率军击灭叛汉降楚的魏王豹后，黄河以北还有代、赵、燕等诸侯国。这时，韩信向刘邦提出一个逐个消灭代、赵、燕，然后东出三齐，截断楚军粮道的战略包围计划。刘邦采纳了这一重要建议，增调步兵三万，并派熟悉情况的张耳去协助韩信。同年闰九月，韩信率领部队击破代国，擒获代国的相国夏说。这时，刘邦把韩信的精兵调去荥阳、成皋一线，抗击项羽的进攻。第二年（前204）九月，韩信率领数万人越过太行山向东进军，进攻赵国。

井陉口（今河北获鹿西南十里的土门关）是太行山八个隘口之一。在它以西，有一条长约百里的狭窄驿道，不利于部队行动。赵王歇与赵军统帅陈余集中兵力于井陉口，号称二十万，准备与韩信决战。谋士李左车向陈余献计说：韩信越过黄河，俘虏了魏豹、夏说，乘胜进攻赵国，士气正旺，必须避其锋芒；但是，汉军从千里以外运军粮来，补给困难，井陉道路狭窄，车马不能并行，它的军粮一定在后面，只要赵军利用深沟高垒，坚决不出战，让我带领三万人马从小道出去夺取汉军辎重，切断韩信的粮道，使他求战不能，后退无路，不出十天，就可以把韩信、张耳的头拿回来。否则，我们是一定要被汉军打败的。但是，陈余却说"义兵不用诈谋奇计"，并且认为韩信兵少又疲劳，对这样弱敌避而不击，就会引起诸侯的轻视而来进攻赵国，拒绝了李左车的意见。

韩信探知李左车的作战方案没有被采纳、赵军统帅陈余有轻敌情绪和希图速决等情况后，十分高兴，立即指挥部队开进到距井陉口三十里的地方驻扎下来。当天半夜，传令部队出发，向前推进。同时，挑选两千名骑兵，密令他们每人手持一面汉军的红色旗帜，从小路迂回到赵军大营翼侧的抱犊寨山（今河北井陉县东），隐蔽起来，等待赵军离开营寨追击汉军的时候，抢占赵军营寨，把汉军旗帜树立起来，从侧后断敌归路。接着，韩信又派一万多人到绵蔓水（今河北井陉县境）东岸，背靠河水摆成阵势，以迷惑赵军，增长其轻敌情绪。赵军看见汉军背水列阵，无路可退，都暗笑韩信不懂兵法，十分轻视。天一亮，韩信亲自率领汉军，打着大将的旗帜，带着大将的仪仗鼓号，向井陉口开进。赵军离营出战。双方大战了很久，汉军假装战败，扔掉旗鼓仪仗，向绵蔓水方向后退，与事先背水列阵的一万人会合。赵王歇和陈余误认为汉军真的打了败仗，指挥部队追击汉军，抢夺战利品。汉军前面是敌人，背后是河水，拼命抵抗。这时，埋伏在赵营侧后的汉军骑兵乘势抢占赵军营寨，拔下赵军旗帜，换上汉军的旗帜。赵军久战不胜，陈余下令收兵。当赵军发现大营全部插上汉军旗帜时，大惊失色，纷纷逃散。占据赵营的汉军，乘机出击，韩信也指挥部队发起反攻。赵军向泜水（今河北获鹿南五里，现在已经湮塞）败退，被汉军追上，全军覆没。赵王歇被俘，陈余被杀。

事后，诸将问韩信："《兵法》右倍（背）山陵，前左水泽，今者将军令臣等反背水陈，曰破赵会食，臣等不服，然竟以胜，此何术也？"韩信回答说："此在《兵法》，顾诸君不察耳。《兵法》不曰'陷之死地而后生，置之亡地而后存'！"

韩信又说：汉军兵士大多是新招募来的，没有经过训练，如同赶着集市上的人群去作战一样。因此，必须把他们置于后无退路的境地，才能使他们拼死战斗，人自为战，否则是不行的。

韩信引用的《兵法》名句，显然出自孙子《九地篇》。他的设"背水阵"，置汉军于"死地"，一是故意装愚守拙以迷惑赵军，使其轻敌上当，二是迫于内部新兵不愿意作战，故意把其置于危险境地，逼迫他们拼命作战。后一点在今天并不可取。但是，"韩信破赵之战"在战争指导上还是有一些正确的东西。韩信以数万的兵力，远离后方，同号称二十万的赵军作战，汉军利于速决，不利于持久。这一点，赵国谋士李左车看到了，向陈余做了分析，并提出建议，但是没有被陈余采纳。而韩信则能知己知彼，清楚地看到自己在兵力上数量少，又处于不利地形，便利用陈余的轻敌心理，将计就计，来了个背水列阵，故意示敌以破绽，诱使赵军脱离有利地形，同汉军决战。埋伏在赵军侧后的两千骑兵，乘机抢占赵军阵地，出敌不意地配合主力夹击赵军，一战而胜，全歼赵军，创造了以少胜多、以弱胜强的成功战例。

毛泽东在他的军事杰作《论持久战》中，将其作为古代以少胜多、以弱胜强的典范战例，其肯定的内容是包括韩信背水设阵使汉军"置之死地而后生"的指挥艺术的。

置之死地能后生吗？

毛泽东的战争生涯，多次濒临绝境。1947 年到 1948 年的转战陕北，他又数次出生入死，身临惊心动魄之绝路，又几度化险为夷。

1947 年，我军已转入战略反攻。蒋介石似乎孤注一掷，派胡宗南二十多万人马进犯延安，围剿中央机关。毛泽东、周恩来、任弼时亲率中央纵队的几百人，转移到黄河边北路。国民党军钟松的队伍已经卡住米脂城北的镇川堡。据我军骑兵侦察员报告：北路没有缝隙可钻；国民党军南路的刘戡所部，抢占了绥德，断我西去之路。刘戡部随即进到米脂，与钟松部形成合围之势，现在正朝我军压来。骑兵侦察员还报告：敌军没有停止宿营的意思，形势非常严峻。"还有多远？"毛泽东问。"三十里。"任弼时骤然压低声音："可能已进乌龙铺。""嗯？"毛泽东略一沉吟，手指移向黄河："黄河边有敌人吗？""暂时没有发现。白龙庙、佳县、神家堡一线骑兵都侦察过了。""只有向东走了？"毛泽东慢悠悠的一声，像是自问，又像问人。"现在看来只能向东。"周恩来神色严峻。

"死地哟！置之死地能后生吗？"毛泽东思索着，突然，他转过身，手指任弼时，十分果断地说，"通知部队，向东走！"（谭逻松等：《毛泽东的幽默故事》，同心出版社 1996 年版，第 58 页）

任弼时在窑洞口憋一口气，突然一弯腰，弓身冲入雨中。毛泽东向陆定一和叶子龙交代完行军中几件具体事宜，正欲出窑洞，任弼时又水淋淋地跑了回来："主席，骑兵报告：刘戡自乌龙铺出动了，目标是我们曹庄！""好吧，敌人这么积极，我们也起身吧。"毛泽东不再那么严肃，声音恢复了轻松。这是决心下定之后的轻松。他笑着指指天："难得在陕北洗一次淋浴。"话音刚落，他那农民一般朴实健壮的身躯已投入风雨之中。

这是毛泽东转战陕北中的一个小镜头。北路和南路都被敌军切断，包围圈越来越紧密，似乎无缝隙可钻。"死地哟！"这是毛泽东听了侦察报告后的判断。"置之死地能后生吗？"这个自问，似乎他怀疑孙子这句困窘境遇中的用兵名言。但是，他很快用行动做出回答：中央纵队"向东走"！也就是迎着敌人来的方向走。用大胆的、敌人意想不到的行动，冲出敌人重兵形成的包围圈，把敌人甩掉。

"置之死地而后生"，这句箴言再一次帮助毛泽东和他的队伍绝处逢生。

让我和恩来背水一战

还是 1947 年，虽然中央已撤出延安，然而胡宗南的二十余万大军并没有回撤，对陕北的进攻也没有缓下来的迹象。陕甘宁边区只有彭德怀指挥的两三万人迎敌作战，依然兵力太少，处在危急之中。

毛泽东打算调陈赓的四纵回师陕北。"我看可以。"周恩来道，"这样既可以保卫党中央的安全，又可以增援彭老总的部队。"陈赓奉命到陕北，见到毛泽东的第一句话就是："主席，你身边的部队太少了，武器又不好，我们实在担心呀！旅长们都要求过黄河来保卫你呢！""一路辛苦了！"毛泽东高兴地说，"进窑洞去坐下讲，我们几个人都盼着你来呢！"

这天，在小河村开会，研究如何粉碎敌人对山东和陕北的重点进攻。一连几天，陈赓在会上一言不发。

会议进行到第六天。傍晚时，毛泽东在窑洞为陈赓接风。"来，陈赓！"毛泽东首先举杯，直呼其名，"我和恩来请你，一为你洗尘，二为你接风，三为你庆功！"周恩来也将酒杯举向陈赓："来，干杯！"陈赓举杯在手，站起身一饮而尽："谢谢主席！谢谢周副主席！"

毛泽东用筷子给陈赓夹菜："恩来你们是同学，今天要多喝几杯。"饮罢头杯酒，三个人又坐下来连饮了好几杯。陈赓有些激动了，放下酒杯突然冒出了一句话："主席，恕我直言——你调我西渡黄河，不够英明！"

一句话，说得毛泽东微微一怔，说得周恩来吃了一惊。但毛泽东的脸上却不露声色，倒是周恩来替陈赓捏了一把汗，急忙欠身拿了陈赓面前的酒杯："你今天喝多了，不要再喝了。"毛泽东取过酒杯重新放回到陈赓面前："说下去，我洗耳恭听。"

被酒涨红了脸的陈赓好像不明白周恩来劝阻的用意，又自斟自饮了一杯后，坐在毛泽东面前打开了话匣子："我一向敬重主席、敬重周副主席——请恕我直言！"陈赓面对毛泽东，又一次说了"恕我直言"，直陈己见，"你让刘邓大军挺进大别山，陈粟大军挺进鲁西南，都是英明决定。这两路大军，向南可以直逼武汉，向东可以直压南京，就像两把快刀子直插蒋介石的心窝，这我从心底佩服。可是，全国战场一盘棋，对于我这个小棋子儿，你却摆错了地方……"

周恩来和陈赓曾同在黄埔军校，又曾同在南昌发起"八一"武装起义。周恩来用眼色阻止陈赓的讲话，但被吸着烟的毛泽东察觉了："让他把话讲完，讲透！"周恩来会意地点了点头。

陈赓继续说："主席，你不该让我西渡黄河，保卫陕甘宁；你应该把我拿出去，南渡黄河，东砍西杀，再给敌人的胸口插上一把刀！至于保卫陕甘宁，可以就近考虑；把我调过来，不谦虚地说，实在是大材小用了……""你这个大材我怎么小用了？"此时的毛泽东已经面带愠色。

陈赓坦陈直言："全国一盘棋，形势越来越好，越来越对我们有利，可是，我认为让四纵回师陕北，不是主动进攻，是消极防御，这是一着险棋……""大胆！"毛泽东猛地一拍桌子，"霍"地一下站起来，勃然大怒："好你个陈赓！这次调你过黄河，可不是为了保护我毛泽东！你们都想在中原辽阔的战场上跃马纵横，杀个痛快，却不想想陕甘宁的兵力是何等空虚？你让我就近调兵，我调哪一个？你最近，我都调不动！我晓得你曾救过蒋介石的命，难道这次想把我毛泽东、把党中央拱手送给蒋介石吗？岂有此理！"

毛泽东越说越激动，止不住又拍了几下桌子，把桌子上的酒菜都震动了。陈赓大吃一惊，浑身的酒劲儿被吓掉了一大半，连忙站起身来说："主席，我这只是一己之见……"话说得有些发颤，只见他脸色发白，嘴也不大听使唤了，"我坚决执行中央的决定……"

周恩来却神情自若，面无表情地坐在那里不说一句话。再看看此时此刻的毛泽东，见到陈赓窘迫成这个样子，反倒哈哈大笑起来："陈赓呀陈赓，说了一句笑话，吓了你个半死！"他用手的食指和中指夹着吸了半截子的纸烟，戳着陈赓的鼻子尖说："你怕嘛子嘛！跟你说句心里话，你同中央想到一起啰！"

周恩来这时才拉陈赓重新坐下："主席就是要你把话全讲出来，告诉你吧——中央已经改变计划了。"陈赓长长出了一口气，坐下后好半天才回过神来，脸上也渐渐有了血色。

毛泽东丢掉手上的烟头，语气深沉地对陈赓说："告诉你，刘邓挺进大别山，会打得蒋介石鸡飞狗跳；胡宗南又被彭德怀牵制在陕北，腿拔不脱。现在，豫西一带是个空子，你若南渡黄河，乘虚而入，在西至潼关到郑州的八百里战场上，打他个昏天黑地——向东，可以支援刘邓和陈粟的两路大军；向西，可以配合陕北作战，从背后抽胡宗南一鞭子，他的八百里秦川便在风雨飘摇之中啰！陈赓呀陈赓，你没有错！"

毛泽东如此大度的一席话，说得陈赓反倒不安起来。他先看看毛泽东，又看看周恩来，然后才拘谨地说："只是……这样一来，主席身边也……"

"你莫管！"毛泽东端起酒杯说，"有惊就有险，有高度就有难度；让我和恩来背水一战，置于死地而后生！你们放开了去打，你们打得越好，中央就越安全！"（邸延生：《历史的真言——李银桥在毛泽东身边工作纪实》，新华出版社 2000 年版，第 39 页）

周恩来也端起酒杯，站起身将杯中酒伸向陈赓："我陪主席给你敬酒，为你壮行！"

面对中央两位最高首长、全国人民的革命领袖、解放军的最高统帅，陈赓猛地端起酒杯，站起身，语气坚定地说："主席、周副主席——请放心！我陈赓一定不辜负中央的重托，我代表四纵全体将士敬你们一杯！"三人用力碰杯后，一饮而尽。

第二天，周恩来陪着毛泽东去给陈赓送行。临分手，毛泽东又风趣地问陈赓："有个典故叫作'破釜沉舟'，你可知它的含义呀？"陈赓心领神会地答道："知道。过河卒一往直前，下决心不要后方！""它出自哪里呀？"毛泽东又问。"项羽击秦！"陈赓答。"对嘛！"毛泽东很满意，又补充说，"昨天言语冲突的地方，多有得罪，还望你莫怪！"陈赓不好意思地说："是我不冷静，不明白主席的意图。"周恩来笑道："我们的'猛张飞'就要变成'赵子龙'了！"毛泽东说："赵子龙更好嘛，一身是胆！"

周恩来走近陈赓，向他再一次强调了陕北的困难，嘱咐说："南渡黄河以后要狠打猛打，认真完成中央交给的任务，放马逐鹿中原！"毛泽东也再次叮咛说："如果你们不能在两个月内以自己有效的行动调动胡宗南，则陕北将难以支持……""请主席放心！"接大任于身的陈赓斩钉截铁地说，"四纵保证如期渡河，配合刘邓、陈粟大军形成'品'字形，展开中原战场！"

这是将帅之间妙趣横生的战略决策：陈赓指挥的四纵是回师陕北保卫党中央，还是南渡黄河逐鹿中原？毛泽东毅然决定：把四纵派往中原战场，与刘（伯承）邓（小平）大军、陈（毅）粟（裕）大军一起形成"品"字形战略进攻格局，给蒋介石胸前插上三把刀！可是，这样决策后，陕北胡宗南二十多万大军的重包袱就要自己背。毛泽东说服陈赓和说服别人的话，还是在险境中那句习惯语："让我和恩来背水一战，置于死地而后生！"小河村会见陈赓，毛泽东讲韩信背水一战的战例，讲项羽破釜沉舟的典故，引孙子"置于死地而后生"警句，其含义都在于激励斗志，决战决胜！

挥军作战，乘胜追击，千里跃进，是一种指挥境界；兵临绝境，险象环生，能够死地求胜，绝处逢生，又是一种指挥境界，后者比前者对战争指导者的要求不知高超多少倍。毛泽东每临困境，如万里长征路上、陕北转战途中，皆能活用孙子"置于死地而后生"的军事原则，挽狂澜于既倒，化险阻为坦途，其高超军事指挥艺术于此可见一斑。

用间篇

因敌间而用之

——运用与发展之二十二

20世纪60年代初，毛泽东从民主人士章士钊那里借得《智囊》一部。《智囊》为明人冯梦龙所编纂。其卷二十二《兵智部·制胜·赵奢》条记载：

> 秦伐韩，军于阏与。赵王……乃遣奢将而往（救韩）。去邯郸三十里，而令军中曰："有以军事谏者，死。"秦军军武安西，鼓噪勒兵，屋瓦皆振。军中候有一人言急救武安，奢立斩之。坚壁，留二十八日不行，复益增垒。秦间来入，奢善食而遣之。间以报秦将，秦将大喜曰："夫去国三十里而军不行，乃增垒，阏与非赵地也。"奢既遣秦间，乃卷甲而趋之，二日一夜至。令善射者去阏与五十里而军，军垒成。秦人闻之，悉甲而至。军士许历请以军事谏，奢曰："内之。"许历曰："秦人不意赵师至，此其来气盛，将军必厚集其阵以待之，不然必败。"奢许诺。……大破秦军，遂解阏与之围。

赵奢为战国时代的赵国名将，他的生平战绩被司马迁记载在《史记·廉颇蔺相如列传》当中。《智囊·赵奢》几乎抄录《史记》原文。

毛泽东读《智囊·赵奢》条，对军士许历的话，有所意会，写下批语：

> 老师坚城之下，又不意赵救，此秦之所以败也。（《毛泽东读文史古籍批语集》，中央文献出版社1993年版，第67页）

毛泽东的批语，从秦军失败的原因着眼，总结了两条教训：一为师老坚城，一为不意赵救。批语中的"老师"应为"师老"。"师老"指疲惫倦怠之师。秦军本是精锐强劲之师，但对韩国阏与、武安坚城硬垒久攻不下，已成疲惫倦怠之师。又误信己方间谍的情报，对赵军战略意图判断错误。

毛泽东也注意到赵军将领赵奢的取胜之道：

> 《智囊》的编者说完这个故事后，引用孙子的话说："反间者，因敌间而用之。"毛泽东在"反间者"三字旁画了一条着重线，对"因敌间而用之"这句话，逐字加了圈。（陈晋：《毛泽东读书笔记解析》上册，广东人民出版社1996年版，第519—521页）

对于《孙子兵法·用间篇》"反间"一语，唐人杜牧作过解释，他说："敌有间来窥我，我必先知之。或厚赂诱之，反为我用；或佯为不觉，示以伪情而纵之，则敌人之间，反为我用也。"（《十一家注孙子》，上海古籍出版社1978年版，第336页）秦军间谍反为赵军所利用，即此计战例史证。

《智囊·赵奢》对赵奢用"反间"叙述很细致："秦间来入，（赵）奢善食而遣之。间以报秦将，秦将大喜曰：'夫去国三十里而军不行，乃增垒，阏与非赵地也。'（赵）奢既遣秦间，乃卷甲而趋之，二日一夜至。"

赵奢的取胜，主要计谋也是两条：一是"示形"：救而示之不救。赵国出兵本来是救韩，但兵出都城三十里就扎营筑垒，似乎对救韩并不在意；二是用"反间"计迷惑秦军将领，使其确信赵军不救韩。"秦将大喜"得实在愚蠢，不知道破军斩将的大悲即在其后。

毛泽东在孙子"反间者，因其敌间而用之"这句话下面，又是画着重线，又是逐字加圈。一方面表明他对《孙子兵法》中"反间"计的重视，另一方面也表明他对赵奢指挥"阏与之战"妙用"反间计"的赞许和欣赏。

> 坳头坑伏击战发生在1928年10月1日，是"恢复边界割据地战役"的第二个胜仗。当时，红四军大队人马刚刚返回井冈山，毛泽东9月26日回到井冈山，住到茨坪还没有几天，为恢复边界割据地，我军还急需寻机歼敌。
>
> 毛泽东两次巧施反间计，诱敌上钩，将盘踞在新城的敌人歼灭于运动之中，并乘胜收复宁冈全县。

这次战斗，从捕捉战机到组织指挥，都是毛泽东用兵生涯中打的一个漂亮的伏击战。毛泽东在《井冈山的斗争》一文中说："10月1日，与敌熊式辉部周浑元旅战于宁冈获胜，收复宁冈全县。"就是指的这次战斗。由于这次伏击战利用坳头垅有利地形，布置了袋形阵地，所以被群众叫作"布袋战"。

此次战斗，歼敌一个营，给进驻宁冈之敌以歼灭性打击，粉碎了敌人摧毁井冈山革命根据地的企图，大大地鼓舞了革命军民的斗志，对进一步恢复井冈山革命根据地有十分重要的意义。

1928年9月13日，毛泽东指挥红军击败刘士毅部五个营，占领遂川。红军回师井冈，首战告捷，给疯狂的敌人当头一棒。

9月24日，敌李文彬团及独立第七师分别由太和、赣州来援。红军兵力未集中，因敌我兵力悬殊，主动撤出战斗。

9月26日，红旗跃过朱砂冲哨口，井冈山革命军民盼望的红军大队，扛着战利品，唱着雄壮的战歌，在毛泽东率领下回到了井冈山。但是，敌人并不知道毛泽东和红军主力已经回到井冈山。盘踞在宁冈县新城之敌周浑元派二十七团的一个营六个连的匪兵伙同当地土豪劣绅武装靖卫团，妄图乘我红军大队未返宁冈之机，彻底破坏我根据地，使红军无立足休整之地，迫使红军退出边界，然后伺机歼灭。他们以十倍的疯狂、野兽般的残忍推行着"石头要过刀，茅草要过火，人要换种"的三光政策。

9月28日前后，这伙亡命之徒放火焚烧，使这座近百户人家的美丽山村变为废墟。接着他们又妄图血洗茅坪，想用血与火把边界党、政、军领导机关所在地从地图上抹掉。

茅坪一带仅有红军三十二团一个连防守。当我侦悉敌人的罪恶阴谋后，立即采取措施，加强了戒备。从儿童团到暴动队都积极行动起来，侦察敌情，站岗放哨，严防敌人窜犯。

敌人怕我主力返回茅坪，9月29日，收买了两个女流氓，扮作小商贩到大陇、茅坪一带侦察。临走之前，敌营长周宗昌特别交代："主要看看红军大队回来了没有。村里有没有马粪，下了门板没有。"

毛泽东刚从桂东回到红军大队，住到茨坪没几天，茅坪乡工农兵政府委员长谢贵山突然跑来报告：

"昨天在村里头抓到两个女探子，是驻扎在新城的国民党白军营长周宗昌派来的，想探听茅坪村里有没有马粪、下了门板没有，想弄清毛委员和红军大队是否从桂东回来了。"毛泽东和朱德听后，又找几个同志商量了一番，便要谢贵山把那两个女特务放了。谢贵山大吃一惊，问："放了？"毛泽东点点头，告诉他："茅坪一直是湘赣边界党、政、军最高领导机关所在地嘛，白狗子肯定是想趁红军主力没从桂东回来的机会，偷袭茅坪。它要来就好喽，我们就消灭它。"朱德补充说："这叫作放长线钓大鱼。"接着，毛泽东又把在坳头垅摆"布袋阵"的详细计划给谢贵山说了一遍。谢贵山又问："要是白狗子不进布袋呢？"毛泽东笑笑说："把两个女特务放了，白狗子自然会跑来进布袋喽。"谢贵山这才明白，一个劲称赞毛泽东真英明。

谢贵山回到村里，向同志们传达了毛泽东的指示。说完后，便把两个女探子押出来，正颜厉色地大声教训了一顿，反反复复讲道："如果茅坪这几天出事，过几天毛委员率领红军大队人马回来，要你们的脑袋。"直说得两个女探子下跪立誓，才放她们走掉。

谢贵山把两个女特务放走后，毛泽东立即派人把各团负责同志找来，介绍敌情，交代任务，并特别指示要注意保密，出敌不意，力争全歼敌人。

9月30日，晚霞抹红了西天，朱德便率领红二十八团、红三十一团和红三十二团一营出发了。不一会儿，红军大队便隐没在夜色中，悄悄地越过黄洋界，静静地穿过山村，于晚10时左右，便隐蔽地到达茅坪、坝上等集结位置，二十八团在茅坪，三十一团和三十二团在坝上。茅坪和坝上的赤卫队和暴动队也按计划赶来参战。

坳头垅是茅坪北面一条南北走向的狭长山谷，从长源亭至茅坪长五六里，两侧群山连绵，高峰耸立，草深林密，一条小路在谷底逶迤而过，直通茅坪，是通往新城的必经要道。站在山上望去，坳头垅宛如一条长口袋，两边地形复杂，便于隐蔽，谷底狭窄，兵力不易展开，是理想的伏击阵地。

毛泽东看中了这个山间垅冲，说："请君入瓮，让周宗昌钻到这个布袋子里头，莫让他跑啦。"

朱德命令红二十八团两个营从观音堂登山，占领观音堂附近高地及坳头垅西侧各高地，担任正面阻击和侧击任务。

红二十八团另一个营占领苍边以北及小溪以北高地，担任侧击任务。

红三十一团占领长源亭附近各高地，担任侧击任务，和红二十八团协同一致，将把敌截成数段，各个歼灭。

红三十二团一营占领长源亭附近高地，负责截尾，防止敌人经上、下虎岭向古城逃窜或按原路退回新城，并准备打击敌人可能的增援部队。

红二十八团一个排占领茅坪南侧无名高地，防止敌人冲过茅坪向大陇方向逃窜，并阻击敌人可能从大陇方向来的增援部队，保证伏击部队的侧后安全。

茅坪和坝上赤卫队、暴动队在苍边北侧无名高地附近隐蔽待命，相机配合红军歼灭进犯之敌。

红三十二团一营在赤坑南侧岔路口附近派出一个班哨，监视敌人，发现敌人后，向军部报告，并隐蔽撤回。

朱德明确指出，待敌人完全进入伏击阵地内，先由红三十二团打响，断敌退路，然后围而歼之。为了保证群众安全，乡工农兵政府组织群众全部撤离茅坪，躲进山里隐蔽。

天亮之前，红三十一团和二十八团等一夜之间就布满了坳头垅两边的山山岭岭。赤卫队、暴动队、少年队、儿童团也迅速集合起来，准备配合红军作战。成百上千的人隐藏在山山坳坳里，路上、村里却又看不到半点紧张备战的迹象。

且说新城敌军营长周宗昌得到那两个女特务的报告，十分得意。心里盘算，定要赶在毛泽东回山之前偷袭茅坪，等毛泽东回来了，就不好办了。

第二天，也就是10月1日的清晨，周宗昌带领全营人马和一部分靖卫团，出新城，经桥上、赤坑向茅坪窜来。敌人每人带了一盒火柴、十刀浸过煤油的草纸，妄图把茅坪变成一片火海。

当太阳从山峦上升起一竿高的时候，敌人的尖兵连已经接近坳头垅了。这时，坳头垅显得格外宁静，除了山雀叫声之外，一点声息也没有。走到坳头垅口，周宗昌看见两边山高路险，不由得心虚胆寒，就勒住马头，命令停止前进，并派出三个扮作老表模样的人，离开小道向山上搜索。

埋伏在两侧山上的红军，瞪着一对对愤怒的眼睛，紧盯着敌人的一举一动。那三个家伙走走停停，停停走走，渐渐接近了我军埋伏地段。大家的眼光都紧紧地盯着那三个家伙，紧张得大气都不敢出一口。近了，更近了，怎么办？

"老毛，周宗昌疑心病好重哩。"朱德担心地对毛泽东说，"天色透亮，战士们不好埋伏啦，得想个法子呀！""周宗昌这鬼崽，喜欢耍小聪明嘛。"毛泽东对谢贵山说，"你带两个人，迎上去……"

这时，那三个匪兵老表已接近红军埋伏的地方，眼看就要发现红军。隐蔽在树林里的红军战士，连为首的那个匪兵的歪嘴斜眼都看得一清二楚。

正在这关键时刻，四个同样着老表装的人出现在三个匪兵视线里。他们两人一对各抬着一只大箱子，迎面向三个匪兵走去，走在前头的是谢贵山。

就在谢贵山离几个匪兵几米远的地方，他"不小心"摔了一跤，箱子翻倒了，白花花的光洋撒了一地。

三个匪兵几乎同时发现迎面来了四个抬箱子的"老表"，正纳闷，不知他们是什么时候、从哪里突然冒出来的。三个匪兵一见满地滚动的光洋，一齐奔上前要捡。"站住！莫动！"谢贵山喝一声。

三个家伙愣住了。歪脸问："你们哪来的这么多花边银子？"一个"老表"笑道："这是打土豪缴来的。要不是把它藏在山上，早给白狗子抢去了。"谢贵山又补上一句："明后天，毛委员就要带领红军大队回来。筹办粮油柴菜、买酒添肉，这些花边要派大用场。"他一边说一边把一块块光洋拾起来，和另外三人抬起箱子，又往茅坪方向走去。

歪脸向另两个眨眨眼睛，恶狠狠地讲："哼，别高兴得太早！"说完，立刻像兔子一样，直往坳头垅奔去。另两个便尾随着谢贵山向茅坪跟踪而去。

两个尾随的家伙走到村里，东看看、西瞧瞧，觉得一切正常，便在村口点了一把火，给周宗昌发信号。

周宗昌一见信号，心里十分快活。他刚要下令继续前进，那个报信的歪脸子也到了，急喘喘地把看见光洋的事活灵活现说了一顿，讲得周宗昌心里直痒痒，立刻下命令叫匪兵跑步向前。

周宗昌非常狡猾，疑心病特别重。他虽然从侦察中知道茅坪没有红军，但还是不放心，走到长源亭附近又迟疑了好久，看到点燃民舍上滚动着的浓烟，才带领部队进入坳头垅。

走不多远，他又看到一股浓烟卷上天空，同时也没有发现什么情况，才骑着马带着匪兵，一晃三摇地向村里走去。

正在这时，敌人尖兵连已接近了红二十八团的伏击位置——观音堂。他们又点燃了一幢屋，又是一股黑烟……

红二十八团的战士们望着这三堆大火，又看到周宗昌扬扬得意的样子，简直气炸了肺，再也不能让这帮强盗横行下去了。随着一阵清脆的枪声，早已瞄准好了的枪口突然喷出了仇恨的子弹。鼓舞人心的冲锋号声在两边山头上此起彼落，"杀——"几乎在同一个时间里，几千军民从四周的山上站了出来。霎时，枪声和手榴弹的爆炸声交织在一起，山响谷应，刀光闪闪，火花飞溅，杀得敌人人仰马翻。

敌人遭到突然打击，吓得魂不附体，顿时陷入一片混乱之中，到处乱窜。周宗昌本想带领一群亡命之徒顺原路撤回，但是红三十二团早已扎住了"布袋口"，迎接他们的是一阵阵密集的子弹。

周宗昌看到退路已断，心里早已没有主意。这时整个坳头垅里是一片"缴枪不杀"的喊声。他看到大势已去，便藏在长源亭附近的水沟里。不久，几个红军战士搜出这位满身污泥的营长，他只好缴枪投降。

经过一个小时的战斗，除敌人后卫少数残敌向上、下虎岭方向逃跑外，全歼赣敌熊式辉部一个营和部分靖卫团，活捉敌营长周宗昌，俘敌连长一人、排长两人、士兵一百余人，击毙敌人一百余名，缴枪一百一十余支。红军分两路乘胜向古城、新城前进，一举攻占了古城、新城，收复了宁冈全县。

伏击战是毛泽东倡导的游击战的基本形式之一。伏击战分两种，一种是诱伏，一种是待伏。坳头垅布袋战，有的人认为是待伏，笔者认为是一次典型的诱伏战。

姜太公描述过待伏战的一般打法，他称之为"突战"。

姜太公在这里讲的也是防御性的伏击战。在敌人进攻我军时，在敌人的主力部队还没有到达之前，我须多派间谍侦察敌人的行动和企图；我军先完成战备，等待敌人来犯。……一旦敌兵到达，我先派小部队与敌接战，旋即佯败而走。这时我城上守军，树旗击鼓，严密防守，大造声势，使敌人以为我主力部队在守城，一定会攻到城下。这时我发伏兵，起而攻敌后路；我城外部队也冲出阵地出击，与伏兵配合，或攻其前，或击其后。至此，攻城之敌就陷入了我四面包围。

坳头垅战斗也是防御性的伏击战，但它不是待伏，而是诱伏。

毛泽东不失时机地利用周宗昌派来的两个女特务，巧施反间计，让周宗昌相信红军主力未归，茅坪虚空。"反间者，因其敌间而用之。"毛泽东下令放掉两个女特务，让她们回去向周宗昌传送假情报，使这两个特务反为我所用。这是第一次诱使敌人上钩。周宗昌多疑多虑，谨小慎微，十分狡猾。他带上全营人马进攻茅坪，一路上左顾右盼，步步回头。中途还派三个间谍去侦察，大队人马则等待观望，驻足不前。

这时，敌人还没有进入毛泽东做的布袋，也就是还没进入我伏击圈。而那三个前来探路的敌人，很快就要发现埋伏的红军战士。在这关键时刻，毛泽东又派谢贵山等四人前去诈敌，第二次引诱周宗昌上钩。

在这里，毛泽东派谢贵山等四人抬两箱光洋主动上前去迷惑周宗昌派来搜索红军伏兵的间谍，从军事谋略上看是两间俱用。

一是反间，就是让谢贵山他们使敌人相信，毛泽东和红军大部队没有回来，坳头垅山上自然就不会有埋伏。茅坪的老表不正在取出深藏山中的光洋去准备迎接大部队到来吗？！

二是诱间，就是用那两箱光洋诱使周宗昌贪财进兵。白匪军带兵打仗，不就是烧杀抢掠中饱私囊吗？！

毛泽东此计一箭双雕，既打破了敌人的搜索计划，又把敌人钓上了钩。

从这两次诱敌深入看，笔者以为，如果说龙源口战斗中的伏击战是待伏的话，这次坳头垅布袋战确系诱伏。

集中优势兵力，进行袋形部署，是此次战斗的突出特点。敌人为一个正规营和靖卫团一部一百人，我则集中六个营（二十八团三个营、三十一团两个营、三十二团一个营）的兵力和大量的地方武装。敌我兵力对比，我占绝对优势。在兵力部署上，形成袋形阵地。在打法上，又采取堵头、截尾、拦腰切断的战法，并以必要的兵力对付敌人可能的增援。这样，只要敌人进入我伏击圈内，就很难逃脱被歼的命运。

隐蔽突然，出敌不意，是取得此次战斗胜利的重要因素。伏击战的目的是在于出敌不意地迅速歼敌于运动中。而要达到出敌不意，必须采取各种措施隐蔽军队行动意图，防止敌人侦察。坳头垅战斗中，红军不仅利用根据地优越的群众条件，严密封锁消息，而且利用夜暗秘密进入伏击地区，严密伪装，耐心隐蔽，严守战场纪律，虽几千人埋伏坳头垅周围，敌人却毫无察觉，收到了出敌不意之效。

战斗打响之后，既要坚决地贯彻既定决心，又要根据战斗实际情况和上级意图机断行事。此次战斗，原定计划应先由红三十二团截尾部队打响，但实际情况是敌人行军长径已超过我伏击圈。敌先头部队已接近红二十八团伏击位置，开始焚烧茅坪房屋密集的观音堂。此时，敌人本队已在敌营长带领下进入我伏击圈内。若不突然打响，一是敌可能发现我伏击意图，失去攻其无备之机，二是敌人继续烧屋，茅坪将化为灰烬，损失太大。红二十八团在上级总的意图之下，机断处置，首先打响，既保存了茅坪，又歼灭了敌人。（《毛泽东用兵录》，黑龙江人民出版社 2003 年版，第158—167 页）

先知必取于人

——运用与发展之二十三

抗日战争全面爆发后，为改变八路军、新四军缺乏参谋人员的现状，中共中央军委决定在抗大第五期创办参谋训练队。1939 年 1 月，参谋训练队在延安抗大正式成立，招收学员一百二十余名，编三个区队。

毛泽东关心参训队的教学工作，亲自担任军事辩证法的教学任务，先后三次到参谋训练队讲课。一般每次讲两个小时左右，讲课方法很灵活，有时以讨论的方式进行，有时以提问的方式进行。每次讲课经常结合一些生动的历史故事和古今中外的战例阐述辩证法原理，引人入胜。学员们很喜欢听，认真记笔记，课后互相核对，加以整理，并珍藏起来。

有一次，毛泽东在讲军事辩证法时，引证《孙子兵法·用间篇》，谈起"知彼知己"与情报工作。参训队学员程国璠作了详细记录：

　　毛主席说，《孙子兵法·用间》中说道："故明君贤将，所以动而胜人，成功出于众者，先知也。先知者，不可取于鬼神，不可象于事，不可验于度，必取于人，知敌之情者也。"先知敌人之情，是得出正确判断、采取正确决心及正确处置各种情况的先决条件。"先知"是"胜人""成功"的基础，是"知彼知己"的原则在时限性上的要求，关键是一个"先"字。"先知"的含义在于对获取的情报，要去粗取精、去伪存真、由此及彼、由表及里地加以思索，确定其可靠程度和时间性，然后将自己方面的情况加上去，研究双方的对比和相互关系，构成判断，定下决心。

在战争中我们要进攻,首先要选定主要突击方向。如何选定,要进行周密的侦察。我们要防御,最重要的就是搞清楚敌人主要突击方向和敌人的兵力编成。要进行周密的侦察,并对侦察所得到的情报进行综合分析,做出正确判断。我们实行机动歼敌,总要出敌不意,攻其无备,要做到这一点也必须经过周密侦察,摸准敌方情况。

所以,情报工作对于作战来说,是至关重要的。情报工作做得好,就使我们耳聪目明,对情况了如指掌。在我们侦察敌人情况的同时,敌人同样也侦察我们的情况,怎样才能使敌人成为聋子和瞎子呢?这就要靠我们缜密的防特工作了。要经常对部队进行防特保密教育,特别是参谋人员,应守口如瓶,千万大意不得。

(李人毅:《烽火岁月——程国璠文集》,春风文艺出版社 1997 年版,第 11—13 页)

毛泽东讲情报工作,引用了《用间篇》一大段话。这也是《用间篇》的核心内容。他对孙武子的"用间"论述和情报思想,做了充分的评点和阐释。从孙武子的"用间"谈到"情报工作",谈到"先知"是正确处置各种情况的先决条件。而先知的办法则是"周密的侦察",又从"侦察敌人"的同时敌人也"侦察我们",联系到己方的"防特保密"。他对孙武子"先知必取于人"的思想做了淋漓尽致的发挥,做了逻辑严密的推理。

在这里,毛泽东把孙武子"知彼知己"的战略谋划,把孙武子用间"先知"的情报手段,把孙武子"出敌不意,攻其无备"的指挥艺术,绾结起来思考和讲解,形成了兵法理论与作战实际相结合的系统战法,已不能以《孙子兵法》某个单一观点看待之。

附录 **卷**

毛泽东与孙膑指挥艺术

毛泽东品《孙子兵法》，也熟悉孙武后人孙膑的史事哲思，常常引证孙膑的逸闻趣事说事论理，尤其在战争指导中借鉴孙膑指挥艺术更为多些。

早从大史学家司马迁开始，就孙武、孙膑并提。在《史记》中，孙膑的史事就附录在孙武的传记后面。早在《汉书·艺文志》里面，就称《孙子兵法》为《吴孙子》，称《孙膑兵法》为《齐孙子》，大约是为了把两《孙子》区别开来。孙膑在世的时候，门下弟子与他讨论兵法，就已经将孙武和孙膑兵学合称为"孙氏之道"。可见在战国中期，两孙子已被视为兵家一大思想流派。

虽然后来《齐孙子》失传了一千多年，孙膑的声誉和地位也没有孙武那么高。但是谈兵论战的人，提到孙武往往提到他的后人孙膑，因为与孙膑史事传说密切相关的"田忌赛马""围魏救赵""孙庞斗智"等成语典故和故事典故，充满着兵家智慧。

《孙膑兵法》被发现整理重见天日是毛泽东暮年的事情。所以，毛泽东一生的评说引证孙膑，主要是他的战争史例和指挥艺术，而不是他的军事思想。

"孙子膑脚，兵法修列"

1962年1月30日，在扩大的中央工作会议（即有名的"七千人大会"）上，毛泽东讲到一个人的工作岗位"下降和调动"时，他说：

我认为这种下降和调动，不论正确与否，都是有益处的，可以锻炼革命意志，可以调查和研究许多新鲜情况，增加有益的知识。我自己就有这一方面的经验，得到很大的益处。不信，你们不妨试试看。司马迁说过："文王拘而演周易，仲尼厄而作春秋。屈原放逐，乃赋离骚。左丘失明，厥有国语。孙子膑脚，兵法修列。不韦迁蜀，世传吕览。韩非囚秦，说难孤愤。诗三百篇，大底圣贤发愤之所为作也。"……司马迁讲的这些事情，除左丘失明一例以外，都是指当时上级领导者对他们做了错误处理的。我们过去也错误地处理过一些干部，对这些人不论是全部处理错了的，或者是部分处理错了的，都应当按照具体情况，加以甄别和平反。但是，一般地说，这种错误处理，让他们下降，或者调动工作，对他们的革命意志总是一种锻炼，而且可以从人民群众中吸取许多新知识……（《毛泽东著作选读（下册）》，人民出版社1986年8月版，第816—817页）

毛泽东讲话中引用司马迁的一段话，出自他的《报任少卿书》。任少卿即任安，少卿是他的职务，他是司马迁的朋友。司马迁在这篇书信中说：

古者富贵而名摩灭，不可胜记，唯倜傥非常之人称焉。盖文王拘而演《周易》；仲尼厄而作《春秋》；屈原放逐，乃赋《离骚》；左丘失明，厥有《国语》；孙子膑脚，《兵法》修列；不韦迁蜀，世传《吕览》；韩非囚秦，《说难》《孤愤》；《诗》三百篇，大底圣贤发愤之所为作也。此人皆意有郁结，不得通其道，故述往事，思来者。乃如左丘无目，孙子断足，终不可用，退而论书策，以舒其愤，思垂空文以自见。

《史记·太史公自序》中也有类似的说法。司马迁认为许多著作家（他们本是政治家、军事家、思想家、史学家）都是由于遭遇不幸，受到社会的迫害和压抑，有"道"难通，有志难申，为了表达意见，化解郁结，抒发怨愤，才著书立说，以留传后世的。

司马迁一连举了七个人和《诗经》作者的例子，其中包括孙膑。司马迁指出孙膑等人"意有所郁结，不得通其道，故述往事，思来者"。特意说明"乃如左丘无目，孙子断足，终不可用，退而论书策，以舒其愤，思垂空文以自见"。

毛泽东则说："司马迁讲的这些事情，除左丘失明一例以外，都是指当时上级领导者对他们做了错误处理的。"孙膑的上级是庞涓，他对孙膑施以"膑刑"，显然是典型的"做了错误处理"！当然，庞涓不是一般的"错误处理"，而是有意陷害，用刑致残！

虽然，毛泽东在这里谈的是"错误处理干部"也会让他们受到锻炼，学到知识，不是谈论著书立说问题。可是有一点是明确的，毛泽东对"孙子膑脚，兵法修列"的历史故事是熟知的，并拿它来说事。

孙膑，战国中期齐国人，孙武的后代，杰出的军事家和军事理论家。生于阿、鄄之间（今山东阳谷、鄄城）。生卒年月不可考。真名失传，因遭庞涓陷害，受过"膑刑"，故后人称之为孙膑。

少年时，与庞涓同在鬼谷子门下学习兵法。庞涓先下山，在魏国为将。但他嫉贤妒能，自知才能不及孙膑，恐其日后胜过自己，便暗中把孙膑召到魏国，然后施毒计，处孙膑以"膑刑"（剔去膝盖骨）。毛泽东引司马迁的话说"孙子膑脚"，即指此事。

孙膑受辱不屈，诈疯过市，麻痹庞涓。后在齐国使臣的帮助下，来到齐国，客居齐将田忌家中。田忌与齐威王赛马，采纳孙膑之计，以下驷对上驷，以上驷对中驷，以中驷对下驷，两胜一负，首胜齐威王。孙膑赛马谈兵，齐威王大为赏识。不久，即拜孙膑为齐国军师。"田忌赛马"故事中隐含着孙膑以弱胜强的兵法要道，被后人称为"驷马之法"，或"三驷之法"。

公元前354年，魏将庞涓率军八万攻赵，包围了赵都邯郸。次年赵国向齐国求救，齐威王令田忌为将，孙膑为军师，出兵救赵。田忌打算直趋邯郸，包抄魏军，以解赵围。孙膑不同意，提出了"批亢捣虚"的作战方针。他形象地比喻说：要解开一团乱丝，只能用手去梳理，不能强拉硬扯。要排解争斗，只能善言相劝，不能动手参加。现在魏国和赵国打仗，精锐之师调到国外，老弱残兵困守国内，应"引兵疾走大梁（魏都城，今河南开封西北），据其街路，冲其方虚"。庞涓必然弃赵回师自救。这样既解了邯郸之围，又可截击魏军于归途。田忌从其计。

庞涓闻齐师袭魏大梁，果然放弃邯郸，兼程回救大梁。齐军以逸待劳，在桂陵（今河南长垣西）大败魏军。孙膑运用避实击虚、攻其必救的谋略，创造了围困魏国都城大梁解救赵国邯郸之围的典型战例，为后世兵家所称誉。"围魏救赵"的成语典故因此产生。

公元前341年，魏国攻打韩国，韩求救于齐。齐威王令田忌为主将，孙膑为军师，出兵救韩。齐军兵锋直指魏都大梁。魏惠王闻报急调庞涓回国，迎击齐军。孙膑对田忌说："魏军一向自恃骁勇，轻视齐国，急于同我军决战。我们可利用敌人这种心理，诱其中计。《孙子兵法》上说，奔走百里去争利，就有牺牲上将的危险；奔走五十里去争利，也只有一半的部队能够参战。如今，魏军犯兵家大忌。我军已进入魏境，可装出胆怯样子诱敌。"遂确定了退兵减灶、设伏歼敌的作战方针。

庞涓率大军日夜兼程，赶回魏国，欲与齐军决战。两军一接触，不料齐军掉头东撤。齐军在后退的第一天，造锅灶十万，第二天减少到五万，第三天减少到三万。庞涓见此，骄傲地说："我知道齐军怯懦，现在他们进入魏境才三天，逃跑的士兵就超过了半数。"于是，丢下辎重和步兵，只率轻骑，兼程追赶齐军。

孙膑诱敌至地势险要的马陵（今河南范县西南），命弓箭手埋伏在道路两侧，并约定见魏军火把举起，一齐发射。孙膑还命士兵在路旁一棵大树上，剥皮写上"庞涓死于此树之下"八个大字。夜幕降临时，庞涓追至马陵道，被横七竖八的树木挡住了去路。庞涓上前察看，隐约发现树上有字，叫人点来火把，看罢惊叫："我中了孙膑的诡计了！"突然，齐军万箭齐发。魏军猝不及防，乱作一团，死伤无计，溃不成军。庞涓受重伤，自知败局已定，拔剑自刎了。齐军乘胜反攻，又打败了魏军后继部队，俘虏了魏上将军太子申，共歼敌十万余人。魏国从此一蹶不振，孙膑名扬天下。

孙膑在齐国为军师时，常与齐王、田忌讨论用兵作战，有时他也回答弟子提出的各种军事理论问题，著有《孙膑兵法》一书。《史记·孙子吴起列传》记载："孙膑……名显天下，世传其兵法。"《汉书·艺文志》记载有《齐孙子》（即《孙膑兵法》），八十九篇，图四卷。但是后来这部兵书失传一千多年。1972年从山东临沂银雀山西汉墓中，发现《孙膑兵法》残简，上下编共三十篇，一万一千多字。前面笔者在《〈孙子兵法〉在世界军事史上影响很大》一文中已经介绍：八十一岁高龄、痛患眼疾的毛泽东，听到了竹简本《孙子兵法》和《孙膑兵法》发掘出土的消息，十分高兴，谈锋甚健，漫谈了它们的宝贵价值。毛泽东欣喜于孙膑的"兵法修列"，得到了地下出土文物的验证。

《孙膑兵法》的军事思想是多方面的。

在战争观上，孙膑主张"战胜而强立"，"举兵绳之"，提出了以战争制止战争的思想。在认识到战争必然性的同时，主张对战争持慎重态度。

强调"事备而后动"，战前做好充分的准备，以达到战而胜之。在建军治军方面，孙膑强调人的作用，提出了"天地之间，莫贵于人"，兵强"在于休民"及"得众胜"的观点。

在战略战术上，孙膑提出了寡可击众、弱能胜强的作战指导思想。主要战法是"让威"，即避敌锐气，还强调集中兵力，攻其无备等。他还提出"必攻不守"，即以进攻为主的战略思想，认为积极进攻，不消极防守，是用兵最紧要的事情。

孙膑主张在"敌富我贫，敌众我少，敌强我弱"的情况下，也有可能打胜仗的道理和认识，包含了朴素的唯物论和辩证法的可贵因素。孙膑强调指挥员必须知"道"，即要学习和掌握战争的规律。他还强调"料敌计险"，就是对敌情要有正确的估量，对地形要有详细的了解。善于制造利己不利敌的作战形势，依据不同的敌情和不同的地形，取不同的战法。

孙膑是《孙子兵法》的重要传人。他把从孙武到他之间的兵学继承概括为"孙氏之道"。《孙膑兵法》继承和发展了孙武、吴起的军事思想，为我国古代军事科学增添了新内容。孙膑的"驷马之法"和"围魏救赵"战法，对后世产生了深刻的影响。

这种打法叫"围魏救赵"

毛泽东在指导中国革命战争和民族解放战争中，多次运用过孙膑"围魏救赵"的战法。

"围魏救赵"这个军事典故，出自《史记·孙子吴起列传》。原文是：

> 魏伐赵，赵急，请救于齐。齐威王欲将孙膑，膑辞谢曰："刑余之人，不可。"于是乃以田忌为将，而孙子为师，居辎车中，坐为计谋。田忌欲引兵之赵，孙子曰：
>
> "夫解杂乱纷纠者不控卷，救斗者不搏撠，批亢捣虚，形格势禁，则自为解耳。今梁、赵相攻，轻兵锐卒必竭于外，老弱罢于内；君不若引兵疾走大梁，据其街路，冲其方虚，彼必释赵而自救。是我一举解赵之围而收弊于魏也。"
>
> 田忌从之，魏果去邯郸，与齐战于桂陵，大破梁军。

"围魏救赵"是我国古代一个著名的战例。我国历来的军事家，就用"围魏救赵"来说明一切类似的战法。毛泽东运用"围魏救赵"战法，是在吸收和改造原战法的基础上，结合着当时客观实际的一种发挥，这不仅是古为今用，而且发展了马克思主义的军事科学。

1928年秋天，彭德怀率红五军上了井冈山，与朱、毛红军会师。同年11月，国民党湘赣"两省三方"对井冈山实行第三次"会剿"。

1929年元旦，湘赣"剿共"总指挥部在江西萍乡宣告正式成立：何键任代总指挥，而总指挥仍为鲁涤平。何键调集了十八个团，分五路合围井冈山。

一场恶战，迫在眉睫！

虽说井冈山易守难攻，可上万红军全都撤到山上去，给养成了大问题：山上哪有那么多的粮食以供军需。再说，眼下滴水成冰，除了红五军穿着棉军装（因为他们原先是"国民革命军"，发了棉军装），红四军绝大部分官兵还穿单衣呢！袁文才请人专门给毛泽东做了一身棉衣，他没有穿，送给伤病员了。

局势空前的严重。"直捣井冈山老巢，活捉朱毛！"敌军的口号声，已经侧耳可闻！

1月4日，毛泽东以井冈山前委书记的身份，在宁冈县柏露村召开了六十多人参加的战前联席会议，开了四天之久，这在战事频繁的当时是少有的"长会"。毛泽东在传达中共"六大"文件之后，会议的紧急议题便是讨论如何打破湘赣三万多敌人的第三次"会剿"。

红军将领，有的主张凭险死守，有的提出突围外线作战。众说纷纭，一时难有定见。在这生死存亡的关头，毛泽东胸有成竹地说道：

> 我主张采取积极的策略。敌人从这边打过来，我们就从那边打出去，迂回敌后，在外线消灭敌人的有生力量，打破敌人的"会剿"。这种打法，叫作"围魏救赵"。

"围魏救赵？"不少出身工农的干部一时之间仍然不甚明白是什么意思。

"对！围魏救赵。"毛泽东充满坚定和自信地将手一挥，具体解释说：

> 我们既不能凭险死守，也不能丢掉井冈山。在目前的时局之下，可建立一个积极的政策，以一部红军会同当地武装守山，红军大

部出击外线，转攻敌人之后，迫敌穷于应付，改变"会剿"部署，以解井冈之危。

毛泽东对这类典故烂熟。他说：

> 战国时代，魏国围攻赵国都城邯郸，赵国求救于齐国。齐国并不派兵去邯郸，却反过来围攻魏国都城大梁。结果，魏兵不得不回国救援，赵国都城也就因此解围。

毛泽东此时在井冈山的威信很高，因为人们从以往的失败中认识到毛泽东决策的正确。毛泽东的"围魏救赵"之计，大家十分赞同。

那么，谁留？留下袁文才部队，留下王佐部队，这是理所当然的。这两支部队是"坐地虎"，守山最合适。当然，光靠他们还难以抵抗强敌，毛泽东决定留红五军守山。做出这样的决定，也是考虑到红五军有棉军装，受得了山上的严寒。

那么，谁走？朱、毛率红四军主力三千六百多人出击！

显然，守山的处境是极度危险的。红五军的一部分干部，力主红五军打回平江老家去，跟那里的三个纵队会合，以摆脱险境。这时，面对生死考验，红五军领导彭德怀、滕代远从大局出发，说服了自己的部下，挑起守山的重任。

彭德怀后来如此追述这段往事："我知道这是一个严重而又危险的任务。在敌军合围攻击下，有被全部消灭的危险。但是，我和代远同志为了照顾全局，使红四军摆脱当时面临的困难，自愿地承担红四军前委的决定，并且准备必要的牺牲，因而坚决地执行了红四军前委的决定。"确实，三十岁的彭德怀，当时差一点战死在井冈山上。

1月14日，红四军三千六百多人，身穿单衣，在毛泽东、朱德率领下，冒着刺骨的寒风，告别井冈山，开始南下。他们经过遂川，朝江西的南端，朝赣、湘、粤三省交界的大余县进发。在毛泽东的心目中，大余县成了"魏国"。他要利用进攻大余县，吸引包围井冈山之敌南下，以求"围魏救赵"。他最终做到了这一点，保住了井冈山

这是井冈山红色武装割据时期"围魏救赵"战法的运用。

这就是"围魏救赵"的办法

孙膑创立的"围魏救赵"战法,对中国古代兵学的发展起到了推动作用。《三十六计》把它列为第二计,引申说:"共敌不如分敌,敌阳不如敌阴。"(华锋、王兴业:《十大兵书》,河南人民出版社1996年版,第505页)意思是说,打兵力集中的强敌,不如把它调动开、分散后变成弱敌再打;先发制人打强敌,不如后发制人打弱敌。此一兵法的基本精神,在于攻其所必救,而歼其救者;攻其所必退,而歼其退者。以此达到趋利避害、寻机歼敌的目的。

毛泽东把"围魏救赵"战法运用于中国革命战争,创造了许多出色战例,并给予了理论发挥。

在抗日战争中,"在敌人数路围攻的情况下,游击战争的方针是打破这种围攻,采取反围攻的形态"(《毛泽东选集》第二卷,第418—429页)。1938年,毛泽东总结我抗日军民反围攻作战的经验时说:

> 在反围攻的作战计划中,我之主力一般是位于内线的。但在兵力优裕的条件下,使用次要力量(例如县和区的游击队,以至从主力中分出一部分)于外线,在那里破坏敌之交通,钳制敌之增援部队,是必要的。如果敌在根据地内久踞不去,我可以倒置地使用上述方法,即以一部留在根据地内围困该敌,而用主力进攻敌所从来之一带地方,在那里大肆活动,引致久踞之敌撤退出去打我主力。这就是"围魏救赵"的办法。(《抗日游击战争的战略问题》,《毛泽东军事文集》第二卷,军事科学出版社、中央文献出版社1993年版,第256页)

毛泽东讲了抗日根据地"反围攻"作战如何运用"围魏救赵"战法:敌军深入根据地而且"久踞不去",我军则"用主力进攻敌所从来之一带地方,在那里大肆活动",这就是"围魏",攻其所必救;引诱"久踞之敌撤退出去打我主力",这就是"救赵",解除日伪军对根据地的"久踞"。这样,用"围魏"调动敌人,疲惫敌人,使敌人暴露弱点,以便造成我军在运动中消灭敌人的有利条件和战机。

围魏救赵,"围魏"是手段,"救赵"是目的,是通过围魏救赵,诱敌脱离阵地,出兵增援,以便我歼敌于增援之中,也即运动之中。

围魏救赵，是抗日战争中我军处于内线地位，打破日伪军围攻而采取的主要方法之一。我军运用此法，给予敌人以重大打击，1944年3月5日至6日，新四军在江苏淮安打的车桥战役，是此法的成功一例。新四军第一师师长粟裕和政委钟期光先指挥一部兵力，乘夜突入车桥镇，歼敌大部。这一攻势，引起淮阴、淮安、泗阳、涟水之敌的震惊，遂出兵车桥增援。第一批增援日军遭我伏击，第二批、第三批援兵也先后遭我截击，被分割包围，直至围歼。此役的胜利，使敌军仓皇收缩兵力，放弃曹甸等十多个重要据点，使我淮安以东的地区连成一片。

　　由此可见，毛泽东指挥下的八路军、新四军将类如"围魏救赵"的战法，运用到了抗日游击战争之中，取得了显著的实战效果。

"围魏救赵"与政治反攻

　　抗日战争时期，爆发了震惊中外的皖南事变。1940年10月，国民党军事当局强令长江南北和黄河以南坚持抗日的新四军、八路军全部开赴黄河以北。中国共产党一方面驳斥这一无理要求，一方面从维护抗日大局出发答应将安徽南部的新四军部队调到江北。1941年1月，皖南的新四军九千余人，取得国民党当局的同意，向江北转移。部队行至安徽泾县茂林地区，遭到国民党顽军七个师八万余兵力的突然袭击。经七昼夜浴血奋战，弹尽粮绝，除小部分突围外，大部壮烈牺牲，一部被俘。军长叶挺被扣，副军长项英、副参谋长周子昆遇害，政治部主任袁国平牺牲。

　　1月7日，皖南事变发生。当时，刘少奇（化名胡服）在华中新四军八路军总指挥部，陈毅时任华中新四军八路军总指挥部代总指挥。刘少奇每天通宵达旦，随时为新四军军部和延安的联系收转电报，提出建议，以便更有效地援救新四军军部。

　　12日，刘少奇、陈毅向中央提出建议，用"围魏救赵"的办法来缓解皖南新四军军部的困境。电报快速拍往延安。电报提出：由于新四军约九个团的兵力被顾祝同五个师包围于茂林附近，激战六昼夜，已至绝境，望中央速向重庆方面严重交涉。同时，提出"请朱（瑞）、陈（光）、罗（荣桓）在山东准备包围沈鸿烈，苏北准备包围韩德勤，以与国民党交换。"

　　韩德勤，当时任国民党江苏省政府主席、国民党军鲁苏战区副总司令；沈鸿烈，当时任国民党山东省政府主席、国民党军鲁苏战区副总司令。

　　第二天，刘少奇、陈毅的建议被中央采纳。毛泽东亲拟电文：

同意胡陈十二日电。苏北准备包围韩德勤，山东准备包围沈鸿烈，限电到十天内准备完毕，待命攻击，山东由朱陈罗负责，苏北由胡陈负责，以答复蒋介石对我皖南一万人之聚歼计划。（《包围韩德勤沈鸿烈以答复蒋介石对皖南新四军之聚歼计划》，《毛泽东军事文集》第二卷，军事科学出版社、中央文献出版社1993年版，第610页）

这个电报表明，"围魏"是指包围韩德勤、沈鸿烈，而"救赵"就是缓解皖南新四军军部的困境。

皖南事变发生后，全党全军义愤填膺，强烈要求反击国民党，为新四军死难将士报仇。

1月14日，毛泽东收到新四军军部陷入绝境后的最后一封电报。叶挺被俘，怒不可遏。中共中央指示，"在政治上军事上迅即准备做全面大反攻，救援新四军，粉碎反共高潮"，要求各地准备对付最严重事变。

15日，毛泽东电告周恩来、叶剑英并告彭德怀、左权、刘少奇、陈毅等："蒋介石一切仁义道德都是鬼话，千万不要置信。中央决定发动政治上的全面反攻，军事上准备一切必要力量粉碎其进攻。"并强调说："只有猛烈坚决的全面反攻，方能打退蒋介石的挑衅与进攻，必须不怕决裂，猛烈反击之，我们的温和态度须立即终结。""围魏救赵"变成了"全面反攻"。

刘少奇收到中央电报后，面对皖南新四军的严重情况，经过认真思考后认为"围魏救赵"已失去了意义。权衡利弊后，刘少奇致电毛泽东及党中央指出，在当前的形势下，国民党未投降，仍继续抗战，对国共合作仍不敢分裂，且怕影响对苏联的关系。在此时，我党亦不宜借皖南事件与国民党分裂。另外，目前华中根据地很大，但兵力不够，不能巩固。盐阜区土匪亦蜂起，黄桥已被敌占，海安亦有被敌占领可能。我们部队尚须休整补充。故以华中来看，在半年、一年之内不发生大的战斗，肃清土匪，巩固现有地区，对我为有利。根据上述情况，刘少奇提议：在全国主要的地区实行政治上全面大反攻，但在军事上除个别地区外，以暂时不实行反攻为妥。这是刘少奇运用马克思主义唯物辩证法，分析第二次国共合作的特点，结合华中地区的斗争实际提出来的，有很强的针对性。

刘少奇提出了在政治上实行反攻的具体建议：向国民党提出严重抗议并发宣言和提出立即释放叶挺等条件；在全国全世界实行大的政治反攻，

宣传抗议皖南事件，揭穿国民党分裂行为。"如此我在政治上有利，在军事上稳健，可能使蒋、何在半年至一年内，不敢再向我华中进攻，使我能巩固华中阵地，以待变化。"这个从实际出发的建议，对中共中央做出处理皖南事变的正确决策起了重大作用。

刘少奇的建议得到了毛泽东的采纳，党中央确定了"政治上取全面攻势，军事上取守势"的方针，对蒋介石继续采取"一打一拉"的政策，在全国展开猛烈的政治反击，深刻揭露蒋介石制造皖南事变的真相，强烈要求严惩肇事祸首。中国共产党的严正立场和有理有节的斗争得到了国内外舆论的广泛支持，各界进步人士和国际有识之士纷纷谴责国民党的行为，苏美英等国也对国民党表示极大的不满。蒋介石和国民党顽固派陷入了四面楚歌之中。蒋介石不得不在3月1日召开的第二届国民参政会上表示"以后再亦决无剿共的军事"。至此，以皖南事变为顶点的第二次反共高潮实际上被打退了。

皖南事变后，毛泽东指出："应把此次反共高潮看作我们奠定华中基础的机会，如同上次反共高潮奠定了华北基础那样。"1941年1月20日，中央革命军事委员会发布命令重建新四军军部，整顿和统一编制体制的新四军共编制七个师。过去新四军的军长、副军长是蒋介石任命的，现在蒋介石撤销了新四军番号，中共中央重新任命了新四军的军师班子，完全脱离了蒋介石的控制。皖南事变时，新四军只有两万五千人。在茂林地区损失了九千人，整编后则发展壮大到九万人。新四军军部重建后，部队迅速发展壮大，到抗日战争结束时已达到了三十多万人。

皖南事变的初期（1月7日到15日），在刘少奇的建议下，中革军委和毛泽东的紧急对策是"围魏救赵"，准备军事包围国民党山东沈鸿烈部、苏北韩德勤部以缓解新四军军部的压力，必要时与国民党对等交换。实质上这是军事反击。1月14日以后，局势发生变化，刘少奇、陈毅与中革军委和毛泽东改变策略，最后以政治攻势、军事守势谋略打退了抗战时期国民党发动的第二次反共高潮。毛泽东等人处理皖南事变，虽然没有始终实施孙膑的"围魏救赵"战法，但是曾经阶段性地把它作为制敌招法则是历史事实。

采纳陈赓"围魏救赵"之计

抗战胜利后，国民党蒋介石不顾全国人民希望和平建国的心愿，自恃军事力量强大，悍然发动了全面内战。1946年11月上旬，蒋介石命令胡宗南从晋南抽四个旅到陕北，准备会同原来包围陕甘宁解放区的部队，突袭延安。

为保卫延安，粉碎蒋介石的阴谋，中共中央电令陈赓率第四纵队驰援延安。但陈赓却没有立即西渡黄河，他提议乘胡宗南抽兵北犯，晋西南地区敌人力量空虚，先打一仗，迫使胡宗南回援，以打乱其突袭延安的部署。陈赓认为如胡宗南不为所动，四纵再渡河西进，参加延安保卫战，时间也未晚。

陈赓用的是"围魏救赵"之计，他的建议得到了毛泽东的赞同。毛泽东很了解陈赓，他多次赞扬陈赓巧妙的作战方法。10月25日，他在致聂荣臻等通告胡宗南部入晋后动向的电报中说：

> 我陈赓纵队原拟歼击北上之敌，因敌七个旅密集行军不好打，故转入临汾以南打敌后路，收复大部失地，亦是威胁敌人之好方法。（《毛泽东年谱（1893—1949）》下卷，人民出版社、中央文献出版社1993年12月版，第144页）

陈赓纵队转入临汾以南"打敌后路"就是"围魏"，"威胁敌人"使胡宗南部之北进延安顾虑重重，就达到了"救赵"的战略目的。"救赵"也就是保卫延安。

11月10日，毛泽东为中共中央军委起草致陈赓、谢富治电报，指出："你们到吕梁后看情况，如胡军向延安疾进，则你们亦疾进；如胡军缓进，则你们可攻占吕梁各县，待命开延。"

同月24日，在获悉胡宗南又令整编第一师从陕西禹门口东渡返回晋西南后，毛泽东为中央军委起草致陈赓、谢富治电，指出："务于数日内以迅雷不及掩耳之势，攻占隰县、蒲县、乡宁、吉县、大宁五县，并准备在蒲县、乡宁地区歼灭整一师可能向我进攻之部队。"

陈赓等率晋冀鲁豫野战军第四纵队于11月22日起，在晋西南发起吕梁战役，在三五九旅、独立旅的配合下，连克中阳、石楼、永和、大宁、隰县、蒲县等县城，把吕梁地区国民党军搅了个人仰马翻。胡宗南见主力侧背受到威胁，不敢贸然实施突袭延安的计划，并急令已调入陕的整编第一、第九〇师东返晋西南。

毛泽东为再次肯定陈赓的作战计划，于11月26日为中共中央军委起草致陈赓、谢富治并告晋绥军区第二纵队司令员王震、陕甘宁晋绥联防军教导旅长罗元发电，指出：要使全体指战员"人人明白，发展吕梁区是保卫延安、巩固太岳的重要条件"。

自12月中旬起，晋冀鲁豫野战军第四纵队、晋绥野战军、太岳野战军各一部在晋西南抗击进犯的胡宗南部。12月19日，毛泽东为中共中央起草致陈赓、谢富治、王震等电，通告向吕梁地区进攻的国民党军动向，并指出：

> 此次作战，不但保卫吕梁，而且有保卫延安意义。你们应迅速集中兵力于蒲县附近地区，准备连续战斗，以歼灭敌两个旅为目标。（《毛泽东年谱（1893—1949）》下卷，人民出版社、中央文献出版社1993年12月版，第155、156页）

12月28日，进入吕梁地区的胡宗南部被迫撤退，晋冀鲁豫野战军第四纵队又将其后卫第六十七旅歼灭。同日，毛泽东又为中央军委起草致陈赓、谢富治、王震电："（一）你们在蒲县又歼敌一营，并缴获大批骡马，甚好甚慰；（二）前后几次作战有功将士望传令嘉奖。"

陈赓部在吕梁地区大打是"围魏"，使北犯延安的胡宗南部被迫南撤是"救赵"。由于毛泽东采纳了陈赓"围魏救赵"之计而引发的吕梁战役，于1947年1月1日结束，共歼灭敌军一万余人，彻底粉碎了胡宗南突袭延安的阴谋。

毛泽东运用"围魏救赵"战法，在长期的战争实践中，逐渐发展成"围点打援""围城打援"等新战法。

攻魏救赵，千古高手

20世纪60年代初，毛泽东岳父杨昌济的朋友、民主人士之女章含之，赠送毛泽东一部明人冯梦龙纂辑的《智囊》。

毛泽东很喜欢这部书，书上批注不少。书中卷二二《兵智部》的《制胜》"孙膑"条，引述了孙膑帮助田忌驰逐取胜的故事。这个故事原见于《史记·孙子吴起列传》：

（田）忌数与齐诸公子驰逐重射。孙子（指孙膑——引者注）见其马足不甚相远，马有上、中、下辈。于是孙子谓田忌曰："君弟重射，臣能令君胜。"田忌信然之，与王及诸公子逐射千金。及临质，孙子曰："今以君之下驷与彼上驷，取君上驷与彼中驷，取君中驷与彼下驷。"既驰三辈毕，而田忌一不胜而再胜，卒得王千金。

战车驰逐，是战国时代由军事行为衍化而来并风行一时的驱车体育运动。孙膑看到田忌与齐王赛马的速度相差并不很远，便鼓励田忌抬高赌注。临赛时，孙膑建议田忌以下等车马对付齐王的上等车马，又以上等车马对付齐王的中等车马，以中等车马对付齐王的下等车马。如此，则田忌一负而二胜，赢得齐王千金。《智囊》书中称此为"驷马之法"。

《智囊》又写道："唐太宗尝言，自少经略四方，颇知用兵之要。每观敌阵，则知其强弱，常以吾弱当其强，强当其弱。彼乘吾弱，奔逐不过数百步；吾乘其弱，必出其阵后，反而击之，无不溃败。盖用孙子之术也。"

《智囊》继续写道：宋高宗问抗金名将吴璘作战取胜之术，吴璘回答说："弱者出战，强者继之。"宋高宗说："此孙膑驷马之法。"

唐太宗、宋高宗都讲的是孙膑的智慧、孙膑的战术。毛泽东读《智囊》至此，有感于"孙子之术"和"驷马之法"的军事哲理，在这段文字侧批注：

所谓以弱当强，就是以少数兵力佯攻敌诸路大军。

所谓以强当弱，就是，以五六倍于敌一路之兵力，四面包围，聚而歼之。自古能军无出李世民之右者，其次则朱元璋耳。（《毛泽东读文史古籍批语集》，中央文献出版社1993年版，第65—66页）

李世民即唐太宗，朱元璋即明太祖。这两人都是横刀立马，南征北战，从战乱中一统天下的封建帝王。毛泽东赞赏他们用兵打仗的军事才能。他联系这些历史人物使用的战略战术，在批注中阐述了自己的见解："以弱当强"，就是孙膑对田忌说的"下驷"对"上驷"，从现代作战来说，就是"以少数兵力"佯攻敌人"诸路大军"，使敌错认这少数兵力是我主力，牵制敌军；"以强当弱"，就是孙膑对田忌说的"上驷"对"中驷"、"中驷"对"下驷"，从现代作战来说，就是"集中绝对优势兵力""四面包围"

敌人打歼灭战。

毛泽东读书善于古为今用，他从孙膑"驷马之法"中引申出强弱转化的辩证用兵韬略，同时也印证了他指导中国革命战争战略战术的正确性。

《智囊》卷二二《兵智部》的《制胜》"孙膑"条，还引述了《史记·孙子吴起列传》中孙膑"围魏救赵"的故事，已见前引，此处不赘。毛泽东读书至此，十分赞赏，在这一页的天头上画了三个大圈，又批注道：

> 攻魏救赵，因败魏军，千古高手。(《毛泽东读文史古籍批语集》，
> 中央文献出版社 1993 年版，第 66 页）

目的是救赵，目标却是攻魏；本该北上，反而南下。赵之围不解自解，魏之军不虞而虞。攻其必救，调动敌人；诱敌来追，迷惑敌人；以逸待劳，疲惫敌人；倚险隐蔽，伏击敌人。孙膑确实是奇谋歼敌的"千古高手"！他创立的"围魏救赵"战法，在古今战场上取得了巨大成功。

这种战法在中国革命战争中曾经得到有效的应用，以至战争的硝烟已经消失的和平时期，毛泽东重读有关"围魏救赵"的文字，仍以"千古高手"的崇高评价，盛赞天才军事家孙膑的指挥才能。

恐怕还有点"形格势禁"吧

《史记·孙子吴起列传》所附"孙膑传"中有一条成语"形格势禁"，现在写文章的人很少用到，毛泽东却在 1957 年与《新民晚报》社长兼总编辑赵超构的谈话中用到这个成语。《史记》中"孙膑传"载：

> 孙子曰："夫解杂乱纷纠者不控卷，救斗者不搏撠，批亢捣虚，
> 形格势禁，则自为解耳。"

形格势禁：形，形势；格，阻碍；势，趋势；禁，限制。意思是，受到形势的阻碍和趋势的限制，无法进行。

赵超构与毛泽东最初相识，是在 1944 年 5 月的延安。那时，在国民党统治中心的重庆，有几家新闻传播媒体联合组成了一个中外记者团，到延安进行访问，赵超构就是其中的成员之一，他当时任《新民晚报》的主笔。赵超构在延安访问之后，将所见所闻写成客观公正、亲切动人的《延安一月》

的系列通讯，在报纸上连载了三十多天，后又汇成单行本出版，给读者留下了深刻印象。

1945年8月，毛泽东赴重庆与蒋介石谈判期间，再次见到了赵超构。毛泽东亲切地告诉他："看到你写的《延安一月》了，你善于用曲笔。我看你是个自由主义者。"此后，毛泽东在与夏衍等人谈及赵超构时，还表示："我看过《延安一月》，能在重庆这个地方发表这样的文章，作者的胆识是可贵的。"

中华人民共和国成立后，赵超构在上海主持《新民晚报》工作。1957年3月，赵超构参加了中共中央召开的有党内外人士与会的全国宣传工作会议，及会议期间举行的新闻出版界部分代表座谈会。毛泽东在与赵超构个别交谈及在会上发言时，对赵提出的"广些、广些、再广些，短些、短些、再短些，软些、软些、再软些"的办报主张，都做了恳切的表态。毛泽东认为："软些、软些，软到哪里去呢？"还是"要软中有硬"。

赵超构参加上述两个会后，对会议精神没有很好领会。不久，发生了极少数资产阶级右派分子趁共产党开门整风的机会，向共产党和新生的社会主义制度放肆发动进攻的事件。赵超构及其主编的《新民晚报》，这时也犯了严重错误。但是经过及时的帮助以后，赵超构和他的报纸立刻做了比较认真的自我批评。

毛泽东对赵及其报纸的自我批评比较满意，在他执笔为《人民日报》撰写的社论《文汇报的资产阶级方向应当批判》中肯定地表示："新民报犯的错误比文汇报小，它一发现自己犯了错误，就认真更正，表示了这张报纸的负责人和记者们对于人民事业的责任心，这张报纸在读者面前就开始有了主动。"

同年6月30日，毛泽东又召见了到北京来参加全国人民代表大会的赵超构。赵超构心情十分惶恐，一见到毛泽东就立即表示，自己犯了严重错误，向主席请罪，并要求辞去《新民晚报》总编辑职务。可是，毛泽东却仍旧像往常一样，面带笑容，毫无责备之意地对赵说："最好还是回去当总编辑吧！"接着，毛泽东又关切地问赵："你当总编辑，是不是有职有权？"赵超构是一位从旧社会过来的知识分子，他万万没有想到在这种情况下，毛泽东还会这样关心他。他恳切地内疚地对毛泽东说："我如果没有权，就不会犯错误了。"毛泽东很有风趣地引用了《史记·孙子吴起传》中的一句成语说：

恐怕还有点"形格势禁"吧!(孙琴安、李师贞:《毛泽东与名人》,江苏人民出版社1993年版,第990—992页)

毛泽东的意思是说,形势还有些不顺,客观上还有些障碍吧!毛泽东这种惩前毖后、治病救人、真诚帮助、宽厚待人的精神,使赵超构很感动。

在这次召见中,毛泽东还嘱咐赵超构,办报要分清无产阶级办报路线和资产阶级办报路线的界限,并且具体地剖析了赵写的那些杂文错在哪里,还鼓励他今后继续写杂文。毛泽东还对赵又一次透露了自己的心愿:"如果让我选择职业的话,我愿写杂文,可惜我没有这个自由。写杂文不容易呀!"通过这次召见,赵超构进一步认识了自己的错误,回去后又主动地接连写了两篇检查寄给毛泽东。

1958年8月17日,毛泽东趁到上海视察工作的机会,再次接见了赵超构。毛泽东直率地问赵超构:"你写的两篇检查,我看过了,写检查的心情怎样啊?"赵超构也坦率地回答:"很紧张,两个星期没睡好觉。"毛泽东笑着说:"紧张一下好,睡不好觉是好事。"接着,毛泽东很诚恳地讲了一个比喻:"没有吃过狗肉的人,都怕吃狗肉。吃过了狗肉,才知道狗肉香。不习惯于自我批评的人,总觉得自我批评可怕。习惯了,就会感到自我批评的好处了,应当养成自我批评的习惯啊!"毛泽东还希望他到群众中去呼吸新鲜空气,更好地改造自己,为人民服务。

1961年5月1日,毛泽东又一次接见赵超构。毛泽东问:"《新民晚报》发行多少?"赵超构回答:"三十万份。"毛泽东连声称赞:"你们的报纸办得好,有特色,别具一格,读者喜欢看!"

与赵超构谈话,用到了孙膑传中的成语"形格势禁",这是毛泽东对孙膑典故的唯一一次"民用"。毛泽东与《新民晚报》社长兼总编辑赵超构的交往,体现出他对民主党派及无党派人士的真诚帮助。

附录卷

主要参考书目

毛泽东著作

《毛泽东选集》（1—4卷），人民出版社1991年版。

《毛泽东文集》（1—8卷），人民出版社1993—1999年版。

《建国以来毛泽东文稿》（1—13卷），中央文献出版社1987—1998年版。

《毛泽东军事文集》（1—6卷），军事科学出版社、中央文献出版社1993年12月版。

《建国以来毛泽东军事文稿》（上中下卷），军事科学出版社、中央文献出版社2010年版。

《毛泽东早期文稿》，湖南出版社1990年版、1995年版。

《毛泽东外交文集》，中央文献出版社、世界知识出版社1994年版。

《毛泽东文艺论集》，中央文献出版社2002年版。

《毛泽东书信选集》，人民出版社1984年版。

《毛泽东诗词集》，中央文献出版社1996年版。

《毛泽东读文史古籍批语集》，中央文献出版社1993年版。

《毛泽东哲学著作批注集》，中央文献出版社1988年版。

《毛泽东西藏工作文选》，中央文献出版社、中国藏学出版社2001年版。

《毛泽东新闻工作文选》，新华出版社1983年版。

《毛泽东在七大的报告和讲话集》，中央文献出版社1995年版。

《毛泽东著作选读》（上、下册），人民出版社1986年版。

研究毛泽东与军事专著

《毛泽东评说古今名将》，毕桂发主编，解放军出版社2001年版。

《毛泽东评说中外战争》，毕桂发主编，解放军出版社2001年版。

《毛泽东与中国古典军事典籍》，张树德著，中共中央党校出版社1997年版。

《毛泽东与中外军事遗产》，夏征难著，大连出版社1997年版。

《毛泽东与孙子兵法》，苟君厉编著，中国档案出版社2008年版。

《统帅毛泽东》，肖显社、王丽文著，上海人民出版社2000年版。

《毛泽东武略》，胡哲峰著，人民出版社2001年版。

《中国军事第一人毛泽东》，程秀龙著，山西人民出版社 1994 年版。

《毛泽东兵法》，柏桦著，海南出版社 1996 年版。

《毛泽东兵法举要》，孙国编，光明日报出版社 1993 年版。

《决胜万里将帅魂——毛泽东兵法》，谭一青著，中原农民出版社 1996 年版。

《毛泽东的军事谋略——制胜之道》，宣村、学陵编著，陕西旅游出版社 1992 年版。

《毛泽东心理作战思想》，杜波、韩秋风主编，军事科学出版社 1997 年版。

《毛泽东用兵录》（上下卷），黄颜著，黑龙江人民出版社 2003 年版。

《毛泽东和他的顾问》，樊昊著，人民出版社 1993 年版。

《毛泽东和他的军事谋士》，樊昊著，中央文献出版社 1999 年版。

《毛泽东与海军将领》，吴殿卿等主编，解放军文艺出版社 1999 年版。

《统帅部参谋的追怀》，雷英夫、陈先义著，江苏文艺出版社 1994 年版。

《毛泽东与开国中将》，李智舜著，中共中央党校出版社 1997 年版。

《喋血井冈山——毛泽东的崛起》，余伯流、陈钢著，中国人事出版社 1993 年版。

《烽火岁月——程国璠文集》，李人毅主编，春风文艺出版社 1997 年版。

《毛泽东军事思想辞典》，邓光荣、王文荣主编，国防大学出版社 1993 年版。

孙武传记与《孙子兵法》

《孙子兵法》（银雀山汉墓竹简），整理小组编，文物出版社 1976 年版。

《孙子兵法新译》（银雀山汉墓竹简校本），李兴斌、杨玲注译，齐鲁书社 2001 年版。

《〈孙子〉古本研究》，李零著，北京大学出版社 1995 年版。

《十一家注孙子》，［春秋］孙武撰，［三国］曹操等注，上海古籍出版社 1978 年版。

《（今译新编）孙子兵法》，郭化若编译，中华书局 1962 年版。

《孙子今译》［春秋］孙武撰，郭化若译，上海人民出版社 1977 年版。

《孙子译注》（二十二子详注全译本），蒋玉斌，黑龙江人民出版社 2003 年版。

《白话孙子兵法读本》，刘伶主编，白山出版社 1991 年版。

《孙子兵法新论》，吴如嵩著，解放军出版社 1989 年版。

《孙子今论》，邱复兴著，白山出版社 1998 年版。

《孙子兵学艺术》，万怀玉著，白山出版社2005年版。

《孙子名言妙用史证》，邱复兴著，辽宁人民出版社1993年版。

《孙子新探——中外学者论孙子》，解放军出版社1990年版。

《孙子兵法研究史》，于汝波主编，军事科学出版社2001年版。

《孙子学文献提要》，于汝波主编，军事科学出版社1994年版。

《孙武传》，刘春志著，河北人民出版社1997年版。

《兵圣孙武》，谢祥皓、李政教主编，军事科学出版社1992年版。

《孙子评传》，杨善群，南京大学出版社1992年版。

《孙子兵法辞典》，吴如嵩主编，白山出版社1993年版。

《孙子兵法辞典》，赵国华、刘项、刘国建主编，湖北人民出版社1995年版。

《孙子兵学大典》（1—10卷），邱复兴主编，北京大学出版社2004年版。

《孙子兵法 孙膑兵法》（中华经典藏书），骈宇骞、王建宇、牟虹、郝小刚译注，中华书局2009年版。

《孙膑兵法》（银雀山汉墓竹简），整理小组编，文物出版社1975年版。

《孙膑兵法校理》，张震泽撰，中华书局1984年版。

《孙膑兵法注译》（内部资料），沈阳军区后勤部《孙膑兵法》注释组，1975年。

《齐孙子兵法解》，李京撰，中国书店1990年版。

《孙膑兵法浅说》，霍印章著，解放军出版社1986年版。

研究毛泽东与《孙子兵法》论文

《〈孙子兵法〉与毛泽东军事思想比较及启示》（于联凯、于澎：《石油大学学报》2002年第5期）

《毛泽东在何时读了〈孙子兵法〉的探析》（谷峰：《毛泽东思想研究》2002年第2期）

《孙子〈计篇〉与毛泽东〈论持久战〉比较研究》（邵平桢：《毛泽东思想研究》2003年第2期）

《毛泽东究竟何时读的〈孙子兵法〉》（熊华源：《党的文献》2006年第3期）

《毛泽东何时开始系统研究和运用孙子兵法》（刘思起：《孙子学刊》1993年第3期）

《关于"十六字诀"是孙子兵法具体运用的异议》（徐国荣：《中共党史研究》1994年第2期）

《毛泽东诗词中的〈孙子兵法〉》（[香港]刘济昆：《中华文史论坛》

1996 年第 3 期)

《毛泽东研究〈孙子兵法〉述略》（孙向忠：《孙子学刊》1993 年第 3 期）

《毛泽东与〈孙子兵法〉》（孙向忠：《中共党史研究》1993 年第 6 期）

《毛泽东读〈孙子兵法〉》（夏征难：《解放军报》1997 年 5 月 5 日，第 6 版）

《毛泽东读〈孙子兵法〉》（夏征难：《燧石》1996 年第 2、3 期合刊）

《毛泽东与〈孙子兵法〉》（刘波：《毛泽东思想研究》1997 年第 2 期）

《毛泽东对〈孙子兵法〉的吸收和运用》（刘思起：《孙子学刊》1992 年，第 3 期）

《毛泽东在抗战时期对〈孙子兵法〉中"势"的创意运用》（党明德：《孙子研究》2005 年第 2 期）

《浅谈毛泽东"造势"的谋略艺术》（魏国富、张伟、高光耀：《毛泽东军事思想研究》1997 年第 1 期）

《内外线作战与〈孙子兵法〉》（赵荣：《毛泽东军事思想研究》1993 年第 2 期）

《〈孙子兵法〉与毛泽东抗战时期的战略战术》（王振富：《孙子学刊》1995 年第 4 期）

《毛泽东对孙子全胜思想的历史借鉴》（颜剑辉、陈其钧：《毛泽东思想研究》1994 年第 1 期；《成都党史》1995 年第 3 期）

《毛泽东军事思想与〈孙子兵法〉》（谭一青：《军事历史》1999 年第 1 期）

《毛泽东军事思想与〈孙子兵法〉》（丁士峰、林建公：《毛泽东思想研究》1986 年第 1 期）

《毛泽东军事思想与〈孙子兵法〉》（魏知信：《南京师大学报》1984 年第 3 期）

《〈孙子兵法〉与毛泽东军事思想》（于联凯：《孙子学刊》1995 年第 4 期）

《毛泽东同志的军事哲学与〈孙子兵法〉——读〈论持久战〉札记》（王应常：《南京师院学报》1981 年第 3 期）

《两千年的谋略沟通——毛泽东与〈孙子兵法〉》（于泽民：《党史纵横》1998 年第 1 期）

《中国古代兵法与毛泽东的军事思想——毛泽东与中国传统文化之六》（王学坚：《昌潍师专学报》1997 年第 6 期）

《毛泽东与古代兵家韬略》（汪澍白：《湘潭大学学报》1993 年第 4 期）

《毛泽东对我国古代韬光养晦谋略思想的继承和发展》（牛宏伟：《参谋学刊》1997 年第 2 期）

《毛泽东对〈孙子兵法〉的继承和发展》（夏征难：《孙子学刊》1994 年第 1 期）

《毛泽东对〈孙子兵法〉的批判继承》（卢秀华：《孙子学刊》1993 年第 3 期）

《关于〈孙子兵法〉研究的回顾》（郭化若：《孙子学刊》1992 年第 3 期）

《郭化若与〈孙子兵法〉》（吴如嵩：《解放军报》1997 年 1 月 16 日）

《略谈抗日战争中郭化若的〈孙子兵法〉研究》（吴如嵩：《孙子研究》第 1 期）

著作中的毛泽东与《孙子兵法》

《毛泽东评点〈孙子兵法〉》（萧枫：《孙子兵法》卷一，中国文史出版社 2002 年版，第 3—12 页）

《毛泽东与〈孙子兵法〉》（廖盖隆：《孙子兵法》前言，中国文史出版社 2002 年版，第 1—6 页）

《十大军事原则与〈孙子兵法〉》（褚良才：《孙子兵法研究与应用》，浙江大学出版社 2002 年版，380—390 页）

《孙膑"攻魏救赵，因败魏军，千古高手"》（张贻玖：《毛泽东读史》，当代中国出版社 2005 年版，第 111—115 页）

《毛泽东同志对〈孙子兵法〉的继承和发展》（张秀秀、赵芳秀：《孙武·乐安·广饶》，石油大学出版社 2000 年版，第 129—136 页）

《现代军事思想的历史渊源》（刘春志：《孙武传》，河北人民出版社 1997 年版，第 203—209 页）

《〈孙子兵法〉里有些很好的原则》（柳文郁、唐夫：《毛泽东评点古今诗书文章》，红旗出版社 1998 年版，第 810—827 页）

《〈孙子兵法〉里面很有些好东西》（薛泽石：《跟毛泽东学史》，红旗出版社 2000 年版，第 160—174 页）

《关于〈孙子兵法〉》（赵以武：《毛泽东评说中国历史》，广东人民出版社 2000 年版，第 60—64 页）

《我没有看过〈孙子兵法〉》（胡哲峰、孙彦：《毛泽东谈毛泽东》，中共中央党校出版社 1993 年版，第 100—104 页）

《中国的大军事家要了解孙武子——评说〈孙子兵法〉》（景有权、迟力：《毛泽东评说中国历史》，吉林人民出版社 1998 年版，第 21—24 页）

《读〈孙子兵法〉》（刘汉民：《毛泽东诗话词话书话集观》，长江文艺出版社 2002 年版，第 312—316 页）

《从孙子兵法到革命战争正确的战略、高超的战术》（成林：《毛泽东的智源》，海南出版社 2001 年版，第 39—50 页）

《〈孙子兵法〉里有一些很好的原则》（柳文郁、唐夫：《毛泽东评点古

今诗书文章》，红旗出版社1998年版，第810—827页）

《"知己知彼"者胜》（马福清：《毛泽东评用古代文史哲》，辽宁画报出版社2001年版，第188—193页）

《你读过〈孙子兵法〉没有？你知道〈孙子兵法〉一共有几章》（吴江雄：《毛泽东谈古论今》上卷，安徽人民出版社1998年版，第172—177页）

《毛泽东与〈孙子兵法〉》（王炯华：《毛泽东读书生涯》，长江文艺出版社1998年版，第120—121页）

《〈孙子兵法〉是举世公认的兵家圣典》（刘修铁：《毛泽东妙评古诗书鉴赏》，新疆人民出版社2002年版，第79—93页）

《有关毛泽东读〈孙子兵法〉的责难》（张树德：《毛泽东与中国古典军事典籍》，中共中央党校出版社1997年版，第328—343页）

《毛泽东对〈孙子兵法〉的承继》（夏征难：《毛泽东与中外军事遗产》，大连出版社1997年版，第60—81页）

《〈孙子兵法〉里面有些好东西》（薛泽石：《跟毛泽东学史》上册，红旗出版社2000年版，第160—174页）

《"知己知彼，百战不殆"》（汪澍白：《传统下的毛泽东》，中国青年出版社1996年版，第126—129页）

《胸中自有百万兵——毛泽东与〈孙子兵法〉》（武思萦、樊静：《毛泽东和他喜欢的二十本书》，云南人民出版社1993年版，第209—220页）

《买一部〈孙子兵法〉来》（唐汉、华民：《毛泽东读批〈史记〉》，红旗出版社1998年版，第708—716页）

《毛泽东有关〈孙子兵法〉的论述》（含章：《一代伟人与古代智慧》，红旗出版社1998年版，第208—326页）

《我没有看过〈孙子兵法〉》（胡哲峰、孙彦：《毛泽东谈毛泽东》，中共中央党校出版社2010年版，第100—104页）

《中国的大军事家要了解孙武子——评说〈孙子兵法〉》（景有权、迟力：《毛泽东评说中国历史》，吉林人民出版社1998年版，第21—24页）

《关于〈孙子兵法〉》（赵以武：《毛泽东评说中国历史》，广东人民出版社2000年版，第60—64页）

《孙膑的"驷马法"及其"围魏救赵"之计》（赵以武：《毛泽东评说中国历史》，广东人民出版社2000年版，第64—67页）

研究毛泽东专著

《毛泽东传 (1893—1949) 》，金冲及主编，中央文献出版社 1996 年版。

《毛泽东传 (1949—1976)》（上、下册），逄先知、金冲及主编，中央文献出版社 2003 年版。

《毛泽东年谱 (1893—1949) 》（上、中、下卷），逄先知主编，人民出版社、中央文献出版社 1993 年版。

《毛泽东经济年谱》，顾龙生编著，中央党校出版社 1993 年版。

《毛泽东读书笔记解析》上下册，陈晋主编，广东人民出版社 1996 年版。

《文人毛泽东》，陈晋著，上海人民出版社 1997 年版。

《毛泽东之魂》，陈晋著，吉林人民出版社 1993 年版。

《毛泽东读史》，张贻玖著，当代中国出版社 2005 年版。

《跟毛泽东学史》，薛泽石主编，红旗出版社 2000 年版。

《毛泽东引古论事》，曾珺编著，国际文化出版公司 2011 年版。

《毛泽东与中国史学》，王子今著，中共中央党校出版社 1993 年版。

《毛泽东评说中国历史》，赵以武主编，广东人民出版社 2000 年版。

《毛泽东评说中国历史》，景有权、迟力主编，吉林人民出版社 1998 年版。

《毛泽东历史笔记解析》，唐汉主编，红旗出版社 1998 年版。

《毛泽东与中国文学》，孙琴安著，重庆出版社 2000 年版。

《毛泽东和中国文学》，董学文著，春风文艺出版社 1994 年版。

《跟毛泽东学文》，周宏让主编，红旗出版社 2002 年版。

《毛泽东妙评古诗书鉴赏》，刘修铁编著，新疆人民出版社 2002 年版。

《毛泽东评点古今诗书文章》，柳文郁、唐夫主编，红旗出版社 1998 年版。

《毛泽东欣赏的古典散文》，郑小军编，浙江古籍出版社 1994 年版。

《毛泽东评说中国古代散文赏析》，毕桂发主编，中央文献出版社 2003 年版。

《毛泽东妙用诗词》，吴直雄著，京华出版社 1998 年版。

《毛泽东诗话词话书话集观》，刘汉民编著，长江文艺出版社 2002 年版。

《毛泽东诗词鉴赏》，臧克家主编，河北人民出版社 1991 年版。

《毛泽东楹联艺术鉴赏》，吴直雄著，当代世界出版社 1995 年版。

《毛泽东的幽默》，陈祥明等编，中国电影出版社 1995 年版。

《毛泽东的幽默故事》，谭逻松等编，同心出版社 1996 年版。

《毛泽东读书生活》，龚育之、逄先知、石仲泉著，三联书店 1986 年版。

《毛泽东读书生涯》，王炯华著，长江文艺出版社 1998 年版。

《毛泽东的读书生涯》，孙宝义编，知识出版社1993版。

《毛泽东怎样读书》，石玉山著，中国大百科全书出版社1991年版。

《博览群书的毛泽东》，范忠诚主编，湖南出版社1993年版。

《跟毛泽东学读书》，莫志斌、陈特水编著，中央文献出版社2003年版。

《毛泽东晚年读书纪实》，徐中远著，中央文献出版社2012年版。

《〈毛泽东选集〉典故》，陈钧编著，中国广播电视出版社1992年版。

《毛泽东著作典故集注》，王玉琮著，中国工人出版社1992年版。

《毛泽东的语言艺术——妙用成语典籍》，陈琦等编，辽宁人民出版社1993年版。

《共和国元帅读古书实录》，黄丽镛编著，上海人民出版社1995年版。

《说不尽的毛泽东》（上下册），张素华、边彦军、吴晓梅，中央文献出版社、辽宁人民出版社1993年版。

《中国第一人——毛泽东》，胡真编著，湖南人民出版社1999年版。

《警卫毛泽东纪事》，阎长林著，吉林人民出版社1992年版。

《历史的真言——李银桥在毛泽东身边工作纪实》，邸延生著，新华出版社2000年版。

《历史的真迹——毛泽东风雨沉浮五十年》，邸延生著，新华出版社2002年版。

《历史选择了毛泽东》，叶永烈著，上海人民出版社1992年版。

《缅怀毛泽东》（上下册），编辑组，中央文献出版社1993年版。

《毛泽东尊师风范》，黄露生著，中央文献出版社2011年版。

《毛泽东与名人》，孙琴安、李师贞著，江苏人民出版社1993年版。

《百折不回的毛泽东》，杨庆旺著，中央文献出版社2003年版。

《领袖情·毛泽东与周世钊》，陈有新编著，中央党校出版社1997年版。

《毛泽东与周世钊》，周彦瑜等编，吉林人民出版社1993年版。

《毛泽东的智慧》，林治波主编，中共中央党校出版社1998年版。

《一代巨人毛泽东》，侯树栋主编，中国青年出版社1993年版。

《一代伟人与古代智慧》，含章编著，红旗出版社1998年版。

《毛泽东珍闻录》，黄允升主编，中央文献出版社2000年版。

《毛泽东的领导艺术》，陈登才主编，军事科学出版社1989年版。

《红都纪事》，舒云著，河南人民出版社1997年版。

《毛泽东与党外人士》，谭玉琛主编，河北人民出版社1993年版。

《庐山会议实录》，李锐著，河南人民出版社1994年版。

《十年纪事：1937—1947年毛泽东在延安》，刘益涛著，中共党史出版社2007年版。

主要参考书目